LA MOVIDA FINAL DESPUÉS DE IRAK

La Movida Final después de Irak

Mike Evans

Casa Creación
A Strang Company

La mayoría de los productos de Casa Creación están disponibles a un precio con descuento en cantidades de mayoreo para promociones de ventas, ofertas especiales, levantar fondos y atender necesidades educativas. Para más información, escriba a Casa Creación, 600 Rinehart Road, Lake Mary, Florida, 32746; o llame al teléfono (407) 333-7117 en Estados Unidos.

La movida final más allá de Irak por Mike Evans
Publicado por Casa Creación
Una compañía de Strang Communications
600 Rinehart Road
Lake Mary, Florida 32746
www.casacreacion.com

No se autoriza la reproducción de este libro ni de partes del mismo en forma alguna, ni tampoco que sea archivado en un sistema o transmitido de manera alguna ni por ningún medio –electrónico, mecánico, fotocopia, grabación u otro– sin permiso previo escrito de la casa editora, con excepción de lo previsto por las leyes de derechos de autor en los Estados Unidos de América.

A menos que se indique lo contrario, todos los textos bíblicos han sido tomados de la *Santa Biblia, Nueva Versión Internacional* (NVI), © 1999 por la Sociedad Bíblica Internacional. Usado con permiso.

Copyright © 2007 por Casa Creación
Todos los derechos reservados

Originally published in English under the title:
The Final Move Beyond Iraq
Copyright © 2007 by Mike Evans
Published by FrontLine, A Strang Company,
Lake Mary, Florida 32746

Traducido por: *Gisela Sawin Group*
Diseño interior por: *Gisela Sawin Group*

Library of Congress Control Number: 2007925303
ISBN: 978-1-59979-103-6

Impreso en los Estados Unidos de América
07 08 09 10 * 5 4 3 2 1

Dedicatoria

Este libro está dedicado a los hombres y mujeres valientes que han pagado el precio en Irak, y a sus familias, cuyo orgullo respecto de la nueva generación de héroes en Estados Unidos, no conoce fronteras.

Más de 22,401 han sido heridos y más de 3,000 han muerto al pelear contra los yihadistas en Irak a fin de asegurar la libertad del terrorismo en nuestra patria.

Agradecimientos

Deseo agradecerle a Steven Strang, fundador y presidente de Strang Communications, por creer en este proyecto. A Tessie DeVore, y a la editora titular, Debbie Marrie. Valoro profundamente su inmensurable asistencia en la producción de un manuscrito de calidad.

A mi querido amigo Rick Killian, sólo puedo decirle: «Gracias por las horas invertidas en ayudarme con este proyecto». Quiero agradecerle a Arlen Young, cuya ayuda en este libro fue incalculable, y a mi administradora ejecutiva, Lanelle Young, por su invalorable asistencia.

Un agradecimiento muy especial para Rick, Debby, y Clara Massey, quienes creyeron en este proyecto desde su concepción; y especialmente a Rick, quien viajó conmigo a la batalla en Israel durante el conflicto del Líbano, para que pudiera contar esta historia. Mi sincera gratitud para Lee Roy y Tandy Mitchell, quienes fueron anfitriones del primer evento nacional en apoyo del especial televisivo en su hogar.

Mi más profunda gratitud al primer ministro israelí, Ehud Olmert; al ex primer ministro israelí Benjamin Netanyahu; al Teniente general y ex Jefe mayor de Estado de las Fuerzas de Defensa de Israel, Moshe Ya'alon; al Consejero del Ministerio de defensa para asuntos iraníes para el Estado de Israel, Uri Lubrani; al embajador Daniel Ayalon; al ex primer ministro israelí Ariel Sharon; al embajador del Estado de Israel Dore Gold; y a todos los que estuvieron dispuestos a ser entrevistados, incluyendo al Sr. James Woolsey, ex director de la CIA; al General Hugh Shelton, ex presidente de los Jefes de Estado Conjunto; al General Yossi Peled, jefe del Comando Norte de Israel; al General Dani Yatom, ex director del Mossad, el servicio de inteligencia israelí; al General Ya-akov Amidror, ex jefe de inteligencia de las Fuerzas de Defensa isreaelíes; al Teniente general Tom McInerney, Fuerza Aérea de EE.UU.; al Capitán Chuck Nash, Armada de EE.UU.; al Honorable Irwin Cotler, Miembro del Parlamento y ex procurador general de Canadá; al profesor Alan Dershowitz, Facultad de Derecho de Harvard; a Mort Zuckerman, propietario y editor en jefe de *U.S. News and World Report*; a Tom Newman, director ejecutivo del Instituto Judío para los Asuntos de Seguridad Nacional; a Isaac Herzog, ministro de turismo del Estado de Israel; a Walid Shoebat; y a J. R. Martínez, un soldado estadounidense herido en Irak.

Expreso mi profunda gratitud a los valientes individuos que acordaron ser entrevistados en Irak: Kareem Sinjari, ministro del interior del gobierno regional de Kurdistán; Adnan Mufti, vocero del parlamento regional del gobierno de Kurdistán; Abdulla Ali Muhammad, director de Asiage (el FBI de Kurdistán); Abdul Khaleed; Sheikh Ja'affra; Jafar Mustafa Ali, ministro de estado para los asuntos de Peshmerga; Mizgeen Zabari, quién luchó con las Fuerzas Especiales de EE.UU., en Irak; Douglas Layton; William Garaway; Coronel Harry Schutte; Kosrat Resul, vicepresidente de la región Curda; y Abdulbari al Zebari, miembro del Congreso iraquí.

También deseo agradecer al General Robert Huyser, comandante en jefe del Comando Aéreo Militar de EE.UU.; al Mayor general James E. Freeze, director asistente de planes y política, Seguridad Nacional; al General Jerry Curry, Departamento de Defensa del Pentágono; al General George Keegan, retirado jefe de inteligencia de la Fuerza Aérea (1972–1977); y al Teniente General Richard F. Schaeffer, retirado presidente de la Comisión Militar ante la OTAN (enero 1974–Junio 1975); y a muchos otros.

Finalmente, el proyecto de un libro de esta magnitud exige tiempos de trabajo agotadores. Por sobre todo, me siento en deuda con mi amada esposa, Carolyn. Sin su paciencia, compasión, aliento y sacrificio, no hubiera sido posible para mí haber logrado esto.

Contenido

Introducción		1
PRIMERA PARTE: LA LUCHA ACTUAL		
Capítulo uno	Una tormenta profética en formación	17
Capítulo dos	El reajuste de la brújula moral de Estados Unidos	33
Capítulo tres	Qué depara el futuro	47
Capítulo cuatro	Los centros de gravedad	63
Capítulo cinco	Comienza la verdadera batalla por Irak	77
Capítulo seis	La Guerra Mundial contra el terrorismo	95
SEGUNDA PARTE: UNA BATALLA DE DOS LIBROS		
Capítulo siete	El manejo poco diestro con nuestro aliado, Irán	115
Capítulo ocho	La aparición del islamofascismo	125
Capítulo nueve	La bomba nuclear del islam	145
Capítulo diez	La batalla por el alma de Estados Unidos	163
Epílogo		183
Apéndice A	Carta del presidente iraní, Dr. Mahmud Ahmadineyad, al presidente de Estados Unidos, George W. Bush	193
Apéndice B	Carta del presidente iraní, Dr. Mahmud Ahmadineyad al pueblo de Estados Unidos	204
Apéndice C	Extractos de una entrevista con Benjamín Netanyahu	211
Apéndice D	Extractos de una entrevista con James Woolsey	219
Apéndice E	Extractos de una entrevista con el General retirado del ejército, Hugh Shelton	239
Apéndice F	Extractos de una entrevista con el Capitán retirado de la marina estadounidense, Charles Nash	256
Apéndice G	Extractos de una entrevista con el General israelí retirado de la Fuerza de Defensa, Moshe Ya'alon	270
Apéndice H	Extractos de una entrevista con Alan Dershowitz	283
Apéndice I	Extractos de una entrevista con Mort Zuckerman	303
Apéndice J	Un estudio de veintiún días de Irán (Persia), Irak (Babilonia) e Israel en la profecía bíblica.	320
Apéndice K	Mapas comparativos de la Antigua Persia y el Irán moderno.	323
Notas		345
Acerca del autor		347

Introducción

Seis días antes del inicio de la Operación Liberación Iraquí, me encontré con el alcalde Rudolph Giuliani. La oficina del alcalde de Jerusalén nos había pedido que grabáramos un segmento para honrar a Ehud Ólmert, quien estaba dejando su cargo. Cuando hablé con el alcalde Giuliani le pregunté por qué había rechazado una donación del príncipe saudita Alwaleed Bin Talal por diez millones de dólares para asistencia humanitaria.

Me dijo que cuando el príncipe había comentado que Estados Unidos «debería volver a analizar sus políticas en Oriente Medio y adoptar una posición más equilibrada hacia la causa palestina», sugiriendo así que las políticas estadounidenses en Oriente Medio contribuyeron a los ataques del 11 de septiembre, Giuliani sintió que era moralmente irresponsable aceptar ese dinero. Reiteró lo que había comentado a los medios de comunicación en ese momento: «Rechazo por completo [sus] declaraciones... No existe ningún equivalente moral para este acto. No hay ninguna justificación para ello. Quienes lo cometieron perdieron todo derecho a pedir su justificación cuando asesinaron a... personas inocentes».[1]

Volví a pensar en las palabras pronunciadas por Isser Harel, un buen amigo y fundador de la Mosad, servicio de espionaje exterior israelí. El 23 de septiembre de 1979, cené con el doctor Reuben Hecht, el asesor principal de Menájem Beguin, primer ministro israelí en ese momento. Le hice tres preguntas a Isser y nunca olvidaré sus respuestas porque todo sucedió tal como él lo dijo.

"¿Quién piensa usted que ganará las elecciones presidenciales, Jimmy Carter o Ronald Reagan?"

"Sé que Carter está adelante en las encuestas, pero lo que se dice en la calle es que Irán tendrá algo que decir al respecto. Están planificando liberar a los rehenes durante la toma de mando de Ronald Reagan para evitar que Carter sea reelegido."

"¿El presidente Sadat tendrá éxito con Jimmy Carter al impulsar los derechos humanos y la democracia en Egipto?"

"Le salvamos la vida dos veces de los terroristas radicales islámicos. No estará allí por siempre. Me temo que será asesinado."

"¿Llegará alguna vez el terrorismo a los Estados Unidos?"

"Estados Unidos está desarrollando una tolerancia hacia el terrorismo. Tiene el poder de luchar contra el terrorismo, pero no la voluntad de hacerlo; los terroristas tienen la voluntad, pero no el poder. Pero todo eso podría cambiar con el correr del tiempo. El petróleo compra algo más que tiendas. Si usted mata una mosca en Occidente, se regocija. En Oriente Medio, matamos una y, vendrán cientos de moscas al funeral. Sí, me temo que con el tiempo, llegará."

"¿Dónde llegará?", —le pregunté.
Pensó por un instante.
"Nueva York es el símbolo de su libertad y capitalismo. Es probable que golpeen primero allí, en su edificio más alto, porque es su símbolo [fálico] más grande de fertilidad y también, de su poder."

Mientras Giuliani y yo hablábamos, seguía pensando en frases que estaba oyendo sobre Israel. Me convencí de que este país nuevamente se vería obligado a pagar la cuenta de la pacificación por la futura guerra, como lo estuvo haciendo durante la primera Guerra del Golfo. De nuevo se sentiría presionada a aceptar un plan de «una tierra para la paz» tal como lo había hecho en la Conferencia de la Paz en Madrid en 1991. Lo recuerdo bien porque lo había cubierto en el Palacio Real de Madrid y porque fui el primer periodista en enfrentar al entonces secretario de Estado James Baker durante el evento.

Desde 2003, Tony Blair, primer ministro del Reino Unido, el aliado más importante de Estados Unidos, ha presionado al presidente Bush para impulsar el plan «Mapa de ruta» que exigía que Israel cediera Judea, Samaria, Gaza y Cisjordania, así como también Jerusalén oriental.

Escribo este libro con un sentido de urgencia porque «aquellos que no pueden recordar el pasado están condenados a repetirlo». Esto es precisamente lo que está sucediendo nuevamente para apaciguar la intolerancia racial y religiosa contra los «Cruzados» y los «Sionistas», los cristianos y los judíos, pero esta vez las apuestas son mucho más altas.

Irak, el Líbano y la Autoridad Palestina (PA) están a punto de explotar en una revolución chiita/sunni, una revolución que se está difundiendo como un virus Ébola en todo Oriente Medio, una revolución que también tiene a los Estados Unidos en la mira y esperanzas de difundirla a nuestras orillas. Un volcán de terror está a punto de erupcionar en Irak. Cuando lo haga, sus poderes destructivos se derramarán en el Jordán y en Israel, si no se lo detiene. La crisis es la amenaza más grande para los Estados Unidos, desde la Guerra Civil.

El 6 de diciembre de 2006, James Baker y Lee Hamilton emitieron el Informe del Grupo de Estudio sobre Irak acerca de lo que su comisión bipartidaria cree que debe hacerse allí. En él recomendaban que:

- Se devolvieran los Altos del Golán a Siria (un estado terrorista).
- Se entregaran Judea y Samaria a un gobierno conducido por terroristas (la Autoridad Palestina dirigida por Hamas; *Movimiento de Resistencia Islámica*).
- Irán y Siria fueran invitados a la mesa de negociaciones como un «grupo de apoyo», sin condiciones previas y olvidando resoluciones de la ONU contra esas dos naciones.

Introducción

- Se les diera derecho de retorno a Israel a los palestinos (terroristas) del Líbano.
- Se le requiriera a Israel regresar a las fronteras anteriores a 1967 (lo que significaría la división de Jerusalén).
- Se le permitiera a la ONU resolver el destino del programa nuclear de Irán (lo que, en mi opinión, le garantizaría tener la bomba en cuestión de pocos años).
- Y que se les otorgara una amnistía a los terroristas (insurgentes) que asesinaron a soldados estadounidenses en Irak.

El 10 de enero de 2007, el presidente George W. Bush se dirigió al país, respecto de la crisis de Irán y dijo: «Nos beneficiamos con las cuidadosas recomendaciones del Grupo de Estudio sobre Irak».[2] También anunció que iba a enviar de inmediato a la Secretaria de Estado de los Estados Unidos de América, Condoleezza Rice, a Oriente Medio.

Este llamado al apaciguamiento —tal como el de Chamberlain ante las agresiones nazis de 1938— no podría ser más claro. Mi oración al escribir este libro es que despertemos antes de hallar un mar de cadáveres humanos con ojos vidriosos (bombarderos suicidas), fajados con dinamita y recorriendo nuestras calles como lo han hecho en Israel. Temo que habrá otro ataque en suelo estadounidense antes de las elecciones de 2008. Los terroristas islámicos radicales sólo dan un paso atrás cuando nos temen.

RECORDAR

Cuando me senté a escribir *Más allá de Irak: La próxima jugada*, era en medio de la Operación de Liberación Iraquí de 2003, y nuestras tropas aún se dirigían hacia Bagdad. Estaba profundamente preocupado por el resultado de la guerra y recuerdo haber escrito:

- La guerra de Irak no habría comenzado hasta que finalizara. Las más grandes amenazas para las tropas estadounidenses vendrían después de haber ganado la guerra por Bagdad. El futuro de Irak será más un desastre que algo mesiánico.
- Habrá un ejército de cadáveres humanos dispersos como una plaga en todo Irak, en un intento por debilitar la determinación del pueblo estadounidense a ganar esta guerra.
- Deponer a Saddam Hussein no terminaría con el terrorismo. En cambio, Irak se convertiría en el nuevo Nivel Cero. El terrorismo en la tierra de la Biblia no terminaría con la caída de Bagdad, sino que alcanzaría un nuevo nivel.

- Siria e Irán jugarían la carta diplomática hasta que se apagara el calor y luego volverían clandestinamente a apoyar el terrorismo.
- Se haría todo intento posible de dar comienzo a una guerra civil en Irak. Los radicales islámicos intentarían convertir a Irak en otro Líbano.
- La guerra no podría ganarse parcialmente; la victoria estaría determinada por quién gana la última batalla. Debemos ver esta guerra hasta el final, o bien, la próxima vez que tengamos que luchar contra el terrorismo será mucho peor.
- ¿Podemos perder esta guerra? De hecho, sí, si perdemos la batalla por Irak.

En octubre de 2006, las tropas estadounidenses de Irak pasaron por su mes más sangriento, en más de un año y medio. Raramente, esto sucedió justo en vísperas de nuestras elecciones legislativas, cuando el tema de la guerra era un factor decisivo para muchos votantes. Esas elecciones vieron a los demócratas tomar la Cámara de Diputados y capturar una pequeña mayoría en el Senado. Los medios de comunicación consideran que ello es un mandato para los Estados Unidos de retirar sus tropas de Irak. Lamentablemente, el asunto no es sobre este retiro después de haber ganado, sino acerca de la ruta más rápida para sacarlos de allí, sin desprestigiarnos tirando la piedra y escondiendo la mano. Hay demasiadas personas que están dispuestas a reconocer a Irak como a otro Vietnam porque no pueden digerir el costo de ganar realmente esta lucha. Sin embargo, lo que no advierten es que, si no ganamos esta pelea ahora, el costo de la próxima será mucho más grande.

Una revolución islámica desenfrenada se está esparciendo desde Irán a través de Irak, el Líbano y el territorio palestino, mientras el mundo duerme. La meta consiste en tomar Oriente Medio y luego todo el mundo. Muchos de nosotros no comprendemos la verdadera naturaleza de lo que se necesitará para derrotar esta «telaraña de terror». No pareciera que entendiéramos que Irak no es una guerra en sí misma, sino sólo una de las primeras batallas en la guerra total sobre el terrorismo. Demasiadas personas no reconocen que la próxima Guerra Mundial ya ha comenzado, y que estamos justo en medio de ella. Los Estados Unidos deben tener la misma determinación para desmantelar la red mundial terrorista que aquella que tuvieron al luchar contra las potencias del Eje.

Estabilizar a Irak no es una «garantía de calidad» respecto de componer lo que hemos roto; es sólo uno de nuestros primeros pasos sólidos para la victoria en la guerra contra los islamofascistas, un grupo incluso más peligroso que los fascistas nazis de Alemania de la década de 1930 y de la Segunda Guerra Mundial. Demasiados pocos estadounidenses hoy día se dan cuenta de que los «insurgentes» contra los que luchamos en las calles de Irak no son iraquíes descontentos atrapados en un ciclo de intolerancia étnica incomprensible, sino terroristas patrocinados por países ricos en petróleo como Irán —líder, financista y exportador del islamofascismo mundial— enviados para plantar la guerra civil en la república inexperta de Irak con los mismos objetivos que tuvieron los talibanes al luchar contra los soviéticos en Afganistán. Ellos realmente creían que habían derrotado a los rusos en Afganistán y que eso ocasionó la caída de toda la Unión Soviética. Piensan que lo mismo sucederá, si nos derrotan en Irak.

Justo unos días después de la publicación del Informe del Grupo de Estudio sobre Irak, el presidente de Irán, Mahmud Ahmadineyad, anunció en su conferencia negadora del Holocausto a la que asistió David Duke, el gran hechicero del KKK (Ku Klux Klan): «Estados Unidos, Gran Bretaña e Israel finalmente desaparecerán del mundo como los faraones. Es una promesa divina».[3]

No nos damos cuenta de que estamos luchando contra la más reciente potencia mundial que no se centra en una ideología como el comunismo o el nazismo, sino en una forma entusiasta y distorsionada del Islam, cuyos miembros están dispuestos tanto a matar como a morir con la esperanza de difundirlo en todo el mundo. Su anhelo es perseguir a la democracia y a la libertad desde el Oriente Medio y luego desde todo el mundo. Irán, el líder del islamofascismo (o fascismo islamista), es un régimen con la mentalidad de un bombardero suicida que está dispuesto a inmolarse con la esperanza de borrar del mapa al judaísmo y al cristianismo.

El liderazgo de Irán está basado en la obtención de armas nucleares y en el avance en la tecnología de sus misiles para contar con el poder de destruir a Israel y de mutilar a los Estados Unidos y a Europa.

Ahmadineyad y su colega están dispuestos a decir cualquier mentira y a firmar cualquier tratado sin la mínima intención de cumplirlo, simplemente para avanzar en su causa. Después de todo, uno no necesita negociar, en verdad, con los «infieles». Así como Ruhollah Musavi Jomeini se unió y luego con crueldad se volvió en contra de sus aliados en la revolución islámica que transformó a Irán en su propio reino sobre la tierra, del mismo modo Irán ahora romperá cualquier pacto para obtener lo que desea y luego se volverá en contra de los que lo ayudaron cuando esto se adecue a sus propósitos más importantes. Irán tiene la esperanza de mantener a la comunidad internacional acorralada el suficiente tiempo como para desarrollar su propio pequeño arsenal nuclear, y una vez hecho esto, todas las posturas previas ya no se cumplirán. El presidente Mahmud Ahmadineyad estará a una acometida de hacer lo que ha sostenido durante años que debía hacerse: «Borrar a Israel "del mapa" como el primer paso hacia el mundo que él visualiza como ideal: Un mundo sin sionismo y sin los Estados Unidos».[4] La mayoría de los dirigentes no creen que realmente pueda tener éxito, pero saben que una bomba sucia colocada en Tel Aviv o en Nueva York del tamaño de un refrigerador podría matar a tantos como un millón de judíos y de estadounidenses.

Lo que parecemos no entender, más que nada, es que el camino a la victoria en Irak no es tanto un asunto de que los iraquíes finalmente patrullen sus propias calles, sino de derrotar la agenda nuclear y cerrar la cartera de petrodólares que financia el terrorismo de Irán, que tiene 62 millones de dólares en reservas y cree que está cumpliendo una misión de Dios.

La clave para la victoria en Irak consiste no en promover los intereses de Nouri Kamel Al-Maliki, el primer ministro iraquí, sino en desarmar el fanatismo islamofascista del presidente iraní Mahmud Ahmadineyad y del Líder Supremo de Irán, el Gran Ayatolá Seyyed Ali Hossayni Khamenei. Ahora mismo la batalla no debe centrarse en la estabilidad o en la democracia de Irak, sino sobre la de Estados Unidos. Independientemente de cuán feas están las cosas en Irak, yo preferiría luchar con los islamofascistas de todo el mundo en Irak y no en las calles de los Estados Unidos.

Ellos demostraron el 11 de septiembre que su elección es pelear contra nosotros en nuestro suelo. Nunca debemos permitir que eso suceda.

El mundo está detenido en una encrucijada crítica; pero, lamentablemente, lo hace usando anteojeras políticamente correctas. Debido a ellas, vemos a nuestros amigos, es decir, a Israel, como la raíz del problema, y a nuestros enemigos, los islámicos, dispuestos a desestabilizar las democracias y los gobiernos moderados (en otras palabras: «que no apoyan al terrorismo») de Oriente Medio, como militantes mal interpretados que están luchando por una libertad religiosa y política. Si no corregimos nuestra visión, pronto abandonaremos a nuestros amigos con el objeto de apaciguar a estos «militantes», para luego encontrar un cuchillo nuclear en nuestras espaldas como recompensa. Si no hallamos una forma de dar vuelta a la esquina correcta, en el 2007, el camino que tenemos por delante puede que nunca más sea tan claro ni tan seguro como lo es ahora.

POR QUÉ LUCHAMOS

Muy pocos han visto los verdaderos costos de lo que tenemos que hacer en Irak para ganar esta crucial batalla, en lo que yo denomino la «Guerra Mundial contra el terrorismo». Como nación en general, hemos sido cegados por una retórica liberal respecto del propósito de la guerra. Ha llegado el momento de dejar de lado nuestras anteojeras y reconocer la verdad.

Sólo tenemos que mirar tan lejos como hasta la presidencia de Jimmy Carter para encontrar un momento en el que se abrió una caja de Pandora y se desató la revolución islámica. La visión mundial de Carter, según se ejemplifica en su último libro, *Palestine: Peace Not Apartheid* (Palestina: Paz, no "apartheid"), claramente articula el sistema de creencias de la extrema izquierda. Esta ideología

Introducción

estaba vivita y coleando en la época del Sha de Irán y no deja dudas en mi mente de que fue la responsable de la desestabilización de Irán, un aliado pro Israel y pro Occidente. Jomeini nunca hubiera podido lograr el nacimiento de la revolución islámica sin la ayuda y el apoyo del presidente Jimmy Carter. La revolución islámica de Jomeini, a su vez, dio a luz a la embestida violenta del terrorismo, en la que todo el mundo ha sido absorbido y embaucado.

Invadimos Irak por una cantidad de motivos. El régimen del difunto Saddam Hussein apoyaba el terrorismo y había utilizado repetidas veces armas de destrucción masiva (ADM) contra los curdos de las regiones del norte de Irak y durante la Guerra Irán-Irak. Él asesinó a miles con armas químicas durante el tiempo que estuvo en el poder. Sin embargo, con inteligencia, mientras la presión mundial crecía sobre Irak para demostrar que ya no tenían armas de destrucción masiva (ADM), muchos creen que Hussein las mudó a Siria antes de la Operación Liberación Iraquí, y aún tenemos que oír el final de no haberlas encontrado.

Otros creen que invadimos Irak para establecer allí una democracia, pero fue una democracia en Europa la que votó a Hitler para que asumiera el poder; en Gaza, la que eligió a Hamas para que controlara la Franja de Gaza; y también, en el Líbano, la que le dio a Hezbolá asientos en su parlamento. Si bien la democracia es la esperanza para el futuro de Oriente Medio, mientras que ella simplemente refuerce prejuicios etnorreligiosos, no importará. Hasta que aquellos, en Oriente Medio, estén dispuestos a seguir el gobierno de la ley y permitir la libertad de culto para todos, la democracia allí sólo apoyará oclocracias y "mafiacracias"[a]. Además, ¿cómo se puede tener una democracia en países que son teocráticos?

No, los Estados Unidos fueron a Irak para luchar contra los terroristas. En esto hemos tenido mucho éxito. Toda organización mundial de ese tipo está ahora en Irak, y las estamos manteniendo a raya. El caos en las calles no es una señal de que estemos perdiendo, sino una señal de una guerra muy difícil que libra un tipo de batalla que nunca antes habíamos librado. Esta guerra no ha terminado, y necesitamos ser tenaces para ver su final. Es mejor que luchemos en las calles de Bagdad que en Washington, Los Ángeles o Dallas.

¿PODEMOS GANAR?

Desde el punto de vista militar, Estados Unidos está bien equilibrado como para derrotar a cualquier enemigo del mundo. Las Fuerzas Armadas de EE.UU. derrotaron la máquina nazi de Hitler en la Segunda Guerra Mundial. Ronald Reagan desafió a Mijaíl Gorbachov así: «Sr. Gorbachov, derrumbe ese muro» y recibió el crédito de terminar con la Guerra Fría. Incluso cuando se enfrenta la posibilidad de tomar Irán, Estados Unidos es, por lejos, el mejor técnico militar, pero la pacificación anulará esa fuerza.

El presidente Bush está intentando derrumbar el muro que construyeron corporaciones de propiedad familiar llamadas países o "thugocracias", y la pared que levantaron los islamofascistas. La realidad es que aquéllas son como la mafia; son carteles con afiliados oficiales. La forma en que estas "thugocracias" logran que las organizaciones de terror no se vuelvan contra ellas, es pagándoles, financiando y alimentando sus causas. Es una política de «no preguntes, no digas nada». A la luz de esto, Arabia Saudita continúa financiando a los rebeldes terroristas sunni en Irak, con la esperanza de mantener la democracia tan alejada de sus fronteras como se pueda, aunque la misma táctica no les funcionó con Al-Qaeda (organización terrorista islámica).

Se necesita un enemigo para tener un ejército. El mundo islámico no quiere que se resuelva la crisis palestina. Las "mafiacracias" y los islamofascistas harán todo lo posible para evitar que se solucione. Si se resolviera la crisis palestina, no existiría el enemigo, y ellos necesitan que Israel sea el «Pequeño Satanás» de Oriente Medio a fin de tener a quien culpar de sus problemas. Las "mafiacracias" y los islamofascistas tienen modelos para Irak: Afganistán y Vietnam. Las terroristas dependen de los liberales pacifistas de los Estados Unidos para reagruparse tras de ellos y para que apoyen su causa; y de hecho, lo hacen.

La mayoría de los musulmanes no se oponen a la democracia, sino que la aman. Hay más de siete millones de ellos en los Estados Unidos que forman parte del sistema democrático estadounidense, por elección. La mayoría no es islamofascista. Quiere vivir libremente por los dictados de sus propias consciencias, tal como lo hace el resto del mundo, pero no los islamofascistas, quienes harán cualquier cosa para que su propio pueblo no goce de libertad.

Pero hay una pregunta que ruega ser formulada: ¿Son suficientes nuestras fuerzas y las políticas del presidente Bush? A mí me preocupa que no lo sean. Por cierto, los Estados Unidos tienen la tecnología, pero ¿poseen la voluntad para mantenerse en curso hasta concretar la victoria? ¿El pueblo estadounidense puede superar la falta de voluntad para ganar, el hecho de detestarnos a nosotros mismos y la despreocupación que parece rodear la guerra sobre el terror?

La izquierda liberal ha convencido a muchos estadounidenses de que la guerra sobre el terror no puede ganarse por medio de la acción militar y ha fracturado nuestra voluntad de ganar. Los liberales apuntan a la evacuación de tropas de EE.UU. en el Líbano, en Corea y en Vietnam, o a la retirada de la Unión Soviética de Afganistán para sustentar sus pronunciamientos. Lo que estos eruditos no parecen comprender es que fue una fuerza militar la que precipitó cada decisión de abandonar el campo de batalla: El Viet Cong (Frente Nacional de Liberación de Vietnam), los coreanos del norte, Hezbolá y los soldados afganos. ¿No fueron estas, victorias militares para cada uno de estos grupos?

El apaciguamiento ha sido la rama colateral del propio hastío. Odiamos la guerra. El general William Tecumseh Sherman dijo: «La guerra es el infierno».

Introducción

En lugar de creer que los que libran la guerra contra nosotros son malignos, comenzamos a vernos a nosotros mismos como tales por vengarnos, o, aún peor, por golpear preventivamente para evitar un daño indudable a la seguridad regional o mundial. Este sentir reemplaza la indignación justa y provoca apaciguamiento. El deseo de negociar, sin importar el costo, hace surgir a aquellos de Occidente que se convierten en colegas inconscientes de los yihadistas. Estas personas racionalizan la presencia del mal y los ataques por parte de los terroristas, sobre la base de su percepción de nuestros errores del pasado.

Daniel Pipes define tales conceptos en estas palabras:

Pacifismo: Entre las personas con cultura, la convicción de que «no hay solución militar a los problemas actuales» ha prendido ampliamente, un mantra aplicado a todo problema de Oriente Medio: el Líbano, Irak, Irán, Afganistán, los curdos, el terrorismo y el conflicto árabe-israelí. Pero este pacifismo pragmático ignora el hecho de que la historia moderna abunda en soluciones militares. ¿Qué fueron las derrotas del Eje, de los Estados Unidos en Vietnam o de la Unión Soviética en Afganistán, sino soluciones militares?

Odio propio: Elementos significativos en varios países occidentales, en especial, los Estados Unidos, Gran Bretaña e Israel creen que sus propios gobiernos son depositarios del mal y consideran al terrorismo como un castigo por pecados del pasado. Esta actitud de «hemos conocido al enemigo y el enemigo somos nosotros» cambia una respuesta eficaz por el apaciguamiento, incluyendo la predisposición para abandonar tradiciones y logros.

Por el nombre, Osama Bin Laden celebra a tales izquierdistas como Robert Fisk y William Blum. Los occidentales de esta ideología tienen una importancia más grande de lo común, debido a su prominente papel como formadores de opinión en universidades, en los medios de comunicación, las instituciones religiosas y las artes. Son como los auxiliares islámicos mujahidines.

Autocomplacencia: La ausencia de una máquina militar islámica impresionante les presenta a muchos occidentales, especialmente a los izquierdistas, un sentimiento de desdén. Mientras que la guerra convencional, con sus hombres de uniforme, sus barcos, sus tanques y aviones, sus sangrientas batallas por tierra y sus recursos, es sencilla de entender, la guerra asimétrica con el islamismo radical se evade.

Los alicates y los cinturones suicidas dificultan la percepción de este enemigo como un oponente digno. Como John Kerry, demasiadas personas descartan al terrorismo como un mero «estorbo».[5]

El resultado es despreocupación, autocomplacencia o falta de motivación. El desorden tiene muchos nombres. Se llame como se llame, deriva simplemente en no aceptar seriamente las amenazas de ataques de terror. El ataque al World Trade Center en 1993 debiera haber sido un llamado de atención para despertarnos; sin embargo, pocos se han dado cuenta de la importancia de esa grave explosión. Fue precursora del 11 de septiembre. Si no actuamos ahora, y antes de que los terroristas tengan mayor acceso a las armas nucleares, ¿de qué serán precursores los ataques del 11 de septiembre?

Hay una sola manera de ganar en este choque de civilizaciones. Winston Churchill comprendió esto cuando habló el 4 de junio de 1940 ante el Parlamento, luego de los oscuros días de derrota en Dunkerque en los que debieron ser evacuadas trescientos treinta y ocho mil tropas aliadas a las orillas de Inglaterra:

> Aunque grandes porciones de Europa y muchos Estados antiguos y famosos han caído o pueden caer en manos de la Gestapo y todo el odioso aparato del gobierno nazi, no nos amilanaremos ni fracasaremos. Vamos a llegar hasta el final, lucharemos en Francia, lucharemos en los océanos y mares, lucharemos con una creciente confianza y una mayor fuerza en el aire, defenderemos nuestra isla, cualquiera sea el costo, lucharemos en las playas, lucharemos en los terrenos de aterrizaje, lucharemos en los campos y en las calles, lucharemos en las colinas; nunca nos rendiremos.[6]

Fue Winston Churchill el que dijo que el mundo carecía de valentía democrática, de sinceridad intelectual y de disposición para actuar con el fin de detener la máquina de guerra de Hitler en 1935.[7] Si lo hubieran logrado, no hubieran muerto sesenta y un millones de personas.

El terror del 11 de septiembre debería haber atraído nuestra atención colectiva, pero nuestro espacio parece medirse en nanosegundos y no en los años que se necesitarán para ganar esta lucha. Solemos ridiculizar a los ejércitos de muchedumbre heterogénea de muchos de los simuladores de superpotencias mundiales (Irán un ejemplo). Nos rehusamos a admitir que los Estados Unidos, al igual que Israel, podrían convertirse en depositarios de la intención de los yihadistas con correas suicidas, para lograr nuestra destrucción. Desechamos como un «estorbo» las amenazas realizadas por personas como Mahmud Ahmadineyad. Después de todo, ¿qué pueden tener realmente a su disposición estos practicantes fanáticos del islamismo?

- Armas de destrucción masiva o la capacidad de obtenerlas.
- Fanatismo religioso furioso.
- Fondos que fluyen a sus cofres desde países de Oriente Medio ricos en petróleo, tales como Arabia Saudita e Irán, entre otros.

* Amplias súplicas, desde mendigos en las calles hasta profesores universitarios en los pasillos académicos; desde Riyadh hasta Boston, desde Teherán hasta Toronto.
* Inmigración e infiltración, inmigrantes ilegales en países no musulmanes, tales como los Estados Unidos, Gran Bretaña, Francia, Alemania, Canadá y España están bien versados en el uso de los sistemas legales y políticos en esos países para avanzar en sus intereses de dominio final.
* Meras cifras: si el elemento radical del Islam mide sólo el diez por ciento de los musulmanes en su totalidad, el número es asombroso (ciento veinticinco millones). Ese es un ejército enorme de radicales con una sola meta final: matar a los infieles dondequiera que se los encuentre.

¿La falta de resolución, el odio al propio país y la carencia de motivación de los Estados Unidos harán que termine la guerra contra el terror? ¿Occidente caerá víctima de pérdidas desastrosas de vidas y de bienes? ¿Cuánto llevará reconocer la verdad de que nadie, repito, nadie, ni un cristiano, judío, hindú, budista o, incluso, un musulmán, está a salvo del ataque del odio islámico radical? Y la pregunta más urgente de todas: ¿Puede el mundo civilizado sobrevivir a la embestida violenta de tal fanatismo? ¿Qué se necesitará para hacer vibrar a Occidente de su cómoda autocomplacencia?

EL CAMINO POR DELANTE

Cuando las elecciones de 2006 adoptaron un giro a la izquierda, eso hizo que no sólo tuviéramos que luchar para llevar la paz a las calles de Irak, sino también para demostrar a los liberales que la guerra no sólo estaba justificada en primer lugar, sino que era una parte de un panorama mucho más grande. Cualquiera sea la forma que adquiera, pagaremos mucho más caro en el futuro, si no hallamos una estrategia para la victoria en Irak.

Debemos aprender de lo que aconteció en los primeros años de la década de 1980 en el Líbano. Al retirarnos, debido a los dos ataques suicidas, dejamos el país a Hezbolá y a otras organizaciones terroristas para que hicieran lo que les pluguiera, y el resultado ha sido una guerra sin fin. Muchos están diciendo lo mismo sobre Irak; pero la verdad del asunto es que, si permanecemos y terminamos la tarea, podremos finalizarla. Si nos retiramos, sólo estaremos estableciendo otra lucha más sangrienta en el futuro. Si hubiéramos detenido al Líbano en la década de 1980, habría sido mucho más sencillo ganar esta guerra; o quizá, nunca hubiera llegado a librarse.

En los próximos meses, los Estados Unidos deben hallar un camino a la victoria en Irak, no un apaciguamiento ni un retiro prematuro de nuestras tropas. Eso significará el control del flujo de armas hacia Irán y de soldados en Irak, y su apoyo de los agentes terroristas, así como también, el desarme de sus ambiciones nucleares. Si ahora perdonamos a los terroristas, sólo sucederá que serán mucho más fuertes la próxima vez que nos enfrentemos a ellos.

En las siguientes páginas, analizaremos por qué estamos donde estamos hoy día, en Oriente Medio. Los motivos para adelantarse dando empujones con la claridad moral necesaria para ganarle la guerra al terrorismo, y cuál será el mejor camino del futuro. Ha llegado el momento de que nuestra nación se una.

El 30 de marzo de 1863, en medio de la Guerra Civil estadounidense, Abraham Lincoln convocó a que la nación orara sobre la base de 2 Crónicas 7:14:

> Hemos recibido las más elevadas dádivas del Cielo. Hemos sido preservados, durante estos muchos años, en paz y prosperidad. Hemos crecido en número, en riqueza y en poder, como no lo ha hecho ninguna otra nación. Pero nos hemos olvidado de Dios. Hemos olvidado la mano de gracia que nos preservó en paz y que nos multiplicó y nos enriqueció y nos fortaleció, y hemos imaginado inútilmente, en la falacia de nuestros corazones, que todas estas bendiciones eran producidas por alguna sabiduría superior en nosotros o por virtud propia. Intoxicados con un éxito inquebrantable, nos hemos vuelto demasiado autosuficientes como para sentir la necesidad de la gracia que redime y preserva, ¡demasiado orgullosos para orarle al Dios que nos creó! Entonces, nos conviene humillarnos ante el Poder ofendido, confesar nuestros pecados nacionales y orar por clemencia y perdón.[8]

Cierta vez, el presidente Ronald Reagan me dijo, luego de que yo hablara brevemente al finalizar un evento del que él era el anfitrión, que el cuerpo político más grande de los Estados Unidos no era el Partido Republicano, sino la Iglesia. Sonriendo, también dijo: «No estoy preocupado por el ala derecha o por el ala izquierda. Quiero que Dios cure al ave». Reagan juró dos veces, al asumir, sobre 2 Crónicas 7:14. Cuando lo hizo por primera vez, se estaba liberando a los rehenes en Irán. Durante su segundo período, cayó el comunismo.

Creo que hay una lucha entre dos libros, dos reinos y dos espíritus, y que la clave para la victoria reside más en las manos de la iglesia, en los Estados Unidos, clamando a Dios, que en las de los políticos de Washington D.C. Por esa razón, este libro ha sido diseñado como una herramienta de veintiún días de estudio, conforme a los veintiún días de oración de Daniel que se relata en el capítulo 10, que liberaron a su nación y a su pueblo. También es por eso que dispongo de tres semanas de mensajes para pastores y maestros bíblicos, en presentación de PowerPoint, disponible en nuestro sitio Web en www.beyondiraq.com. En el reverso de este libro también hay una guía de lectura de las Escrituras, sobre la profecía bíblica, de tres semanas de duración.

Este libro ha sido diseñado como un compañero para esos veintiún días de oración y estudio bíblico. Dios sí responde a la oración; de hecho, los Estados Unidos necesitan convertirse nuevamente en una nación impulsada por un propósito.

    Hemos tenido un despertar brusco, ahora necesitamos un gran despertar.

—MIKE EVANS

    Grabadas en la pared principal del vestíbulo de los cuarteles originales de la CIA, estaban estas palabras, usadas para caracterizar la misión de inteligencia de una sociedad libre:

«y conocerán la verdad, y la verdad los hará libres».

---

[a] Con el término "mafiacracia", el autor a lo que se refiere es a los países que son gobernados por familias con poder que hacen uso de su poderío y dominio para asegurarse que sus respectivas agendas se lleven a cabo.

PRIMERA PARTE

LA LUCHA ACTUAL

Capítulo uno

UNA TORMENTA PROFÉTICA EN FORMACIÓN

> Y luego, ese día, cuando ataquemos Israel, incluso los árboles y las piedras tendrán bocas. Clamarán. Dirán: «Hay un judío ocultándose tras de mí. Ven, oh musulmán, ven, oh esclavo de Alá. Ven y mátalo hasta que no quede varón judío vivo».
>
> —Walid Shoebat,
> ex terrorista palestino
> al relatar la enseñanza que recibió cuando era niño
> y la «capacitación para ser terrorista» sobre la
> escatología islámica[1]

> «Dinos, ¿cuándo sucederá eso? ¿Y cuál será la señal de que todo está a punto de cumplirse? —Tengan cuidado de que nadie los engañe —comenzó Jesús a advertirles. (…) Cuando sepan de guerras y de rumores de guerras, no se alarmen. Es necesario que eso suceda, pero no será todavía el fin. Se levantará nación contra nación, y reino contra reino. Habrá terremotos por todas partes; también habrá hambre. Esto será apenas el comienzo de los dolores. (…) El hermano entregará a la muerte al hermano (…) Todo el mundo los odiará a ustedes por causa de mi nombre, pero el que se mantenga firme hasta el fin será salvo»
> —Marcos 13:4–5, 7–8, 12–13.

La vasta mayoría de estudiosos de la profecía siempre ha creído que el fin de la era comenzaría con una batalla mundial entre Isaac, el judío, e Ismael, el árabe, una batalla que se centraría en Oriente Medio, principalmente en Israel y que crecería como una pandemia hasta que abarcara a todo el planeta. Sólo un hombre sordo y ciego no se daría cuenta de que esta batalla está, de hecho, aproximándose cada vez más.

El apóstol Juan recibió una visión en la Isla de Patmos, en el año 95 d.C., que se convirtió en el libro del Apocalipsis. En dicha visión, Juan vio a cuatro jinetes montando caballos y galopando por la tierra, trayendo engaño, destrucción y devastación, a los que comúnmente se conoce como «Los cuatro jinetes del Apocalipsis». Si escucha atentamente, puede oír el ruido de su galope en todos los canales televisivos nuevos y en todos los periódicos y revistas actuales.

El Apocalipsis de Juan comienza con la revelación de un rollo escrito a ambos lados y sellado con siete sellos. Estos, en esa época, eran impresiones realizadas con cera, arcilla o algún otro material blando que evitaba que las personas no autorizadas tuvieran acceso al contenido. Los sellos, en la visión de Juan, debían ser rotos, uno por uno, para divulgar su contenido. En cada uno, se develó otro segmento de la revelación de Dios sobre los últimos días de la tierra, mostrando un horror cada vez peor.

Daniel, el profeta que vivió en la antigua Babilonia (el Irak moderno), escribió esto acerca del misterio del fin de los tiempos. Comienza diciendo:

«Entonces se levantará Miguel, el gran príncipe protector de tu pueblo. Habrá un período de angustia, como no lo ha habido jamás desde que las naciones existen. Serán salvados los de tu pueblo, cuyo nombre se halla anotado en el libro, y del polvo de la tierra se levantarán las multitudes de los que duermen, algunos de ellos para vivir por siempre, pero otros para quedar en la vergüenza y en la confusión perpetuas. Los sabios resplandecerán con el brillo de la bóveda celeste; los que instruyen a las multitudes en el camino de la justicia brillarán como las estrellas por toda la eternidad. Tú, Daniel, guarda estas cosas en secreto y sella el libro hasta la hora final, pues muchos andarán de un lado a otro en busca de cualquier conocimiento. (...) Aunque escuché lo que dijo ese hombre, no pude entenderlo, así que le pregunté: Señor, ¿en qué va a parar todo esto? Y él me respondió: Sigue adelante, Daniel, que estas cosas se mantendrán selladas y en secreto hasta que llegue la hora final. Muchos serán purificados y perfeccionados, y quedarán limpios, pero los malvados seguirán en su maldad. Ninguno de ellos entenderá nada, pero los sabios lo entenderán todo»

—Daniel 12:1–4, 8–10.

En el Monte de los Olivos, los discípulos de Jesús le preguntaron cuál sería la señal de su llegada y del fin de la era. Jesús respondió:

«Ustedes oirán de guerras y de rumores de guerras, pero procuren no alarmarse. Es necesario que eso suceda, pero no será todavía el fin. Se levantará nación contra nación, y reino contra reino (...) Si no se acortaran esos días, nadie sobreviviría»

—Mateo 24:6–7, 22.

Al escribir esto, justo una época apocalíptica está amenazando con surgir desde tres países bíblicos modernos: Irak, que era la antigua Babilonia; Irán, que fue Persia hasta 1935 e Israel, que renació en 1948 en la misma tierra que Dios le prometió a Abraham y a sus descendientes en el libro de Génesis. Comprender los antecedentes bíblicos y las culturas de estas naciones puede ser muy esclarecedor para los días que nos esperan.

DESDE LA CUNA DE LA CIVILIZACIÓN

Los reinos de Persia y Babilonia habitaban la región que hacía de anfitriona de las primeras civilizaciones del mundo. La mayoría de los eruditos arqueólogos creen que ese fue el lugar llamado en el libro de Génesis, del Antiguo Testamento, el Huerto del Edén. Ur de los caldeos, el hogar de Abraham, también fue parte de la región que alguna vez fue Babilonia, posteriormente controlada por los persas.

En su apogeo, el imperio persa abarcaba las tierras desde India hasta Grecia, desde el Mar Caspio hasta el Mar Muerto, e incluía el Mar Arábigo. Sus equivalentes de la época moderna serían los países de Pakistán, una parte de India, Afganistán, Irán, Irak, Siria, Turquía, Jordania, Israel y Egipto, todos juntos en un gran imperio.

Durante tres milenios, Irán ha mantenido su existencia como un territorio autónomo y, como ya hemos advertido, sólo cambió el nombre (Persia), en 1935. A diferencia de sus vecinos, Irán no es árabe, es persa; o, dicho más correctamente, indo-europeo. Su idioma oficial no es el árabe, aunque usen sus caracteres para escribir, sino el farsi. A diferencia de sus vecinos, la historia de Irán no está enraizada en el islamismo, sino en la era en que los reyes eran dioses y erigían estructuras masivas en su propio honor. Incluso hoy día, Irán celebra el «No Ruz» (que significa «día nuevo» o «año nuevo»). Esta no es una tradición del Islam, sino anterior a que el islamismo conquistara Persia.

Ciro el Grande, el primer emperador de la dinastía aqueménidas, y, dicho sea de paso, el primer rey que agregó «el Grande» a su título, creó el imperio persa al unir dos de las tribus más antiguas de Irán, los medos y los persas. Gobernó el extenso imperio desde los años 550-529 a.C., cuando lo sucedió su inestable hijo, Cambises II.

Dentro de los cuatro años de su ascenso al trono, Ciro subyugó a Creso, el rey de Lidia (de fama «tan rica como la de Creso»), y controló la costa del Egeo de Asia Menor, Armenia y las colonias griegas a lo largo del Levante (un área grande de Oriente Medio rodeada por el Mediterráneo, el Desierto de Arabia y la Mesopotamia Superior). Mirando hacia el este, Ciro tomó las provincias persas de Partia, Corasmis y Bactra. (Si desea consultar mapas para comparar a la antigua Persia con el Irán moderno actual, por favor, remítase al Apéndice K.)

Ciro gobernó sobre uno de los imperios más grandes de la historia primitivamente registrada. Si bien conquistó pueblo tras pueblo, era conocido por su paciencia y su postura caritativa hacia quienes había sojuzgado. En el año 539 a.C., Babilonia cayó ante el avance de su ejército. Fue saludado por estruendos de bienvenida de parte de los judíos que habían sido tomados cautivos y llevados a aquel lugar. Luego de la conquista de esa gran ciudad, Ciro les permitió a unos cuarenta mil judíos que regresaran a su patria en Canaán. Con tal jugada sin precedentes, demostró una gran deferencia hacia los principios religiosos y las tradiciones sociales de otros pueblos.

Permítame detenerme aquí un instante y señalar que, bajo el liderazgo de Ciro, los persas demostraron una gran compasión al permitir que los judíos tomados cautivos por Nabucodonosor regresaran a Judá y a Jerusalén. ¿Qué impulsó al conquistador a permitir que los conquistados emprendieran el regreso a su hogar? ¡Ningún otro que el Dios Jehová! Dios puede conmover el corazón de un rey así como el de un mendigo. Como dice Proverbios 21:1:

> «En las manos del Señor el corazón del rey es como un río: sigue el curso que el Señor le ha trazado».

Ciro fue elogiado como «probo, un gran líder de los hombres, generoso y benevolente». Los helenos, a quienes conquistó, lo consideraban «un legislador» y los judíos, como «el ungido del Señor».[2]

En la historia bíblica, a Ciro se lo menciona por primera vez en 2 Crónicas 36:22-23 y en Esdras 1:1-3. Ambos pasajes registran que «el Señor dispuso el corazón del rey», para que «se cumpliera la palabra del Señor por medio del profeta Jeremías».

> «En el primer año del reinado de Ciro, rey de Persia, el Señor dispuso el corazón del rey para que éste promulgara un decreto en todo su reino y así se cumpliera la palabra del Señor por medio del profeta Jeremías. Tanto oralmente como por escrito, el rey decretó lo siguiente: "Esto es lo que ordena Ciro, rey de Persia: El Señor, Dios del cielo, que me ha dado todos los reinos de la tierra, me ha encargado que le construya un templo en la ciudad de Jerusalén, que está en Judá. Por tanto, cualquiera que pertenezca a Judá, vaya a Jerusalén a construir el templo del Señor, Dios de Israel, el Dios que habita en Jerusalén; y que Dios lo acompañe"».
>
> —Esdras 1:1-3

Cuando el rey Nabucodonosor de Babilonia capturó Jerusalén en el año 604 a. C., todo precioso utensilio fue saqueado del templo y llevado a Babilonia. Cuando los babilonios conquistaban las naciones, los ídolos que adoraban esos pueblos se colocaban en una posición de subordinación a Marduk, que era el dios de ellos. Los israelitas constituían una excepción. Ellos no adoraban imágenes talladas;

por ende, los utensilios tomados del templo de Salomón probablemente se colocarían muy cerca de Marduk, pero no subordinados a él.

Se presentaban ofrendas diarias de alimentos al ídolo, y la comida, bendecida por estar ante la presencia de su dios, luego era entregada al rey. Fue en esa ocasión que Belsasar, frenéticamente beodo, exigió que trajeran los utensilios tomados del templo de Salomón al salón del banquete.

Daniel 5:3-4 nos presenta esta imagen:

> «Mientras brindaban, Belsasar mandó que le trajeran las copas de oro y de plata que Nabucodonosor, su padre, había tomado del templo de Jerusalén. Y así se hizo. Le llevaron las copas, y en ellas bebieron el rey y sus nobles, junto con sus esposas y concubinas. Ya borrachos, se deshacían en alabanzas a los dioses de oro, plata, bronce, hierro, madera y piedra».

El Santo Dios del Cielo no disfrutaba de las bufonadas de Belsasar. Se hizo silencio en el salón de banquetes y el rey se convirtió en una masa temblorosa mientras aparecieron los dedos de la mano de un hombre que escribió un mensaje divino en el muro:

> «Por eso Dios ha enviado esa mano a escribir lo que allí aparece: MENE, MENE, TÉQUEL, PARSIN. Pues bien, esto es lo que significan esas palabras:
> *Mene:* Dios ha contado los días del reino de Su Majestad, y les ha puesto un límite.
> *Téquel:* Su Majestad ha sido puesto en la balanza, y no pesa lo que debería pesar.
> *Parsin:* El reino de Su Majestad se ha dividido, y ha sido entregado a medos y persas».
>
> —Daniel 5:24-28

Belsasar no tuvo que esperar demasiado para que Dios hiciera cumplir esta acusación contra él:

> «Esa misma noche fue asesinado Belsasar, rey de los babilonios, y Darío el Persa se apoderó del reino. Para entonces, Darío tenía sesenta y dos años»
>
> —Daniel 5:30-31

Darío, el medo, fue posteriormente vencido por Ciro el Grande. (El pueblo de Kurdistán, desde donde he escrito segmentos de este libro, es descendiente de los antiguos medos.)

Puede que le sorprenda saber que Dios no predice el futuro. Él lo crea. Dios anuncia eventos a sus profetas, quienes a su vez profetizan a la gente las cosas que Dios ha revelado. Así lo hizo en la antigüedad con Isaías, Jeremías, Daniel, Ezequiel y otros. Luego, en sus tiempos perfectos, Dios convirtió en realidad sus planes. Usó a reyes y reinos antiguos para castigar a sus hijos errantes, la nación de Israel, y luego, para regresarlos a su justo lugar.

Como gobernador de Persia, Ciro era heredero de todos los utensilios saqueados por los babilonios del templo de Salomón en Jerusalén. A diferencia de otros conquistadores, él hizo algo muy poco común. Setenta años después de que el pueblo judío fuera tomado cautivo por Nabucodonosor, le permitió que regresaran a Israel. (Esto es por lo que había orado Daniel en Daniel 9:17-19.) No sólo los dejó regresar, sino que dispuso todo lo que necesitaran para reconstruir el templo y los muros de la ciudad. Con su regreso a Jerusalén, él depositó en su cuidado los artículos que se tomaron del templo.

Ciro fue único, no sólo debido a que permitió que los judíos retornaran a Israel, sino también porque su nacimiento y su nombre fueron anunciados por el profeta Isaías casi ciento cincuenta años antes de que naciera. Dios también le reveló la misión de Ciro, y él registró que haría tareas específicas bajo la dirección divina, durante toda su vida. El rey Ciro estaba destinado a llevar adelante el plan de Dios, en cuanto a su relación con su pueblo elegido. Fue a través de él que el imperio babilónico y el cautiverio judío de setenta años llegaron a su fin.

«Yo afirmo que Ciro es mi pastor, y dará cumplimiento a mis deseos; dispondrá que Jerusalén sea reconstruida, y que se repongan los cimientos del templo»

—Isaías 44:28

Si bien Ciro era un pagano practicante, un adorador del dios Marduk, él lograría nobles proezas como un instrumento en las manos de Jehová Dios. Él contribuiría, aunque indirectamente, a la llegada del Mesías, el Ungido de Dios.

«Además, el rey Ciro hizo sacar los utensilios que Nabucodonosor se había llevado del templo del Señor en Jerusalén y había depositado en el templo de su dios. Ciro los entregó a su tesorero Mitrídates, el cual los contó y se los pasó a Sesbasar, jefe de Judá»

—Esdras 1:7–8

«Pero más tarde, en el primer año de su reinado, Ciro, rey de Babilonia, ordenó que este templo de Dios fuera reconstruido. También hizo sacar del templo de Babilonia los utensilios de oro y de plata que Nabucodonosor se había llevado del templo de Jerusalén y había puesto en el templo de Babilonia, y se los entregó a Sesbasar, a quien había nombrado gobernador. Ciro, pues, ordenó a Sesbasar que tomara esos utensilios y los devolviera al templo de Jerusalén, y que reedificara en el mismo sitio el templo de Dios. Entonces Sesbasar llegó a Jerusalén y echó los cimientos del templo de Dios. Desde entonces se ha estado trabajando en su reconstrucción, pero aún no se ha terminado. Ahora bien, si Su Majestad lo considera conveniente, pedimos que se investiguen los archivos donde están las crónicas de los reyes de Babilonia, para saber si es verdad que el rey Ciro ordenó la reconstrucción del templo de Dios en Jerusalén. Además solicitamos que se nos dé a conocer la decisión de Su Majestad con respecto a este asunto»

—Esdras 5:13–17

«En el primer año de su reinado, el rey Ciro promulgó el siguiente edicto respecto al templo de Dios en Jerusalén: Que se echen los cimientos y se reconstruya el templo, para que en él se ofrezcan holocaustos. Tendrá veintisiete metros tanto de alto como de ancho, tres hileras de piedras grandes, y una de madera. Todos los gastos serán sufragados por el tesoro real. Con respecto a los utensilios de oro y de plata que Nabucodonosor sacó del templo de Jerusalén y llevó a Babilonia, que los devuelvan a Jerusalén, y que se pongan en el templo de Dios, donde deben estar»

—Esdras 6:3–5

La historia documenta el nacimiento, la muerte y los logros de Ciro el Grande. Su nombre está registrado en la Biblia más de veinte veces. La Enciclopedia Británica reconoce que «en el año 538 [a. C.], Ciro otorgó a los judíos, a quienes Nabucodonosor había transportado a Babilonia, el regreso a Palestina y la reconstrucción de Jerusalén y de su templo».[3]

Resulta irónico que los descendientes de la misma nación que fue coadyutoria en el regreso de los judíos a Jerusalén durante el reinado del rey Ciro, ahora quieran borrarlos del mapa.

Darío I quitó el reino persa a los descendientes de Ciro el Grande, pero el establecimiento de su gobierno estuvo lleno de escaramuzas con las provincias circundantes. Demostró ser bastante táctico. Los generales en los que confiaba utilizaron el ejército pequeño de medas y persas a fin de obtener una gran ventaja y pudieron solidificar su gobierno sobre todo el imperio persa.

Darío era un gobernador que pensaba en el futuro, y cuya experiencia legal produjo la «Ordenanza de la buena reglamentación», utilizada para idear un código uniforme en todo el reino. Creó un servicio de correo muy parecido al sistema postal rápido. Construyó una red vial que alcanzó los 2.400 kilómetros, desde Sardis, en Turquía, hasta Shustar (el sitio en que Daniel repentinamente visitó el refugio de los leones).

A Darío I le sucedió su hijo, Jerjes I, también conocido como Asuero, el rey que tomó como esposa a la judía Hadasa (mejor conocida como Ester). Su historia tiene todos los elementos semejantes a una novela de amor moderna: Una bella jovencita judía arrancada de su patria y tomada como cautiva en Persia; un gobernante tiránico que proscribe a su reina del trono real y que inicia una búsqueda para sucederla; y, por supuesto, un villano miserable, Amán, que desea perpetrar un genocidio contra los judíos.

> «Entonces Amán le dijo al rey Asuero: Hay cierto pueblo disperso y diseminado entre los pueblos de todas las provincias del reino, cuyas leyes y costumbres son diferentes de las de todos los demás. ¡No obedecen las leyes del reino, y a Su Majestad no le conviene tolerarlos!»
> —Ester 3:8

El tío de Ester, Mardoqueo, desafía a la reina a acercarse al rey (una jugada que podría recibir la pena de muerte) y pedir por la salvación de su pueblo. Al alentarla a hacerlo, Mardoqueo enfrenta a Ester con estas palabras eternas:

> «Si ahora te quedas absolutamente callada, de otra parte vendrán el alivio y la liberación para los judíos, pero tú y la familia de tu padre perecerán. ¡Quién sabe si no has llegado al trono precisamente para un momento como éste!»
> —Ester 4:14

La respuesta de Ester a Mardoqueo es espléndida:

> «Ve y reúne a todos los judíos que están en Susa, para que ayunen por mí. Durante tres días no coman ni beban, ni de día ni de noche. Yo, por mi parte, ayunaré con mis doncellas al igual que ustedes. Cuando cumpla con esto, me presentaré ante el rey, por más que vaya en contra de la ley. ¡Y si perezco, que perezca!»
> —Ester 4:16

Con gran perturbación, Ester se acerca a Asuero y se le otorga una audiencia con el rey. El plan para la destrucción de los judíos por parte del villano Amán es desbaratado, y al pueblo de Ester se le permite vivir en paz, en Susa.

Muchos imperios caen con el transcurso del tiempo. Sin embargo, en Persia o Irán, el furioso ataque árabe produjo una mezcla cultural que fue única. En efecto, dicho país fue dramáticamente influido, para siempre, por los ejércitos de Mahoma; pero también los conquistadores, por sus súbditos persas.

El árabe se convirtió en el nuevo idioma; el islamismo, en la nueva religión; se construyeron mezquitas, y las costumbres islámicas se volvieron la norma para los persas.

La corrección política no es un invento de Estados Unidos en esta época moderna; ha dictaminado las acciones de las personas desde el inicio de los tiempos. Para muchos nobles iraníes, la conversión al islamismo fue una jugada políticamente correcta que les permitió mantener sus vastas propiedades y su envidiable posición social. Para otros, el incentivo fue la evasión fiscal. Los musulmanes habían gravado un impuesto exorbitante contra todos los que no fueran musulmanes, y ellos deseaban evitarlo. Algunos judíos que vivían en Irán se vieron obligados, ante la amenaza de la pérdida de sus vidas, a convertirse al islamismo. Muchos, como los sacerdotes zoroástricos, simplemente huyeron del país.

Si bien la conquista de Irán por las hordas árabes fue relativamente poco violenta, la subsiguiente lucha por el liderazgo culminó en una batalla sangrienta y desproporcionada. Hussein, el nieto del profeta Mahoma, y las fuerzas leales al califa Yazid se encontraron en las planicies de Kerbala, hoy día, una de las ciudades más sagradas de Irak. (Esto sería un hito para el Islam, ya que fue aquí donde murió Hussein y también, donde se inició la irreparable división entre los sunnitas y los chiitas).

EL TEMPLO DE LA FATALIDAD

La rama islámica de los chiitas fue fundada en el año 661 a.C. por Ali Ibn Abi Talib. Fue a partir de su nombre que evolucionó. Es literalmente una derivación de *Chiat Ali* «partidarios de Alí». Como descendiente de Mahoma, se pensaba que Alí iba a ser el último de los verdaderos califas. Era desenfrenadamente popular hasta que estuvo cara a cara en una batalla con el ejército del gobernador de Damasco, en el año 661 a.C. Se dice que los soldados damascenos colocaron versículos del Corán en las puntas de sus lanzas. Cuando se enfrentó a luchar contra una fuerza que se ocultaba tras las palabras de Mahoma, el ejército de Alí se negó a pelear. Éste, al que sólo le quedaba la opción de negociar con su enemigo, buscó el apaciguamiento. Mientras se escapaba de la muerte, en un combate abierto, finalmente, fue asesinado por uno de sus grandes seguidores. Luego, el gobernador de Damasco, Muawiya, se invistió a sí mismo como califa. El hijo de Alí, Hasan, heredero justo del califato, murió en circunstancias sospechosas; mientras que el siguiente en la línea de sucesión —Hussein— acordó no hacer nada hasta que muriera Muawiya. Sin embargo, pronto se sintió desilusionado nuevamente, cuando el hijo de Muawiya,, Yazid se apropió del puesto de califa y luchó contra él. Así, en la sangrienta batalla de Kerala murió, junto con su ejército. Sólo sobrevivió a la matanza su pequeño hijo, que se convirtió en la esperanza de reestablecer el reclamo de Alí al califato. Con el ascenso de Mahmud Ahmadineyad al cargo de poder en Irán, hemos oído mucho acerca del último descendiente conocido de Hussein, Muhammad Al-Mahdi o el *Mahdí*. Era el duodécimo imán en la línea de Alí, que desapareció en un pozo, a los cuatro años de edad. Negándose a creer que estaba muerto, sus seguidores le atribuyeron la eternidad. Declararon que estaba meramente «oculto» y que en alguna fecha futura aparecería de repente para reestablecer un califato islámico en todo el mundo. Sin embargo, su escatología demostró ser problemática, surgió una revuelta apocalíptica para que el Mahdí o el Imán Oculto ascendiera a su justo lugar de liderazgo. Estos «Del doce» abrazaron la idea de que toda persona, independientemente de su creencia religiosa, algún día inclinaría su cabeza al Islam... o moriría.

Mientras transcurría el tiempo y el Mahdí no aparecía, la autoridad pasó al *ulema* (estudiantes legales del Islam), un cuerpo de Mulás (personas versada en el Corán, y la jurisprudencia islámica) investidos con el poder de designar a un líder supremo. Tal vez, uno de los imanes más conocidos fue el Gran ayatolá Ruhollah Jomeini.

Notables entre las diversas dinastías de Persia, estaban los Safawíes, que gobernaron desde 1502 hasta 1736. Bajo esta dinastía, la rama de los chiitas pasó a ser la religión oficial de Irán. También, fue durante esta época que Persia se unió en una soberanía única que llevó a Irán a ser como lo conocemos hoy. El líder Afsharid, Nadir Sah, fue el primero en declararse el sah de Irán, en 1736. Invadió Kandahár, en Afganistán, y dos años después de asumir el trono en Irán, ocupó India. Amasó una gran fortuna, incluyendo la confiscación del conocido Trono del Pavo Real y el diamante de 105 quilates *Koh-i-Noor* (en persa, «montaña de luz»). (Dicha piedra preciosa le fue presentada a la reina Victoria en 1851 y ahora forma parte de las celebradas Joyas de la Corona Británica). Nadir Sah era un gobernante tirano; su reinado finalizó con su asesinato, en 1747.

A la de Afsharid le siguieron las dinastías Zand y Qajar. En 1906, Irán atravesó una revolución constitucional que dividía el poder de gobierno entre el sah y un cuerpo parlamentario, llamado los *Majlis*. El último de los gobernadores de la dinastía Qajar, Ahmad Sah Qajar, fue destronado en un golpe de Estado, en 1921; y los Pahlavi—que se sentaron en el Trono del Pavo Real hasta 1979—, tomaron el poder como sah. Ahmad Sah Qajar murió en el exilio, en Francia, en 1930.

El primer Pahlavi —Reza Sah Pahlavi el Grande— fue quien, en 1935, le pidió al mundo que dejara de referirse a su país como Persia y que usase, en cambio, el nombre de Irán, que significa «tierra de los arios» y que era el empleado por los nativos.[4]

Durante más de veinticinco siglos de historia, los persas han mantenido su singular sentido de la identidad. Si bien se convirtieron al islamismo, no siempre han seguido sus visiones. Hasta cierto punto, el zoroastrismo, la religión de los primeros persas, le da color a la variedad iraní del Islam.

Ahora, Irán no sólo es uno de los países más grandes de Oriente Medio, sino también, del mundo islámico. Debido a experiencias del pasado, ha desarrollado un separatismo espinoso. Invadido durante ambas Guerras Mundiales y posteriormente atacado por Irak, Irán tiene motivos para temerle a la influencia extranjera. Sus fronteras permanecieron inalterables por mucho tiempo, durante el siglo XX; pero el deseo de volver a capturar la gloria del vasto imperio persa, al parecer, ha quedado latente. Tal vez, este pragmatismo sea la fuerza impulsora tras el surgimiento repentino de Irán como un protagonista joven en el juego de las superpotencias nucleares del mundo.

Fue durante el reinado del último sah de Irán, Mohammad Reza Pahlavi, que comenzaron los planes para introducir a dicho país en la era nuclear. Bushehr (una de las provincias de Irán) iba a ser el sitio de los dos primeros reactores y, de hecho, allí comenzó la construcción en 1975. Mientras que el sah todavía mantenía el control, también se dio inicio a la investigación y el desarrollo de la producción de material fisible. Sin embargo, esto, así como todas las otras ambiciones del sah, terminó con la revolución islámica de 1979.

BABILONIA RESURGIRÁ

En mi libro *Más allá de Irak: La próxima jugada*, me ocupé de muchas de las implicancias bíblicas de la segunda Guerra del Golfo, incluyendo el hecho de que Saddam Hussein se consideraba a sí mismo como una reencarnación de Nabucodonosor. Resulta extraño advertir que desde las publicaciones de ese libro, el fin de Hussein fue muy similar al de aquél.

«Y al instante se cumplió lo anunciado a Nabucodonosor. Lo separaron de la gente, y comió pasto como el ganado. Su cuerpo se empapó con el rocío del cielo, y hasta el pelo y las uñas le crecieron como plumas y garras de águila»

—Daniel 4:33

Daniel le acababa de profetizar a Nabucodonosor que iba a volverse loco, que sería expulsado de su reino y que terminaría ocultándose en el campo, pareciéndose a un animal salvaje. Precisamente, lo que le sucedió a Nabucodonosor le ocurrió a Saddam Hussein. El 13 de diciembre de 2003, los soldados de EE.UU. lo encontraron completamente desorientado, escondido en un agujero, con el cabello y las uñas demasiado largos y luciendo como un salvaje. No hubo diferencias.

Mientras que la «Babilonia» de Hussein cayó con él, el espíritu babilónico identificado en el libro de Apocalipsis, no. Es importante advertir que en él no se menciona a Persia, mientras que Babilonia —probablemente, el nombre utilizado para representar a toda la región que rodeaba la antigua ciudad— aparece varias veces como la cabeza de las fuerzas que surgieron contra aquellos representados por la ciudad de Jerusalén: los judíos. En las Escrituras, Babilonia es la sede del mal de Satanás, así como Jerusalén es el asiento de la justicia de Dios. Simbolizan las dos alianzas que se atacan entre sí en la batalla final de Armagedón.

No obstante, al mismo tiempo, el libro de Ezequiel describe la fuerza que surgirá contra Israel, durante el Fin de los Tiempos, con estas palabras, mencionando a Persia y a otras naciones por sus nombres:

> «El Señor me dirigió la palabra: Hijo de hombre, encara a Gog, de la tierra de Magog, príncipe soberano de Mésec y Tubal. Profetiza contra él y adviértele que así dice el Señor omnipotente: Yo estoy contra ti, Gog, príncipe supremo de Mésec y Tubal. (...) Con ellos están Persia [Iran], Etiopía [otras traducciones dicen Sudán, posiblemente en representación de los musulmanes africanos] y Fut [Libia] con ellos (...) y muchos ejércitos que son tus aliados. (...)
>
> Después de muchos años invadirás un país que se ha recuperado de la guerra (El retorno de Israel como nación después de la Segunda Guerra Mundial), una nación que durante mucho tiempo estuvo en ruinas, pero que ha sido reunido de entre los muchos pueblos en los montes de Israel. Ha sido sacado de entre las naciones, y ahora vive confiado. Pero tú lo invadirás como un huracán. Tú, con todas tus tropas y todos tus aliados, serás como un nubarrón que cubrirá la tierra. (...)
>
> Así dice el Señor omnipotente: En aquel día harás proyectos, y maquinarás un plan perverso. Y dirás: 'Invadiré a un país indefenso; atacaré a un pueblo pacífico que habita confiado en ciudades sin muros, puertas y cerrojos. Lo saquearé y me llevaré el botín; atacaré a las ciudades reconstruidas de entre las ruinas, al pueblo reunido allí de entre las naciones; es un pueblo rico en ganado y posesiones, que se cree el centro del mundo. (...)

En aquel día, ¿acaso no te enterarás de que mi pueblo Israel vive confiado? Vendrás desde el lejano norte, desde el lugar donde habitas, junto con otros pueblos numerosos. Todos ellos vendrán montados a caballo, y serán una gran multitud, un ejército poderoso. En los últimos días atacarás a mi pueblo Israel, y como un nubarrón cubrirás el país»

—Ezequiel 38:1–3, 5–6, 8–12, 14–16

Una tormenta profética en formación

Ante esta conjunción de naciones contra Israel, Dios declara que Él derramará su ira en lo que suena muy similar a lo que sucedió en Hiroshima y Nagasaki:

«Pero el día en que Gog invada a Israel, mi ira se encenderá con furor. Lo afirma el Señor omnipotente. En el ardor de mi ira, declaro que en aquel momento habrá un gran terremoto en la tierra de Israel. Ante mí temblarán los peces del mar, las aves del cielo, las bestias del campo, los reptiles que se arrastran, y toda la gente que hay sobre la faz de la tierra. Se derrumbarán los montes, se desplomarán las pendientes escarpadas, y todos los muros se vendrán abajo. (...) Yo juzgaré a Gog con peste y con sangre; sobre él y sobre sus tropas, lo mismo que sobre todas sus naciones aliadas, haré caer lluvias torrenciales, granizo, fuego y azufre. De esta manera mostraré mi grandeza y mi santidad, y me daré a conocer ante muchas naciones. Entonces sabrán que yo soy el Señor»

—Ezequiel 38:18–20, 22–23

¿Los profetas de la antigüedad predijeron que Armagedón terminaría con un holocausto nuclear? Muchos eruditos bíblicos han sugerido que sí. Sólo lea los siguientes pasajes y vea lo que piensan:

«Quien huya del grito de terror caerá en la fosa, y quien suba del fondo de la fosa caerá en la trampa, porque abiertas están las ventanas de lo alto, y tiemblan los cimientos de la tierra. La tierra se quiebra, se desintegra; la tierra se agrieta, se resquebraja; la tierra tiembla y retiembla. La tierra se tambalea como un borracho, se sacude como una choza. Tanto pesa sobre ella su rebelión que caerá para no volver a levantarse»

—Isaías 24:18–20

«Ésta es la plaga con la que el Señor herirá a todos los pueblos que pelearon contra Jerusalén: Se les pudrirá la carne en vida, se les pudrirán los ojos en las cuencas, y se les pudrirá la lengua en la boca»

—Zacarías 14:12

«Y ahora, por esa misma palabra, el cielo y la tierra están guardados para el fuego, reservados para el día del juicio y de la destrucción de los impíos. (...) Pero el día del Señor vendrá como un ladrón. En aquel día los cielos desaparecerán con un estruendo espantoso, los elementos serán destruidos por el fuego, y la tierra, con todo lo que hay en ella, será quemada. Ya que todo será destruido de esa manera, ¿no deberían vivir ustedes como Dios manda, siguiendo una conducta intachable y esperando ansiosamente la venida del día de Dios? Ese día los cielos serán destruidos por el fuego, y los elementos se derretirán con el calor de las llamas. Pero, según su promesa, esperamos un cielo nuevo y una tierra nueva, en los que habite la justicia. Por eso, queridos hermanos, mientras esperan estos acontecimientos, esfuércense para que Dios los halle sin mancha y sin defecto, y en paz con él»

—2 Pedro 3:7, 10–14

El verdadero llamado de la profecía bíblica

Si bien los protagonistas exactos de los eventos del Fin de los Tiempos no están necesariamente nombrados con claridad en las Escrituras, la situación actual describe a todas las naciones de la tierra alineadas con Babilonia o con Jerusalén. Aunque Ahmadineyad y su creencia en el surgimiento del Mahdí por medio de una lucha mundial apocalíptica son aterradores en sí mismos, no estamos desesperanzados. Escuche, durante un instante, las palabras de Jesús:

«Procuren no alarmarse. Es necesario que eso suceda, pero no será todavía el fin. (…) el que se mantenga firme hasta el fin será salvo»

—Mateo 24:6, 13

No contamos con las profecías de las Escrituras para que podamos agazaparnos y ocultarnos. Mientras que los islamofascistas están trabajando para que se produzca un Armagedón con un furor demoníaco, Jesús nos otorgó otro propósito al dirigirnos hacia la Gran Tribulación:

«Oren para que su huida no suceda en invierno ni en sábado. Porque habrá una gran tribulación, como no la ha habido desde el principio del mundo hasta ahora, ni la habrá jamás. Si no se acortaran esos días, nadie sobreviviría, pero por causa de los elegidos se acortarán»

—Mateo 24:20–22

En otras palabras, la gravedad de esos últimos días, así como también, la de estos en que vivimos, depende en gran medida de las oraciones y las acciones de los cristianos de la actualidad. La Biblia no expresa el intento de provocar el fin del mundo como esperan hacerlo los islamofascistas, sino de traer la salvación, y el amor y la misericordia de Dios a un mundo que cada vez se vuelve más loco. No resulta difícil ver quién está detrás de estas actividades, cuando Jesús nos dijo llanamente:

«El ladrón (el diablo) no viene más que a robar, matar y destruir; yo he venido para que tengan vida, y la tengan en abundancia»

—Juan 10:10

Depende de los cristianos enfrentar la situación actual en Oriente Medio con claridad moral, orar por la paz de Jerusalén, oponerse al mal de este mundo y orar porque prevalezca la justicia. Ha llegado el momento de que los Estados Unidos recuerden su herencia de Dios, que vuelvan a calibrar su brújula moral del bien y el mal en cuanto a la forma de pensamiento de Dios, y que estén al lado de Israel, orando por su salvación tanto en este mundo como en el por venir.

Capítulo dos

EL REAJUSTE DE LA BRÚJULA MORAL DE LOS ESTADOS UNIDOS

Cada vez que los terroristas matan a un civil, ganan. Cada vez que los terroristas hacen que las democracias maten a un niño, ganan. Los terroristas siempre ganan, las democracias siempre pierden, y todo esto ocurre por la asimetría de la moralidad.
—Alan Dershowitz[1]

Podemos perdonarlos por matar a nuestros hijos. Pero nunca les perdonaremos por hacer que matemos a los suyos.
—Golda Meir[2]

Está soplando un viento de contrarrevolución en Oriente Medio, y directamente sobre los rostros de los islamofascistas y sobre sus esperanzas de difundir la revolución islámica de Jomeini en todo el mundo. Tanto Irak como Afganistán han llevado a cabo elecciones democráticas. El presidente Bush tuvo razón al decidir invadir Irak: Ha establecido una base para inyectar la vacuna de la democracia en el torrente sanguíneo de los regímenes ricos en petróleo y tiránicos, que reprimen los derechos humanos de las masas y las confunden con una conspiración ridícula de mitos acerca de Israel y de Occidente. Sin embargo, los terroristas están intentando destruir este avance hacia la verdad, la libertad y la democracia, y la izquierda liberal de los Estados Unidos está ayudándolos a triunfar.

Los Estados Unidos son odiados por los izquierdistas liberales, por los estados apaciguadores y los regímenes opresores, no porque estén haciendo algo equivocado, sino porque están haciendo lo correcto. La creencia de estos regímenes es que un mundo perfecto consiste en unos Estados Unidos débiles y anémicos que abrazan al perpetrador y castigan a la víctima.

El plan del presidente Bush, tal como el de Ronald Reagan hacia la Unión Soviética, traerá un nuevo comienzo para Oriente Medio. Por primera vez, desde el renacimiento de su nación, en 1948, los israelíes ven una oportunidad inigualable de tener una región más democrática. La batalla del presidente Bush por el alma de Oriente Medio está comenzando a tener éxito, para gran desazón de la izquierda liberal. Para que este curso continúe, los estadounidenses que temen a Dios deben unirse y luchar por el alma de su país.

La promesa básica a la que están sujetos el regreso de Jesucristo y toda la profecía, se halla en Mateo 24:14:

«Este evangelio del reino se predicará en todo el mundo como testimonio a todas las naciones, y entonces vendrá el fin».

Más de mil millones de cristianos de todo el mundo se consideran a sí mismos «evangélicos», creen esta doctrina y la enseñan. Oriente Medio es la última frontera para la proclamación de nuestros principios judeo-cristianos y el cumplimiento de las últimas palabras de Jesús en la tierra:

> «Pero cuando venga el Espíritu Santo sobre ustedes, recibirán poder y serán mis testigos tanto en Jerusalén como en toda Judea y Samaria, y hasta los confines de la tierra»
>
> —Hechos 1:8

De hecho, la Iglesia responderá a las palabras de Jesús, y al hacerlo dará lugar el mayor avivamiento que haya conocido el Oriente Medio y el mundo.

La base de la convicción del presidente Bush es esta: «El bien en contraposición al mal». Es una doctrina de la Biblia desde Génesis hasta la cruz y hasta el propio fin de la era, así como también es la doctrina principal en la guerra del presidente Bush contra el terror. Como lo expresa la frecuentemente citada frase de Edmund Burke: «Todo lo que se requiere para que el mal triunfe es que los hombres buenos no hagan nada». Fue la misma doctrina que Ronald Reagan utilizó al derrotar al así llamado «Imperio maligno» de la Unión Soviética.

¿Por qué los seguidores de Cristo sienten un llamado ordenado por Dios a librar una guerra contra el mal y a apoyar a Israel? ¿Cuál es la base bíblica de la misión, y cómo dará a luz un Gran Despertar en los Estados Unidos y Oriente Medio, y hará que estos creyentes vuelvan a focalizar sus pasiones en enfrentar a la raíz de todos los males? Por ejemplo, ¿cómo pueden los cristianos apoyar una guerra, cuando Jesús ha dicho: «Ama a tus enemigos»? El Nuevo Testamento expresa con claridad que los magistrados civiles pueden librar la guerra contra todos los enemigos, tanto extranjeros como locales. Romanos 13:1–4 dice:

> «Todos deben someterse a las autoridades públicas, pues no hay autoridad que Dios no haya dispuesto, así que las que existen fueron establecidas por él. Por lo tanto, todo el que se opone a la autoridad se rebela contra lo que Dios ha instituido. Los que así proceden recibirán castigo. Porque los gobernantes no están para infundir terror a los que hacen lo bueno sino a los que hacen lo malo. ¿Quieres librarte del miedo a la autoridad? Haz lo bueno, y tendrás su aprobación, pues está al servicio de Dios para tu bien. Pero si haces lo malo, entonces debes tener miedo. No

en vano lleva la espada, pues está al servicio de Dios para impartir justicia y castigar al malhechor».

En la actualidad, la batalla del bien contra el mal se pelea desde dentro. Los liberales odian el proyecto de país norteamericano con el que sueñan los presidentes cristianos. Odian a Israel, a la Biblia y a los cristianos en general. Los someten a la burla, al ridículo y a la discriminación. No hay ataque sobre la cultura estadounidense más fatal que el de los humanistas seculares contra Dios, en la vida pública estadounidense. Los insultos, el maltrato verbal y los ataques son tan graves que cualquiera que los contradiga es rotulado como ignorante, malo, racista y fanático. Ha comenzado el enmudecimiento de los Estados Unidos, y todo en nombre de la corrección política y de una nueva globalización atea.

Los hippies de la década de 1960 se han convertido en la clase que gobierna la nación contra la cual alguna vez marcharon. Aunque rijan la cultura, los medios de comunicación, el sistema educativo, los tribunales, las artes y demás siguen siendo autodestructivos. Desde los sectores público y privado, desde el movimiento moderno de Hollywood hasta las escuelas públicas, desde la política de Washington hasta los jueces locales, desde las artes hasta las ciencias, son autodestructivos.

Los Estados Unidos, el noble experimento, están bajo estado de sitio. La marejada del mal está barriendo sobre nuestra nación: el hecho de odiarnos a nosotros mismos, de destruir el espíritu, de endurecer las consciencias con la pornografía, el aborto, la homosexualidad y el abuso de drogas y alcohol está recibiendo un apoyo como nunca antes lo tuvo. Hay una guerra malvada moral y espiritual que se libra en los corazones y las mentes de los estadounidenses.

EL COSTO DE NEGAR QUE EXISTA EL MAL

En el núcleo del liberalismo hay una creencia de que el mal realmente no existe, de que las personas son básicamente buenas; y así, no puede hacerse verdaderamente responsables a los individuos, por el mal que cometen. La táctica liberal considera que es mejor, simplemente hablar con la gente —puesto que somos básicamente iguales y razonables en nuestros corazones— que llevar a los asesinos ante la justicia o luchar para detener a los que cometen crímenes de lesa humanidad.

La multitud liberal quiere a Dios y a la Biblia fuera de los Estados Unidos.

El primer presidente de los Estados Unidos, George Washington, dijo: «Seamos cautelosos ante el supuesto de que la moralidad puede mantenerse sin religión... La razón y la experiencia nos prohíben que esperemos que la moralidad nacional prevalezca, si excluimos el principio religioso».[3]

John Adams declaró: «Nuestra Constitución se hizo sólo para un pueblo religioso y moral. Es totalmente inadecuada para un gobierno de cualquier otro tipo».[4]

¿Puede el odio de los liberales seculares por todas las cosas cristianas pasar la «prueba de la plaza de la ciudad» de Natan Sharansky?

¿Puede una persona caminar en la plaza central de una ciudad y expresar sus opiniones sin miedo a ser arrestado o encarcelado, o a recibir daños corporales? Si puede hacerlo, esa persona está viviendo en una sociedad libre. Si no, es una sociedad de temor.[5]

En los Estados Unidos, los derechos de los cristianos a expresar sus ideas sin temor a una venganza de las organizaciones liberales son cuestionados con frecuencia y están siendo poco a poco erosionados.

Creo que los Estados Unidos están bajo el ataque del islamismo radical porque son una nación cristiana. Bush es odiado porque es uno de los presidentes cristianos más devotos de la historia del país y porque aplica tales principios a todos los aspectos de sus políticas. Ante la noticia de su primera crisis electoral en Florida, George Bush leyó en su oración cotidiana: «Hijo, recuerda a los amigos de tu padre». Levantó el teléfono, llamó a James Baker y le pidió que volara a Florida para que fuera en su rescate.

El presidente Bush ha dicho: «Cuando uno entrega su corazón y su vida a Cristo, cuando uno lo acepta como Salvador, cambia su corazón. Cambia su vida. Y eso es lo que me sucedió a mí».[6]

En su Discurso del Estado de la Unión, en 2002 (lo que ahora se llama el discurso del «eje del mal»), el presidente Bush trazó una línea en la arena, al hablar de naciones que él considera parte de un eje del mal, que amenazan al mundo libre. El 7 de febrero de 2002, el presidente declaró: «La fe demuestra la realidad del bien y la realidad del mal».[7]

George W. Bush comenzó su segundo período en la Casa Blanca con su discurso sobre la libertad, como lo hizo Ronald Reagan cuando habló sobre la amenaza del mal en el mundo y la esperanza de la libertad, y citó a Juan 3:16 (RV60) como su versículo favorito: «Porque de tal manera amó Dios al mundo, que ha dado a su Hijo unigénito, para que todo aquel que en él cree, no se pierda, mas tenga vida eterna». Él explicó su relación con Dios con estas palabras: «Habiendo aceptado a Jesús como mi Salvador, cuento con la promesa de Dios de la vida eterna en el cielo».[8]

Reagan vio la maldad del comunismo cuando cerraron las iglesias y lo consideró como una amenaza de la salvación eterna de millones de personas. Dijo sobre la libertad:

> Por sobre todo, debemos darnos cuenta de que ningún arsenal ni ningún arma de los arsenales del mundo es tan formidable como la voluntad y la

valentía moral de los hombres y las mujeres libres. Es un arma que nuestros adversarios en el mundo actual no poseen. Es un arma que nosotros como estadounidenses sí tenemos. Es necesario que lo comprendan los que practican el terrorismo y que hacen víctimas a sus prójimos.[9]

Tanto Ronald Reagan como George W. Bush se sintieron llamados a ser presidentes. La Madre Teresa me dijo en Roma que ella y su hermana estuvieron despiertas dos noches orando por Ronald Reagan después de que recibió un disparo. Me contó que se reunió con el Sr. Reagan en junio de 1981 y le dijo:

> Usted ha sufrido la pasión de la cruz y ha recibido gracia. Hay propósito en esto. Debido a su sufrimiento y a su dolor ahora comprenderá el sufrimiento y el dolor del mundo. Esto le ocurrió en este momento porque su país y el mundo lo necesitan.[10]

Me dijo que Nancy Reagan rompió en llanto. El presidente estaba profundamente conmovido. Maureen Reagan, la hija del presidente, me contó que su padre repetía la historia con frecuencia y decía: «Dios me ha salvado por una razón. Dedicaré el resto de mi vida aquí en la tierra a descubrir que quiere Él que yo haga».

UNA PROFECÍA

En octubre de 1970, Pat Boone, Harald Bredesen, Herb Ellingwood y George Otis, con Shirley unieron sus manos en un círculo para orar con el entonces gobernador Ronald Reagan. Otis comentó que cuando oraba, estaba de la mano de Reagan, que comenzó a temblar, y dijo: «Hijo, si caminas erguido ante mí, residirás en la avenida 1600 de Pennsylvania». Los tres hombres que estuvieron presentes ese día me contaron la misma historia.

Tuve el placer de reunirme personalmente varias veces con Ronald Reagan en la Casa Blanca, durante su presidencia. Hablaba con libertad sobre asuntos espirituales. Fui invitado a una cena privada con su gabinete y ochenta y seis de los principales líderes religiosos de los Estados Unidos, poco después de su primera asunción, para participar de la primera reunión de información de seguridad nacional sobre Oriente Medio (ante la venta de AWACS a Arabia Saudita). También fui convocado para hablar brevemente en la Convención Nacional Republicana, en Dallas, Texas, en 1980.

Tanto Bush como Reagan se vieron muy influenciados por los escritos de C. S. Lewis, y, en especial, por su libro *Mere Christianity* [Cristianismo básico], particularmente, el capítulo 1, que se titula «El bien y el mal como una pista para entender el significado del universo». También sintieron el influjo de lo escrito por Alexander Solzhenitsyn. Éste se dirigió a los graduados de Harvard, en 1978, con un discurso titulado «Un mundo dividido». Caracterizaba el conflicto actual de nuestro planeta como una guerra física y espiritual que ya había comenzado y que no podría ganarse sin tratar con las fuerzas del mal.

El 20 de enero de 2005, luego de orar por una guía sobre qué fragmento bíblico usaría como su pasaje de asunción, George W. Bush colocó su mano en su Biblia familiar y eligió uno texto usado por Ronald Reagan al final de su famoso discurso «El imperio del mal», en el hotel Twin Towers en Orlando, Florida, el 8 de marzo de 1983. De Isaías 40:31 (RV60), el presidente Bush seleccionó:

«Pero los que esperan a Jehová tendrán nuevas fuerzas; levantarán alas como las águilas; correrán, y no se cansarán; caminarán, y no se fatigarán».

La verdadera crisis que enfrentamos hoy es de naturaleza espiritual; en su raíz, es una prueba de voluntad moral y de fe. Whittaker Chambers, el hombre que estuvo detrás de uno de los casos más divisivos de la justicia en nuestros días, el de Hiss-Chambers, escribió:

La crisis del mundo occidental existe hasta el punto de ser indiferente a Dios. Existe hasta el grado en que el mundo occidental realmente comparte la visión materialista del comunismo, está tan deslumbrado por la lógica de la interpretación materialista de la historia, la política y la economía, que no puede entender que la única respuesta posible al desafío comunista: «¿fe en Dios o en el hombre?», es el desafío de «La fe en Dios».[11]

Chambers dijo con respecto al marxismo-leninismo: "Es, de hecho, la segunda fe más antigua del hombre. Su promesa fue susurrada en los primeros días de la Creación bajo el árbol del Conocimiento del bien y el mal: 'Seréis como dioses.'"[12]

El mundo occidental puede responder a este reto, escribió: Pero sólo si su fe en Dios y la libertad que Él impone es tan grande como la fe del comunismo en el hombre.[13]

El discurso «El imperio del mal» de Reagan sacudió al mundo.
En él, dijo:

Oremos por la salvación de todos los que viven en la oscuridad totalitaria. Oren para que descubran el gozo de conocer a Dios. Pero hasta que lo hagan, seamos conscientes de que mientras ellos predican la supremacía del Estado, declaran su omnipotencia sobre el hombre individual y predicen su dominio final de todos los pueblos sobre la tierra, son el foco del mal en el mundo moderno.

Fue C. S. Lewis quien, en su inolvidable *Screwtape Letters* (Las cartas de Screwtape), escribió: «El mayor mal es hecho ahora en esas sórdidas "pocilgas del delito" que Dickens amaba pintar... Es concebido y ordenado; trasladado, secundado, llevado y apuntado en oficinas claras, alfombradas, calefaccionadas y bien iluminadas por hombres silenciosos con cuellos de camisa y uñas bien cortadas, y mejillas suavemente afeitadas, que no necesitan alzar sus voces»...Así que en nuestras discusiones sobre las propuestas de desarme nuclear los insto a tener cuidado con la tentación del orgullo, la tentación de declararse alegremente por encima de todas las cosas y rotular que ambos lados tienen la culpa, ignorar los hechos de la historia y los impulsos agresivos de un imperio del mal, sencillamente llamar a la carrera armamental un malentendido gigante y por lo tanto, retirarse de la lucha entre lo correcto y lo incorrecto y entre el bien y el mal.

Creo que nos sentiremos con fuerza para enfrentar el reto. Creo que el comunismo es otro capítulo triste, grotesco, en la historia de la humanidad, cuyas últimas páginas se están escribiendo incluso ahora. Creo esto porque la fuente de nuestra fortaleza en la búsqueda por la libertad humana no es material, sino espiritual. Y porque no conoce limitaciones, debe aterrorizar y finalmente triunfar sobre aquellos que esclavizarían a sus congéneres. Porque, en las palabras de Isaías: «Él da esfuerzo al cansado, y multiplica las fuerzas al que no tiene ningunas. (...) Pero los que esperan a Jehová tendrán nuevas fuerzas; levantarán alas como las águilas; correrán, y no se cansarán; caminarán, y no se fatigarán».[14]

El discurso de Ronald Reagan impactó al mundo. Natan Sharansky me dijo en Jerusalén, que él recordaba a compañeros de prisión golpeando los muros de la cárcel para comunicar el discurso del presidente estadounidense. Lech Walesa, el líder del movimiento de solidaridad, en Polonia, dijo que lo inspiró a él y a millones más.

Una pintura titulada «Un cargo para mantener» (*A charge to keep I have*) cuelga de la Oficina Oval. Estuvo inspirada en una canción favorita de Charles Wesley. Hay un jinete resuelto que se adelanta a otros dos que instan a sus caballos a subir por un sendero angosto y empinado. Dicho jinete tiene un parecido superficial a George W. Bush.

Un Dios que glorificar,
Un alma eterna por salvar
Para al cielo a ella guiar,
Para servir a esta edad
Y mi llamado realizar.
Que toda mi fuerza esté
En hacer del Señor su voluntad.

En noviembre de 1998, George W. Bush viajó a Israel. El viaje fue auspiciado por la Coalición Nacional. Apoyaba firmemente las políticas del entonces primer ministro de Israel, Benjamín Netanyahu. El señor Bush cenó con el señor Netanyahu el 30 de noviembre, así como también, mantuvo reuniones con otros dirigentes israelíes. Uno de los elementos más importantes del viaje fue una gira en helicóptero conducida por el ministro de asuntos exteriores de ese entonces, Ariel Sharon, al cual Bush le dijo: «Si usted cree en la Biblia como lo hago yo, sabrá que ocurrirán cosas extraordinarias».

Cuando se despidieron, el señor Bush le dio cálidamente la mano y dijo: «Sabes Ariel, es posible que yo sea presidente de los Estados Unidos y tú, primer ministro de Israel».

Sharon se rió y dijo: «Es poco probable que yo, una figura tan controversial en la política israelí, me convirtiera en el primer ministro».[15] Pero, de hecho, Sharon lo hizo, en unas elecciones especiales que se llevaron a cabo en febrero de 2001.

Durante la última votación presidencial de Estados Unidos de América, Sharon fue el primer ministro en rehusarse a reunirse con un candidato a presidente, John Kerry. Ni siquiera se encontraría nunca con el hermano de éste, a pesar del hecho de que la mayoría de la comunidad judía es demócrata. Sharon estaba dispuesto a caer sobre su espada política, por Bush. Si éste hubiera perdido, Sharon se hubiera hundido con él.

George W. Bush tiene la oportunidad de hacer con el islamofascismo lo que Reagan hizo con el comunismo, pero necesita de nuestras oraciones. Ahora que el Departamento de Estado está encabezado por Condoleezza Rice, sólo se requiere dar el siguiente paso. Así como Ronald Reagan ganó la Guerra Fría, podemos ganar ésta, ¡pero no sin claridad moral! Como dijo Reagan: «Si alguna vez olvidamos que somos una nación que está bajo Dios, entonces seremos una nación fracasada».[16]

La Iglesia se unió para apoyar la película *La pasión de Cristo* como una historia sobre el bien en contraposición al mal. Hicieron lo mismo en la campaña de reelección de George W. Bush; los cristianos consideraron los ataques contra él como el mal en contraposición al bien. Es forzoso que la Iglesia se concentre ahora en la fuente de todos los males, Satanás mismo, y que ore para que Cristo nos libere. Creo que si se comprometiera con 2 Crónicas 7:14 y con la oración de intercesión, esta pasión por la oración y el arrepentimiento fomentará un Gran Despertar en los Estados Unidos que se esparcirá por todo el mundo.

SÓLO CON CLARIDAD MORAL ENCONTRAREMOS LA VERDADERA PAZ

En 1991, estuve en el Palacio Real de Madrid durante la mayor parte de las sesiones de la Conferencia de Paz de Oriente Medio. Advertí que las delegaciones de Israel y Arabia no estaban teniendo contacto visual, y cuando lo hacían, se podía ver el resentimiento en sus ojos. Había un espíritu de falta de perdón. Durante una de las pausas, conocí al ministro de relaciones exteriores de Siria y al embajador de Egipto.

Me dirigí al embajador egipcio y dije: «¿Por qué no perdona a su hermano, como lo hicieron el más famoso secretario de Estado y el primer ministro?».

Me miró, sonrió y dijo: «Nunca sucedió. Nunca tuvimos a un hombre así».

Abrí mi Biblia en el libro de Génesis y le leí parte de la historia de José en Egipto, quien perdonó a sus hermanos.

Benjamín Netanyahu, a quien recomendé para su primer cargo en el gobierno del Primer Ministro Begin, en 1982, fue esquivado en numerosas ocasiones por el presidente Clinton, debido a la claridad moral de aquél y a su gran admiración por Ronald Reagan. Como miembro del National Press Club (Club Nacional de Prensa), tuve la ocasión de oír a Benjamín Netanyahu dirigirse a ese grupo. Se refirió a la política de Ronald Reagan y a su admiración por él. Los miembros del NPC rieron con escarnio.

Comparto con usted estas dos historias para ilustrar que demasiados pocos están guiados por las verdades morales de la Biblia, o ni siquiera las comprenden. Aquí es cuando se necesita que los cristianos se pongan de pie más que nunca. Estamos en la situación difícil actual por la falta de claridad moral y la incapacidad para saber quiénes son nuestros amigos y quiénes nuestros enemigos, a quienes debemos conocer. Tenemos dos oponentes, el ala irreconciliable del islamismo y el poder maligno que la inspira. Una vez que el pueblo de Dios vea esto con claridad, saquearemos el infierno para poblar el cielo.

La base para derrotar el fanatismo y las características déspotas del islamofascismo reside en la fe cristiana y en la claridad moral de George W. Bush, así como el vencer al comunismo estaba en la fe y en la visión moral de Ronald Reagan. Debemos oponernos a los regímenes totalitarios. Debemos establecer una base y principios bíblicos para la batalla que están librando el presidente Bush y los Estados Unidos. Sin ellos, no podemos ganar esta guerra. Si nos volcamos hacia dentro, relajándonos en nuestras propias comodidades, y dejamos de promover todos los principios judeo-cristianos sobre los cuales se construyó nuestro país, dejaremos que con demasiada facilidad el mal se salga con la suya.

En las mentalidades de la elite izquierdista de Europa, Bush es un vaquero sediento de sangre y un imbécil. (A Ronald Reagan se lo rotuló de manera similar, sin embargo fue él el que acuñó el término «Triángulo de hierro» para definir el matrimonio entre los grupos de interés especial liberales, los políticos y los medios de comunicación.) Se burlan del señor Bush y ponen en tela de juicio la fe cristiana por ver al mundo blanco o negro. Consideran que su brújula moral es un instrumento peligroso. Se han enamorado de la pacificación porque no creen en el mal y, por ende, se niegan a enfrentarlo. Sin embargo, el 11 de septiembre de 2001, emergió en los Estados Unidos de una manera nunca antes vista. La nación se unió para enfrentar el mal, en Afganistán y en Irak. Desde ese momento, nuestras heridas han sanado, nuestros sentidos han sido amortiguados y nuestros recuerdos, opacados. Creo que estamos al borde de la mayor oportunidad en la historia de enfrentar la fuente de todo mal. Si fracasamos, los resultados serán catastróficos.

Los liberales están atravesando un momento difícil al ver claramente los asuntos morales porque la mayoría de ellos son relativistas en ese aspecto. Rechazan las normas absolutas del bien y del mal o de lo correcto e incorrecto. En su visión mundial, el hombre es perfectible, la naturaleza humana está en camino hacia el esclarecimiento y el concepto de pecado original es primitivo.

Estos humanistas inventaron que Arafat es un pacificador y le dieron la fachada de un luchador por la libertad, no la de un terrorista. A sus ojos, los que bombardean a los judíos están actuando de ese modo debido a injusticias. Las víctimas de estos crímenes son vistas como los causantes del problema; y los perpetradores, como los inocentes y explotados. Esos mismos humanistas creen en la mentira de que los malos actos son culpa de la sociedad o de circunstancias psicológicas o económicas. Los relativistas morales detestan a los que adoptan la naturaleza del mal. Las víctimas son demonizadas y los asesinos, glorificados. Vimos que en septiembre de 1993, cuando Arafat fue invitado a la Casa Blanca de Clinton, en lugar de ser aprehendido como un malhechor y asesino (hubo un notable llamamiento para su arresto por ordenar los asesinatos brutales del embajador Cleo Noel y el *chargé d'affaires* C. Curtis Moore en Kartún, Sudán, en 1973), se le dio la bienvenida como a un estadista internacional.

El presidente Bush, en su discurso del Estado de la Unión, luego del 9 de septiembre, dijo: «El mal es real, y debe ser combatido».[17] El presidente Bush fue llamado «simplista» porque no vio la diversidad y la tolerancia como una alternativa razonable. Querían que Bush pidiera disculpas por recurrir a su Dios y a la Biblia en busca de guía.

Los humanistas seculares buscan excusas para el mal o, lo que es peor, niegan su existencia y lo consienten al rechazar confrontarlo. En cambio, lo alimentan.

Jesús no negoció con el mal; Él no lo trató dulcemente ni cedió ante él. El mal es ver los asuntos morales en tonos de gris, no en blanco y negro. Se rechaza la realidad del mal porque se rechaza la Biblia como la norma de oro de la verdad moral.

El partido nazi se refirió al embajador liberal de EE.UU. Joseph Kennedy como el mejor amigo de Alemania en Londres, debido a su abierto antisemitismo. En sus mentes retorcidas, los judíos habían provocado la guerra porque tenían la intención de destruir al Estado alemán. «Todo judío», escribió el político nazi Joseph Goebbels, «es un enemigo del pueblo alemán».[18] Creía en el mito de la conspiración judía llamado *Los protocolos de los ancianos sabios de Sion*. Hasta el final, los nazis mantuvieron la plausible negación acerca de las injusticias que cometieron contra los judíos. Adolf Eichmann, cuyos continuos juramentos de que él «sólo estaba obedeciendo órdenes», en los juicios de Núremberg, lo convirtieron en el muchacho de tapa para aclarar la conciencia; fue un ejemplo excelente.

Si el diablo existe, como lo dice la Biblia, no hay mejor prueba que el hecho de que los que seguían sus intereses primero buscaban destruir a los judíos y luego a los cristianos. Es una lección que debimos haber aprendido en la Segunda Guerra Mundial y que volvemos a enfrentar con los islamofascistas.

En la ceremonia de graduación de Harvard, en 1978, Alexander Solzhenitsyn impactó a esa augusta universidad y a la nación con su discurso: «Un mundo dividido». Él vio los efectos de la declinación en los Estados Unidos, en los intentos de divorciar a Dios de sus plazas públicas y al construir un muro de separación entre Iglesia y Estado, reemplazando a Dios por el gobierno como creador de las libertades. Habiendo socavado su visión moral, los Estados Unidos habían perdido su valentía para enfrentar al mal en el mundo. Solzhenitsyn advirtió que, mientras tenían exabruptos ocasionales al tratar con gobiernos débiles, los políticos de EE.UU. se paralizaban al tratar con potencias extranjeras y terroristas internacionales. Caracterizó el conflicto actual de nuestro planeta como una guerra física y espiritual que ya se había iniciado e identificó a los agresores soviéticos como las fuerzas del mal. Solzhenitsyn sabía que se habían asesinado a millones de personas en el sistema de campos de concentración de Gulags. Él mismo lo había sufrido en carne propia:

> ¿Cómo es que Occidente cayó de su marcha triunfal a su enfermedad actual? ¿Hubo cambios y pérdidas fatales de rumbo en su desarrollo? Parecería que no fue así. Occidente siguió avanzando socialmente de acuerdo con sus intenciones proclamadas, con la ayuda del brillante progreso tecnológico. Y de repente se encontró a sí mismo en su actual estado de debilidad.
>
> Esto significa que el error debe estar en las raíces, en la propia base del

pensamiento humano de los últimos siglos. Me refiero a la visión prevaleciente occidental del mundo que primero nació durante el Renacimiento y halló su expresión política en el período del Iluminismo. Se convirtió en la base para el gobierno y la ciencia social y podría definirse como humanismo racionalista o autonomía humanista: la autonomía proclamada e impuesta del hombre proveniente de cualquier fuerza más elevada por encima de él...

...Esta nueva forma de pensamiento, que se nos había impuesto como guía, no admitía la existencia del mal intrínseco en el hombre ni veía una tarea más elevada que el logro de la felicidad en la tierra. Basó a la civilización occidental moderna sobre la tendencia peligrosa de adorar al hombre y a sus necesidades materiales.[19]

Con estas pocas palabras, Solzhenitsyn repentinamente se halló siendo un paria. Antes alabado por los medios de comunicación, ahora este gran hombre era tratado como si no existiera; todo porque, dentro del libro de reglamentos de la elite intelectual, nadie que cree en Dios es tomado tan en serio. Lo que es más, se suponía que los fines de la década de 1970 eran una era de relajamiento de tensiones, un momento de reducirlas; emitir juicios morales acerca del comunismo era visto como destructivo para toda oportunidad de paz mundial. Pero a Solzhenitsyn nunca le interesó disminuir las tensiones. Él sabía que tomar la posición de la verdad significaba enfrentar la mentira, enfrentar el mal.

En su tratado *The Reagan Doctrine* (La doctrina de Reagan), Lee Edwards escribió:

> Muchos conservadores consideran el discurso de Reagan del «Imperio del mal» como el más importante de su presidencia, como un ejemplo apremiante de lo que el presidente checo Vaclav Havel denomina «el poder de las palabras para cambiar la historia». Cuando Reagan visitó Polonia y Berlín Oriental luego de la caída del comunismo soviético, muchos ex disidentes le dijeron que cuando él llamaba a la Unión Soviética un «imperio del mal», les daba una enorme esperanza. Finalmente, se decían unos a otros, Estados Unidos tenía un dirigente que «comprendía la naturaleza del comunismo».[20]

Ronald Reagan era un gran admirador de Alexander Solzhenitsyn. Estaba de acuerdo con su creencia de que el conflicto entre la ideología comunista y la del mundo libre presentaba un problema moral. A diferencia de la izquierda liberal, Reagan no aceptó la idea de que la democracia occidental y un comunismo ateo podían coexistir pacíficamente. Él creía que, en algún punto, el enfrentamiento entre las dos superpotencias era algo certero. Consideraba que cada vez que las relaciones entre los dos países se alivianaban, los soviéticos se aprovechaban de la oportunidad de dar pasos hacia delante en su plan de dominación. Era su creencia que todo el objetivo de la Unión Soviética era arrancar las semillas de la democracia en donde quiera que hubieran sido plantadas y reemplazarlas con la cizaña del comunismo.

La izquierda liberal no tenía más que enojo ante la visión del comunismo que tenía Reagan. Él fue rotulado como «extremista» y comparado con Joseph McCarth, el rabioso anticomunista de fines de la década de 1940. Y, al igual que el presidente George Bush, fue tildado de fascista. Los liberales se negaban a creer que un Estado totalitario era malo por definición, en la época de Reagan, y que lo sigue siendo hoy día.

¡La batalla de Jesús fue entre las tinieblas y la luz! Él nos enseñó a orar para que Dios nos liberara del mal. Cien millones de personas murieron en el siglo XX bajo regímenes totalitarios. Como judío, soy muy consciente de los que murieron en la Unión Soviética y en Europa; pero eso es sólo una parte de la angustia. Estuve en Camboya, en los campos de matanza, con un pastor que lloraba. Estábamos rodeados de calaveras y trozos de ropa. El pastor me llevó al árbol del parque donde se aplastaban los cráneos de los miembros de su iglesia. Sólo seis de ellos escaparon a la muerte.

Me hago eco de las palabras del presidente Bush:

Sé que muchos estadounidenses sienten temor en este momento. Hemos aprendido que Estados Unidos no es inmune a los ataques. Hemos visto que el mal es real. Es difícil para nosotros comprender la mentalidad de personas que destruirán a inocentes en la forma en que lo hacen. Sin embargo, Estados Unidos es tan grande como este reto, no se equivoquen. Han despertado a un poderoso gigante.[21]

Capítulo tres

QUÉ DEPARA EL FUTURO

Este nuevo enemigo busca destruir nuestra libertad e imponer sus visiones. Nosotros valoramos la vida; los terroristas la destruyen despiadadamente. Nosotros valoramos la educación; los terroristas no creen que las mujeres deben recibirla ni tampoco tener un servicio médico, ni deben abandonar sus hogares. Nosotros valoramos el derecho a expresar lo que pensamos; en cuanto a los terroristas, la libertad de expresión puede ser un motivo de ejecución. Nosotros respetamos a las personas de todas las creencias y le damos la bienvenida a la libertad de culto; nuestro enemigo quiere dictaminar cómo pensar y cómo adorar incluso a sus congéneres musulmanes.[1]

—Presidente George W. Bush

Uno se retira cuando gana. El retiro en fases es una forma de decir, independientemente de cómo sean las condiciones en el terreno, que vamos a buscar escapatorias.[2]

—Tony Snow,
vocero presidencial respondiendo a preguntas
sobre la partición de irak y el retiro de nuestras tropas,
19 de octubre de 2006

El 6 de diciembre de 2006, el Grupo de Estudio sobre Irak, una comisión bipartidaria de políticos y abogados copresidida por el ex secretario de Estado James Baker y el ex representante de Indiana y vicepresidente de la Comisión del 11 de septiembre, Lee Hamilton, emitió su informe sobre la situación en Irak. Éste contenía setenta y nueve recomendaciones sobre qué hacer próximamente en Irak y comenzaba con estas palabras: «La situación en Irak es grave y se está deteriorando. No hay ningún camino que pueda garantizar el éxito, pero se pueden mejorar las perspectivas».[3]

El informe halló un elogio tremendo en todo Oriente Medio.

Abu Ayman, un antiguo dirigente de la yihad islámica, dijo esto sobre él:

El informe demuestra que esta es la era del Islam y de la chía...
Los estadounidenses llegaron a la conclusión de que el islamismo es

el nuevo gigante del mundo y de que sería inteligente reducir el nivel de hostilidades contra este gigante. En el Corán, el principio de la rotación es claro y de acuerdo con él, el fin de los estadounidenses y de todos los no creyentes se está acercando...

Esperamos que luego de perseguir la ocupación de Irak, estos esfuerzos y experiencias de la chía se transfieran a Palestina y, sí, quiero decir que espero que estos soldados vengan a Palestina como parte de un gran ejército islámico.[4]

Abu Abdullah, un antiguo líder del «ala militar» de Hamas, las Brigadas Militares de los Mártires de Izzedine al-Quassam, tuvo esto para decir:

> No es sólo una simple victoria. Es una muy grande. La gran superpotencia del mundo es derrotada por un pequeño grupo de mujaidines o muyahidines (luchadores). ¿Han visto las ropas y las armas de los mujaidines en comparación con el enorme arsenal individual y los suministros que portaba cada soldado estadounidense?...
>
> No caben dudas de que Alá y sus ángeles estaban luchando con ellos (los insurgentes) contra los estadounidenses. Es una señal para todos los que siguen diciendo que Estados Unidos, Israel y Occidente en general no pueden ser derrotados en el terreno, por lo que resultaría mejor negociar con ellos.[5]

Abdullah luego añadió que después de su retiro de Irak, los Estados Unidos serían derrotados en su propio suelo.

Abu Naser, el segundo comandante de las Brigadas de los Mártires de Al Aqsa, la así llamada ala militar de la Autoridad Palestina, declaró que el informe era una victoria para los insurgentes:

> La victoria iraquí es un gran mensaje y una gran lección para los movimientos revolucionarios y de liberación del mundo. Simplemente pensar que esta resistencia es conducida por cientos de luchadores sunnitas que derrotaron a cientos de miles de estadounidenses, británicos y a miles de soldados que pertenecen al régimen títere de Bagdad. ¿Cómo sería la situación si los chiitas decidieran unirse a la resistencia?...
>
> Si Israel no empieza a negociar su retirada estamos preparados para lanzar la nueva etapa del levantamiento.[6]

Mahmud Ahmadinejad mismo tuvo esto para decir luego de la publicación del informe del Grupo de Estudio:

Las potencias opresoras desaparecerán mientras que el pueblo iraní permanecerá. Toda potencia que esté cerca de Dios sobrevivirá mientras que las potencias que están lejos de Él desaparecerán como los faraones...
Hoy día, son los Estados Unidos, Gran Bretaña y el régimen sionista los que están destinados a desaparecer ya que se han apartado mucho de las enseñanzas de Dios...
Es una promesa divina.[7]

James Baker y Lee Hamilton no pudieron haberlo expresado mejor si hubieran agitado el informe ante los terroristas como una bandera blanca. Los Estados Unidos no cuentan con la voluntad política de ganar la guerra contra el terrorismo.

¿Realmente, estamos al borde de una retirada?

LLAMAR A NUESTROS AMIGOS, ENEMIGOS, Y A NUESTROS ENEMIGOS, AMIGOS

¿Qué es el informe Baker-Hamilton? Es un análisis de todo lo que el Grupo de Estudio sobre Irak pensó que los Estados Unidos estaban haciendo erróneamente en Irak. También es un análisis de cómo y por qué el enemigo está ganando y por qué estamos siendo derrotados. Es un mapa de ruta de cómo deberíamos ganarle al enemigo a través de la pacificación.

Si alguien hubiera escrito un informe como este sobre el nazismo, en medio de la Segunda Guerra Mundial, se lo habría rotulado de traición. El Informe del Grupo de Estudio sobre Irak no se escribió como un documento de seguridad nacional para que analicen el presidente y los jefes del cuerpo administrativo; fue escrito para la inspección minuciosa del público. El documento fue impreso como un libro por una empresa de medios que se contrató para vender esta doctrina de apaciguamiento al pueblo estadounidense. Al hacerlo, les han dado a los yihadistas del mundo un proyecto para derrotarnos finalmente.

Una de las recomendaciones del Grupo de Estudio de Irak es llevar a cabo una conferencia de paz de Oriente Medio con los vecinos de aquél país, para que ayuden a proteger sus fronteras y a dar fin a la violencia sectaria. Entre los invitados a la mesa de negociaciones, estarían Siria e Irán, pero no a Israel, otro país de la región. Ah, y ellos pensaron que Al-Qaeda (organización terrorista islámica) tampoco debía formar parte del convenio. ¿Cuál es la gran zanahoria sobre la mesa para atraer a estas naciones? Israel se retiraría a sus fronteras anteriores a 1967.

¿Por qué debemos suponer que un plan como ese funcionaría ahora? Después de todo, no lo hizo en Madrid, luego de la primera guerra de Irak, cuando el señor Baker era secretario de Estado. ¿Ha llegado el momento de desempolvar nuevamente el «Mapa de Ruta»?

Como lo dijo el propio Grupo de Estudio, no había realmente nada nuevo en su informe. En cambio, recogieron lo que creyeron que eran las mejores recomendaciones disponibles y se las informaron al presidente. Éste era libre de hacer lo que le complaciera con los resultados. El informe parece haber sido un fogonazo de escopeta, más que un disparo acertado. Sin embargo, su ánimo es sombrío, y tiene poco bueno para decir acerca de cómo se ha manejado la guerra hasta la fecha. Era como si hubieran escrito para adecuarse al estado de ánimo en el despertar del resultado sangriento de las elecciones de 2006: «Irak es un lío. Las cosas van de mal en peor aquí. Es problema de los iraquíes solucionar sus asuntos de seguridad interna, no el nuestro. Hemos intentado la acción militar para mejorar las cosas, pero no ha funcionado; ahora ha llegado el momento de entregarlo a los diplomáticos, incluso si esto significara reunirse con enemigos que han demostrado una seria falta de buena fe en las negociaciones del pasado. Hemos tenido demasiada guerra; ahora es momento de intentar con algo de apaciguamiento».

Respondió el Consultor Nacional de Seguridad Stephen Hadley:

> Acá está Siria, que claramente está presionando a la democracia libanesa, que apoya el terror; está proveyendo y apoyando a Hezbolá y ayudando a Irán en sus esfuerzos por apoyar a Hezbolá, [y] está apoyando las actividades de Hamas... Esta no es una Siria que está en la agenda para traer paz y estabilidad a la región.[8]

No obstante, el comité Baker/Hamilton parece creer que Siria es exactamente el tipo de país al que deberíamos intentar cortejar para llegar a una conferencia de seguridad regional, y en el que podríamos confiar para trabajar por la paz, aunque ha sido lo más lejano de sus intereses en más de cuatro décadas.

En contraste, los funcionarios del departamento de defensa se sienten muy incómodos con la idea de otorgarles un papel a Irán y a Siria, a expensas de Israel. Según lo ven ellos, dicha estrategia bien podría socavar a los aliados árabes de los Estados Unidos, tales como Egipto, Jordania y Marruecos:

> La estrategia regional es un eufemismo de arrojar a la Irak libre a los lobos de su vecindario: Irán, Siria y Arabia Saudita... Si se adopta la estrategia regional Baker, le demostraremos a todo el mundo que es mejor ser enemigo que amigo de los Estados Unidos. La hostilidad de Jim Baker hacia los judíos es un hecho establecido y lo ha congraciado con los enemigos de Israel en la región.[9]

Usted pensará que hay un grupo de estadistas en Washington que está más interesado en su propia agenda política que en hallar un camino para que los Estados Unidos ganen.

UNA PETICIÓN PARA EL PRESIDENTE

En respuesta al Informe del Grupo de Estudio sobre Irak, redacté la siguiente petición para el presidente Bush:

Estimado presidente Bush:
La crisis en Irak es seria; sin embargo, no creo que la solución resida en apaciguar a los Estados terroristas, como lo propone James Baker y el Grupo de Estudio sobre Irak (recomendación 55). El enemigo ha hecho que Irak sea el frente central en el camino al terror.

Señor presidente, apoyo plenamente su doctrina del 9/11 sobre el terror. «Si uno da refugio a terroristas, uno es un terrorista. Si uno entrena a terroristas, es un terrorista. Si alimenta a un terrorista o financia a un terrorista, es un terrorista; y Estados Unidos y nuestros amigos lo considerarán responsable».

El Informe Baker-Hamilton propone que usted se acerque por medios diplomáticos al Estado terrorista de Irán como miembro del grupo de apoyo, sin evaluar condiciones previas (recomendación 5). Señor presidente, yo no apoyo que un régimen terrorista se convierta en un miembro del grupo de apoyo, especialmente uno que es responsable de los asesinatos de la mayoría de las tropas estadounidenses en Irak por medio de dispositivos explosivas improvisados (IED) y a su mandatario, alguien que continúa enriqueciendo el uranio; alguien que continúa proclamando que debería borrarse del mapa a millones de judíos y alguien que visualiza un mundo sin Estados Unidos. No creo que el Consejo de Seguridad de la ONU, con Francia, Alemania, Rusia, China y Estados Unidos, como miembros permanentes, deba ser la conciencia moral que determine el futuro del programa nuclear de Irán (recomendación 10).

El Informe Baker también propone que a todos los militantes e insurgentes de Irak (terroristas) que han matado a estadounidenses se les otorgue una amnistía (recomendaciones 31, 35). Señor presidente, casi tres mil estadounidenses han sido asesinados por los terroristas. Eso es comparable a la cantidad de muertos del 11 de septiembre. Otros veintiún mil han sido gravemente heridos. No apoyo el apaciguamiento de los terroristas ni creo que los terroristas dejarán de matar estadounidenses si les ofrecemos una pacificación.

James Baker propone que toda la crisis de Irak está inextricablemente vinculada con el conflicto árabe/israelí y que Israel debe aceptar como socio de la paz a un régimen terrorista (recomendaciones 13, 14, 17). El informe también declara que tierra por paz es la única base para lograr la paz.

A Israel se le pide, nuevamente, que pague el precio del apaciguamiento al permitir que los terroristas del Líbano regresen a Palestina; al entregarle a un régimen terrorista, la Autoridad Palestina, tierra por paz, es decir, Judea, Samaria y Jerusalén oriental; y al devolver las Alturas del Golán sin condiciones previas (recomendación 16) a Siria, otro Estado terrorista. El informe también pide que Israel sea excluida de una conferencia regional en Oriente Medio, mientras tanto Siria como Irán estarían incluidas (recomendación 3). No creo que el hecho de apaciguar regímenes racistas que se niegan a reconocer el derecho de existencia de Israel, que rechazan el Holocausto y que quieren borrar del mapa a los judíos sea la respuesta a nuestros problemas en Irak.

No creo que a los Estados terroristas responsables de haber asesinado estadounidenses e israelíes se les deba ofrecer incentivos (recomendación 51) o acceso a organizaciones internacionales, incluyendo la Organización de Comercio Mundial.

Neville Chamberlain propuso un plan de apaciguamiento similar al de los fascistas. Le costó al mundo 61 millones de muertes, incluyendo la de los seis millones de judíos. Winston Churchill dijo en 1931 que al mundo le faltaba la «valentía democrática, la sinceridad intelectual y la disposición para actuar».

No debemos fracasar en esta prueba. Si lo hacemos, los yihadistas enfilarán hacia nosotros. La raíz de la ira es el fanatismo racial contra los cristianos y los judíos (Cruzados y sionistas).

Señor presidente, oro por usted. Estados Unidos e Israel están en el camino a ser dañados. Humildemente, creo que la claridad moral y la fe en Dios, según 2 Crónicas 7:14, serán los elementos claves para ganar la guerra contra el islamofascismo; no, el apaciguamiento.

¿ES IRAK OTRO VIETNAM?

Si bien lo hemos mencionado anteriormente, vale la pena repetirlo aquí: «Ganarle la guerra al terrorismo significa derrotar la ideología del islamofascismo. No se trata sólo de Irak, pero éste debe ser una primera victoria en el camino, con dos centros de gravedad: 1) Mantener la voluntad política de la civilización occidental de ganar esta guerra y, 2) en el corto plazo, detener el flujo de apoyo financiero y armamental iraní a los grupos terroristas de Irak, y a largo plazo, parar las ambiciones nucleares de Irán».

Así como el nazi fascismo surgió en la década de 1930 de las cenizas de una nación impotente y derrotada en el norte de Europa, hasta el punto de amenazar al mundo, ha surgido un nuevo totalitarismo en el islamofascismo que promete ser un reto aún mayor. Este fanatismo es el principio de unidad central de un mundo de personas descontentas y sin privilegios que desean derrocar las naciones que, de acuerdo con sus doctrinas distorsionadas, los han explotado durante siglos. No es una guerra para tener lo que tiene Occidente, sino para reducir a Occidente al nivel de los conquistadores. Es más de lo que jamás fue el comunismo, porque agrega el sello solamente posible en el fervor religioso; por lo tanto, es una amenaza mucho mayor para el mundo que cualquier otra cosa por la que hayamos luchado en la Guerra Fría.

Los liberales se burlan de la idea de que tales cobardes militares como Irán podrían alguna vez llegar a ser una amenaza a nuestras fronteras o a nuestra existencia como nación. Parecen olvidar que si los islamofascistas obtienen la bomba, el poder militar convencional significará poca cosa. Si el objetivo simplemente es el ataque y la inhabilitación de Occidente con poco temor a represalias, no hay nada como tener a todo un régimen con la mentalidad de un bombardero suicida dispuesto a golpear a los Estados Unidos con unos pocos ataques nucleares cuidadosamente sincronizados. Eso sería mejor que una invasión. Y, tal como escribí en el prólogo de mi libro *Showdown with Nuclear Iran* (Enfrentamiento con el Irán nuclear), el sueño de Ahmadinejad de borrar a Israel del mapa podría cumplirse con un golpe nuclear centrado en Tel Aviv.

Muchos asemejan la batalla en Irak a la guerra que libramos en Vietnam, pero dejan de lado algunos puntos de comparación clave. Primero que nada, los comunistas contra los que peleamos allí no estaban de ninguna manera cerca de poder atacarnos con armas nucleares. Algunos dicen que el costo de Irak es demasiado alto y apuntan nuevamente a Vietnam, comparándolos. Si bien no apoyo la idea de una muerte innecesaria entre los hijos que luchan en la milicia de EE.UU., debemos darnos cuenta de que hemos perdido aproximadamente tres mil soldados en Irak, en comparación con los aproximadamente cincuenta y ocho mil que se perdieron en Vietnam. Si bien el costo de la guerra en Irak es cada vez más alto, ¿alguien se ha detenido a considerar el de una retirada? Si no ganamos la guerra en Irak y terminamos allí con la amenaza terrorista, por cierto tendremos la oportunidad de hacerlo de nuevo cuando «llegue a un cine cerca de su casa».

¿Hemos sido tan apresurados en olvidar la lección de *The Ugly American* (El estadounidense feo)? Tal vez, sí, porque hoy el término ya no se refiere al héroe de ese libro: Un hombre físicamente feo, pero innovador, que fue al sudeste asiático para dar uso a su capacidad de invención, con el fin de elevar el nivel de vida. En cambio, usamos la frase para referirnos a un consumidor ampuloso y «egomaníaco» de los recursos de otras culturas que tantos, en el mundo, han llegado a ver como lo peor de la cultura estadounidense. A pesar de esto, la principal lección de *The Ugly American* era que perdimos la guerra en Vietnam, no, debido a disparidades insuperables, sino a que Washington se negó a dejar que los militares de la tierra lucharan sin ser micro-manejados por comités y comisiones parlamentarias. Los que llevaban la batuta se rehusaron a estudiar el Viet Cong y a contrarrestar las tácticas de los comunistas. Las reglas tradicionales de la potencia de fuego y el uso de la fuerza militar para capturar territorio hicieron poco bien en la selva, donde las líneas no significaban nada, y las emboscadas de la guerrilla eran más fáciles que choques cabeza con cabeza. El uso de técnicas de infantería estándar de la Primera y la Segunda Guerras Mundiales no significaba nada en este caos; y está demostrando que, menos aún, en las calles de Bagdad. ¿Los políticos piensan de nuevo que saben más que los expertos militares, acerca de cómo ganar?

¿No es interesante el hecho de que no hubiera ningún general activo de EE.UU. o de Israel o, incluso, un especialista en historia y política de Oriente Medio, entre los miembros del Grupo de Estudio sobre Irak? No hubo nada más que políticos, abogados y diplomáticos. Es suficientemente extraño que los miembros decidieran que las respuestas en Irak eran políticas y diplomáticas, no militares. Lo que suministraron fue una salida, no un camino a la victoria ni la protección de nuestras tropas. Sugirieron que debían traerse a la mesa de negociaciones a regímenes indignos de confianza, ofreciendo tierras israelíes para apaciguarlos.

Luego de la publicación del informe del Grupo de Estudio sobre Irak, debatí el tema de la guerra con Irak con Al Shapton, en *Hardball with Chris Matthews*. El consenso de opiniones, tanto del señor Sharpton como del señor Matthews, era que Israel era el núcleo del problema, no Irán.

No me malentienda, me encantaría que regresen nuestras tropas; pero si no lo hacen en victoria, sólo estaríamos trayendo a casa una pelea, en nuestro propio umbral.

Si estamos luchando contra fuerzas guerrilleras furtivas, entonces debemos permitir que nuestros militares expertos en ese tipo de guerra conduzcan el curso hacia la victoria. Debemos desarmar a grupos militantes tales como el poderoso ejército de ahora, posiblemente, sesenta mil Mahdi de Al-Sadr; entrenar a las fuerzas iraquíes para luchar contra el terrorismo en las calles, como lo hacen los israelíes; dejar que nuestros grupos de operaciones especiales hagan lo que sólo ellos saben hacer y detener el flujo de armas, financiamientos y soldados desde Irán y Siria a los terroristas que luchan en Irak. Debemos usar nuestros conocimientos y nuestra tecnología, cosas tales como el Global Hawk, un vehículo aéreo sin conducción del hombre que vuela alto y es de larga autonomía, para observar las fronteras de Irak y para cerrarlas, de modo que no se infiltren más terroristas ni municiones en el país.

Al mismo tiempo, debemos continuar reconstruyendo la infraestructura de los servicios públicos de Irak que nuestras tropas encontraron casi sin funcionar cuando ingresaron al país. Los principios de la vida en una sociedad libre, tales como la educación, los tratamientos médicos, el transporte, la libertad de culto, la protección de los derechos de las minorías y de las mujeres, y demás, deben convertirse en «un negocio habitual» en Irak. Esto sólo puede ocurrir, si los iraquíes encuentran un nuevo camino a la unidad entre los diferentes grupos étnico-religiosos que fueron separados más aún por las opresiones del régimen de Baath. Los iraquíes deben hallar una forma de surgir enteros de este conflicto; si no, sólo serán forraje para que sus vecinos los separen después.

SANTIFICAR LA GUERRA CIVIL: LA PROPUESTA DE DIVIDIR IRAK

Mientras que el Grupo de Estudios sobre Irak peleaba contra el hecho de dividir a Irak en regiones autónomas, muchas personas en los Estados Unidos siguen creyendo que es la mejor decisión por tomar es que las tropas regresen antes a su casa. En mayo de 2006, en respuesta a los escuadrones continuos de muerte sectaria y a la violencia civil entre chiitas y sunnitas, el senador demócrata Joshep Biden, Jr. y el presidente emérito del Consejo de Relaciones Exteriores, Les Gelb, fueron los primeros en introducir la idea de dividir Irak como se había hecho con los Balcanes. En pocas palabras, sugerían fragmentarlo en tres regiones, según líneas étnicas y religiosas, que tuvieran cada una soberanía propia, y dividir los ingresos por el petróleo iraquí entre ellas en forma proporcional. El grueso de nuestras tropas se retiraría hacia fines de 2008.

El argumento detrás de gran parte de esto es: ya hay disposiciones en la Constitución iraquí para este tipo de separación extrema de poder federalista. Se piensa que se daría por terminada la lucha étnica, al separar los grupos y reducir la necesidad de tropas de EE.UU. en Irak, casi tan pronto como puedan establecerse las fronteras entre estas regiones.

De acuerdo con Peter Galbraith, un ex funcionario del Departamento de Estado, partidario de dividir Irak:

> La solución de tres estados iraquíes podría conducir a la disolución del país. No habrá motivo para hacer el duelo por la muerte de Irak. Irak ha traído virtualmente una desgracia sin fin al ochenta por ciento de sus habitantes que no sean árabes sunnitas y que sólo podrían estar juntos por la fuerza. Casi con seguridad, la plena independencia de Kurdistán es sólo una cuestión de tiempo. Como tema moral, los curdos de Irak no tienen menos derecho a la independencia que los lituanos... Y si los chiitas de Irak desean manejar sus propios asuntos o, incluso, tener su

propio Estado, ¿sobre qué principio democrático se les debería negar? Si el precio de un Irak unificado es otra dictadura, es un precio muy alto para pagar.

Los hacedores de políticas estadounidenses están reflexivamente comprometidos con la unidad de Irak, como lo estuvieron con la unidad de la Unión Soviética y Yugoslavia. La respuesta convencional al tratamiento de la división de Irak es decir que sería desestabilizadora. Esta es una lectura equivocada de la historia moderna de Irak. Es mantener unida a Irak por la fuerza lo que ha sido desestabilizador. Esto ha conducido a grandes ejércitos, gobiernos represores, ingresos por petróleo derrochados, genocidio en la patria y agresión en el exterior. Actualmente, el esfuerzo fallido de los Estados Unidos para construir un Irak unificado y democrático ha generado una insurgencia feroz y una teocracia chiita.[10]

Aparentemente, la mayor parte del pueblo estadounidense considera que la guerra es un error trágico y que los índices de aprobación del presidente Bush y las elecciones de 2006 reflejan el creciente descontento. Parece, cada vez más, que un Irak dividido permitiría el desarrollo de una estrategia de salida de los Estados Unidos, lo cual no puede hacer una guerra constante; pero ¿eso es lo que deberíamos hacer?

MIRANDO DE CERCA UN PLAN DE PARTICIÓN

Si bien, superficialmente, la idea de un plan de partición parece razonable, no tenemos que cavar demasiado profundo para ver los defectos y los motivos de que la administración Bush rechace la propuesta. En esencia, los que apoyan esta idea están admitiendo que la violencia sectaria es más de lo que podemos manejar, y que Irak ya está en medio de una guerra civil. Si esto es cierto, ¿para qué dejar a nuestras tropas en el fuego cruzado?

Esta propuesta también ignora el hecho de que la violencia es motivada por Teherán y no por los civiles iraquíes. La meta de Irán es una guerra civil iraquí entre los sunnitas y los chiitas. Si vamos a dejar que Ahmadinejad haga lo que quiera en Irak, estabilizar este país se convierte en un asunto de mucha mayor importancia.

Si bien dividir la nación en regiones de acuerdo con la etnia y la religión parece sencillo en un mapa, el pueblo iraquí no pertenece simplemente a tres grupos distintivos. Aunque los principales son árabes chiitas (del cincuenta y cinco al sesenta por ciento), curdos (del diecisiete al veintiuno por ciento) y árabes sunnitas (del dieciocho y medio al veinte por ciento), el país tiene minorías de asirios, caldeos y cristianos armenios (aproximadamente un tres y medio por ciento), de turcomanos (apenas un dos por ciento) y mandianos (casi un medio por ciento).[11] Como es de esperar, hay mucha superposición entre las áreas en las que viven estos grupos étnico-religiosos, especialmente, alrededor de Bagdad, donde se han presentado la mayoría de los problemas. Trazar líneas entre ellas obligaría a la migración u ocasionaría un desastre mayor para las minorías. Bagdad tendría que convertirse en una región compartida similar a Berlín, al final de la Segunda Guerra Mundial y antes de la caída del muro.

En este momento, a pesar de lo que se cubre o no, en las noticias nocturnas, el norte curdo y el sur chiita de Irak son relativamente pacíficos y prósperos. Por el momento, los curdos insisten en el derecho constitucional a gobernar su propia región, y a los ministros de Bagdad no se les permite abrir oficinas en el área. La zona tiene tanta cantidad de nuevas construcciones de inversionistas que cuelga una nube de polvo perpetua de próspera actividad en todas las ciudades principales.

El sur chiita está gobernado por clérigos, milicias y partidos religiosos, bajo el disfraz de oficinas municipales o gubernamentales. Para todos los propósitos prácticos, se ha convertido en un Estado islámico similar a Irán. Una presencia estadounidense permanente en las provincias chiitas del sur sólo sirve para agravar las relaciones con ese sector. Las tropas de coalición son un elemento catalizador de ataques continuos. Con la salida de todas ellas, habría menos probabilidades de incidentes relacionados con el fuego. Es la zona de importancia decisiva árabe sunnita de Irak la que se ha convertido en el campo de batalla de las fuerzas estadounidenses, los terroristas, las milicias chiitas y los restos de quienes apoyaban a los batistas. Bagdad es una ciudad dividida en campos armados. Hay barreras de hormigón que protegen los edificios públicos, los hoteles y los hogares de los poderosos. Los iraquíes más ricos financian sus propias fuerzas de seguridad privadas, como lo hacen los ministros y otros funcionarios gubernamentales. Bagdad ha caído bajo un miasma de asesinatos, secuestros, robos y violaciones, una demostración de la ruptura de la autoridad civil.

Si bien los sunnitas son la minoría (casi del treinta y dos al treinta y siete por ciento de la nación, incluyendo a los árabes y a los curdos), han gobernado Irak, y no demasiado amablemente, desde que el imperio otomano comenzó a controlar la zona, hace casi quinientos años. Como resultado de ello, las tensiones entre las facciones no han sido difíciles de encenderse.

La respuesta a un fin de la violencia sectaria iraquí no consiste en dividir a Irak en regiones o estados semiautónomos, sino en cerrar el grifo del apoyo iraní y sirio de milicias rebeldes y bombarderos suicidas. Significa asegurar las fronteras iraquíes para que el flujo de terroristas y de armas al país se dificulte mucho más.

Nuevamente, digo —ya que Siria es casi un títere, como lo es Hezbolá— que el camino a la victoria en Irak proviene de Teherán. Si vamos a detener la lucha, debemos suprimir el flujo de comercio del odio de parte de los islamofascistas que apuntan a derrumbar al mundo libre para sus propios intereses de dominación islámica. Elimine a los que arrojan fuego en Teherán, y no se sorprenda cuando los fuegos de Bagdad, de repente, se vuelvan tan pequeños que los iraquíes puedan manejarlos solos.

EL PROBLEMA DE LA DIVISIÓN DE LOS INGRESOS POR PETRÓLEO

De acuerdo con estudios convencionales, Irak ahora tiene las terceras reservas conocidas de petróleo en el mundo, con apenas ciento quince mil millones de barriles (está detrás de Arabia Saudita, con doscientos sesenta mil millones y de Canadá, con ciento ochenta mil millones). Sin embargo, los expertos en petróleo también creen que los desiertos de Irak occidental —sólo un diez por ciento de los cuales han sido explorados— pueden tener tanto como cien mil millones de barriles más, mientras que otros creen que podría demostrar tener reservas de petróleo aún más grandes que Arabia Saudita. Es un hecho que parece tener a Teherán y Damasco deseando y esperando que los Estados Unidos dividan en porciones a Irak para que sea más fácil recogerlo.

El petróleo de Irak también está más cerca de la superficie de lo que lo está en otros países y, por lo tanto, es más fácil de extraer, lo cual lo hace mucho más redituable. Las estimaciones son que Irak puede producir petróleo a US$1-1.50 el barril, mientras que éste cuesta unos US$5, en otros países, y tanto como US$12-16, en el Mar del Norte. El analista Mohammad Al-Gallani señaló en la Prensa Canadiense que de los posibles sitios de perforación en Irak, sólo se han abierto ciento veinticinco.[12] No obstante, a pesar de su potencial, gran parte de la infraestructura para la extracción de petróleo en Irak ha sido dañada en las guerras de las últimas tres décadas, y deberá transcurrir un tiempo hasta que esos yacimientos vuelvan a ser eficientemente productivos.

Los principales yacimientos de petróleo de Irak están ubicados en dos lugares: Kirkuk, en el norte y alrededor de Al-Basra, en el sur. Apenas el sesenta y cinco por ciento de las reservas conocidas de Irak están en el sur Chía. Kirkuk tiene unos diez millones de barriles, pero también está bastante cerca de los otros yacimientos importantes de Bay Hasan, Jambur y Khabaz. Si Irak se dividiera en tres regiones, es probable que Kirkuk estuviera controlado por los curdos, y los yacimientos del sur, por los chiitas, dejando una pequeña y desproporcionada cantidad a la zona de los sunnitas, en el centro-oeste.

La Constitución iraquí, como lo señaló el senador Biden, permite la formación de regiones dentro de Irak; debido a ello, los sunnitas la apoyaron menos. Ellos sabían que había un riesgo increíble de que le negaran un control parcial de la producción y los ingresos por petróleo, si se dividía a Irak por motivos étnico-religiosos. Tampoco los sunnitas querían verse obligados a depender de la buena fe de sus vecinos curdos y chiitas para un apoyo financiero.

En mi reciente entrevista con el ex capitán de marina Charles Nash, me contó que uno de los motivos por los que Irak debía mantenerse unida era que las diferentes regiones se necesitan unas a otras, si es que van a tener éxito económico. Si bien la mayor parte del petróleo está en el sur, me advirtió que esta zona también tiene el suelo agrícola más fértil de todo Oriente Medio. En efecto, fácilmente podría convertirse en el granero de toda la región, con lo cual, tanto los curdos como los árabes sunnitas se beneficiarían mucho, con una excepción: Los sunnitas, en la región central de Irak, tienen el control del mayor suministro de agua de Oriente Medio, debido a los cursos de los ríos Tigris y Eufrates. Como una nación, Irak tiene el potencial de ser una usina económica regional; dividida, continúa riñendo mientras que muchos, en Oriente Medio, pasan hambre.[13]

Un plan para darle a cada región ingresos por petróleo proporcionales a sus poblaciones, parecería ser justo, pero nuevamente los sunnitas no tendrían un control real de la producción en las otras dos regiones y no podrían incrementar ni reducir esa producción según lo exigiera su economía. Es una receta para el desastre. Si hay una causa para la guerra civil, sería por esa falta de control de su propio destino. Luego, las fronteras que dividen a los sunnitas de esos yacimientos petroleros servirían un poco más que las líneas de Mason-Dixon.

¿ESTAMOS DISPUESTOS A CEDER NUESTROS VALORES PARA VOLVERNOS ANTES?

Otro problema importante de la idea de dividir Irak en tres regiones es la segregación racial y religiosa que surgiría. ¿Nos hemos olvidado del punto del movimiento de los derechos civiles en los Estados Unidos? Luego de desmantelar la segregación en casa y de luchar contra el *apartheid* en Sudáfrica, ¿ahora vamos a santificar el sectarismo que está causando la rivalidad en las calles de Bagdad?

Es como si no hubiéramos aprendido nada de luchar las dos Guerras Mundiales anteriores. La Primera terminó con un precio demasiado alto pagado por los triunfadores: Una solución que sólo tendió los cimientos de la Segunda Guerra Mundial. Si la hubiéramos terminado, en lugar de asegurar el futuro político de Alemania y la solidificación de su gobierno antes de la retirada, podría ser que la Segunda Guerra Mundial nunca se hubiera producido. ¿Depusimos al partido de Baath sólo para dejar que Irak cayera en manos más peligrosas? ¿Dimos fin al gobierno talibán en Afganistán sólo para regresarlo a los jefes militares tribales y sin misericordia que gobernaron antes que ellos? Si no reemplazamos los gobiernos de puño de hierro con gobiernos amigos de la libertad, sólo enfrentaremos problemas más grandes en el futuro. La partición de Irak en tres regiones y luego el retiro de nuestras tropas debilitaría el futuro de Irak, le pondría un sello de aprobación a su racismo y facilitaría a Irán y a Siria dividirse el país, una vez que partieran nuestras fuerzas. Además, cabe señalar que los países divididos nunca han conducido a una paz duradera. No olvidemos que se ha intentado en Israel, India, Corea, Vietnam, Chipre y Bosnia, y esas regiones siguen siendo en la actualidad bombas de tiempo políticas.

TRAER LA GUERRA A CASA

Al traer a nuestras tropas de regreso antes de que Irak esté seguro, también hacemos que los terroristas vuelvan a prestar atención a sus actividades en suelo de EE.UU., en lugar de hacerlo en el extranjero. Como respuestas terroristas al plan del Grupo de Estudio sobre Irak que hemos mostrado, lo único que ellos ansían, más que ganar en Irak, es poder concentrar su atención una vez más en atacar a los estadounidenses en su tierra. Mientras los mantengamos ocupados allá, los ataques en los Estados Unidos son mucho menos probables. Si retiráramos nuestras tropas de Irak antes de que logren todo lo que inicialmente fueron a hacer, es decir, deponer un régimen de apoyo a los terroristas y reemplazarlo por uno que nos ayude a luchar contra ellos, entonces todo lo que habremos logrado será fortalecer su resolución de volvernos a pegar en nuestra patria.

Si bien es incuestionable que no queremos perder más vidas en actividades terroristas en cualquier lugar del mundo, y que reducir al mínimo nuestras bajas militares es una meta importante, ¿quién está mejor preparado para cargar con el peso de tales ataques: Nuestras fuerzas militares o nuestra población civil? Al final, la pregunta realmente no debería ser si debemos retirar nuestras tropas para evitar el daño, sino cómo reducir el riesgo de verlas lastimadas. Tal vez, la pregunta no debería ser su con una de menos tropas sino una de más tropas; o como lo ha sugerido Daniel Pipes, concentrar nuestras tropas en áreas menos pobladas y sacarlas del fuego cruzado entre sunnitas y chiitas. Aunque esto ciertamente permitiría que hubiera mayor violencia civil en Irak, mantendría la presencia que necesitamos para que la región continúe estable, enfatizaría la necesidad de los iraquíes de patrullar sus propias calles y, como dice Pipes: «permitiría que las tropas conducidas por los estadounidenses llevaran a cabo tareas esenciales (proteger las fronteras, mantener el flujo del petróleo y el gas, asegurar que ningún monstruo como Saddam tome el poder), mientras que darían fin a sus trabajos no esenciales (mantener el orden en las calles, proteger sus propias barracas)».[14]

El presidente Bush reiteró la razón del por qué necesitamos nuestras tropas en el terreno de Irak, en una conferencia de prensa, el 25 de octubre de 2006:

...A pesar de las dificultades y del derramamiento de sangre, sigue siendo crucial que Estados Unidos derrote al enemigo en Irak ayudando a los iraquíes a construir una nación libre que pueda sustentarse y defenderse.

Nuestra seguridad en casa depende de asegurarnos de que Irak es un aliado en la guerra contra el terror y que no se convierta en un refugio terrorista como Afganistán bajo los talibanes...

...El hecho de que la lucha es dura no significa que nuestros esfuerzos en Irak no valgan la pena. Al contrario, las consecuencias en Irak tendrán un impacto decisivo sobre la seguridad de nuestro país, porque derrotar a los terroristas en Irak es esencial para dar un giro en la causa del extremismo en Oriente Medio. Si no derrotamos a los terroristas o extremistas en Irak, obtendrán acceso a vastas reservas de petróleo y usarán a Irak como base para derrocar a gobiernos moderados en la zona más extensa de Oriente Medio. Lanzarán nuevos ataques sobre Estados Unidos desde este nuevo refugio a salvo. Perseguirán su meta de un imperio islámico radical que se extienda de España a Indonesia...

Si no pensara que nuestra misión en Irak es vital para la seguridad de Estados Unidos, traería de regreso a nuestras tropas mañana...

Nuestras tropas están luchando una guerra que fijará el rumbo para este nuevo siglo. El resultado determinará el destino de millones en todo el mundo. Derrotar a los terroristas y a los extremistas es el reto de nuestro tiempo y el llamado de esta generación. Confío en que esta generación responderá a ese llamado y derrotará una ideología que se inclina a destruir a los Estados Unidos y a todo lo que representamos.[15]

Lamentablemente, tales palabras de resolución están cayendo sobre oídos sordos. Los demócratas y los liberales están tratando de convencer a los Estados Unidos de que la guerra ha sido mal concebida, de que fueron mal conducidos a apoyarla y de que el costo ya ha sido demasiado grande. Mientras tanto, evitan el tema de que el retirarnos ahora garantizaría un conflicto mucho más grande y más costoso en el futuro. Nuevamente, sus anteojeras humanistas evitan que vean la verdadera naturaleza del empecinamiento y la determinación de los islamofascistas para terminar con el dominio de la filosofía democrática occidental y reemplazarlo por la Ley Sharia. ¿Es realmente algo que se pasó por alto en la carta de Ahmadinejad al presidente Bush?

El liberalismo y la democracia al estilo occidental no han podido ayudar a concretar los ideales de la humanidad. Hoy día esos dos conceptos han fracasado. Los que tienen discernimiento ya pueden oír los sonidos del destrozo y de la caída de la ideología y el pensamiento de los sistemas democráticos liberales.[16]

ADMITIR LA DERROTA

En su entrevista en *NewsHour With Jim Lehrer* (Noticias con Jim Lehrer), Peter Galbraith defendió la división de Irak en regiones totalmente autónomas, diciéndolo de esta manera:

> Nuestra capacidad de influir en los eventos de Irak es extremadamente limitada. No veo ningún propósito para una presencia continuada de EE.UU. en la mitad sureña chiita de Irak.
> Es cierto que, si nos retiramos, se convertirá en teocrática. No aplicará las disposiciones de derechos humanos en la constitución iraquí y estará dominada por Irán. Pero eso es así ahora, y no vamos a hacer nada para cambiarlo.[17]

Esto resume, en cierta medida, los comentarios de Galbraith. Para demócratas como él y el senador Biden, las cosas están mal ahora y no hay nada que realmente podamos hacer para cambiarlas, entonces ¿por qué no nos retiramos y reducimos nuestras pérdidas? Ellos hablan como si dejar a Irak en manos de Irán fuese algo que, a la larga, salvará vidas de EE.UU. (Estados Unidos de América). Los liberales están demasiado listos para rendirse ante los terroristas, para culpar de la pérdida a los republicanos y pensar que después pueden reírse durante todo el camino hacia la Casa Blanca, en 2008, pensando muy poco en lo que ese presidente enfrentará, debido a su miopía.

Me pregunto cómo se sintieron los triunfadores demócratas al ver que Al-Qaeda (organización terrorista islámico) celebrara sus victorias a mitad de 2006. Poco después de esas elecciones, Abu Hamza al-Muhajir dijo por Internet: «El pueblo estadounidense ha colocado sus pies en el camino correcto al... darse cuenta de la traición de su presidente al apoyar a Israel. Entonces votaron por algo razonable en las últimas elecciones».[18] Al-Muhajir hablaba como si estuviera dando una alegre bienvenida a nuevos aliados dentro del Congreso de EE.UU. (Estados Unidos de América). Oro a Dios porque se haya equivocado, pero los liberales van a necesitar despertarse. Si continúan por el camino en el que están actualmente, serán los aliados que Al-Muhajir está esperando.

Debemos regresar a ganar esta batalla, como ya lo he explicado, y fijar nuestra determinación de no aceptar nada que no sea una evidente victoria en Irak. Si no encontramos la claridad moral para luchar contra este mal hasta que sea totalmente derrotado, todo lo que estaremos haciendo es importar de nuevo la guerra a suelo de EE.UU. y enfrentar una guerra mucho más sangrienta en el futuro. ¿Es eso lo que realmente queremos hacer?

Capítulo cuatro

LOS CENTROS DE GRAVEDAD

No hay otro camino, ya se trate de estabilizar la situación en Irak o de resolver cualquier tipo de conflicto que nos rodee, el conflicto israelí/palestino, todos los demás conflictos, que no sea tratar hoy día con este régimen iraní... El centro de gravedad para tratar actualmente el problema es Irán.
—Gen. Moshe Ya'alon,
ex jefe de estado mayor de las fuerzas de defensa Israelíes, ahora, miembro del instituto washington para políticas de Oriente Medio[1]

Creo que los iraníes son un grupo de personas políticamente muy conscientes, como lo son los que dirigen Al-Qaeda, que son los extremistas sunni. Todos estos individuos que están en la alta dirigencia de estos países y estas organizaciones comprenden que el centro de gravedad en la guerra contra ellos es la voluntad de lucha del pueblo estadounidense.
—Capitán Charles Nash,
Piloto de la marina de EE.UU. durante más 25 años, retirado y miembro de la Comisión de política Iraní[2]

Para el pueblo estadounidense, a fines de marzo y en abril de 2003, la Operación Libertad Iraquí parecía ser un ejemplo de un libro de texto acerca de cómo podría ser una guerra moderna. En menos de seis semanas, las fuerzas de coalición conducidas por EE.UU. tomaron el régimen desafiante de Saddam Hussein como un paso inicial en la guerra contra el terrorismo que se inició en respuesta a los ataques del 11 de septiembre de 2001. Nuestras incursiones aéreas eran quirúrgicamente precisas, las pérdidas eran mínimas, se evitaba lo más posible dañar a los civiles y los iraquíes celebraban en las calles y derribaban estatuas del dictador en lo que parecía ser el derrumbe del Muro de Berlín. Los estadounidenses leyeron en la proclamación del presidente Bush del 1 de mayo de 2003 acerca del final de las principales operaciones de combate[3] nada más que una victoria total. Un estandarte que decía «Misión cumplida» colgaba orgullosamente tras él, de la nave de EE.UU. *Abraham Lincoln,* mientras pronunciaba su discurso, y ese día nadie estaba dispuesto a decir lo contrario.

¿Una guerra justa?

En primer lugar, ¿por qué fue necesaria la Operación Liberación Iraquí? Ha sido tema de cierto debate en los años desde que el presidente Bush dijo ese discurso a bordo de la nave estadounidense *Abraham Lincoln*. Ahora un pensamiento de preferencia entre los liberales, es que los Estados Unidos fueron engañados por republicanos codiciosos de petróleo para invadir Irak y que nunca debíamos haber derrocado el régimen baatista de Hussein, en primer lugar.

Las semillas de la segunda Guerra del Golfo se plantaron a fines de la década de 1990, en Somalía. Las fuerzas yihadistas, bajo el comando de Ayman Al-Zawahiri, un sospechado instigador de los bombardeos del 7 de agosto de 1998 contra las embajadas de EE.UU., en Dar, es Salaam, Tanzania y Nairobi, Kenia, fueron ayudadas y financiadas por Irak a través del Sudán. La unión se solidificó en 1998-1999, con el acuerdo entre Saddam Hussein y Osama Bin Laden de que la cooperación era crucial a fin de humillar al «Gran Satanás» de los Estados Unidos y su «Pequeño Satanás» aliado de Oriente Medio, Israel. Mientras cortejaba a Bin Laden, Hussein también le estaba rindiendo tributo a Yasser Arafat, al apoyar la red de terror de la Autoridad Palestina, derramando con abundancia ayuda monetaria a las familias de los bombarderos suicidas que atacaban Israel. El plan consistía en crear un total desorden en Oriente Medio, poniendo así en peligro los intereses de los Estados Unidos y de sus aliados de la región, que también incluían a Arabia Saudita, Egipto, Kuwait y Jordania.

Cuando los terroristas golpearon el corazón de los Estados Unidos, el 11 de septiembre, lo que había sido la posibilidad de una guerra contra el terror se convirtió en una tétrica realidad. Al advertir la respuesta a los ataques, Hussein estaba persuadido de que después de Afganistán, Irak sería el primero de la lista del presidente Bush de los países que daban asilo a terroristas y los apoyaban, y de que un ataque era inminente. Hussein comenzó a delinear una posible defensa guerrillera contra una invasión de EE.UU.

Uno de los proveedores de información más prolífico sobre el plan de guerra de Saddam Hussein fue el Teniente Coronel Al-Dabbag. Dedicó más de siete años a espiar a Hussein, con un persistente temor por su vida. Los informes de Al-Dabbag se enviaban a través del doctor Ayad Allawi, cofundador del Acuerdo Nacional Iraquí, un grupo de exiliados que se oponía al régimen de Hussein, y el hombre que serviría como el primer presidente interino en el nuevo gobierno iraquí, luego de la caída de Hussein.

Uno de los documentos enviados a Londres por Al-Dabbag era el acta de una reunión de Hussein, en diciembre de 2001, con comandantes militares de alto rango, que se centró en cómo Irak se defendería contra un ataque casi inevitable de EE.UU. Consciente de la imposibilidad de ganar una guerra convencional,

Hussein ordenó que se depositaran grandes reservas secretas de armas en diversos lugares de todo Irak. De acuerdo con el documento, a Hussein le preocupaba «cómo sostener la situación de la guerra después de la ocupación».[4]

Según el Teniente Coronel Al-Dabbag, fue aproximadamente en ese momento que él y otros comandantes en jefe fueron informados que Saddam tenía la intención de desplegar su arsenal de ADM (Armas de destrucción masiva) para defender al país de un ataque conducido por los Estados Unidos. El doctor Allawi dijo acerca de esta información de Al-Dabbag:

> Sí, les pasamos esta información a los británicos y a los estadounidenses. Era parte de una corriente constante de inteligencia que les transmitíamos a ambas agencias de inteligencia. Y aún creo que es cierto. Debe recordar que los dedicados esfuerzos que realizaron Saddam y sus instituciones para ocultar y esconder ADM fueron enormes.[5]

Se decía que los lugares donde estaban los suministros de la guerrilla de Hussein se hallaban en coordenadas GPS que sólo conocía su hijo, Qusay, y su secretario privado, Abid Hamid Humud. En su libro *Endgame: The Blueprint for Victory in the War on Terror*, (Final del juego: El mapa para la victoria en la guerra contra el terror), el teniente general retirado de la Fuerza Aérea Thomas McInerney y el general de división retirado del Ejército Paul Vallely comentaron que aunque aún se habían encontrado pocas armas de destrucción masiva (ADM) en Irak, «lo que ya se había encontrado allí era una cantidad increíble de armas convencionales almacenadas en todo el país».[6]

La necesidad de detener la red de terror de Saddam Hussein se convirtió en algo, incluso, más evidente, cuando los israelíes capturaron a tres hombres que intentaban cruzar el río Jordán al territorio palestino, en septiembre de 2002. Luego de un interrogatorio, los israelíes se enteraron de que los tres eran graduados del Frente de Liberación Árabe entrenado por Hussein. Los tres, junto con iraquíes y terroristas de otros países musulmanes, habían recibido un entrenamiento especial a cargo de la infame Unidad 999 capacitada por Hussein y especializada en secuestro de vehículos, explosivos, sabotaje y asesinatos.

Los tres infiltrados revelaron que otras personas de la unidad, incluyendo a miembros de Al-Qaeda, fueron entrenados en el manejo de armas químicas y venenos, especialmente ricina. Luego del entrenamiento, se trasladaron para unirse a Ansar-al-Islam, un ala curda del Al-Qaeda de Bin Laden. Los tres fueron enviados a Israel, específicamente, para atacar aviones civiles con misiles de hombro, en el aeropuerto Ben Gurion de Tel Aviv. Además, debían tener como blanco a los estadounidenses que estaban en ruta a Irak.

Los grupos de adiestrados fueron despachados a Turquía, Francia y Chechenia. Esto fue posteriormente confirmado por las Fuerzas de seguridad turcas que arrestaron a dos agentes secretos de Al-Qaeda con instrucciones de atacar la base aérea de EE.UU. en Incirlik, con armas químicas.

Armados con informes de inteligencia tales como los que indicaban que Irak estaba suministrando armas de destrucción masiva (ADMs) a los terroristas de Bin Laden, los Estados Unidos comenzaron a reunir una coalición para detener a Saddam Hussein en Irak. Para el presidente Bush, este era un paso vital para luchar contra la guerra del terror.

Desde fines de la Tormenta del Desierto en 1991, Hussein había estado desafiando a inspectores de armamentos de la ONU y al Consejo de Seguridad de ese organismo, en un juego de gato y ratón, acerca de los programas de ADMs de Irak. De tanto en tanto, las baterías antiaviones y misiles iraquíes se habían entrecruzado y hasta disparado sobre los combatientes de la coalición, que ejecutaban misiones de rutina para hacer cumplir la prohibición de volar en las regiones sur y norte que habían sido establecidas al finalizar la primera Guerra del Golfo. En 2002, el cambio de régimen en Irak pasó a ser una meta principal de la administración Bush, debido a las violaciones continuas de los derechos humanos, al apoyo a las organizaciones terroristas y a la falta de evidencia de que Hussein le había puesto fin a sus programas de ADMs. El 10 y 11 de octubre de 2002, el Congreso aprobó abrumadoramente la toma de acciones militares contra Irak, al aprobar la Resolución de la Guerra contra Irak con una votación de 296-133, en la Cámara de Diputados y de 77-23, en el Senado.[7] La opinión pública también estuvo muy de acuerdo con la movida; casi el setenta y nueve por ciento de la población estadounidense apoyaba la guerra, en mayo de 2003.[8]

SIN COOPERACIÓN DEL MUNDO ÁRABE

Mientras que el gobierno de Bush trabajaba diligentemente para reunir una coalición similar a la de la primera Guerra del Golfo, rápidamente resultó evidente que el mundo árabe no participaría de este emprendimiento. El temor a las represalias por parte de musulmanes rabiosamente radicales dentro de sus rangos no podía ser superado por la persuasión o la diplomacia. Un enfrentamiento con las diversas facciones que operaban en Oriente Medio bien podría significar una revuelta interna, muerte y destrucción, sin mencionar el derrocamiento violento de gobernantes existentes en una revolución islámica del estilo de la de 1979, de extremistas contra Estados árabes moderados.

Los países árabes vulnerables temían que un ataque de EE.UU. contra Irak demostrara ser el adhesivo que cementaría a las diversas redes terroristas en una fuerza cohesiva que castigaría severamente a cualquiera que fuera visto cooperando con la coalición conducida por los Estados Unidos. Había un temor muy real de que, en vez de liberar a Irak para la democracia, este país se convirtiera en un lugar de asilo para que grupos terroristas brutales planificaran y ejecutaran una toma del poder de todo el mundo musulmán. Habiendo retirado exitosamente a los Estados Unidos del Líbano, luego del bombardeo de las barracas de la infantería de marina en Beirut, en 1983, las organizaciones terroristas no temblaban de miedo de enfrentar a los aliados del «Gran Satanás».

También, había ansiedad ante la idea de que los chiitas de Irán destruyeran los reservorios de petróleo ubicados en la región sureña de Irak. Un evento como ese daría lugar a una situación similar a la del Líbano, donde el representante de Irán, Hezbolá, tiene un firme control del sur y, repentinamente, podría controlar la porción de petróleo iraquí del león.

El analista político y escritor egipcio Ayman El-Amir estaba seguro de que la invasión planeada de Irak no tenía nada que ver con el terror y todo que ver con el petróleo. Advirtió acerca de generar una revuelta en la región:

> ...EE.UU. ahora está abrazando una doctrina de cambio de líderes y en un lapso relativamente corto la justificación de dichos cambios será tan variada como dar albergue al terrorismo, suprimir el disenso político o poner en peligro los intereses económicos de EE.UU. por, digamos, hacer cumplir un embargo de petróleo.
>
> Cualquier invasión a larga escala de Irak es una proposición riesgosa. El caos que creará en el equilibrio delicado, multiétnico, que es Irak, y en sus ramificaciones en el mundo árabe puede pesar mucho más que los beneficios...Si el despojamiento del presidente Saddam Hussein fuera rápido y quirúrgico como los militares de EE.UU. desearan que fuera, los líderes de la región y de cualquier sitio pronto se encontrarían añadidos a la lista de lavandería del presidente Bush.[9]

El rey Fahd de Arabia Saudita se hallaba particularmente perturbado por el rumbo que estaban tomando los eventos en Irak y Afganistán. Osama Bin Laden era un ciudadano saudita con bastantes seguidores en su patria. El rey estaba comprensiblemente preocupado de que él y/o su país se pudieran convertir en el siguiente blanco de Bin Laden. No pasó mucho tiempo para que su temor se tradujera en una negación a permitir que las tropas estadounidenses usen bases en Arabia Saudita para lanzar un ataque sobre Irak.

ONDAS EN EL AGUA

El rey saudita no era la única cabeza de estado preocupada por una invasión a Irak. Tanto Siria como Irán podían ver el presagio. ¿El derrocamiento de Saddam Hussein sería como un guijarro arrojado a una laguna? ¿Las ondas se difundirían para incluir a ambos vecinos de Irak? Siria e Irán podrían ser rápidamente clasificados como Estados que albergaban y apoyaban a terroristas, a los cuales el presidente Bush prometió atacar luego de los eventos del 11/9. No sólo eso, sino que si los Estados Unidos invadían Irak, Irán tendría tropas de EE.UU. tanto en sus fronteras orientales como occidentales, con la presencia de EE.UU. ya en Afganistán. Temiendo una democracia al estilo occidental en Irak, los gobiernos de Damasco y Teherán comenzaron a diagramar su curso para frustrar la presencia de los Estados Unidos a cada paso.

Una amistad de larga data entre los hijos de Hussein y Al-Assad de Siria lo convirtió en el perfecto colega para ayudar a ocultar el suministro de armas de destrucción masiva (ADMs) de Irak. Siria actuó como mediadora en la adquisición de equipos militares para Irak en Rusia, Yemen y otros mercados negros de África. El ministro de defensa del país, Mustafá Tlass, fue culpable de la venta ilegal de petróleo iraquí destinado a pagar diversas compras de armamentos.

Con la lista de las adquisiciones de Hussein en la mano, Siria fue de compras de municiones, piezas de repuesto para tanques, aviones, artillería antiaviones y demás. No fue un problema para Siria querer adquirir dicho material, pero fue mucho más revelador cuando el agente comprador comenzó a inquirir sobre piezas de un sistema de radar Kolchuga fabricado en Ucrania, o por misiles guiados antitanques Kornet. Eso hizo causar estupor. Los convoys desde Siria a Irak transportaban miles de los misiles fabricados por Rusia, así como también varios cientos de misiles antiaéreos de hombro. No todos los armamentos abandonaron sus instalaciones de almacenamiento en Siria, hacia Irak. Para protegerse contra bombardeos de EE.UU., grandes cantidades de piezas y municiones quedaron en las manos seguras de Siria.

Siempre desafiante, Basher Al-Assad también estuvo tras alianzas estratégicas con los otros dos miembros de lo que el presidente Bush ha rotulado el «eje del mal»: Corea del Norte e Irán. Aunque Irán e Irak habían sido enemigos acérrimos en la década de 1980, los mullahs de Irán colocaron la perseverancia de la huella islámica radical en la región, por sobre cualquier diferencia del pasado. Tales alianzas fueron diseñadas para intimidar a los Estados Unidos a que se retracte de cualquier plan para enfrentar a Irak. Después de todo, ¿aquél país se arriesgaría a una represalia contra Israel y otros estados árabes amigos de EE.UU. por el triunvirato del mal para derrocar a Saddam Hussein? ¿El presidente Bush estaría dispuesto a apartarse de los reyes de Arabia Saudita, poniendo en peligro el precario equilibrio entre los Estados del Golfo? ¿Se arriesgaría a tener desacuerdos con los aliados occidentales de EE.UU. al ignorar las advertencias específicas contra una invasión, especialmente, puesto que la mayoría le daba poca credibilidad al hecho de que los terroristas de Al-Qaeda estaban recibiendo adiestramiento en armas químicas y otros venenos, en Irak?

Cuando se los enfrentó con la casi certidumbre de una incursión a Irak, los líderes y representantes islámicos radicales fueron en línea recta a Damasco para consultar con los poderes potenciales. La línea era un «quién es quién» de radicales. El primero en la agenda era el ayatolá Mahmud Shahroudi de Irán. Luego de una conversación personal con Al-Assad y miembros de su entorno, Shahroudi emitió una advertencia contra la invasión a Irak. Creía que ocasionaría un caos irreversible en la región. Shahroudi salió de esa reunión para conferenciar con el líder de Hezbolá, el jeque Hassan Nasrallah, a fin de tender los cimientos para el siguiente paso de la guerra santa, tanto contra Israel como contra los Estados Unidos, o lo que el ayatolá Jomeini, en 1979, denominó el «régimen ocupador sionista». Con Hezbolá firmemente atrincherado en el Líbano, Al-Assad podía estar seguro de tener un socio táctico bien posicionado para que jugara un papel principal en exportar el terrorismo a Israel.

Otro que estaba en la línea para visitar a Al-Assad era el presidente de la Junta Suprema del Pueblo de Corea del Norte. Su interés en Siria era básicamente económico. Corea del Norte era un prolífico proveedor de tecnología e información tanto para Siria como para Irán. Tales productos básicos como las diversas etapas de los misiles Shahab se producían en Corea del Norte y se exportaban a Irán y a Irak. Un flujo continuo de tecnología norcoreana también era coadyutorio en la búsqueda de Irán de armas nucleares. Irak, Irán, Siria y Corea del Norte se comprometieron a defenderse contra un Irak prooccidental y resolvieron hacer todo lo posible para prevenir que eso suceda.

Corea del norte dio a conocer su presencia cuando, en diciembre de 2002, el *So San* fue abordado en el Mar Arábigo por marineros de barcos estadounidenses y españoles. Cuando Navy Seals inspeccionó el buque, descubrió que debajo de una supuesta carga de bolsas de cemento estaba la carga explosiva real: quince misiles SCUD completos, quince conos de combate convencionales, veintitrés contenedores de combustible de ácido nítrico y ochenta y cinco barriles de productos químicos no identificados.[10] Las fuentes de inteligencia especularon con que el barco, que se dirigía a Yemen como su siguiente puerto, finalmente terminaría su travesía en Irak.

Un vocero no identificado dijo que si los Estados Unidos invadían Irak, los iraquíes atacarían blancos militares, mientras que aquella nación sería acusada de atacar a civiles. Esto me recuerda un comentario que el profesor Alan Dershowitz realizó durante mi reciente entrevista con él:

> Países como Israel y Estados Unidos harán cualquier cosa para evitar matar niños, mientras que los regímenes tiránicos del terrorismo hacen cualquier cosa por matar niños; ellos calcularon esta cruel aritmética de la muerte.
>
> Cada vez que los terroristas matan a un civil, ganan. Cada vez que los terroristas hacen que las democracias maten a un niño, ganan. Es una situación en la que los terroristas siempre ganan y las democracias siempre pierden...[11]

En 2002 comenzaron a surgir insinuaciones de una alianza entre Irak e Irán. El hijo de Saddam Hussein, Qusay, llevó a una delegación de personas iraquíes de clase alta a Teherán en una misión para comprar armamentos. Particularmente tenían interés en la adquisición del artículo principal de Irán, el Shahab-3. El grupo también tenía esperanzas de inducir a los iraníes a devolverles docenas de aviones militares, incluyendo una cantidad de F-1Es, capturados durante la guerra Irán-Irak. Tan desesperados estaban los iraquíes por obtener materias primas que finalmente ofrecieron comprar y luego regresar el avión a Irán cuando ya no se lo necesitara para luchar contra los Estados Unidos.

Una gran preocupación de Irán era que las armas envejecidas vendidas a Irak se volverían contra ellos en algún momento posterior. Como parte del acuerdo, Irak aseguró el pasaje seguro de los equipos militares por su país, a representantes iraníes en Siria y Líbano. El resultado del viaje de Qusay Hussein a Irán fue sólo una promesa de municiones y repuestos.

Lo único que el régimen de Hussein pudo haber pasado por alto era la tendencia de la población chiita de Irak de estar ideológicamente del lado de Irán, en su contra. Por supuesto, los iraníes rápidamente pudieron ver cómo la remoción de Saddam por parte de los militares de EE.UU. podría beneficiar sus planes de dominación regional. Teherán estaría preparado con infiltrados adiestrados, listos para deslizarse en Irak cuando surgiera la oportunidad. Los chiitas que ya vivían en Irán eran aliados naturales en su plan post-guerra. Entre los primeros infiltrados del otro lado de la frontera, había partidarios confirmados del Cuerpo de Guardias revolucionario islámico bajo la dirección del coronel iraní Hosni Merza Khalil. Esto pasó inadvertido para Irak, o bien Saddam hizo la vista gorda respecto de la incursión por parte de su ex enemigo, en retribución por la ayuda recibida contra los Estados Unidos.

Los preparativos de Irán para lo que sería una invasión segura a Irak por parte de las tropas estadounidenses y de coalición estaban en marcha. En lo que pareció ser un viaje de gira política por el país, el comandante de la Guardia Revolucionaria Iraní, Yahha Rahim-Safavi visitó a Al-Assad, en Siria, para revisar los preparativos de ese país, en caso de un ataque estadounidense contra el régimen de Hussein. Desde allí, se reunió con representantes de Hezbolá y Hamas, en el Líbano.

Safaví luego se encontró con Fatah para tratar los planes de Yasser Arafat para hacer que Israel pagara por la invasión, aunque otra vez no se le permitió a este país participar en los ejercicios militares contra Irak. Durante la Primera Guerra del Golfo, Israel estaba en la mira de Saddam como represalia por el ataque de la coalición. No había motivos para creer que escaparía de la ira de Hussein en otra incursión.

PREPARATIVOS PARA UN EVENTUAL LEVANTAMIENTO CONTRA OCCIDENTE

Cuando resultó más evidente que la guerra sería el resultado del desafío de Saddam Hussein, los islamistas radicales comenzaron a reunirse en campos de adiestramiento en Irak, preparándose para ataques contra naciones, tanto occidentales como árabes, que se unían a la coalición para destronar al dictador iraquí. Tanto Irán como Siria hicieron pasar a terroristas desde Palestina, Jordania y otros países árabes. Parte de su audaz plan era crear situaciones que obligaran a Israel a un enfrentamiento tanto con Siria como con Líbano. (Este plan se convirtió en realidad cuando Hezbolá cruzó a Israel, en julio de 2006, secuestró a soldados israelíes y comenzó a lanzar cohetes Katyusha al norte de Israel.) El temor también era que Irán estuviera rodeado de regímenes proestadounidenses en Afganistán e Irak, una idea que asustaba a los mullahs que tenían el control. La respuesta de los líderes de Teherán fue planear una serie de juegos de guerra de blandimiento de espadas diseñados para impresionar a los estadounidenses con su capacidad de repeler toda amenaza inminente desde allí. Una presencia estadounidense en Irak era percibida por los tiránicos mullahs de Teherán como una amenaza evidente a la supervivencia del gobierno teocrático de Irán.

En una jugada diseñada para quitar el foco de Teherán, dos delegados iraníes, Hezbolá y Hamas, planearon una intifada extrema contra Israel si se los llamaba a lanzar un ataque de esas dimensiones. El plan recibió el beneplácito de Nasrallah, en el Líbano y de Arafat, en la Autoridad Palestina, que estaban particularmente ansiosos de anticiparse a cualquier intento por parte de los Estados Unidos de democratizar la AP. Arafat, según se informa, fundó una nueva organización terrorista que estaba compuesta por su élite, para apoyar a Irak.

El subsecretario de Estado Richard Armitage estaba entre los aparentemente pocos que pronto reconocieron la amenaza impuesta por Hezbolá. En una entrevista con *60 Minutes*, Armitage expresó su preocupación: «Puede que Hezbolá sea el equipo más importante de terroristas, y tal vez Al-Qaeda sea realmente el segundo. Y están en la lista y llegará su momento».[12] Según el informe de CBS, el demócrata de Florida Bob Graham creía que Hezbolá tenía una red mundial de seguidores islámicos radicales, con suficientes agentes secretos en los Estados Unidos, que planteaba una amenaza terrorista aquí. Dijo Graham: «Tiene una presencia significativa de sus agentes secretos entrenados dentro de los Estados Unidos esperando la orden de entrar en acción».[13] Graham, consciente de que la financiación de Hezbolá provenía de Irán y de Siria, mencionó la «deuda de sangre» que databa del bombardeo de las barracas de la infantería de marina en Beirut, en 1983.

En marzo de 2002, Bashar al-Assad aclaró sus intenciones hacia Israel, en un discurso televisivo:

> En cuanto a lo que concierne a un ocupante, no hay distinción entre soldados y civiles... Hay una distinción entre armados y no armados, pero en Israel todo el mundo está armado. En todo caso, adoptamos el siguiente concepto: La resistencia a la ocupación es un derecho legítimo.[14]

Hacia octubre de 2002, Siria e Irán habían organizado un plan de ataque para interrumpir todo avance significativo de EE.UU. en Irak, en el caso de que el presidente Bush avanzara con sus planes de invasión. El archivo DEBKA informó que:

> Bashar [al] Assad de Siria comparte la convicción de Teherán de que la instalación de un régimen proestadounidense en Bagdad es sumamente peligrosa, una amenaza directa a los ayatolás de Teherán, al régimen de Baath en Damasco, a la libertad de operaciones de los grupos terroristas palestinos con base en Siria, y a la propia existencia de la Hizballah libanesa, la principal arma de Teherán para las operaciones en el extranjero y la inteligencia.[15]

Si bien ambos países aparentemente estaban tomando todas las precauciones para evitar una segunda guerra en Irak, ninguna era proactiva en el principio del conflicto real. Sin embargo, los dos países pronto hicieron sentir su presencia, haciendo ingresar terroristas a Irak desde las naciones árabes de todo el mundo. Irán daría un paso más adelante y proveería dispositivos explosivos improvisados (IEDs) de grado militar a los terroristas.

También en la pizarra había una alianza entre Irán, Siria y Hezbolá. El «Partido de Alá» iba a cargar con la principal responsabilidad por ocasionar interferencias con la estabilidad que pudiera haber en la región. Nasrallah, el principal instigador de problemas en el sur del Líbano, vería incrementarse su influencia política a un papel más provincial. Su cooperación con Irán y Siria fue fundamental para intensificar la chía actual y para llevarla al nivel siguiente.

Siguiendo directivas de sus mentores, Irán y Siria, los terroristas de Hezbolá repetidas veces probaron la determinación y las defensas de Israel. Se dispararon cohetes Katyusha al norte de Israel, desde puestos fronterizos en el sur del Líbano; se colocaron bombas a los costados de las carreteras, siendo el blanco las patrullas de la Fuerza de Defensa Israelí (IDF) dentro de Israel; los intentos de secuestro eran eventos comunes, árabes israelíes eran secuestrados e interrogados para obtener información acerca de Israel; los ataques de francotiradores también eran comunes y se asesinaba a civiles israelíes.[16] Hezbolá no carecía de armamentos que Irán y Siria ponían a su disposición: Artillería pesada, así como también, miles de misiles y cohetes, incluyendo el Fajr-3 y el Fajr-5, de mayor rango. Los cohetes Fajr se fabricaban en Siria, eliminando así las posibilidades de que pudiera decir que ignoraba la chía contra Israel. Los suministros transportados dentro del Líbano incluían el Zelzal-2 con una clase que permitiría ataques sobre Tel Aviv. No sólo los cohetes tenían capacidades de rangos más largos, las cabezas nucleares eran más grandes. También hubo una afluencia de combatientes entrenados por la Guardia Revolucionaria y miembros de Al-Qaeda de larga data.

Siria e Irán estaban listos en caso de que los Estados Unidos atacaran a Irak, no para unirse al combate inmediato, sino para dar un paso dentro, y crear el caos y la confusión luego de la remoción de Saddam Hussein. El plan para humillar a los Estados Unidos y para expulsar a las fuerzas de coalición fuera de Irak le permitiría a Siria quedarse con la región sunnita; a Irán, tomar posesión de la región chiita y a ambos, destruir a los curdos o permitirles un gobierno autónomo. Dado el odio del pasado entre ellos, la cuestión de cómo convertir a un Irak destruido por la guerra en una entidad proiraní seguiría siendo desafiante. Preparándose para dicha eventualidad, tres líderes de la oposición iraquí se reunieron en Teherán, en diciembre de 2002. Massoud Barzani, del Partido Democrático de Kurdistán (KDP), Ahmad Chalabi, del Congreso Nacional Iraquí (INC) y el ayatolá Baqer Al-Hakim, del Consejo Supremo para la Revolución Islámica en Irak (SCIRI) mantuvieron reuniones entre sí y con importantes líderes iraníes.[17] Las propuestas de Chalabi a los iraníes fueron toda una sorpresa para el gobierno de Bush, ya que inicialmente lo habían elegido como el líder iraquí que reemplazara a quien pronto no estaría más: Saddam Hussein.

Al discutir cómo hacer que un Irak de la postguerra se convirtiera en un país que beneficiara mucho a Irán y a Siria, el supremo ayatolá Seyed Alí Jamenei y el posteriormente presidente iraní Mohammad Khatami resolvieron que se debía persuadir fácilmente a un gobierno en Irak para que apoyara los intereses regionales de Irán. Ambos llegaron a una conclusión: Irak no era adecuado para una revuelta del tipo de la de Jomeini y para una teocracia dominada por los chiitas. En *The Secret History of the Iraq War* (La historia secreta de la Guerra con Irak), Yossef Bodansky escribió en detalle acerca de la retórica de Jamenei que conducía al enfrentamiento con Irak. Él estaba seguro de que:

> Los arrogantes e imperialistas Estados Unidos no se habían dado cuenta de sus objetivos en Palestina y Afganistán, y que sus enormes estipendios financieros y humanos no habían dejado nada más que pérdidas. Ocurrirá lo mismo en el futuro, si Dios lo desea.[18]

Bodansky dice: «Al mencionar a las "naciones vecinas". Jamenei por primera vez aludió al papel directo de Irán en el enfrentamiento contra los Estados Unidos (en Irak)».[19]

Aparentemente, los dos iraníes estaban convencidos de que Ahmad Chalabi implementaría el plan de Irán de una veloz elección en Irak, una vez que los Estados Unidos se hayan despojado de su archienemigo, Saddam Hussein. Sería bueno para los intereses de Irán contar con un chiita proiraní como Chalabi en un cargo de poder. De hecho, de acuerdo con un informe de *Newsweek*:

> Antes de la invasión de EE.UU. a Bagdad, el Congreso Nacional Iraquí de Chalabi mantenía una sucursal en Teherán que costaba US$36.000 al mes, financiado por los contribuyentes de EE.UU. Los representantes del INC, incluyendo al mismo Chalabi, visitaban periódicamente la capital iraní. A partir de la guerra, los contactos de Chalabi con Irán pudieron haberse intensificado: Un asistente de Chalabi dice que desde diciembre (de 2005) se ha reunido con casi todos los jefes principales de Irán, incluyendo el supremo líder religioso, ayatolá Alí Jamenei y su asistente principal sobre seguridad nacional, Assan Rowhani. «Irán es vecino de Irak, y es de interés de Irak tener una buena relación con Irán», dice el asistente de Chalabi.[20]

Chalabi, el muchacho de oro, perdió su brillo y, finalmente, sería investigado por cometer fraude. Luego, se depusieron las acusaciones debido a la falta de evidencias.

EL PAPEL DE ISRAEL

Si bien los Estados Unidos estaban trabajando arduamente en la construcción de una coalición, antes de un posible ataque a Irak, Israel estaba haciendo preparativos de guerra en su casa. Durante la primera Guerra del Golfo, Saddam Hussein había insinuado incluir cargas explosivas de armas químicas en sus SCUDs, siendo el blanco ciudades israelíes. Esta vez, Israel estaría preparado para vengarse ante la primera señal de un misil lanzado en su dirección. Habiéndosele pedido que mantuviera un perfil bajo, como en 1990, Israel proporcionaba asistencia de otras maneras. De acuerdo con *USA Today*, los comandos israelíes suministraban servicios de inteligencia a los Estados Unidos, así como también...

> ...Realizaba misiones de vigilancia clandestina de sitios con misiles Scud, en Irak occidental...Unidades de infantería con experiencia en guerra urbana...ayudaban a entrenar a sus homólogos del ejército y la marina de

EE.UU.... en caso de posibles ataques urbanos en Irak... (Israel también) «se reservó el derecho de defenderse contra un ataque no provocado»[21]

Cuando los preparativos de defensa continuaban, surgían nuevas preocupaciones; el líder de la autoridad palestina, Yasser Arafat, tenía un chiche nuevo. Literalmente se enamoró de los aviones de juguete. Los iraquíes, supuestamente, los habían tomado para manejarlos por control remoto y cargar explosivos. Un jubiloso Arafat pidió a las tiendas de juguetes grandes suministros de los aviones modelo, aparentemente destinados para los niños de los hospitales de la AP. No es de sorprender que ningún niño recibiera uno. Se dijo que a los aviones se los pagó con fondos asignados para proyectos humanitarios. Se convirtieron en mini-bombarderos capaces de cargar explosivas, otro medio de matar civiles inocentes en Israel.[22]

Las esperanzas de Israel de poder defenderse se vieron frustradas cuando el 22 de diciembre de 2002, funcionarios de alto rango de la administración Bush «le dijeron al ministro de Defensa israelí, Shaul Mofaz, que EE.UU. había decidido que Israel no se involucrara en la guerra, incluso, si Irak lanzaba un ataque de misiles contra él».[23] Mofaz también le garantizó al pueblo que la Fuerza Aérea israelí estaba preparada para defender el país. De hecho, hacia enero de 2003, estaba realizando incursiones de reconocimiento, en avión, sobre regiones de Irak.

En un intento por desviar la focalización sobre Irak de los Estados Unidos, Saddam Hussein empujó a sus aliados palestinos a lanzar una serie de ataques contra Israel. El *Jerusalem Post* informó que se impidió un importante ataque suicida cuando la policía descubrió un automóvil lleno de latas pequeñas de gasolina y 300 kilogramos de explosivos. El vehículo se hizo detonar con éxito, sin ningún daño para nadie. Hezbolá también montó ataques, enviando una barrera de fuego de misiles antitanques y disparos de morteros en la región del monte Dov. Para no quedar rezagado, Hamas saltó dentro del conflicto mediante ataques con cohetes Qussam, en el sur de Israel.[24]

El incremento de la actividad hizo que los funcionarios israelíes se cuestionaran si los Estados Unidos poseían un plan de contingencia basado en todos los posibles escenarios peores en Irak. Un artículo del *New York Times* bosquejó algunas de las mismas preocupaciones y las posibilidades espeluznantes expresadas por los israelíes:

> En la última guerra, Saddam Hussein voló casi todos los pozos de petróleo de Kuwait, en la próxima él podría volar los pozos de Arabia Saudita, lo que tendría importantes repercusiones para la economía internacional... (o si él) persigue a Israel con armas biológicas o químicas... Israel... tomará represalias, tal vez incluso con armas nucleares. Justo sobre el

horizonte está Pakistán, un país musulmán armado con armas nucleares y lleno de extremistas. Es improbable que... Pervez Musharraf sobreviva políticamente si hubiera un ataque nuclear por parte de un aliado estadounidense sobre los musulmanes de Irak. Los islamistas... tomarían el control del arsenal nuclear de Pakistán, careciendo de la capacidad de lanzar misiles que llegaran a Israel y que caerían en India, su enemigo más próximo. Un ataque nuclear pondría de relieve un caos mundial.[25]

Tuvieran o no estos planes en marcha los Estados Unidos, el 17 de marzo de 2003 el presidente Bush dio su ultimátum final: «Saddam Hussein y sus hijos deben abandonar Irak dentro de las próximas 48 horas. Si no lo hacen, habrá un conflicto militar iniciado en el momento en que elijamos hacerlo».[26]

El 20 de marzo de 2003, aproximadamente a las 2.30 UTC (Compensación del tiempo), se oyeron explosiones en Bagdad. La campaña aérea de «impacto y miedo» para mutilar las defensas iraquíes había comenzado. Dentro de apenas veinte días, las fuerzas de coalición capturaron Bagdad y fueron saludados por los iraquíes que daban vítores y hacían caer una estatua de Hussein, cuyos veinticuatro años de gobierno habían llegado a su fin. Hacia el 15 de abril, Tikrit, el pueblo natal de Hussein, estaba bajo el control de la coalición. En ese momento parecía que la peor lucha de la invasión había terminado eficientemente. El 1 de mayo, el presidente Bush declaró el cese de fuego en las principales operaciones de combate y la ocupación de Irak, con el objeto de establecer un gobierno democrático propio.

¿Quién hubiera imaginado que en los siguientes cuarenta y dos meses sufriríamos casi veinte veces las bajas que tuvimos durante el momento de las principales operaciones de combate? Poco podía uno pensar, en ese momento, que más de tres años después, aún no estaría a la vista el fin de la presencia importante de EE.UU. en el país; salvo, quizá, las fuerzas que había alistado Hussein para luchar la verdadera guerra en Irak: La guerra terrorista/de guerrilla que nacería el mismo día en que comenzó la ocupación.

Capítulo cinco

COMIENZA LA VERDADERA BATALLA POR IRAK

Intentaron difundir el Islam y en la retórica de Ahmadinejad, uno puede verlo. Él piensa que va a haber una segunda venida y que antes de que pueda producirse esa segunda venida debe haber un choque de civilizaciones.

—Chris Hamilton,
Investigador experimentado en estudios
de contraterrorismo, del Instituto Washington
para una política del cercano oriente[1]

Desde la revolución de Jomeini, la visión de Irán es la de tratar de difundir la revolución musulmana a todo el mundo. Arruinar todo lo que huela a democrático, arruinar todo lo que parezca democrático y sobre los restos de esas paredes democráticas construir una nueva entidad: Un régimen extremista islámico que funcionará de acuerdo a la Ley Sharia que es el códice de leyes de los dirigentes islámicos. Lo que quieren ver es un mundo nuevo donde el control lo tenga el Islam, y en el que todas las entidades sean como Irán, lo que significa que serán controladas y gobernadas por los ayatolás, por los líderes espirituales, por los clérigos.

—General Dani Yatom,
Ex jefe del servicio de inteligencia israelí Mosad
y subsecretario bajo el primer ministro Ehud Barak[2]

Una vez que le resultó evidente a Hussein que su bravuconería no iba a impedir que la coalición encabezada por los EE.UU. (Estados Unidos de América) atacara, comenzó a ordenar el envío de terroristas que se entrenaban en los diversos campos que existen alrededor de Irak, más notablemente en Nasiriyah y Fallujah. A estos soldados se les entregaba dinero, armas, explosivos y transporte. Se asignaron equipos de terroristas para la tarea de penetrar las fronteras de Arabia Saudita con el objetivo de llevar a cabo ataques terroristas. Un equipo pudo asesinar a un juez saudita, Abdul Rahman Al-Suhaybani, conocido por combatir actividades subversivas en su provincia. Los miembros del equipo luego pasaron a la clandestinidad para unirse a las vastas redes del terror, Al-Qaeda, Al-Muwahhidun, Hezbolá y otras, para poder un día resurgir y volver a matar.

Con las ofensivas aéreas y terrestres de los EE.UU. en plena marcha y las tropas de la coalición avanzando rápidamente sobre Bagdad, Hussein comenzó a perder confianza en el resultado de la guerra. Se cree que empezó a poner en vigencia varios planes de escape posibles. Uno involucraba llamar a algunos amigos en Bielorrusia. Hussein solicitó vuelos chárter para transportar carga y miembros de su familia fuera de Irak. Un avión identificado como un IL-76 de Bielorrusia supuestamente partió desde el Aeropuerto Internacional de Saddam y atravesó el espacio aéreo iraní en su vuelo a Minsk, Bielorrusia. Hubo especulaciones iniciales de que tanto Hussein como sus hijos estaban a bordo del vuelo.[3] Otro lugar de elección para el exilio fue París y, de hecho, un grupo de los científicos elegidos a mano por Hussein estaban entre los primeros en ser transportados desde Irak a París, vía Damasco. Este era otro ejemplo más de la cooperación francesa con el régimen de Saddam Hussein. Otro arreglo lo involucraba uniéndose a un convoy de diplomáticos rusos desde Bagdad hasta Damasco. Cuando se sugirió que una ruta más segura podría ser a través de Aman, la delegación rusa dijo que no e insistió en ir a Damasco. Con el convoy estaba el embajador ruso en Irak, Vladimir Titorenko. Se ha informado que Hussein se vistió con un disfraz y se unió al convoy que llevaba a unos veinticinco rusos. Justo en las afueras de Bagdad, se incendió; cinco diplomáticos fueron heridos, algunos de gravedad, dijo el vocero del ministro de asuntos exteriores ruso, Alexander Yakovenko. Si bien el Comando Central de los EE.UU. sostenía que no había fuerzas de la coalición cerca de donde se produjo el ataque, el Secretario de Estado Colin Powell se puso en contacto con el ministro de relaciones exteriores ruso Igor Ivanov para expresar sus sinceras disculpas por el incidente. Sin embargo, Powell no admitió ninguna culpabilidad de los EE.UU.[4]

Mientras que la lucha terrestre alrededor de Bagdad comenzó a tomar características serias, el Teniente General John Abizaid, Subcomandante de CENTCOM, informó: «Las unidades del ejército permanente iraquí parecían haber desaparecido mientras avanzaba la coalición. Poca cantidad de prisioneros iraquíes indicaron que las unidades del ejército permanente estaban evitando la lucha... Las fuerzas permanentes iraquíes (junto con los funcionarios de alto rango) simplemente se han derretido».[5]

Cuando las tropas de la coalición ingresaron a Bagdad, la ciudad entró en caos. Varios grupos iraníes de milicia armada y financiada comenzaron a hacer sentir su presencia en la ciudad. La facción chiita era, desde todo punto de vista, el grupo mejor organizado y armado. La popularidad de los grupos anti-Estados Unidos, anti-Hussein crecía al conocerse que podían proveerles de alimentos y medicinas a los vecindarios bajo su control. Un área como esa llegó a conocerse como Ciudad Sadr, un suburbio de bajos ingresos de Bagdad y hogar de algunos de los dos millones de musulmanes chiitas.

Los preparativos previos de parte de Irán y Siria para que Irak, virtualmente, fuera incontrolable parecían estar a toda marcha. La ira y la antipatía del mundo musulmán estaban dirigidas hacia el «Gran Satanás». Se emitieron decreto tras decreto y fetua tras fetua (Pronunciamiento legal en el Islam), emitido por un especialista en ley religiosa sobre una cuestión específica, convocando a la yijhad contra los Estados Unidos. Uno provino del doctor Muhamad Sayyed Tantawi, jeque de Al-Azhar. Reanimó al pueblo iraquí a continuar su «*Yihad* en defensa de la religión, la fe, el honor y la propiedad, porque la *Yihad* es una norma religiosa del islamismo que apunta a oponerse a los agresores», y alentó a voluntarios árabes e islámicos a viajar a Irak, «para apoyar la *Yihad* de sus hermanos oprimidos allí, porque la resistencia a la opresión es una obligación islámica, sea el opresor musulmán o no».[6]

En reuniones entre Jamenei, de Irán, y Khatami y Al-Assad, de Siria, los líderes resolvieron que Estados Unidos debía encontrarse con una resistencia violenta desde las diversas facciones iraquíes y de los yihadistas importados con el objeto de crear un pandemónium para las tropas de la coalición. Los hombres convocaron a las fuerzas islámicas radicales para que se opusieran a una ocupación estadounidense por todos los medios posibles. Nuevamente, Yossef Bodansky informó que el delegado Majid Ansari del Majlis (Parlamento iraní), en un informe previo a la cumbre entre Jamenei y Al-Assad, planteaba la postura de Irán:

> Incluso si ellos (los estadounidenses) tienen éxito en capturar a Irak... seguirán enfrentando dificultades... Nosotros (el liderazgo iraní) esperamos que los estadounidenses sean abarrancados en Irak y no logren darse cuenta de sus políticas expansionistas... Incluso si Estados Unidos llegara a ser victorioso en Irak durante un corto lapso... dicha victoria será el inicio de graves problemas para los políticos que incitan a la guerra y a los políticos expansionistas de Estados Unidos.[7]

Ambos líderes estaban bien conscientes de que no podían detener un ataque estadounidense, pero que podían generar estragos dentro de Irak, una vez que Saddam Hussein fuera depuesto. El llamamiento a los islámicos fanáticos, terroristas todos, siguió y obtuvo la respuesta de voluntarios de Argelia, Arabia Saudita, Egipto, el Territorio Palestino, Yemen, Pakistán, Afganistán, Chechenia, Irán y Siria, entre otros. La pregunta que debían hacerse ahora las tropas de la coalición era cómo identificar a ciudadanos iraquíes pacíficos entre los terroristas inclinados a matarlos de cualquier forma posible.

Fuera de Bagdad, los enclaves chiitas que habían sido suprimidos bajo el régimen baatista de Saddam Hussein le daban la bienvenida a la liberación por parte de las tropas de la coalición, por ejemplo, Al Najaf, un líder iraquí reprimido durante muchos años y exiliado; Abdul Majid Al-Khoi estuvo entre los primeros en volverse a las multitudes de lugareños extasiados. Se puso en contacto con el Gran ayatolá Alí Sistani y lo persuadió de emitir un decreto a la población chiita para que no resistiera a las tropas estadounidenses.

Irán estaba furioso, y pronto llegó la retribución. Al-Khoi fue atacado fuera de la mezquita del Gran Imán Alí por un escuadrón de la muerte; su cuerpo, cortado en pedazos. Fue indicado que el ataque lo llevó a cabo un escuadrón del ejército Mahdí controlado por el jeque iraní Muqtada Al-Sadr, cuya familia se representa a sí misma como paladín de la mayoría chiita. Todas las reuniones, las conversaciones, las propuestas que volaban entre Teherán y Damasco tenían un solo motivo: Detener la difusión de la democracia en el mundo musulmán. Teherán específicamente vio la marea del cambio democrático como una amenaza directa a la continuidad de su revolución islámica. En ese momento, ningún país de Oriente Medio, en especial, Irán, poseía las armas como para desafiar efectivamente a los Estados Unidos. Es más, si los estadounidenses no podían ser detenidos en Irak, ¿Irán sería el próximo en la mira de la democracia? Los mullahs estaban desesperados por hallar formas de hacer avanzar más los intereses de Irán.

Estimulado por la influencia de Irán, y en desafío directo a Alí Sistani, «otro exiliado iraquí en Irán, Kadhem Al Huseini Al Haeri, publicó un edicto religioso instando a los chiitas iraquíes a «buscar la primera oportunidad posible para llenar el vacío de poder en la administración de Irak».[8] De hecho, cuando las tropas de la coalición se retiraron de pueblos y aldeas mayormente chiitas, los delegados iraníes rápidamente llenaron el vacío. No era difícil rastrear el punto de origen de algunos de los infiltrados, especialmente, cuando un misil sirio (Siria, por supuesto, al ser el «eje del mal» compatriota de Irán y albergue del representante iraní Hezbolá) fue usado para derribar un A-10 de las Fuerzas Aéreas sobre Bagdad.

Estados Unidos comenzó a darse cuenta de la gravedad de la participación siria en la continua revuelta de Irak y empezó a trazar planes para ponerle fin a esta situación. Algunos del gobierno de Bush realizaron comentarios conciliatorios, negando un movimiento posible contra Siria, y Tony Blair, de Gran Bretaña, le aseguró a Al-Assad que no apoyaría tal movimiento.

Enfrentada con una creciente certidumbre de que sería la próxima ante los ojos de los Estados Unidos, Siria le pidió a Arabia Saudita que intercediera. Apoyada por las promesas sauditas de persuadir a Al-Assad de que abandonara a los partidarios que habían huido a Siria, los líderes de Riyahd previnieron con éxito una invasión siria que hubiera surgido, a raíz de la iraquí.

«ALIADOS» Y ALIANZAS

Aunque algunos participaron de la Guerra del Golfo de 1990-1991, muchos de los llamados aliados de los Estados Unidos se sentaron de brazos cruzados durante la invasión a Irak de 2003. Sin embargo, una vez que las tropas de la coalición marcharon en Bagdad y comenzaron a derrumbar las imágenes idolátricas de Saddam Hussein, los europeos comenzaron a alinearse por una porción del programa de reconstrucción posguerra. Estaban ansiosos por compartir el botín que seguramente resultaría del apilamiento de los palacios y los depósitos de Saddam. Francia y Alemania empezaron a tratar de congraciarse con los Estados Unidos para asegurarse una participación en los proyectos futuros de Irak. Ellos, junto con otros miembros de las Naciones Unidas, querían tener un papel central en el proceso. Incluso, mientras la plática suave de Francia del entonces ministro de asuntos extranjeros Dominique de Villepin estaba alentando a la administración Bush a que deje que el pasado quede en el pasado, una delegación francesa dirigía sus alas a Teherán para reunirse con líderes de Irán y de la resistencia iraquí.

Mientras tanto, en Irak, las facciones apoyadas por los iraníes estaban difundiendo la yihad, en gran parte, como María Tifoide contagió su enfermedad asesina por todo Nueva York a principios de la década de 1900. Moqtada al-Sadr y sus camaradas difundieron propaganda de un «Irak controlado por los chiitas», mientras que otros clérigos alentaban a sus seguidores a desafiar a las tropas de los Estados Unidos con abierta hostilidad. La ciudad iraquí sureña de Kut rápidamente se convirtió en un fuerte para las fuerzas respaldadas por Irán resueltas a difundir la revolución islámica del gran ayatolá Jomeini a Irak, y Teherán, con el ejército Mahdí infundió por Sadr sangre nueva, elevando sus cifras a cinco mil hombres. (Hacia fines de 2006, las estimaciones sobre el tamaño del ejército Mahdí han aumentado a aproximadamente sesenta mil). Estos escuadrones de la muerte asumieron los deberes de la policía local mientras que emulaban el estilo de vestimenta y de conducción de vehículos iraníes.

Una de las formas en que los chiitas iraquíes dieron cuenta de su presencia, luego de la caída del gobierno de Hussein, era celebrando Ashura, un día sagrado, separado para demostrar el poder de los chiitas. Como parte del ritual que rodea al Día de Ashura, se usan cadenas para la autoflagelación. Durante esta celebración, las fuerzas con respaldo iraní dieron a conocer su presencia cerca de Karbala y Al Najaf, dos de las ciudades chiitas más sagradas de Irak. Se calcula que unos dos millones de personas dieron inicio a la marcha hacia las dos ciudades, a los que rápidamente se unieron millones provenientes de ciudades cercanas, todos «protegidos» por fuerzas leales a Irán. Los servicios de inteligencia conjeturan que la marcha hacia Karbala y Al Najaf y desde ellas fue un medio de transporte de armas, municiones y dinero por todo Irak, así como también un medio para transportar e infiltrar a agentes iraníes.

Hacia fines de abril de 2004, las fuerzas de la coalición ya estaban comenzando a sentarse y a tomar nota de toda la actividad auspiciada por su vecina Irán. En una de mis reuniones con el Teniente General Moshe Ya'alon, él declaró que más del ochenta y cinco por ciento de los dispositivos explosivos improvisados usados en Irak fueron suministrados por Irán.

Las tropas de la coalición se estaban tornando cada vez más vulnerables ante los ataques suicidas que emprendían los terroristas al cruzar la frontera desde Irán. Para complicar el problema, a las fuerzas de Hezbolá que permanecieron en Irak luego de la caída de Saddam se les unieron otras que se deslizaron a través de la frontera con Siria. Se estimó que unas veinticinco a treinta mil tropas iraníes estaban luchando activamente contra la coalición en Irak. Este fue un sorprendente giro de acontecimientos para el gobierno de Bush. El periódico *The Washington Post* informó que habían «subestimado la fuerza de organización de los chiitas (y que) les preocupaba que esos sentimientos pudieran unirse en un gobierno fundamentalista (en Irak)».[9]

Tal como habían sido las preocupaciones israelíes expresadas antes de la guerra, parecería ser que el gobierno contaba con una clara estrategia de ingreso, pero que no estaba preparado para la tarea de estabilizar Irak y tratar con las diversas facciones del país. Como el conejito de Energizer, Francia estaba demasiado ansiosa por unirse a los ganadores para alentar a los Estados Unidos a que busque la asistencia de Irán en la región. El ministro de relaciones exteriores de Francia, de Villepin, fue uno de los primeros en apoyar abiertamente, pidiéndole a Irán que se una en la provisión de asistencia para la reconstrucción de Irak. Lo que no podían saber ni Francia ni Estados Unidos era que Irán estaba preparándose para libertar a las fuerzas terroristas de radicales islámicos en Irak. Esto, aparentemente, fue en respuesta al temor de Irán de que, dada la oportunidad, los Estados Unidos impidieran que la mayoría chiita en Irak controlara el país.

Igualmente sólido al convertir a Irak en un caso de estudio por tratar con Estados terroristas, el presidente Bush, en su discurso delante del *Abraham Lincoln*, el 1 de mayo de 2003, había emitido esta advertencia:

> Toda persona involucrada en cometer o planificar ataques terroristas contra el pueblo estadounidense se convierte en un enemigo de este país, y en un blanco de la justicia estadounidense.
>
> Cualquier persona, organización o gobierno que apoye, proteja o dé asilo a terroristas es cómplice del asesinato de inocentes e igualmente culpable de los crímenes terroristas.
>
> Todo gobierno proscrito que tenga lazos con grupos terroristas y que busque o posea armas de destrucción masiva constituye un grave peligro para el mundo civilizado, y será enfrentado.[10]

Para añadir algo más al desvarío radical islámico, Osama Bin Laden alzó su cabeza en una videocinta desde Pakistán y retó a los terroristas que peleaban por Irak no sólo a atacar a las tropas estadounidenses, sino a volcar su odio sobre países árabes moderados que se atrevieron a apoyar a los Estados Unidos, tales como Pakistán, Afganistán, Bahrein, Kuwait y Arabia Saudita. En la cinta, develada en un informe de noticias de la CBS, Bin Laden llamó a cada segmento de la sociedad islámica a apoyar a los bombarderos suicidas. Con repetidos llamamientos al martirio, Bin Laden expresó su apoyo por «esos mártires que sacrificaron sus vidas en nombre del Islam».[11]

SURGE IRÁN

Con el aliento de Teherán, la resistencia de los chiitas en Irak crecía, día tras día. A las patrullas norteamericanas y británicas en ciudades principalmente chiitas se las saludaba con cánticos y barreras de piedra arrojadas desde los techos.

Inicialmente, los chiitas de Irak asumieron el papel del apaciguador. Parecían estar dispuestos a apoyar a los Estados Unidos durante la invasión, seguros de que cuando se asentara el polvo, ese país respaldaría un gobierno con mayoría chiita. Así como los iraquíes no dudaban de que esto sucedería, Teherán estaba igualmente segura de que un Irak democrático, amistoso con los Estados Unidos, no les interesaría para nada. El ayatolá Baqir al-Hakim, el líder del Consejo Supremo de la Revolución Islámica en Irak (SCIRI) auspiciado por Irán, intensificó su convocatoria por un régimen, en Bagdad, muy similar al de Irán. Al-Hakim estaba seguro de que el futuro de Irak residía en una teocracia islámica, no en una democracia al estilo occidental. A principios de mayo de 2004, Al-Hakim le llevó su retórica de una democracia en Irak bien practicada, moderada, a Al Najaf. Por supuesto, sabía —igual que Irán— que una elección democrática en un Irak con mayoría chiita significaba el control del gobierno para esa facción. Él predicaba la seguridad para Irak con la inferencia de que sólo podían lograrla los grupos que estuvieran armados y financiados por Irán.

Ignorado por muchos, esto también incluía a los radicales de Al-Qaeda preparados y dispuestos a ingresar en la batalla impulsada por los terroristas contra los Estados Unidos. ¿Simplemente hasta dónde estaba dispuesto a ir Irán para lograr sus propósitos en Irak? Teherán estaba dispuesto a proporcionar un refugio seguro para Osama Bin Laden y sus camaradas. De hecho, se informó ampliamente que el personal de Al-Qaeda, incluyendo a Bin Laden (quien es un musulmán sunnita) fue hospedado por funcionarios del gobierno iraní. La cooperación entre los sunnitas y los chiitas, así como una base en Irán, le proporcionaría a Bin Laden una plataforma de lanzamiento para ataques futuros contra otros regímenes árabes amistosos con los EE.UU., tales como su propia patria, Arabia Saudita. Y le permitiría a Irán adoptar con mayor rapidez el papel de «Central de terror». Esto no fue sorprendente, ya que Irán ha sido parte en proveer un pasaje seguro y sin documentos para los secuestradores de aviones responsables de los ataques del 11 de septiembre.

Los nudos de la trampa de terror que circunda a Irak se formaron con personal operativo residual de Al-Qaeda en Afganistán, Pakistán e Irán, así como también en el Hezbolá sirio, con lazos con Al-Qaeda en Siria y el Líbano. ¿Cuánto tiempo transcurriría antes de que las diversas facciones comenzaran a tirar de la cuerda, estrangulando a las tropas de la coalición y obligando a los Estados Unidos a abandonar su compromiso de mantener el curso en Irak?

Irán, desconfiado de la influencia occidental, fue igualmente precavido ante uno de los ayatolás iraquíes más respetados, el gran ayatolá Alí al-Sistani. Temían que esta forma más laxa de islamismo, practicado alrededor de Al Najaf, no pareciera favorable para las propuestas de Irán. Éste empezó a acelerar el único plan que sabía que podía funcionar: ataques de terror contra las tropas estadounidenses. Teherán estaba seguro de que una sostenida inundación de terror desmoralizaría a los militares y al pueblo estadounidenses y, por lo tanto, influyó sobre el gobierno de Bush para inclinarse ante la presión del Congreso de retirar las tropas tan rápido como fuera posible.

La orden de «adelante» para lanzar los ataques de terror sobre las tropas de los EE.UU. en Irak envalentonó aún más a Osama Bin Laden para que reuniera a sus huestes a fin de planificar nuevos ataques, no sólo contra el gobierno de Riyadh, sino contra los británicos, los israelíes, los turistas y los políticos. De hecho, cualquiera que estuviera a favor de Occidente podía convertirse en un blanco para las tropas de Bin Laden. En la parte superior de la lista estaban las mismas naciones que figuraban como primeras en la de traidores islámicos de Teherán: Egipto, Jordania, Marruecos, Arabia Saudita y otros Estados árabes con inclinación occidental.

Los primeros blancos de Bin Laden eran compuestos que albergaban intereses occidentales en Riyadh. En las horas tempranas de la mañana del 12 de mayo de 2003, cinco vehículos pasaron sin dificultad por la ciudad. Tres de ellos estaban llenos de explosivos; los otros dos llevaban equipos de asalto. Mientras el sol aparecía sobre el borde de la ciudad, explosiones masivas sacudieron a tres complejos occidentales, matando a veintiséis personas —nueve de ellos, estadounidenses— e hiriendo a más de ciento sesenta. Esas explosiones fueron seguidas días después por otras similares en Casablanca, que se llevaron las vidas de los treinta y tres civiles y lastimaron a más de cien. De acuerdo con un informe del *Washington Post*, Irán fue cómplice, por lo menos, en los bombardeos de Riyadh:

> Saad bin Laden [el hijo de Osama bin Laden] y otros agentes secretos de alto rango estuvieron en contacto con una célula de Al-Qaeda en Riyah, Arabia Saudita, en los días inmediatamente previos al bombardeo suicida del 12 de mayo que hizo que murieran 35 personas (esta cifra también cuenta a los nueve bombarderos suicidas)...dicen las Fuentes

de inteligencia europeas y de EE.UU. Las fuentes no divulgarían la naturaleza o el contenido de las comunicaciones, pero los contactos los han conducido a la conclusión de que los ataques a Riyadh fueron planificados en Irán y ordenados desde allí.[12]

El prominente miembro de Al-Qaeda, Ayman al-Zawahiri, se unió a la convocatoria de ataques viles mundiales contra estadounidenses y judíos. En una arenga de mayo de 2003, despotricó:

Los cruzados y los judíos no comprenden el lenguaje de matar y de la sangre. No se convencen, a no ser que vean ataúdes regresando a su país, de que se destruyan sus intereses, ardan sus torres y se derrumbe su economía. Ah, musulmanes, tomen los asuntos firmemente contra las embajadas de Estados Unidos, Inglaterra, Australia y Noruega y contra sus intereses, compañías y empleados. Quemen la tierra que está bajo sus pies, así no podrán gozar de nuestra protección o seguridad. Expulsen a esos criminales de sus países... Aprendan de sus 19 hermanos que atacaron Estados Unidos en sus aviones en Nueva York y en Washington y le causaron una tribulación de la que nunca antes habían sido testigos.[13]

Los posibles poderes de Irán fueron convencidos de que los Estados Unidos tenían un plan doble para Oriente Medio: Un cambio de régimen, cuando fuera necesario y la democratización de otros Estados árabes. Teherán ha aprendido al estudiar la participación estadounidense en otras regiones que los estadounidenses respondían con rapidez, pero tenían un registro de rastreo muy pobre cuando se trataba de defender ocupaciones prolongadas; se pueden hallar ejemplos perfectos en Vietnam y en el Líbano. Dadas estas dos opciones, y temiendo la incursión de los Estados Unidos, los iraníes surgen con un tercer plan: En lugar de ser dominados por ellos, dominará Irán. ¿Cómo lograrán su plan? Como el mundo podrá ver pronto, adoptarían el ritmo del programa nuclear de Irán y tendrían éxito a través de chantajes nucleares.

Teherán creía que Irán, no Irak, siempre había sido la meta final de una invasión estadounidense. Una huella en ese país colocaría a las tropas estadounidenses en dos naciones que rodean las fronteras de Irán: Irak y Afganistán. Una invasión a Irán parecería ser el siguiente paso lógico en lo que se consideró como una licitación de los EE.UU. por el dominio regional. Sus esfuerzos -o así lo creía Teherán- se concentraban solamente en preservar a los sionistas que habían usurpado tierras a los palestinos, y a fin de hacerlo, debía frenarse la influencia iraní. Por ende, en las mentes de los mullahs que tienen el control, la única respuesta era una invasión a Irán y un fin a la revolución islámica de Jomeini por parte de los EE.UU. En junio de 2003, se llevó a cabo un plan para la presencia de Irán en el Golfo Pérsico. La Guardia Costera iraní detuvo a dos barcos que llevaban a cuatro soldados estadounidenses y a cinco civiles. Les pusieron una venda en los ojos a los ocupantes de los dos buques y los iraníes los interrogaron antes de liberarlos, de acuerdo con el Comando Central de EE.UU.[14]

Apenas unos pocos días antes del incidente del Golfo Pérsico, el Secretario de Defensa, Donald Rumsfeld había advertido sutilmente a los vecinos de Irak sobre interferencias en la liberación de esa nación. Dijo Rumsfeld en un artículo del *Wall Street Journal* (Diario de Wall Street) «La asistencia de los vecinos de Irak será bienvenida. A la inversa, la interferencia en Irak por parte de sus representantes, incluyendo a aquellos cuyo objetivo sea reconstruirlo a la imagen de Irán, no será aceptada ni permitida». Rumsfeld continuó diciendo que la transición hacia la democracia «llevaría tiempo» y que el «resultado político final debe decidirlo el pueblo iraquí». El resultado final en Irak no debe hacerse para «replicar ningún otro sistema (de gobierno)».[15] Todos los expertos políticos tienen ahora que descubrir cómo evitar que la mayoría chiita controle Irak y tenga un enlace de armas con Irán.

OCUPACIÓN CON FINAL ABIERTO

Los Estados Unidos estaban firmemente arraigados en Irak, pero la pregunta sin respuesta era: «¿Durante cuánto tiempo y hacia qué resultado final?». Las protestas, no sólo desde facciones en Irak, sino de todo el mundo musulmán se habían incrementado. Las organizaciones terroristas parecían capaces de humillar y/o matar a las tropas estadounidenses a su voluntad. En lugar de reforzar la guerra sobre el terror de la administración Bush, los terroristas de Irak estaban absorbiendo la vida y la voluntad de salir victoriosos de la Operación Liberación Iraquí. Las fuerzas de la coalición se enfrentaron con una guerra de guerrillas cada vez más valiente librada por yihadistas.

Se comparó al movimiento de resistencia iraquí con la resistencia palestina contra los israelíes. También fue presagiado como una infusión de vida nueva dentro del levantamiento libanés y palestino contra los judíos. Con todas las miradas puestas sobre Irak, tanto Irán como Siria podían aprovechar la oportunidad de construir fuerzas en el Líbano y en Gaza, los vecinos más próximos de Israel.

Sin embargo, así como la Conferencia para la Paz de Madrid, luego de la primera Guerra del Golfo, pasó por Jerusalén, una resolución de esta guerra también lo haría. La primera entidad en beneficiarse de la derrota de Saddam Hussein fue Autoridad Palestina. De hecho, los dos líderes de la coalición, George W. Bush y Tony Blair, acordaron, incluso antes del inicio de las hostilidades, sobre el vínculo entre la guerra y el conflicto israelí-palestino. De hecho, el círculo político europeo unió la derrota de Saddam Hussein a un renovado proceso de paz entre Israel y los palestinos.

Al dirigirse al Parlamento antes de que comenzara la guerra, Blair comenzó con la campaña de vincular la cuestión palestina a la guerra en Irak. Les aseguró a quienes lo escuchaban que la paz entre los judíos y los palestinos era sumamente importante. Era el comienzo de un empuje para lo que iba a venir, conocido como el Mapa de Ruta para la Paz, que se develaría en junio de 2003.

Luego de una reunión en Camp David entre el Sr. Blair y el presidente Bush, éste dijo:

> La historia requiere más nuestra coalición que la derrota de un peligro terrible. Yo veo una oportunidad, como la ve el Primer Ministro Blair, de traer esperanzas renovadas y progreso a todo Oriente Medio. El 24 de junio pasado, bosquejé una visión de dos Estados, Israel y Palestina viviendo lado a lado en paz y seguridad. Pronto, publicaremos el mapa de ruta que ha sido diseñado para ayudar a que esa visión se convierta en realidad. Y, tanto los Estados Unidos como Gran Bretaña están firmemente comprometidos a implementar ese mapa de ruta.[16]

Blair respondió anotando una fecha para el debut en público del Mapa de Ruta:

> Ambos compartimos una determinación total de que esto avance. Es, de hecho, pasado por alto con frecuencia que el presidente Bush es el primer presidente de EE.UU. que se compromete públicamente a una solución de dos Estados, una Israel que confíe en su seguridad y un estado palestino viable. Y yo le doy la bienvenida a la decisión recientemente anunciada de publicar el mapa de ruta tan pronto como se administre adecuadamente la confirmación del nuevo Primer Ministro palestino.[17]

El plan del Mapa de Ruta incluía el patrocinio de la ONU, la UE y Rusia, ninguna de las cuales apoyaron la guerra contra Irak. De acuerdo con fuentes de Jerusalén, Israel aceptó en principio el Mapa de Ruta, pero tenía una cantidad de reservas. Esto bien podría haber sido una señal de que Israel aprendió una lección valiosa después de Madrid: que no puede darse el lujo de hacer concesiones unilaterales. Israel reconoció que un nuevo Oriente Medio no evolucionaría en respuesta a una resolución del Consejo de Seguridad de la ONU o a una campaña de relaciones públicas bien orquestada por los EE.UU., incluso si Arafat y las diversas facciones pudieran ser exitosamente atraídas a la mesa de negociaciones.

Por ahora, por lo menos, Israel estuvo satisfecho con ser relegado al fondo, cómodo con el hecho de ayudar a Washington sin un reconocimiento público. Debe haberse creado una importante onda de choque en el Knesset (el parlamento unicameral de Israel), cuando su aliado político leal, George W. Bush, anunció el Mapa de Ruta con sus pasos dirigidos a una solución de dos Estados. Las entidades residentes en la Autoridad Palestina recibieron la noticia con su respuesta habitual: Un bombardero suicida detonó una mochila de explosivos dentro de un bar israelí, matando a treinta personas e hiriendo a veinte. Y aún así, Israel fue presionado para hacer la vista gorda sobre las amenazas de terrorismo de Hamas, Fatah, Hezbolá y una plétora de organizaciones de terror en deferencia al nuevo proceso de paz, el Mapa de Ruta. El miembro del Knesset, Uri Landau, escribió:

> Si se acepta el mapa de ruta del cuarteto, Yasser Arafat ganará la mayor victoria de su vida. A pesar de la aberrante violación de todos sus compromisos en los acuerdos de Oslo y de su responsabilidad por el asesinato de más de mil israelíes, casi 800 de ellos durante los dos últimos años de terror, no ha sido castigado. Por el contrario, él... obtendrá... el establecimiento de un Estado... sin negociaciones.[18]

Mientras que el Cuarteto (la ONU, la UE, Rusia y los Estados Unidos) estaba impulsando el Mapa de Ruta, el presidente de Irán, Khatami, buscando algunos buenos amigos en Siria, el Líbano y Yemen, todos Estados conocidos por financiar y dar asilo a terroristas. En Siria, Khatami deliberó sobre cómo podrían resistir los dos países ante lo que consideraron como la intención de EE.UU. de ocupar la región sin antagonizar a Washington. De particular interés fue el apoyo estadounidense a Israel y cómo perseguir las actividades del terror contra ese país sin represalias para Estados Unidos. A pesar de estos temas, Hezbolá continuó con su persecución acosadora de civiles israelíes con fuego de cohetes en el norte de Israel.

Lamentablemente, los intentos del presidente Bush por obtener el apoyo unilateral árabe para su liberación de Irak al arrojar otra zanahoria de dos Estados encontraron menosprecio. Hace mucho tiempo que el mundo musulmán reconoció que una solución de dos Estados no era la verdadera respuesta al «problema judío». La única respuesta que bastaría comprendería empujar a los judíos al Mediterráneo, o, como opinaría posteriormente el presidente Ahmadinejad, borrar a Israel «del mapa».

LA ESPERANZA DE PAZ

Las fuerzas de la coalición pasaron el verano de 2003 buscando aún los restos del gobierno iraquí, incluyendo a los dos hijos de Hussein, Uday y Qusay, que fueron asesinados en un tiroteo, el 22 de julio. En los meses posteriores al cese de combates importantes, más de doscientos funcionarios del Partido Baath fueron asesinados, o bien, capturados. Saddam mismo fue hallado finalmente, oculto en un pozo, cerca de Tikrit, el 13 de diciembre. Nuevamente, muchos pensaron que estas eran señales de que la victoria y la paz en Oriente Medio estaban bien al alcance de la mano. No obstante, los meses que siguieron pintarían a la guerra como lejos de terminada.

¿Cómo fue que el carnicero de Bagdad, el reconstructor de Babilonia, el líder supremo de Irak fue encontrado agazapado en un agujero, en su país? Aparentemente, Saddam había concertado una cita con dos aliados confiables, los hermanos Al-Omar. Debía reunirse con ellos y lo iban a llevar a su siguiente casa segura. En el lugar designado, Hussein fue tomado cautivo, o bien, drogado y luego depositado en el hoyo, donde fue descubierto por tropas estadounidenses.

En el perfecto escenario de «cómo caen los poderosos», el dictador humillado había sido arrojado sin ceremonia alguna a un pozo de un metro ochenta de profundidad, en el suelo, sin instalaciones sanitarias y casi sin lugar para moverse. Estaba bien provisto, sin embargo, con US$ 750,000, en billetes de cien dólares y pilas de documentación sobre la resistencia iraquí. Con todo ese dinero, tenía poca comida, pocas vestimentas y ninguna forma de comunicarse con el mundo exterior.

¿Qué condujo a las tropas estadounidenses a una granja aislada, a buscar a Saddam Hussein? Días antes de su captura, las fuentes de inteligencia del ejército habían capturado a un funcionario de seguridad del séquito de Hussein. Luego de interrogarlo, Mohammed Ibrahim Omar Al-Musslit, reveló el paradero de Hussein. Se lanzó la Operación Amanecer Rojo con más de treinta vehículos blindados y seiscientas tropas. Los grupos de las Fuerzas Especiales buscaron las dos granjas indicadas por Musslit, pero se quedaron con las manos vacías. Estaban preparándose para partir, cuando un soldado advirtió una grieta en la tierra. Un rápido reconocimiento reveló el escondite del hombre más buscado en todo Irak, Saddam Hussein.

Los radicales islámicos pronto respondieron a la captura de Hussein viendo la posibilidad de ocupar cargos de importancia en Irán. Al-Qaeda fue el primero en seguirle la corriente al declarar: «Saddam ya no está, y nosotros tomaremos el poder». Bin Laden estaba ansioso por permitir que los estadounidenses supieran que él era responsable de los ataques de suicidio homicida en todo Irak. Quería los derechos de alardear por la cantidad de muertos y heridos. Quería el crédito por la guerra de guerrillas antiestadounidense que era tan desenfrenada en el país. El teniente de Bin Laden, Ayman Al-Zawahiri, se apresuró a añadir que los soldados estadounidenses eran unos cobardes y que Al-Qaeda los perseguiría, incluso, en los Estados Unidos.

El movimiento de resistencia iraquí estuvo a punto de tomar la iniciativa y decir a su pueblo que la captura de Saddam Hussein era simplemente un truco fotográfico para asegurar la reelección del presidente Bush. Los baathistas invitaron a todos los iraquíes a unirse a la lucha para repeler a los invasores estadounidenses. Todos los grupos instaron a que la resistencia contra la ocupación de los EE.UU. continuara plenamente. Sin embargo, no eran los yihadistas los que lo hacían, sino que alentaban a los iraquíes bajo el paraguas de los islamistas radicales; era la profunda insatisfacción con el proceso político, la falta de servicios básicos y el no poder detener los asesinatos y el pánico en las calles de las ciudades. Enfrentados con lo que podría describirse como anarquía, Washington siguió pintando una imagen rosada sobre los eventos en Irak, llegando tan lejos como a reiterar que la resistencia iraquí estaba menguando.

Un anuncio de que los Estados Unidos comenzarían a retirarse de Irak a mediados de 2004 se topó con escepticismo, en especial, cuando se aclaró que las tropas permanecerían allí durante un tiempo. El problema para los líderes de la coalición sería cómo asegurar que Irak no cayera de inmediato en manos de la mayoría chiita, en lugar de convertirse en un gobierno democrático para todo el pueblo. Tan pronto como se inició la discusión, el ayatolá Al-Sistani emitió otra fetua más, convocando a un sistema de un hombre-un voto. El estancamiento resultante amenazaba todo el proceso político por el que había luchado la coalición conducida por los Estados Unidos.

Un corresponsal en Londres resumió la situación en Irak muy sucintamente, cuando escribió:

> En este miasma de inacción, los papeles protagónicos del drama nacional los están cubriendo un puñado dogmático de partidos con intereses propios muy aficionados a disponer las cosas a su favor. El conflicto de bajo nivel, con frecuencia interétnico, que endemonia a Irak, equivale a presentar un reclamo a una potencia de la poscoalición y a expulsar a los infieles del país.
>
> Y así como observaron pasivamente durante años cómo el brutal Saddam Hussein tomaba todas las decisiones por ellos, así los iraquíes están observando y esperando ahora.[19]

Cuando la democracia novata de Irak ingresó al año 2004, era obvio que, lejos de menguar, la resistencia se estaba convirtiendo en una inundación que amenazaba con consumir todo a su paso. Los chiitas, los sunnitas, los curdos, los turcomanos y los terroristas islámicos de todo el mundo estaban abierta y clandestinamente planificando formas de lograr sus metas. La reacción de las tribus y sectas iraquíes fue una sorpresa para Washington. Lejos de darles la bienvenida a los estadounidenses como liberadores, los iraquíes le dieron la bienvenida al derrocamiento de Saddam Hussein y luego, rápidamente, querían que los «infieles» se fueran de su país. Era evidente que una estrategia de

Bush para responder unilateralmente al ser amenazado o, incluso, en forma preventiva, no sería recibida con los brazos abiertos.

El gobierno de los EE.UU. nunca cuestionó que podría reunir una fuerza de golpe que fuera totalmente exitosa contra Hussein. La esperanza de que un Irak democrático se convirtiera en una certeza, lentamente se transformó en un sueño derribado. Lo que nadie tuvo en cuenta fue la ideología, tras la cultura musulmana. Los estadounidenses nacen con libertad de elección; es difícil comprender cómo una persona impregnada de las tradiciones y costumbres del Islam se rehusaría a abrazar la democracia y la libertad de elección. Washington no estaba preparada para tratar con la dura verdad que se encontró en Irak. Al igual que un niño atrapado en las terribles discusiones de parejas, incapaz de comprender el significado de la palabra «no», la comunidad de inteligencia de Washington avanzó con impacto y firmeza, a pesar de las señales evidentes de que la mayoría del pueblo iraquí no estaba ansiosa por aceptar la occidentalización. Por lo tanto, el presidente Bush no fue lo suficientemente advertido acerca de la perspectiva del fracaso.

Es evidente que la administración Bush subestimó grandemente al enemigo; no, no a Saddam Hussein, sino al gobierno de Irán. Con el desafío de «Tráiganlos», pronunciado por el presidente Bush, las yihads del mundo hicieron justamente eso.

Cuando el presidente intentó negociar con los árabes sunnitas sobre asuntos controversiales, respecto del federalismo y de la remoción de la influencia baathista, se le agradeció educadamente. Estaba en una posición de tremenda inferioridad al no haber sido preparado por adelantado para las idiosincrasias de la ideología musulmana. La administración Bush realmente no comprendió las diversas divisiones de la sociedad musulmana, y estuvo trabajando con una gran desventaja.

No fue el presidente, sino su embajador en Irak, el doctor Zalmay Khalilzad, el responsable, de cambiar un acuerdo entre los curdos y los chiitas que demostraría ser la fundación de la constitución de Irak. Khalilzad se enfrentó de inmediato con el reto de encontrar terreno en común entre los chiitas, los curdos y los árabes sunnitas. Los primeros querían una constitución más para su beneficio; los segundos temían perder su independencia, y los últimos objetaron todo lo propuesto por los chiitas y los curdos.

La delegación sunnita había estado infiltrada por miembros del Partido Baath (Partido Árabe Socialista Baaz) de Hussein, que complicó aún más las cosas para Khalilzad. El vocero del grupo, Saleh Al-Mutlaq, había sido el intérprete de Saddam Hussein y un árabe sunnita y, como tal, ofendió a los curdos y a los chiitas.

Insistiendo en que este grupo en particular fuera incluido en la formulación de la constitución, y si bien sus adherentes no participaron en las elecciones generales, el gobierno de Bush les confirió autenticidad.

Los chiitas querían un Estado islámico, que la ley Sharia reemplazara el código civil secular, lo que conduciría a un gobierno de ayatolás chiitas reconocidos por la constitución y un tribunal constitucional basado en la ley islámica que podría, con impunidad, cancelar leyes civiles promulgadas por el parlamento y el gobierno. Esto estaba en línea con la autoridad que se le había conferido al gran ayatolá Jomeini como el Líder Supremo de Irán. Los árabes seculares reconocieron el camino descendente que recorrería Irak con tales disposiciones; la administración Bush parecía estar en un estado de negación.

De acuerdo con la constitución resultante, Irak es un Estado islámico moderado. Oficialmente, el Islam es la religión estatal y *una* fuente básica de legislación, no *la* fuente básica deseada por los chiitas.

Para los árabes seculares de Irak, todas las divisiones de facciones son incomprensibles. La religión nunca antes había sido un gran factor en la política de Irán y, de hecho, ese aspecto puede llegar a ocupar una posición secundaria con el transcurso del tiempo. Eso queda por verse. Yo creo, por cierto, que, mientras Irán tenga una influencia directa sobre los chiitas de Irak, continuará agitando la rivalidad civil entre ellos y los sunnitas. El impulso por un Irak democrático ha liberado en la nación emociones que habían estado suprimidas desde hace mucho. Sólo el tiempo dirá si los diversos grupos sectarios podrán formar a martillazos una relación viable, o no.

El presidente Bush estaba mal informado respecto de la ideología de la cultura musulmana y, también, sobre la presencia de cantidades de armas de destrucción masiva en Irak. Tan lejos como en 1998, una fuerza de tareas compuesta por miembros de la Cámara de Diputados publicó un trabajo: «El desafío iraquí de las armas de destrucción masiva: Mitos y realidad». Bosquejaba las inequidades entre la producción y la posesión de pequeñas cantidades de armas de destrucción masiva e, incluso, tenía los medios para desembolsar el costo de los productos químicos. Sin embargo, subrayaba el hecho de que la producción había sido delegada a Sudán, Libia y Argelia, un hecho que escapaba a muchos, en la comunidad de inteligencia de Washington. La evidencia de que Irak tenía la capacidad de enviar armas de destrucción masiva por medio de un avión no tripulado fue el factor que ayudó a decidir a algunos que se continuara con la Operación Liberación Iraquí.

Queda la pregunta: ¿Dónde están las armas de destrucción masiva, los tanques, los vehículos blindados, los aviones de combate y los helicópteros armados que Saddam estaba tan ansioso por mostrar en desfiles gigantes y que protegería aun arriesgando su dictadura? Como los batallones de soldados que simplemente se derritieron antes de la invasión de los EE.UU., parece que sucedió con estos armamentos. La explicación más lógica ofrecida es que han sido ocultados bajo tierra en refugios nucleares masivos, o bien, exportados a Siria e Irán. La administración Bush se equivocó en el cálculo de la astucia de

Saddam Hussein. ¿Fueron sus tácticas de retraso simplemente un medio para asegurar que este material de guerra se mudara a lugares más seguros? Tal vez, Hussein haya sido el único que conocía todas las piezas del rompecabezas, y, por supuesto, ahora no puede compartir esa información con nadie.

Capítulo seis

LA GUERRA MUNDIAL CONTRA EL TERRORISMO

> Veo la amenaza contra los Estados Unidos e Israel como el inicio de una guerra de cien años. Se la puede llamar Tercera Guerra Mundial. Se la puede llamar el comienzo de un nuevo tipo de guerra... Preferiría no utilizar analogías respecto de la Primera y la Segunda Guerras Mundiales y simplemente pienso que este es un nuevo tipo de guerra en que Occidente claramente tiene la desventaja. La asimetría de la moralidad nos dificulta mucho luchar contra grupos que no tienen moralidad.
> —Alan Dershowitz[1]

> Los necesitamos terriblemente... El campo de la yihad puede satisfacer sus ambiciones científicas, y las grandes bases estadounidenses (en Irak) son buenos lugares para poner a prueba sus armas no convencionales, ya sean biológicas o sucias, como ellos las llaman.
> —Abu Ayyub al-Masri,
> líder de al-Qaeda en Irak,
> en un llamamiento a expertos en los campos de
> «química, física, electrónica, medios de comunicación y todas las demás ciencias, especialmente científicos nucleares y expertos en explosivos» para unirse a la guerra santa del grupo de terror contra occidente[2]

Cerca de principios de 2006, además de combatir a la coalición y, en particular, a las tropas estadounidenses, la táctica nuevamente parecía haber tomado un nuevo rumbo. Empezó a surgir un nuevo nivel de violencia entre los chiitas y los sunnitas. El 22 de febrero de 2006, explotaron dos bombas en la mezquita chiita Al-Askari, dañando gravemente su domo de oro y el interior. Ella tiene un enorme significado para los musulmanes chiitas porque es el lugar donde están sepultados Alí Al-Hadi y sus hijos, Hasan Al-Askari, el décimo y el decimoprimero imanes. Son los predecesores inmediatos del duodécimo imán -o el Oculto- Muhammad al-Mahdí, el que es conocido como *el* Mahdí, por el que lleva su nombre el ejército Mahdí de al-Sadr, y que desapareció al caer en un pozo en Irán en el siglo X; se cree que un día regresará triunfante a difundir el Islam y que su retorno apocalíptico desde un pozo en Jamkaran, Irán, colocará al mundo bajo el control de un nuevo califato musulmán que conducirá al islamismo a la supremacía mundial.

Uno de los responsables de este bombardeo vestía un uniforme militar iraquí. Los chiitas respondieron atacando y destruyendo mezquitas sunnitas, varios de cuyos imanes fueron ejecutados sumariamente por la milicia de Al-Sadr. Multitudes de chiitas ingresaron a las cárceles y ejecutaron a los reclusos. En venganza, grupos de sunnitas los atacaron, arrastrándolos desde sus vehículos para asesinarlos. Mientras que muchos de las fuerzas policiales iraquíes, entrenados y armados por los Estados Unidos observaban con temor, otros simplemente se unieron a los atacantes. Ni siquiera un toque de queda impuesto en Bagdad pudo detener la matanza. Los cuerpos se arrojaban a las calles, esposados y con el estilo de ejecución de un fusilamiento. En total, ciento ochenta y cuatro mezquitas sunnitas quedaron en escombros o fueron objeto de vandalismo, y murieron más de mil chiitas y sunnitas.

Durante los meses siguientes, escuadrones sectarios de la muerte vagaban por las calles, matando a miles. Alguien estaba intentando plantar las semillas de la violencia étnica con la esperanza del inicio de una guerra civil.

Lamentablemente, una estrategia exitosa de salida de Irak no puede basarse en una expresión de deseos. Parece que se está ignorando la verdad: Irak está desintegrándose en una guerra civil. Ni siquiera una «Estimación de Inteligencia Nacional» realizada por la CIA ha podido convencer a los funcionarios del gobierno acerca del panorama tétrico de Irak.

DESCENSO A LA ANARQUÍA

En reclamo de que la resistencia no termine hasta que los infieles sean expulsados de Irak, todos los días se alistan nuevos reclutas. Las fuentes de inteligencia indicaron una nueva cooperación entre facciones que en el pasado eran antagonistas. Algunos grupos chiitas están asociándose con otros sunnitas; brigadas baathistas trabajan a la par de los guerrilleros palestinos para expulsar a las tropas de la coalición y bajar aviones estadounidenses. Los Estados Unidos están atrapados en el retículo de toda organización terrorista que opera en Irán, Irak y Siria y poco pueden hacer para detener el derramamiento de sangre resultante. Las desorganizadas fuerzas batistas, que cayeron con tanta rapidez bajo el primer ataque, se están reagrupando como guerrilleros con una sola intención: Golpear a cada paso a las fuerzas de la coalición.

El mundo musulmán no vio esto como una guerra para poner el freno a las actividades de terror de Saddam Hussein, sino como otro ataque de los «Cruzados» contra el Islam. Uno de los analistas más respetados del mundo árabe, Abdul Bari al-Atwan, hizo otra comparación:

> Las fuerzas de EE.UU. no han liberado Irak; lo han humillado, lo han ocupado, lo han destrozado y han sometido a sus hijos. Estados Unidos está ahora preparándose para someter al resto de los árabes de la misma forma y con la misma operación destructiva; por lo tanto, no se encontrará con nada más que resistencia y odio...Esto significa que la agresión no parará en las fronteras de Irak, exactamente como cuando Hulagu (un líder Mongol) ocupó Bagdad, la saqueó, esclavizó a sus habitantes y la destruyó como a un trampolín para ocupar toda la región.[3]

Para un mundo musulmán seriamente ultrajado, los infieles, esta vez soldados estadounidenses en lugar de mongoles, nuevamente habían entrado a Bagdad para despojar y humillar al pueblo iraquí. Osama bin Laden convocó a una yihad contra los invasores. Y ahora, Mahmud Ahmadinejad se ha puesto el manto del ayatolá Jomeini, ha adoptado el llamamiento de Bin Laden y está alentando una revolución islámica que apunta al choque más sangriento de ideologías religiosas que jamás se haya visto entre el islamismo, el judaísmo y el cristianismo.

En la prisa por prepararse para cierta invasión de las tropas estadounidenses y de coalición, Saddam Hussein se dispuso a no dejar huellas y a eliminar todas las amenazas. En una jugada diseñada para evitar que las fuerzas de coalición interrogaran a uno de los terroristas mundiales más brutal y prolífico, las tropas de élite de Hussein ingresaron a una fortaleza iraquí de clase alta en Bagdad y asesinaron a Abu Nidal junto con cuatro de sus secuaces. Nidal era responsable de las muertes de cientos en ataques terroristas en todo el mundo. Si bien Hussein había ordenado el asesinato de Nidal, estaba reaccionando ante presiones de Hosni Mubarak en Egipto y de Yasser Arafat, que no quería que se expusieran los secretos de Nidal al escrutinio occidental. Con la inteligencia provista a Hussein de parte del líder ruso Vladimir Putin, Nidal había recibido insinuaciones de la CIA y estaba considerando develar información confidencial a cambio de asilo. Hussein se aseguró de que eso no sucediera.[4]

Quizá, el mayor reto para los Estados Unidos sea la renovada batalla contra el arma secreta de Saddam: La fuerza clandestina paralela entrenada por Corea del Norte en el arte de llevar a cabo una guerrilla prolongada. Para proveerse de más salvaguardas para sí mismo, Hussein estableció un gobierno paralelo con puestos fronterizos alrededor de Irak, como un cortafuego contra una invasión de los EE.UU. Los guerreros, dentro de esta red inducida por Saddam Hussein, fueron entrenados para crear revueltas civiles e insurrección contra fuerzas invasoras. Para hacerles las cosas más fáciles a los soldados, Hussein le pidió a China y a Corea del Norte que construyeran una serie de refugios subterráneos a prueba de bombas casi completamente indetectables desde el aire. Se pensó que estos refugios iban a albergar su acopio de armas, incluyendo las esquivas ADMs.

Con razón mientras avanzaba la Operación de Liberación Iraquí, las tropas de la alianza se encontraron bajo un bombardeo constante desde una variedad de células y redes de terror que trabajaban arduamente para crear una rivalidad civil. Con la ayuda de Siria, como respaldo de las actividades terroristas y un refugio para ellos, así como una cañería abierta para los yihadistas que ingresaban, no era de extrañarse que a los Estados Unidos les estuviera resultando cada vez más difícil vigilar a Irak. Y, si bien ellos no tenían un acuerdo formal de cooperación, Siria se convirtió en un terreno de reclutamiento para Irán, a fin de alistar la ayuda de soldados de Hezbolá en Bagdad y a su alrededor.

A las fuerzas de los EE.UU. les resultaba cada vez más difícil identificar quién era amigo y quién, enemigo, entre los iraquíes. Como contó el Teniente Coronel Eric Schwartz a un reportero del *New York Times*:

> No creo que haya un único grupo organizado... La información con la que contamos es que puede haber un grupo de personas, puede que sean iraquíes, puede que sean sirios. Pueden ser palestinos. Creemos que posiblemente Al-Qaeda esté allí.[5]

Estimulados por ayatolás influyentes, cuyos sermones de los viernes estaban repletos de oratoria llena de odio y de ofrendas de alimentos y gasto de dinero, los jóvenes musulmanes de los países árabes circundantes, Siria, Arabia Saudita y Palestina, entre otros, estaban ansiosos por unirse a la lucha a fin de erradicar a los infieles de la tierra árabe. No le hizo daño a la causa que también hubiera una promesa de paraíso y de jóvenes vírgenes, en caso de que un recluta se convirtiera en un bombardero suicida.

Uno de los proponentes más verbales de la rebelión ha sido Moqtada Al-Sadr, quien no ha mantenido en secreto sus vínculos con Irán. Durante el apogeo de la resistencia, en julio de 2003, Al-Sadr realizó una visita de cuatro días a Irán para mantener reuniones con Rafsanjani y líderes de alto rango de la oficina del ayatolá Jomeini. Allí recibió una designación como emisario oficial del ayatolá Haeri de Irán. Al-Sadr se comprometió a cumplir con el plan iraní para Irak: Un gobierno teocrático que unía lo político con lo religioso. Era su tarea denigrar al ayatolá Al-Sistani en Irak, comprometerse a realizar asesinatos y fomentar la resistencia de cualquier manera posible. A cambio, se le suministraba asistencia de expertos de Hezbolá y de la fuerza de élite Quods de Irán.[6]

El mentor de Al-Sadr le abrió el camino al éxito de su protegido emitiendo una fetua dirigida a los miembros del partido Baath (Partido Árabe Socialista Baaz) de Saddam. Decretó que eran blancos abiertos para los escuadrones de la muerte de Moqtada, dándole así un permiso para matar. Incluso cuando se le emitió la licencia para incitar a la rebelión a Al-Sadr, se dio un decreto para las células apoyadas por Irán para trabar combate con las tropas británicas que estaban cerca de Basra, ya que se pensaba que eran blancos más fáciles para las células entrenadas en Irán. Un grupo de agitadores militantes proiraníes azotó a uno local, en Majar al-Kabir, en un desenfreno de matanza. El resultado fue la muerte a cargo de muchedumbres de seis tropas de la Policía Militar Real. Un segundo ataque tuvo como blanco al primer Batallón Británico del Regimiento de Paracaidistas. El tercer destacamento británico que estuvo bajo fuego era la tripulación de un helicóptero Chinook que intentaba rescatar a unos soldados, con pequeñas armas y fuego de granadas. Irán estaba resuelto a hacer todo lo que castigara a los Estados Unidos, por interferir con el gobierno de Irak.

En julio, Al-Sadr presentó su ejército Mahdí al pueblo de al Najaf. Su anunció, se realizó a un grupo de seguidores vestidos con mortajas, ostensiblemente para indicar su decisión de morir como mártires. Sus gritos se parecían a los introducidos por Jomeini: «Muerte a los Estados Unidos» y «Muerte a Israel».

Al-Sadr confiaba en el apoyo que recibiría de sus auspiciantes iraníes. Tenía en la punta de los dedos a una red de terroristas, algunos del Líbano y otros de Irán y Siria. Su único propósito era el de matar a los invasores y a cualquiera que estuviera asociado con ellos. El lazo corredizo se estaba apretando en Irak. El camino de los yihadistas estaba lleno de los que querían ser martirizados en nombre de la resistencia.

Con tantos dispuestos a capturar a los estadounidenses y a sus colegas, los ataques contra las tropas llegaron a ser tantos como veinticinco por día. Las armas de elección se volvieron más sofisticadas. Los lanzadores de misiles y granadas, los RPG y los IED de grado militar se convirtieron en la norma.

¿GUERRA CIVIL?

Lo que se publicó antes sobre una victoria decisiva en Irak ha descendido rápidamente a una anarquía, con las diversas facciones que pelean unas contra las otras y contra las tropas de coalición. Los escuadrones de la muerte vagan por las calles de Bagdad; los sunnitas luchan con los chiitas; los ayatolás, contra ayatolás, por su predominio; y, en el fondo, Irán continúa armándose y apoyando a grupos leales a Teherán.

A veces, los grupos de milicia local abren fuego contra la policía o las fuerzas de coalición, lo que deriva en tiroteos que duran días. Se han montado ofensivas para desarmar y expulsar a estos militantes. En estas batallas callejeras sangrientas, con frecuencia es difícil distinguir a los civiles de los rebeldes, y lentamente la precisión quirúrgica de los ataques de los EE.UU. ha comenzado a ser cuestionada. Debido a protestas provenientes del recientemente formado Consejo Gobernante Iraquí y a la presión de los medios de comunicación, se detienen los ataques sin cumplir con sus objetivos y se negocian treguas. Por cada dos pasos hacia delante, parecería que los esfuerzos de los EE.UU. se ven forzados a dar tres pasos para atrás.

Las emboscadas, los bombardeos suicidas, los secuestros y los asesinatos están a la orden del día durante la ocupación. Las bombas a las orillas de las carreteras, utilizando un IEDs, dan en el blanco de cualquiera que se meta en medio. Los bombarderos suicidas atacan con regularidad garitas de la coalición y otros lugares de reunión. Acerca de los dispositivos explosivos usados para matar estadounidenses, el capitán retirado de marina Charles Nash ha advertido que han cambiado en los meses recientes, si bien siguen viniendo de la misma fuente:

> Cuando estuve en Bagdad, realmente sostuve uno de esos dispositivos explosivos, IEDs, en mi mano. En ese momento era la última amenaza, una generación flamante. Realmente forma parte de un proyectil que, cuando explota, horada placas blindadas. Uno tiene que fabricar esas cosas. No hace falta ser una lumbrera, pero alguien debe saber cómo hacerlo para que sean efectivos. Los iraníes lo han estado haciendo. Bien sabemos que lo han estado haciendo.[7]

Esta «última amenaza» de que esos IEDs han mejorado significativamente cerca de fines de 2005 demuestra que Irán está apoyando a los insurgentes más abiertamente.

Hacia fines de 2006, se le dio un nuevo nombre a estos dispositivos: EFP, que significa «Penetradores formados por explosivos». A diferencia de las bombas comunes que se colocan al costado de las carreteras, los EFP permanecen intactos cuando explotan. Los tubos de acero con juntas de metal curvado de súper granadas de metralla pueden ingresar directamente a través de un blindaje de un tanque o de un Humvee. La explosión convierte las cubiertas en lanzas de metal derretido. En lugar de mantener un perfil bajo, las tropas estadounidenses tienen poca defensa contra estas trampas para tontos que tienen una mejor ingeniería. Nuevamente, la evidencia sugiere que son contrabandeados desde la frontera iraní.[8]

En una entrevista reciente con el ex director de la CIA, James Woolsey, dijo esto sobre la participación de Irán en Irak:

> Irán está jugando un papel muy importante en Irak por medio del contrabando de dispositivos explosivos improvisados y de su tecnología, al ayudar a las milicias tales como las brigadas de Muqtada Al-Sadr a atacar a los sunnitas, y a dificultar la supervivencia del gobierno de Irak. Irán tiene una larga frontera con Irak. Ha estado infiltrando dinero, terroristas, diversos artículos operativos y armas durante un tiempo. Es uno de los problemas más grandes de Irak.[9]

Una cosa se ha vuelto tremendamente clara: Los que pelean no son una banda heterogénea de iraquíes descontentos, sino que estamos enfrentando un ataque profesional, plenamente frontal de parte de terroristas bien armados. Irak está descendiendo por un declive resbaladizo hacia la guerra civil, y, actualmente, los Estados Unidos parecen ser impotentes para detener la caída.

RECONSTRUCCIÓN DE LA INFRAESTRUCTURA

Resultó evidente para todos los líderes estadounidenses que estaban en Irak que Saddam no había gastado su dinero proveniente del petróleo en la infraestructura de su país. En lo que se convertiría en otro dedo apuntándole a la ineficiencia de los EE.UU., no logró restaurar los servicios públicos hacia las principales ciudades, ni detener los saqueos, ni evitar el crimen desenfrenado en las calles de Bagdad, ni poner un alto al sabotaje a las instalaciones petroleras, ni proporcionar una protección básica a los ciudadanos pacíficos. Esto difirió ampliamente de lo que vieron los iraquíes, respecto de lo que suministraban los Estados Unidos para su propio personal militar y civil. Fueron criticados por tomar los mejores edificios y por proveer rápidamente de comodidad a los suyos. Esto sólo condujo a una desilusión mayor, así como a la alimentación de rumores de que los estadounidenses vinieron para quedarse, no para restituirle el control a los iraquíes, tan pronto como fuera posible.

Los esfuerzos por restaurar los servicios se vieron obstaculizados por grupos de resistencia vagantes que tenían como blanco a civiles iraquíes que estaban trabajando arduamente en la reparación de la infraestructura y proveyendo lo básico. Los trabajadores sufrieron arengas verbales, en el mejor de los casos; golpizas y ejecución pública, en los peores. Cuando la policía iraquí entrenada por los Estados Unidos comenzó a patrullar las ciudades, se convirtió de inmediato en blanco de los terroristas. Los policías fueron asesinados en las calles, en instalaciones de entrenamiento y en comisarías; donde comían y donde dormían. No es ninguna sorpresa que nada constructivo pueda lograrse en Irak, ¿por qué se culpa a los estadounidenses de todos los males que han acontecido en la nación, desde la remoción de Hussein?

Esta violencia era sólo un añadido a las dificultades que enfrentaban a diario los Estados Unidos en Irak. Las noticias de que los hijos de Saddam habían sido asesinados provocaron una sorprendente reacción violenta entre los medios de comunicación musulmanes. Ellos fueron rápidamente elevados al status de mártires, lo que negaba los horribles crímenes perpetrados por ambos bajo el tutelaje de su padre. Esto sólo sirvió para que hubiera más personas dispuestas a ser mártires por la causa. El que menos se benefició con la liberación del pueblo iraquí del régimen represor de Hussein fue Estados Unidos. La invasión fue declarada como lo mejor que había sucedido al inspirar la causa islámica.

INGRESAR A IRÁN, NUEVAMENTE

A estas alturas de la guerra, incluso los Estados árabes amigos estaban comenzando a alejarse de la participación de los Estados Unidos en Irak. Hosni Mubarak, de Egipto, firmó con Irán un acuerdo para enviar extremistas encarcelados en Irán a Irak, como combatientes. Mubarak, preocupado por el surgimiento del islamismo fanático en Oriente Medio y por cómo afectaría a Egipto, quiso seguirle la corriente de apoyo. Reconoció el papel de Hamas y de otras fuerzas palestinas en un esfuerzo por evitar una incursión en su país. Mubarak prometió fondos y armas como respaldo de los grupos islámicos muy cercanos a Egipto. Luego de reuniones entre el jefe de inteligencia iraní, Alí Yunesi, y el enviado de Mubarak, el general Omar Suleiman, Irán acordó un pacto con Egipto que protegería el imperio de Mubarak.

No contento con sólo crear una revolución antiestadounidense en Irak y una guerra civil sunnita-chiita, Teherán también se dispuso a generarla entre los rangos de los curdos y los turcomanos amigables con los EE.UU. Surgieron comunidades enfrentadas, los choques con las tropas estadounidenses se volvieron más comunes y se emitió una advertencia contra el intento de desarmar a los soldados curdos. Mientras crecía la inquietud, la puerta estaba abierta para la infiltración, en los rangos curdos, de terroristas del Al-Qaeda de Bin Laden y de otros de Siria e Irán. Estados Unidos corría el grave peligro de perder otro aliado en Irak.

La ofensiva radical islámica contra las fuerzas estadounidenses se intensificó, mientras se acercaba el final del año. El 26 de octubre de 2006, en medio del Ramadán, aumentaron los bombarderos suicidas en el corazón de Bagdad. Un helicóptero Black Hawk estadounidense fue bajado cerca de Tikrit, el primero, para los terroristas en este conflicto. El Hotel Al-Rashid de Bagdad fue golpeado con cohetes disparados desde lanzadores disfrazados de generadores. Los blancos eran personas muy importantes estadounidenses, incluyendo al subsecretario de Defensa Paul Wolfowitz. Durante el ataque fue asesinado un coronel, y varios civiles y militares fueron heridos. Luego se determinó que los cohetes usados habían sido modificados, siendo de origen francés y de la vieja Unión Soviética.

El ataque fue seguido por lo que los radicales islámicos pensaron que fue un retiro simbólico de los estadounidenses del Hotel Al-Rashid a la seguridad de la zona verde y a sitios protegidos fuera de la ciudad. Escapaban, sí, pero no muy lejos. Siguiendo de cerca los talones de la embestida contra el Al-Rashid, el 27 de octubre, había ataques bombarderos de automóviles sobre blancos, en Bagdad, el cuartel de la Cruz Roja, de las oficinas del gobierno iraquí, de las comisarías y un cuarto ataque que fracasó cuando el coche bomba no explotó al contacto con una barrera de cemento, afuera de un segundo complejo policial. El conductor responsable de la misión fallida tenía pasaporte sirio.

El 28 de octubre, los revolucionarios condujeron un ataque a un tanque, al norte de Bagdad; le dispararon en la cabeza a un alcalde adjunto, aliado de los Estados Unidos, en un café de dicha ciudad; atacaron un convoy policial militar iraquí, bombardearon una zona de compras que atendía a los iraquíes que trabajaban para el gobierno y volaron un tren estadounidense de provisiones, cerca de Fallujah. Los atacantes no se detuvieron allí. El 30 de octubre fue otro día de actividades de intenso terror: hubo ataques a patrullas militares de los EE.UU., se detonaron bombas al costado de las carreteras, se ametrallaron estaciones de policía, las bases estadounidenses fueron atacadas con fuego de morteros, y una patrulla estadounidense cayó en una emboscada. Los ataques, al día siguiente, fueron sobre estadounidenses, en Mosul y Abu Ghraib. Cuando octubre le dio paso a noviembre, las acometidas se intensificaron, tanto en potencia como en superioridad.

Una vez que los terroristas se dieron cuenta de que poseían la capacidad de derribar un Black Hawk, comenzó de nuevo una campaña total para volar los helicópteros y los aviones de transporte de tropas. Con un arsenal de cohetes y de ametralladoras, los insurgentes pudieron darle al motor de un helicóptero Chinook. El choque mató a dieciséis e hirió a veinte, que estaban a bordo. Otro ataque a un Black Hawk, cerca de Tikrit, resultó en las muertes de los seis tripulantes, y uno más fue golpeado por el fuego de una ametralladora, rodó violentamente y chocó con otro helicóptero, derribando a ambos. Hubo diecisiete muertos y cinco heridos.

Noviembre vio un aumento en la cantidad de golpes y una nueva ronda de asesinatos dirigidos a los que se pensaba que estaban en confabulación con los Estados Unidos. Los coches bomba se incrementaron, mientras que se redujeron las patrullas estadounidenses para proteger a las tropas. Los comandantes de los Estados Unidos instigaron nuevas acciones de evasión para salvaguardar a sus unidades, y los terroristas se aprovecharon de su ausencia.

Mientras tanto, Osama bin Laden no había estado ocioso. Se ocupaba en preparar campos de entrenamiento en lugares remotos, para proporcionar capacitación para los insurgentes que inundaban Irak. El objetivo era sacar de repente pequeñas células en un corto lapso, equiparlas con armas y fondos, y enviarlas a provocar matanzas y pánico a voluntad. La CIA determinó que tenía un grupo de unos diez mil radicales sauditas listos y dispuestos a unirse a su causa, una situación que finalmente sería una señal de problemas para la fraternidad religiosa de Saud. ¿Por qué? Un número de sus comandantes se había unido a él directamente, desde los rangos de importantes tribus de Arabia Saudita.

No obstante, así como los terroristas tenían su red de entrenamiento, también la tenían los Estados Unidos. Nuevamente las fuerzas armadas convocaron a los israelíes, que durante mucho tiempo estuvieron inmersos en combatir el antiterrorismo y la lucha urbana. La sublevación había servido como terreno de entrenamiento excelente para la Fuerza de Defensa Israelí (IDF). A su vez, ellos podían compartir los conocimientos adquiridos en las trincheras con las tropas de los EE.UU. Se enviaron a Israel unidades de combate especiales para entrenar y, a cambio de eso, se invitó a los comandantes israelíes a dar instrucción a sus colegas de los EE.UU.

Los israelíes también pudieron informar sobre operaciones especiales y sobre detalles del trato con el tipo de estructura social que los estadounidenses estaban encontrando en Irak. Incluso, los Estados Unidos llegaron tan lejos como para importar clandestinamente instructores israelíes en Irak, para proporcionar adoctrinamiento en el terreno.

LAS AMBICIONES NUCLEARES CON RAMIFICACIONES DE IRÁN

Mientras tanto, se reveló que Irán había vuelto a la carrera del poder nuclear. Luego de la revolución de 1979, su programa había muerto. Los contratistas que habían estado trabajando con el gobierno del Sah cancelaron todos los contratos nucleares, incluyendo la finalización de la usina nuclear de Bushehr, cuyos dos reactores estaban parcialmente terminados. Las instalaciones fueron aún más diezmadas en ataques repetidos durante la Guerra Irán-Irak de la década de 1980. En 1995, Irán firmó un contrato con Rusia para reconstruir uno de los reactores de Bushehr, para gran mortificación de los Estados Unidos, pero existió poca evidencia de que las capacidades nucleares de Irán podrían producir algo más que electricidad.

Luego, en 2002, Alireza Jafarzadeh, miembro del disidente Mujahedin del Pueblo de Irán (también conocido como Mujahadeen-e-Khalq, o MEK), reveló que Irán contaba con dos instalaciones secretas que apuntaban a algo más que dar potencia a las ciudades: Una zona de enriquecimiento de uranio, parcialmente subterránea, e instalaciones de agua pesada en Arak.

Así comenzó el juego del gato y el ratón que bosquejé en detalle en *Showdown with Nuclear Iran*, (Enfrentamiento con el Irán nuclear) que no retomaré aquí. Irán, debido al extremismo de su visión mundial, no vio motivos para hacer las cosas bien con los infieles extranjeros. No es necesario decir que este asunto llegó nuevamente a ser noticia, en el verano de 2006, con dos nuevos eventos. El primero fue que los EU3 (Gran Bretaña, Francia y Alemania) y los Estados Unidos ofrecieron un paquete de incentivos a Irán para que detuviera sus programas de enriquecimiento de uranio. Irán prometió responder a esto el 22 de agosto de 2006. El segundo fueron las conversaciones iraníes con líderes mundiales que se llevaron a cabo a principios de julio, antes de la Cumbre de los G8, en Rusia, del 15 al 17 de julio. En estas conversaciones, se le dijo a Irán que la presión para verificar que su programa nuclear era pacífico sería un punto de discusión principal en la Cumbre de los G8. Ante esto, la respuesta de Irán también fue doble, como me contó el ministro de turismo israelí, Isaac Herzog:

> El señor Alí Larijani, quien era el jefe del Consejo Nacional de Seguridad de Irán, completó sus negociaciones con Javier Solano, en representación de los G8 en Europa, y en lugar de volar de regreso a casa, aterrizó en Damasco (en) la mañana del secuestro (de dos soldados israelíes, el 12 de julio, cerca de la frontera israelí-libanesa). Ahora, dígame si eso no es una coincidencia.

Poco después de esos secuestros, Hezbolá comenzó a lanzar cohetes Katyusha en ciudades del norte de Israel. El resultado fue el conflicto israelí-Hezbolá que vio cómo Israel se introdujo profundamente en el Líbano, con la esperanza de desarmar a Hezbolá. El 11 de agosto de 2006, una propuesta de cese de fuego de la ONU, hizo que las hostilidades llegaran a su fin, pero a pesar de sufrir la destrucción de la mayor parte de sus lanzadores de cohetes y armamentos, gran parte de los medios de comunicación mundiales proclamó a Hezbolá como el verdadero triunfador de la pelea. Durante este tiempo, la Cumbre de los G8 había pasado y la prensa le prestaba poca atención a Irán y a su enriquecimiento de uranio. El 31 de julio, sin embargo, el Consejo de Seguridad de la ONU le había fijado una fecha límite (el 31 de agosto) para que Irán abandonara sus actividades de enriquecimiento; de lo contrario, enfrentaría sanciones. La fecha límite vino y se fue sin más acciones.

Respecto del primer evento, el programa de incentivos de UE3 para el 22 de agosto, Irán respondió con un largo documento que decía que gratamente regresaría a la mesa de negociaciones, pero que se negaba a parar las actividades de enriquecimiento, que habían sido, por supuesto, el requisito previo dispuesto en el plan de incentivos para reanudar las negociaciones. El 31 de agosto, el presidente Ahmadinejad dijo valientemente por la televisión iraní: «Ellos deberían saber que la nación iraní no se rendirá a la presión y no permitirá que se pisoteen sus derechos».[10] El 23 de octubre, Ahmadinejad anunció: «Los enemigos, recurriendo a la propaganda, quieren bloquear nuestros logros (la tecnología nuclear)..., pero deberían saber que hoy día, la capacidad de nuestra nación se ha multiplicado diez veces en el mismo período del año pasado».[11] Luego, el 27 de octubre, Irán anunció que había duplicado sus capacidades de enriquecimiento nuclear. «Estamos inyectando gas en la segunda cascada, que instalamos hace dos semanas», informó un funcionario iraní no identificado.[12] Otro agente también anunció que Irán añadiría tres mil nuevos centrífugos a las instalaciones de Natanz, en marzo de 2007, del tipo que un experto de la BBC dijo que podrían usarse para enriquecer uranio para las armas.[13]

Evidentemente, Irán no tiene ninguna intención de detener sus operaciones nucleares sólo porque se lo hayamos pedido de buena manera.

Según todas las fuerzas, Irán está muy próximo a su plan determinado de poseer capacidades de armas nucleares. Se les puede agradecer a Pakistán, Corea del Norte y hasta Rusia por los progresos en la tecnología nuclear de los que goza esta pícara nación inclinada hacia la destrucción. Si bien los ojos del mundo se posaron en Israel y el Líbano en el verano de 2006, las operaciones nucleares de Irán se deslizaron debajo del radar de los líderes mundiales. Uno puede preguntarse cuánto avance tecnológico adicional hicieron los científicos en las instalaciones de enriquecimiento dispersas por Irán, mientras Hezbolá lanzaba misiles cargados de metrallas en medio de ciudades israelíes.

En una entrevista en CNN, en mayo de 2006, Ehud Ólmert, el primer ministro israelí, dijo: «El umbral tecnológico (para que Irán produzca un arma nuclear) está muy cerca. Se lo puede medir en meses y no en años».[14]

Por supuesto, los cálculos de cuándo Irán podría poseer las capacidades técnicas para producir un dispositivo nuclear se han extendido desde fines de 2006 hasta los pronósticos del director de Inteligencia Nacional, John Negroponte. Él le dijo al programa de radio de la BBC *Today* (BBC Hoy) que «Teherán podría tener una bomba nuclear lista, entre 2010 y 2015».[15]

LAS GUERRAS DE REPRESENTANTES DE IRÁN

Si bien los secuestros y los ataques con misiles del verano de 2006 elevaron la conciencia de los EE.UU. de que Irán era una amenaza para el mundo libre, esto me ha resultado claro tan pronto como en 1983. Habían pasado unos minutos de las seis de la mañana, en Beirut, y yo estaba de pie en una cabeza de playa a lo largo del hermoso Mediterráneo, conversando con un grupo de infantes de marina. Ellos, estacionados en el Aeropuerto Internacional de Beirut, comenzaban un nuevo día. Un guardia de los infantes de marina, apostado en la puerta del aeropuerto, miró hacia arriba para ver un camión *Mercedes* amarillo, enorme, bajando a toda velocidad por la puerta de seguridad. El guardia informó que el conductor del camión le sonrió, mientras pasaba, chocando las compuertas. El camión se dirigía al vestíbulo de las barracas. Los guardias, sólo armados con pistolas, no pudieron parar al vehículo, que iba a toda marcha. Llevaba explosivos equivalentes a seis toneladas de TNT. El conductor embistió el piso inferior y dejó su carga mortal. La explosión fue tan grande que el edificio de cuatro pisos se derrumbó en una pila de escombros. Muchas de las 241 muertes no se debieron a la explosión en sí, sino al derrumbe.

Desde el primer día de la Ofensiva Tet en Vietnam (31 de enero de 1968), cuando murieron doscientos cuarenta y tres, Estados Unidos no había registrado un número de víctimas tan fatal en un solo día en su milicia. Queda el ataque fatal posterior a la Segunda Guerra Mundial de los estadounidenses en el extranjero.[16]

Para erradicar al «Gran Satanás», de modo que pudiera surgir una cultura islámica divina, la violencia es justificada. Fue el representante de Irán, Hezbolá, el Partido de Alá, el que atacó el Octavo Batallón de Infantes de Marina de los Estados Unidos, en sus barracas, en el Líbano, en 1983.

Poco sabía yo, en ese momento, que Irán empujaría a los Estados Unidos fuera del Líbano, a través de sus organizaciones terroristas, y que orquestaría un escenario tan diabólico como para que el presidente estadounidense brindara protección a la entonces peor organización terrorista, la OLP (Organización para la Liberación de Palestina). Se permitió que más de diez mil terroristas abordaran barcos para Túnez, mientras que el general israelí Ariel Sharon recibió instrucciones de retirarse. Esto, a pesar del hecho de que él y sus fuerzas tenían a Yasser Arafat en la mira, con la oportunidad de mutilar severamente al terrorismo durante los años por venir. En cambio, le quitaron la victoria, y los terroristas ganaron terreno. Israel ha sufrido las consecuencias en forma de ataques repetidos, de parte de los representantes bombarderos suicidas de Irán y de los ataques de cohetes Katyusha. En los años que transcurrieron desde la lucha en el Líbano, en la década de 1980, poco hemos hecho más que alentar el uso de tácticas terroristas, una y otra vez. Sacudimos los puños, pero al final nos retiramos antes de cualquier victoria verdadera.

En la actualidad, Irán tiene una posición mucho más fuerte por nuestra falta de determinación y la incapacidad de frustrar verdaderamente sus ambiciones. Alan Dershowitz tuvo esto para decir, acerca de la amenaza iraní:

> Una de las razones por las que personalmente estuve en contra de la guerra con Irak —para mí era una cuestión cerrada—, pero salí a oponerme, porque pensaba que distraería la atención de Irán, lo que planteaba una amenaza mucho más seria porque el extremismo religioso siempre es más peligroso que el extremismo secular. También me preocupé por las consecuencias no intencionales, que la tiranía de Saddam Hussein fuera reemplazada por una tiranía de islámicos radicales, y lamentablemente esos temores se han vuelto realidad.[17]

Sí, Irán es serio, mortalmente serio. Sus intenciones no pueden darse por sentadas ni minimizarlas. Irán busca conversos a su estilo de vida fanático, de todas las naciones, no sólo de entre los árabes. Recuerde, después de todo, los iraníes no son árabes, sino persas. La suya no es una guerra racial, sino religiosa. Irán no quiere nada más que el hecho de que cada rodilla sobre la tierra se postre ante Alá y cree que no habrá realmente paz en el mundo hasta que éste sea musulmán. Sin duda de esto, simplemente observe el tenor de las cartas del presidente Mahmud Ahmadinejad al presidente Bush y al pueblo estadounidense, que están incluidas en los Apéndices A y B de este libro. Si fuera a resumir el mensaje de cada uno, básicamente, ambos están diciendo: «Conviértase en musulmán y todos viviremos en paz».

Es raro que las cartas del presidente Ahmadinejad parezcan similares a las cartas que el profeta Mahoma enviara a sus vecinos, y esto me lo dijo Walid Shoebat, un ex terrorista palestino, en una conversación que tuve recientemente con él:

> Cuando el profeta Mahoma envió sus cartas de advertencia a todas las personas que lo rodeaban, había dos palabras usadas en el comienzo de la carta, «*Aslim, Tuslim*»... *Aslim* significa «Conviértete en musulmán» o «Sométete al Islam»...*Tuslim*, «entonces estarás en paz». De modo que, «sométanse al Islam, entonces estaréis en paz».
>
> Si no se someten, entonces tenemos que negociar o librar una guerra, porque no es permisible en el Islam librar una guerra, si no se advierte a su enemigo y le ofrece el islamismo. Este es el mensaje de toda la yihad y el mundo musulmán: «Venimos a representar al Señor de los mundos, de este mundo, y del mundo y del otro mundo. Conviértanse en musulmanes o morirán».[18]

Resulta difícil creer en nuestra sociedad políticamente correcta actual que, cuando se habla de religión en el gobierno, ello es tan despreciable; pero estamos enfrentando un celo religioso en Ahmadinejad y en sus seguidores que no se parece a nada que hayamos visto. Tal vez su héroe, el fundador de la Revolución Islámica, el ayatolá Ruholla Musavi Jomeini, lo expresó mejor: «Yo digo que dejen que Irán arda en fuego, siempre que el Islam surja triunfante en el resto del mundo».[19]

La islamización de Palestina fue orquestada a través de Irán. Los palestinos eran nacionalistas seculares, no fundamentalistas islámicos, antes de la influencia iraní. Fueron los mullahs iraníes los que adoctrinaron a los hijos de Palestina con el dogma de la revolución islámica y los persuadieron a convertirse en bombas humanas.

Hamas, que controla hoy día el Territorio Palestino, es otro representante de Irán, obteniendo gran parte de su apoyo financiero y de armas desde Teherán, como le sucede a Hezbolá en el Líbano, con sus diez mil misiles. El mundo vio las verdaderas intenciones de Irán el día en que los israelíes interceptaron un buque palestino, *Karine-A*, en el Mar Muerto, el 4 de enero de 2002. El barco estaba cargado con cohetes Katyusha con un rango máximo de dieciocho kilómetros, así como también rifles de ataque, misiles antitanques, minas, municiones y explosivos. La mayor parte de las armas eran iraníes y todas estaban destinadas a los representantes de Irán atrincherados en Gaza y en el Líbano.

OBSTACULIZADOS POR LA VISIÓN DEL TÚNEL

La visión del túnel ha plagado la Operación de Liberación Iraquí casi desde su inicio. El deseo de deponer y capturar a Saddam Hussein ensombreció la realidad de dirigir una guerra para liberar a un pueblo que realmente no puede manejar la liberación. Muchos, que nunca han sido libres, no saben qué hacer con una libertad que vuela a la faz de su teología islámica. Parecería que estar controlado por un loco musulmán es preferible a que los infieles les entreguen la independencia.

Ahora, hay una epidemia de violencia en Irak, y la perspectiva de no contar con vacunas para combatirla es desmoralizadora. Al igual que tiburones en un desenfreno de alimentación, las diversas organizaciones terroristas, sectas, tribus y facciones islámicas no sólo se alimentan del cebo, sino que también se enfrentan con resultados desastrosos. En el análisis final, parecer ser que la guerra civil es inevitable y que la construcción de una nación en Irak no está funcionando.

El resultado de la marcha hacia Bagdad y el resultante alboroto en los salones del Congreso fue que el presidente Bush había perdido la capacidad de tratar con otros líderes musulmanes más furiosos, tales como Ahmadinejad, en Irán y Al-Assad, en Siria. Irán plantea una grave amenaza nuclear, no sólo a la región, sino al planeta. Los musulmanes pacíficos del mundo lentamente son secuestrados por los elementos más radicales. Irán se está siendo protagonista central en las sectas chiitas, en contraposición a las sunnitas del islamismo; y, lamentablemente, los Estados Unidos, el «Gran Satanás», se ha convertido en la fuerza unificadora a la que todos quieren odiar. Irán se regocijó cuando, bajo el tutelaje del ayatolá Jomeini, la embajada estadounidense en Teherán fue destruida y sus miembros fueron mantenidos como rehenes durante cuatrocientos cuarenta y cuatro días. El júbilo continuó cuando los representantes iraníes en el Líbano dieron un golpe mortal al complejo de los infantes de marina, que hizo que los Estados Unidos regresaran a casa. Hoy día, Irán se ha concentrado en Irak con todas las intenciones de expulsar a las tropas de coalición de ese país, así como lo hizo el Líbano, y de crear un Estado Chia unificado desde el Golfo Pérsico hasta las fronteras de Siria, y tal vez, más allá.

LOS JINETES QUE SE APROXIMAN

Mientras escribo esto, es como si cuatro diferentes jinetes, como la unión de frentes en una tormenta de proporciones proféticas, estuviesen descendiendo sobre Oriente Medio. En uno, las fuerzas de coalición de la Operación Liberación Iraquí luchan por encontrar apoyo contra los terroristas y contra la violencia étnico-religiosa que desciende hacia una guerra civil. En otro, Al-Qaeda y sus otras hermandades sunnitas reparten destrucción y muerte donde quiera que puedan, con la esperanza de que Irak descienda al caos. En otro, Irán, Hezbolá y el ejército de Al-Sadr tiene su propia esperanza chiita de que la lucha actual ascenderá a proporciones apocalípticas, dándole paso así al Mahdí, «el hombre perfecto», para que se difunda en todo el mundo una Era de Oro del Islam. Y, mientras tanto, en Occidente, Israel espera, observando en silencio y preparándose una vez más contra todas las amenazas.

El hecho es que, mientras que todos los ojos parecen concentrarse en la batalla por Irak, el verdadero peligro es Irán -con la ayuda de Rusia y, probablemente, de Corea del Norte-, que está al borde de convertirse en una potencia nuclear, un logro que pocos en el mundo y, en especial, Israel, están dispuestos a dejar pacíficamente que suceda. Así que, mientras los diplomáticos pelean por dar fin a los intereses nucleares de Irán, lucha cada vez más infructuosa, las tropas de elite de Israel practican un ataque en los sitios subterráneos de Irán. Helicópteros, F, 15s, francotiradores y perros entrenados para cargar bombas han taladrado durante meses en los preparativos por detener la capacidad de Irán de usar armas nucleares para borrar a Israel del mapa. El punto sin retorno para éste llegará cuando Irán tenga en sus manos la capacidad de producir un arma nuclear, cuando finalmente hayan vencido las dificultades técnicas de refinar el uranio natural para incluir un cuatro por ciento de uranio-235. Una vez alcanzado ese punto, los científicos de Irán sólo necesitan repetir el proceso lo suficiente como para producir la pureza del uranio-235, considerado el grado de los armamentos, algo que se facilitaría mucho con los tres mil centrífugos que Irán ha informado que instalará en Natanz, hacia marzo de 2007.

Si la diplomacia con Irán para que detenga su refinamiento de materiales nucleares continúa demostrando avances tan fútiles como los de 2007, será más difícil de evitar un golpe israelí sobre instalaciones de desarrollo clave en Irán. Tal ataque podría montar el escenario para toda nación que está en medio, Israel, Líbano, Siria, Jordania, Arabia Saudita, Irak, Kuwait e Irán, para convertirse en el campo de batalla de la Tercera Guerra Mundial, como fueron Francia, Gran Bretaña, Rusia y Alemania, en la Segunda Guerra Mundial. Por cierto, si Israel se ve obligado a atacar, la escaramuza que vimos entre Hezbolá e Israel en el verano de 2006 parecerá, en comparación, un juego de niños con cohetes hechos de botellas.

Israel ha reiterado que no admitirá que los «ayatolás atómicos» apunten sus armas nucleares a Jerusalén. El temor se ve multiplicado por la pesadilla de los Estados Unidos de que las armas nucleares caigan en manos de los escuadrones de terror iraníes. Por este motivo, continúan buscando formas de persuadir diplomáticamente a Irán a abandonar su programa nuclear, pero el reloj está del lado de Irán. Cuanto más tiempo gane, más cerca estarán de obtener los conocimientos que necesitan para producir uranio para armamentos, un punto que Occidente no puede permitir que Irán alcance, a no ser, por supuesto, que estemos dispuestos a convertirnos al islamismo iraní frente al cañón de un silo nuclear. Para estar seguros, mientras que los Estados Unidos y Europa podrían retrasarlo demasiado, Israel no lo hará.

Otros más se sientan a observar, algunos más interesados que otros. Los Estados moderados de Jordania, Arabia Saudita, Egipto y Kuwait están ansiosos por la paz en la región y saben que ellos también serían el blanco de un Irán nuclear, debido a su amistad con Occidente. Corea del Norte empuja hacia delante con su propio programa nuclear y pruebas de misiles, flexionando sus músculos en actitud de amenaza hacia el Lejano Oriente y el mundo. La guerra y el genocidio enfurecen a las líneas étnico-religiosas de Sudán, donde cientos de miles han muerto. Mientras tanto, los talibanes están haciendo todo lo que pueden para resurgir en Afganistán en escaramuzas que atraen poca atención a la luz de las luchas del otro lado de Irán.

Resulta justo decir que ningún presidente de los EE.UU., en la historia de nuestra nación, ha enfrentado tal presión en el terreno internacional con tropas en Irak y en Afganistán, amenazas nucleares de Irán y Corea del Norte, una guerra contra el terrorismo que está perdiendo su enfoque a los ojos del pueblo estadounidense y elecciones en la mitad del período que dividieron seriamente su apoyo en el Congreso. Si bien los últimos dos presidentes de dos períodos dieron tremendos pasos en la política exterior en sus últimos años en el cargo —Reagan, al ver la caída de la Unión Soviética, y Clinton, con la finalización de la guerra en los Balcanes—, los dos últimos años de la presidencia de George W. Bush no sólo lo definen a los ojos de la historia, sino que también podrían determinar el futuro de la democracia de los Estados Unidos y de Occidente.

2007 ES EL AÑO CRÍTICO

La década de 1960 produjo la serie de televisión *Perdidos en el espacio*. Si bien gran parte de esa serie es olvidable, salvo para el culto que hoy día le sigue, una frase publicitaria que llama la atención resurge de tanto en tanto. Uno de los personajes era un niño de nombre Will Robinson. Su compañero era un robot, cuya actitud hacia el pequeño Will siempre era de protección. Si lo amenazaba el peligro, el robot entonaba: «¡Peligro, Will Robinson! ¡Peligro!». Si bien el robot podía advertir el peligro, Will era el único responsable de adoptar una acción evasiva correcta para protegerse a sí mismo y/o a su familia.

Actualmente nosotros, en los Estados Unidos, somos advertidos repetidas veces acerca del peligro que enfrentamos desde Irán y de su prisa para adquirir armas nucleares. A fines de octubre de 2006, en una recaudación de fondos, cuyos anfitriones eran Leroy Mitchell, dueño de la Cinemark Corporation, y Norm

Miller, de Interstate Batteries, el Teniente General Moshe Ya´alon, ex Jefe de Estado Mayor del IDF dio el discurso principal para mi especial de televisión de *The Final Move: Beyond Iraq* (La movida final: Más allá de Irak). Como lo había hecho en nuestros encuentros previos, Ya´alon pronunció otra advertencia más sobre el peligro planteado por el gobierno iraní. Entre sus comentarios, dijo: «Irán es ahora el centro de gravedad. El único país que puede detener el ciento por ciento del programa nuclear de Irán y neutralizar su capacidad para vengarse es Estados Unidos». Continuó diciendo: «No puede hacerse en 2008, sería demasiado tarde».[20]

Al hablar con Ya'alon, su exposición razonada era clara. En algún momento de 2007 ó 2008, Irán alcanzará el punto de no retorno en su programa nuclear. Una vez que lo hagan, incluso si de algún modo son retrasados inmediatamente después, siempre pueden proseguir hacia la producción de armas nucleares en secreto, posteriormente, debido a que ya tendrán los conocimientos de cómo hacerlo. Irán nunca debe poder alcanzar este punto en su investigación nuclear. Si se debe detener a Irán antes de esto, los Estados Unidos deben actuar con decisión en 2007. Si esperamos hasta 2008, las elecciones distraerán demasiado al Congreso para poder conseguir apoyo a un esfuerzo tan grande, un esfuerzo que puede necesitar acción militar. Con las políticas y los planes relativos a la guerra sobre el terror de la administración Bush ya bajo un tremendo fuego en casa, es improbable que los rivales de un cargo político tengan el valor de hacer lo correcto, a la luz de la amenaza nuclear de Irán.

El Teniente General Ya'alon es sólo uno de los muchos que han gritado: «¡Peligro!¡Estados Unidos!¡Peligro!». Y, como el pequeño Will Robinson, la decisión de actuar para proteger a nuestra nación y a nuestras familias está en nuestras manos. Ahora las preguntas son: ¿Qué haremos con este fatal conocimiento? ¿Con cuánto tiempo contamos para actuar? ¿Tenemos la determinación para ganar la guerra contra el terror, independientemente de lo que se requiera? ¿O nos permitimos ser tragados en el tsunami del terrorismo que por cierto sumergirá las orillas de los Estados Unidos, si no se detiene a los islamofascistas?

SEGUNDA PARTE

UNA BATALLA DE DOS LIBROS

Capítulo siete

EL MANEJO POCO DIESTRO CON NUESTRO ALIADO, IRÁN

El ayatolá Jomeini «finalmente será aclamado como un santo».
—Embajador de la ONU, Andrew Young[1]

Jomeini es una figura parecida a Ghandi.
—William Sullivan,
Embajador de EE.UU. en Irán[2]

La espléndida celebración del aniversario número 2500, en 1970, de la fundación del imperio persa, desde los tiempos de Ciro el Grande, con su etiqueta de precio de doscientos millones de dólares, fue la demostración única más soberbia de cómo aparentemente el sah estaba sin contacto con el pueblo de Irán. Muchos lo marcan como el inicio del fin de su reinado. La ocasión sucintamente simbolizaba las inclinaciones occidentales del sah, que enfurecieron a la mayoría musulmana Chia de Irán, que obtuvo sólo algún beneficio de los millones cobrados por los ingresos de petróleo de Irán, algo que sólo alimentó el odio hacia él, más aún cuando veían cómo se gastaban cientos de millones en extranjeros para la celebración del aniversario de tres días de duración.

El auge petrolero de 1974 tampoco hizo nada para aliviar esto, puesto que, en lugar de que Irán se convirtiera nuevamente, por medio de sus programas progresivos, en la gran civilización que el sah Pahlavi les había prometido a los iraníes -era su sueño que, antes de morirse, Irán fuera la quinta nación más poderosa en el mundo- estos experimentaron una alarmante inflación y no podían hacer nada ya que la brecha entre los ricos y los pobres crecía exageradamente. El mercado negro prosperaba, mientras que la burocracia, los cuellos de botella, los faltantes y la inflación obstaculizaban los negocios legítimos. Mientras tanto, decenas de miles de empleos fueron a parar a trabajadores extranjeros. Muchos de ellos iban a ayudar a operar el caro equipo militar de los EE.UU. de alta tecnología, que había comprado el sah para reforzar su ejército y lograr su sueño de convertirse en una potencia mundial.

Una de las fuerzas organizadoras de esta creciente insatisfacción ante las inclinaciones occidentales del sah, que fue grandemente subestimada, fue el ayatolá Ruholla Jomeini, quien había sido exiliado, en 1964, por su oposición a la Revolución Blanca del sah (una serie de cambios para modernizar Irán, incluyendo el derecho a voto de las mujeres; reformas en la tierra que abolían el feudalismo; modificaciones en las leyes para permitir la elección de las minorías religiosas; y, en el código civil, otras que otorgaban a las mujeres una igualdad legal en los asuntos), una jugada que pondría en peligro los bienes de algunos clérigos chiitas.

Jomeini había comenzado su carrera como una respetada figura religiosa, en la ciudad iraní de Qom. Después de hacerse público con sus críticas y ataques personales contra el sah, fue detenido, el 5 de junio de 1963. A modo de protesta, se desató un disturbio de tres días de duración que terminó con Jomeini en arresto domiciliario durante ocho meses, luego de los cuales fue liberado, sólo para atacar de nuevo el gobierno de Pahlavi. En noviembre de 1964 fue apresado por segunda vez y deportado a Turquía como exiliado. Más tarde, se le permitió mudarse a Irak, donde pasó los siguientes trece años de su vida. En 1978, Jomeini se enredó con el entonces vicepresidente de Irak, Saddam Hussein y fue obligado a huir. Desde Irak, el ayatolá viajó a Neauphle-le-Château, en Francia. Durante esos años Jomeini se rehusó a permanecer en silencio y continuó su influencia en Irán al construir una red de apoyo formidable, a través del poder de la palabra hablada. Su arma elegida en esa época no era la espada, ni la pistola, ni el bombardero suicida, sino simples cintas de casete de sus sermones grabados, que eran contrabandeadas dentro de Irán, por medio de peregrinajes a la ciudad sagrada de al Najaf, en Irak. Se duplicaban una y otra vez y se pasaban entre las masas, que estaban ansiosas por ver depuesto al sah. Él, entre otros, alimentó el desprecio de los musulmanes por lo que era denominado *Gharbzadegi*, «la plaga de la cultura occidental», y maestros como Jomeini descubrieron a muchos que estaban dispuestos a abrazar sus interpretaciones más izquierdistas de la fe Chia. Su influencia creció, mientras que la dinastía Pahlavi decaía. Al mismo tiempo, Estados Unidos se convirtió en un símbolo de Occidente que los mullahs y los clérigos pensaban que estaba corrompiendo a Irán, debido a los lazos cercanos y a la sumisión hacia él de parte de sah.

LA DEMOCRACIA SOCAVADA

Cabe advertir aquí que el sah no sólo era visto como un títere occidental debido a su actitud amistosa con los Estados Unidos, sino también porque el golpe de Estado de 1953 por parte de aquéllos y Gran Bretaña lo había elevado primero a una posición de poder. Durante la primera mitad del siglo XX, Irán (conocida en Occidente como Persia, hasta 1935) se volvió cada vez más importante en el escenario internacional, debido al hallazgo de petróleo, bajo la dinastía Qajar, en mayo de 1908. Cuando la industrialización se apoderó del planeta, el descubrimiento de este bien ambicionado demostraría ser uno de los elementos de negociación de Irán en el mercado mundial, tanto en el siglo XX como en el XXI.

En 1921, Reza Khan, el padre de Pahlavi (también conocido como Reza Pahlavi y posteriormente como Reza sah), un líder militar, montó un golpe de Estado contra el gobernador Qajar. Hizo marchar sus tropas a Teherán y tomó la capital, casi sin oposición. Su exigencia de que el gobierno renunciara se cumplió, y su colega, Seyyed Zia'eddin Tabatabaee, fue declarado primer ministro de Irán. Reza Khan fue nombrado comandante del ejército y adoptó el nombre de Reza Khan Sardar Sepah. En 1923, Ahmad Sah Qajar lo designó oficialmente primer ministro antes de exiliarse en Europa. El *Majlis* (parlamento iraní) declaró a Reza Khan sah de Persia el 12 de diciembre de 1925. Su hijo, Mohammad Reza Pahlavi, el hombre que Jomeini ayudaría a derrocar en 1979, fue nombrado príncipe de la corona. Reza Khan adoptó el cargo de Reza Sah y gobernó Irán durante más de dieciséis años. Sus logros fueron muchos. Bajo su liderazgo, se completó el tren transiraní que iba desde Teherán hasta los mares Caspio y Pérsico. También se mejoró el sistema educativo. Entre 1925 y 1940, Reza Sah expandió el presupuesto para educación en Irán de cien mil a doce millones de dólares. Para fomentar los estudios, exceptuó del servicio militar a los alumnos de la escuela secundaria. Fundó la universidad de Teherán, en 1934,[3] y muchas otras, en los años subsiguientes. También, buscó disminuir el poder y la influencia de las escuelas religiosas tradicionales. Instituyó una ley de vestimenta uniforme, que logró que fuera obligatorio el atavío para los hombres del tipo europeo, con la excepción de los alumnos religiosos. Éstos debían pasar un examen gubernamental antes de poder ejercer esta exención. Numerosos alumnos iraníes recibieron educaciones europeas debido a sus programas progresistas.

Durante la mayor parte de este tiempo, el mundo entero se seguía refiriendo a esas tierras gobernadas por Reza Sah, como Persia, que provenía del nombre griego *Persis*. El 21 de marzo de 1935, el sah solicitó que a partir de ese momento el público de todo el mundo usara «Irán» como el nombre oficial de la nación.

La Segunda Guerra Mundial trajo un cambio en la dirigencia de Irán, pero no, en la casa de gobierno. Temiendo que la negativa de Reza Sah, en cuanto a permitir que las tropas británicas se estacionaran en Irán conduciría a una alianza con la Alemania nazi, el Reino Unido y la Unión Soviética se unieron para obligar a Reza Sah a abdicar el Trono del Pavo Real. Su hijo, Mohammad Reza Pahlavi, asumió el poder, el 16 de septiembre de 1941. Reza Sah se exilió, primero, en la Isla de Mauricio y luego, en Johannesburgo, Sudáfrica. Murió allí, en 1944.

Mohammad Reza Sah Pahlavi dio inicio a su reinado aparentemente con toda la intención de seguir los dictados de una monarquía constitucional (la forma de gobierno democrático de Gran Bretaña y la que había adoptado Irán en 1906). Aunque él era el monarca, el sah no interfería con la política nacional y, por lo general, se rendía a los deseos del parlamento iraní. Predominantemente, Pahlavi se ocupaba de los asuntos de Estado y desafiaba abiertamente a los primeros ministros o bien impedía el proceso legislativo en tales asuntos. Sin embargo, proclive a la indecisión, Pahlavi dependía más de la manipulación que del liderazgo. Se concentraba en reactivar el ejército y en asegurar que permaneciera bajo el control real como la base de poder principal de la monarquía.

En 1951 surgió un fuerte rival para el poder de Pahlavi, cuando Mohammed Mossadegh, un nacionalista, fue elegido como primer ministro de Irán. A pesar de las conexiones británicas de Pahlavi, Mossadegh se aseguró los votos necesarios en el parlamento para nacionalizar la Compañía Petrolera Anglo-Iraní (AIOC), controlada por los británicos, en lo que fue conocido como la Crisis de Abadán. Esto reducía las utilidades británicas desde Oriente Medio y su control del petróleo de esa zona. En respuesta a ello, Gran Bretaña decidió deponer a Mossadegh y a su gabinete y solidificar el poder en Pahlavi. Cuando le pidieron a Harry Truman que ayudara con el golpe, en 1951, él se negó; pero al solicitar a Dwight Eisenhower poco después de su elección, en 1952 el apoyo y la ayuda respecto de sus planes, Ike estuvo de acuerdo. Así que fue ese golpe militar, encabezado por el ex Ministro del Interior y General retirado del ejército, con el apoyo encubierto de la inteligencia británica y de la CIA (llamada, en código, Operación Ajax) lo que finalmente obligó a Mossadegh a dejar su puesto, el 19 de agosto de 1953. Zahedi se convirtió en el nuevo primer ministro; la autoridad fue brindada desde el ala del gobierno democráticamente elegido y vuelta a depositar en el trono del sah, y Mossadegh fue juzgado por traición. A cambio de esto, el sah acordó dejar que un consorcio internacional de compañías, con un cuarenta por ciento británico, un cuarenta por ciento estadounidense, un catorce por ciento holandés y un seis por ciento francés manejara la producción petrolera iraní durante los siguientes veinticinco años. Las utilidades se dividirían a medias con Irán, pero nunca se le permitiría auditar los libros para ver si esto se estaba haciendo con justicia ni tampoco se les permitía a los iraníes formar parte de la junta de directores de ninguna de estas compañías. Fue en este momento que la Compañía Petrolera Anglo-Iraní se convirtió en British Petroleum Company, una de las principales compañías de British Petroleum (BP) de la actualidad.

Fue la primera vez en la historia en que los estadounidenses habían ayudado a socavar un gobierno democrático, una decisión que pagaríamos en 1979, cuando EE.UU. cometió otro costoso error al darle la espalda al mismo sah que antes habíamos llevado al poder.

INGRESA JIMMY CARTER

Cuando Jimmy Carter ingresó a la contienda política que fue la campaña de 1976, los Estados Unidos aún estaban enfrentando la onda liberal de las emociones antivietnamitas. De hecho, un grupo que se llamó a sí mismo el Instituto de

Estudios Políticos (IPS) estaba resuelto a insertar a políticos liberales en todos los terrenos. Su red incluía muchos de los llamados «medios de comunicación alternativa de oferta». La izquierda liberal controlada por el IPS estaba resuelta a que el candidato demócrata de primera línea, Jimmy Carter, adoptara la plataforma redactada por Marcus Raskin, uno de los fundadores del IPS. Éste y sus defensores fueron capaces de arrancarle la promesa a Carter de que, si él era elegido presidente, reduciría los gastos militares y se opondría a la producción del bombardero B-1, entre otras cosas.

Irán fue la primera manzana de la discordia entre las selecciones de personal de Carter. En verdad, su equipo de transición solicitó un informe profundo sobre dicho país, incluso antes de que él asumiera el gobierno. Al volver a evaluar la presidencia de Carter, J. Dumbrell escribió que Walter Mondale y su asistente, David Aaron, tenían vínculos con la resistencia iraní con base en los Estados Unidos. Fueron persuadidos de que el sah no tenía derecho a gobernar Irán y determinaron que necesitaban ponerle límites. Otros de la periferia de Mondale, simplemente, querían sacar al rey del trono. De acuerdo con el congresista David Bower: «Los oportunistas estaban intentando pasar por alto a Carter».[4] Una vez en el cargo, los defensores liberales del presidente se sintieron justificados al redoblar los esfuerzos para remover al sah del Trono del Pavo Real.

Cuando asumió la presidencia James Earl Carter, en enero de 1977, heredó las políticas bien arraigadas de Richard Nixon y Henry Kissinger. Durante los cinco años precedentes a la asunción de Carter, el sah había adquirido unos diez mil millones de dólares en materiales militares de los EE.UU. Nixon y Kissinger habían puesto en marcha una agenda para varias de las siguientes décadas. La presencia de los EE.UU. en la región del Golfo Pérsico y su suministro de petróleo desde esa región dependía de la buena voluntad del sah. Los Estados Unidos posaban sus ojos en el sah para la supervivencia económica de la industria occidental, y éste dependía de aquéllos para las armas y la asistencia que necesitaba para implementar su visión para el futuro de Irán. Un fracaso de cualquiera de las partes podría ocasionar una revuelta económica y política inimaginable.

A mediados de la década de 1970, el sah se había transformado de un joven líder inseguro a alguien que estaba en pleno control de la burocracia en Irán, que estaba trabajando para llevar el país al siglo XX y que no buscaba consejo ni dirección, ni siquiera de su mentor, el gobierno de los Estados Unidos. Cuando Jimmy Carter llegó a Washington, D.C., fue el receptor de las políticas de ventas de armamentos de Richard Nixon-Henry Kissinger de años atrás, que colocaban la seguridad de una de las regiones más ricas del mundo en las manos de un monarca, cuya determinación para llevar a cabo un cambio social y económico en Irán no tenía en cuenta los fuegos humeantes de la inquietud islámica.

El sah había gozado de una asociación política prolongada con los gobiernos republicanos de Nixon y Gerald Ford. Era comprensiblemente cauteloso respecto de Carter, cuya plataforma de campaña enfatizaba tanto los asuntos de derechos humanos como la reducción de ventas de armamentos. Esta fue una gran preocupación, ya que el régimen del sah había sido criticado por las acciones de su policía secreta, la SAVAK, y mantenía una relación de larga data con proveedores de armas de los EE.UU.

El confidente personal de Pahlavi, Asadollah Alam, escribió en su diario acerca de las preocupaciones del sah sobre la elección de Carter: «¿Quién sabe qué tipo de calamidad él (Carter) puede desatar sobre el mundo?»[5] En septiembre de 1976, Alam se reunió con Uri Lubrani, representante de Israel en Irán y le pidió su asistencia para ayudar a mejorar la imagen del sah ante el pueblo estadounidense.

El mismo año en que asumió Jimmy Carter, murió el líder islámico Alí Shariati, y se destituyó a un rival de enorme potencial para el ayatolá Jomeini, solidificando así, más que nunca, el apoyo a Jomeini en Irán. Su hijo, Mostafa, murió de lo que aparentemente fue un ataque al corazón, pero las fuerzas antigubernamentales apuntaron su dedo al SAVAK, y Mostafa fue proclamado mártir. Mientras diversas facciones —los izquierdistas, los mujahidines del pueblo de Irán (MEK), los comunistas y otros grupos— se oponían al régimen del sah, Jomeini repentinamente se había convertido en el oponente más popular del gobierno de Pahlavi.

Al mismo tiempo, con la esperanza de mejorar la imagen de los Estados Unidos como la superpotencia benevolente en el mundo, después de Vietnam, Jimmy Carter creó una Oficina Especial de Derechos Humanos, y el sah apareció entre los primeros puestos de la lista del organismo. Washington ejerció presión sobre éste, para relajar su control y permitir más libertad política. Esto dio lugar a la liberación de más de trescientos prisioneros políticos, suavizó la censura y reacondicionó el sistema judicial, lo que tuvo el efecto secundario no previsto de permitir una mayor libertad para que se reunieran y organizaran grupos opositores.

El secretario de Estado de Carter, Cyrus Vance fue el primero en el gobierno en visitar Irán. Estaba en el país por una reunión de CENTO, la Organización del Tratado Central, para tratar la seguridad en la región. En su viaje, un «portavoz no identificado» del Departamento de Estado dejó escapar la información de que los Estados Unidos estaban complacidos con los esfuerzos del sah en cuanto a los derechos humanos y, por lo tanto, se hallaban dispuestos a venderle aviones AWACS.[6] En julio, el presidente Carter informó al Congreso que su objetivo era la venta de siete de ellos a Irán. Luego de meses de altercados en el Congreso y de un intenso debate, se la aprobó. El paquete final incluía 1.1 mil millones de dólares, en repuestos y capacitación.

Si bien los cambios internos del sah estaban dándole una buena impresión a Carter, los hombres y las mujeres jóvenes de Irán apoyaban como un enjambre el islamismo radical. Irán nunca había visto algo así jamás durante su historia. Los estudiantes universitarios se reunían en centros de estudio islámicos para debatir con los imanes del Islam Chía. Las mujeres jóvenes se vestían con los *chadors* (velos largos negros) que habían sido prohibidos por el sah. Este Islam nuevo, radical, explotó sobre la universidad de Teherán en octubre de 1977. Un grupo de alumnos que pedían el aislamiento de las mujeres en la ciudad universitaria provocó una reyerta, dejando atrás una cantidad de ómnibus quemados y ventanas rotas.

Mientras que los objetivos finales de diferentes grupos que se oponían al sah variaban en gran medida -algunos querían el regreso a una monarquía constitucional; otros, un gobierno socialista/comunista, y los imanes y clérigos, una república islámica-, Jomeini astutamente unió a estos grupos contra el sah, y evitó los puntos específicos de lo que ocurriría después de derribar el Trono del Pavo Real. Como resultado, los sectores opositores, que normalmente habrían estado peleándose entre sí, crecieron más unificados: una notable proeza de Jomeini que aceleró la revolución en Irán y que, posteriormente, demostró ser un error fatal para todos, menos para los islamistas.

CARTER, PAHLAVI Y JOMEINI

El 15 de noviembre de 1977, Mohammad Reza Sah Pahlavi y la emperatriz Farah visitaron al presidente Carter y a la Primera Dama, en Washington. Mientras las dos parejas estaban de pie en el césped sur de la Casa Blanca, se reunieron ante ellos cientos -algunos dicen miles- de estudiantes iraníes que se habían congregado en Lafayette Square. (En esa época, los Estados Unidos alardeaban de contar con una población de estudiantes iraníes de más de seis mil.) En una jugada para controlar a la multitud, la policía de Washington lanzó en medio de ellos cajas con gas lacrimógeno. Lamentablemente, el gas llegó al césped de la Casa Blanca y a los ojos de los Carter y de sus dignatarios visitantes. Con los rostros llenos de lágrimas, los Carter se vieron obligados a dar por finalizados sus saludos y a retirarse dentro de la Casa Blanca.

Los dos hombres iban a volver a reunirse, en unos seis meses, en Teherán. Carter había estado en Oriente Medio para promover un plan de paz entre Israel y sus vecinos. Él y Roselyn planeaban una visita breve a Teherán para pasar allí la víspera de Año Nuevo con el sah y su esposa. Antes de dejar los Estados Unidos, a Carter se le presentó una declaración firmada por una cantidad de reconocidos activistas iraníes. En lugar de mostrarla a Pahlavi, Carter se puso a la altura de las circunstancias y brindó por la salud del sah, diciendo:

> Irán, bajo el gran liderazgo del sah, es una isla de estabilidad en una de las regiones del mundo con mayores conflictos. Este es un gran tributo para

usted, Su Majestad, y para su liderazgo, y para el respeto, la admiración y el amor que su pueblo le otorga.[7]

Con estas palabras, Jimmy Carter fortaleció la postura pro-sah que había sido desde hacía mucho tiempo la política de los Estados Unidos. Sin embargo, sólo en unos pocos meses, Irán estaría dominado por sangrientas reyertas, mientras que el sah luchaba por reprimir a los islamistas radicales y a otros grupos inclinados a deponerlo.

Durante Ramadán, en agosto de 1978, surgieron grandes manifestaciones por todo Irán. Se impusieron toques de queda en algunas ciudades, luego de días de disturbios masivos. La ciudad de Abadan fue el lugar de un asesinato masivo, según se dice, puesto en escena por los radicales islámicos. Las puertas del cine que presentaba una película iraní fueron valladas, mientras se incendiaba el edificio; murieron cuatrocientas setenta y siete personas en la conflagración. Las intenciones del sah de suprimir los disturbios fueron rechazadas por sus enemigos y, también, por sus defensores. Los primeros lo veían como un frágil intento de apaciguamiento; y los segundos, simplemente, como una debilidad.

Durante todo el tiempo en que el sah trataba desesperadamente de volver a ganar el control sobre Irán, Ruhollah Jomeini había estado en Irak fomentando una revolución. En su libro *The Spirit of Allah: Khomeini and the Islamic Revolution*, (El espíritu de Alá: Jomeini y la Revolución Islámica), Amir Taheri escribió sobre las acusaciones que hacía al sah la red clandestina de Jomeini. Era fortuitamente inculpado de ser mujeriego, homosexual, converso judío, drogadicto y católico. También fue etiquetado como el «Sah estadounidense» y el «sah de Israel». La emperatriz Farah tampoco escapó a la difamación retorcida de Jomeini. Se la acusó de adúltera y se la vinculó con Jimmy Carter.[8]

La retórica de Jomeini estaba diseñada para incitar el miedo en las clases más bajas de Irán: los que no tenían nada eran obligados a arreglárselas así, mientras eran testigos de los excesos de las clases altas. Anunciaban al son de trompetas lo que se veía como la complicidad del sah con Israel y los Estados Unidos. Los intelectuales, la vanguardia política de Irán, inicialmente adoptaron una estrategia de «esperar y ver», pero no transcurrió mucho tiempo hasta que unieron las fuerzas con los oprimidos y los pobres que tomaron las calles, en protesta por el gobierno del sah. Con la ayuda de armas suministradas por la OLP, de terroristas adiestrados y de los asesinatos de manifestantes iraníes como un medio para incitar a la muchedumbre a que saliera a la calle, se desató el tumulto. Con razón, Yasser Arafat fue saludado como amigo de Jomeini, luego de haber tomado el control de Irán. (La recompensa para Arafat fue una bandera de la OLP flameando en la Embajada israelí, en Teherán.)

En un intento por reprimir la influencia de Jomeini, el sah apeló al presidente de Irak que recién había asumido, Saddam Hussein, para apretar las clavijas sobre las actividades del ayatolá. En un intento fracasado de huir a Irak, Jomeini y su entorno quedaron varados en la frontera con Kuwait, cuando ese país no le permitía ingresar y tampoco podía regresar a Irak. Finalmente, se le otorgó al ayatolá permiso para volver a Bagdad donde, el 6 de octubre, fue deportado a Francia. Lejos de poner fin a su interferencia con Irán, su exilio sólo inflamó las pasiones de los radicales islámicos de ese país.

Las cosas sólo estaban iniciando su espiral descendente.

Capítulo ocho

LA APARICIÓN DEL ISLAMOFASCISMO

¿Qué es el islamofascismo? Es el islamismo radical combinado con instituciones no democráticas, de tal manera que crea una gran amenaza para la vecindad, como un círculo concéntrico. Una amenaza hasta el punto en que Irán desarrolla una envoltura de misil que sale, y de repente comienza a encapsular a los aliados estadounidenses-europeos (en Oriente Medio) y finalmente (apunta a Estados Unidos mismo.
—Profesor Raymond Tanter[1]

Tenemos un fenómeno del que somos testigos ahora que es el surgimiento de un tipo de Islam político, totalitario, global, transnacional; y nuevamente quiero dejar bien en claro que yo no soy, de algún modo, un crítico del islamismo como religión; por el contrario, creo que es una usurpación y un secuestro del Islam... donde uno busca una forma de dominación mundial. Es por eso que la palabra «islamofascismo» ha sido utilizada para caracterizar la naturaleza totalitaria y política del islamismo transnacional, radical, que ahora está operando en las mezquitas, en los medios de comunicación, en las escuelas y en los campos de adiestramiento.
—Dr. Irwin Cotler,
Pm canadiense y ex ministro de justicia
y FISCAL general de Canadá[2]

En noviembre de 1978, Carter designó a George Ball, un subsecretario de Estado de los gobiernos de Kennedy y Jonson, para que estudiase la situación en Irán y diera recomendaciones políticas. El comunicado de ochenta páginas de Ball criticaba fuertemente la administración de Nixon respecto de Irán. Infería que había finalizado el gobierno del sah y alentaba a Carter a comenzar el diálogo con Jomeini.

También, en noviembre, el embajador William Sullivan telegrafió a la Casa Blanca para informar que el apoyo al sah se estaba erosionando con rapidez, incluyendo el de los militares. Sullivan alentó al gobierno a adoptar una política de transición que apoyara una toma de poder por parte de los militares y de los mullahs. En su informe, denominó a Jomeini un personaje «como Gandhi», un moderado y un centrista que no se involucraría personalmente en la política de Irán.³ James Bill, un gran experto en Irán, proclamó en una entrevista de *Newsweek*, el 12 de febrero de 1979: «Jomeini no es un *mujtahid* [clérigo de alto rango] loco..., sino un hombre de impecable integridad y sinceridad».⁴ De algún modo, estos hombres cultos se perdieron por completo el hecho de que Jomeini y sus compañeros de militancia veían la religión como una lucha entre el Irán oprimido y la superpotencia del «Gran Satanás» de los Estados Unidos.

El consejero de seguridad nacional de Carter, Zbigniew Brzezinski, le sugirió al presidente que rechazara el informe de George Ball, si bien este asemejaba el régimen del sah con el de Humpty Dumpty (personaje de una rima infantil de Mamá Ganso) en el sentido de que era irreparable. El consejo de Brzezinski era que Carter debería enviar un enlace militar a Irán, en apoyo a sus fuerzas armadas. Carter eligió al general Robert «el holandés» Huyser, Subcomandante en jefe del Comando Europeo de EE.UU. bajo la dirección de Alexander Haig. La interacción personal con los líderes militares iraníes de más de una década lo convirtió en la opción obvia. El sah expresaba a Huyser sus preocupaciones de enemistar al presidente Carter, si no se movía con la suficiente rapidez para instituir cambios veloces en los derechos humanos con el fin de apaciguar al gobierno.

En las propias palabras de Huyser, el presidente Carter lo acusó:

«De transmitir preocupación (del presidente Carter) y garantías a los líderes militares de alto rango, en este momento tan crítico. Era de vital importancia tanto para el pueblo iraní como para el gobierno de EE.UU. que Irán tuviera un gobierno fuerte, estable, que podría continuar su amistad con los Estados Unidos. Los militares iraníes eran la clave para la situación».⁵

En mi libro *Showdown With Nuclear Iran* (Enfrentamiento con el Irán nuclear), escribí acerca de una reunión que mantuve con Robert Huyser:

Huyser era un hombre de principios y de claridad moral, y creía que su misión era la de apoyar al primer ministro Shapour Bakhtiar y a los generales de Irán. Carter prometió que EE.UU. iba a proteger y suministrar todos los activos necesarios para sostener al gobierno, que cada vez corría más peligro por protestas violentas contra el régimen del sah, Mohammed Reza Pahlavi. A pesar de una historia de apoyo que databa de la Segunda Guerra Mundial, Carter no tenía deseo alguno de ver un régimen pro-sah en el poder. La comparación tenía sentido hasta cierto punto: El ayatolá se oponía al sah, que tenía un récord terrible de abusos a los derechos humanos. Pero ahí es donde se quiebra la comparación. Gandhi no era violento. El ayatolá no era otra cosa que eso.⁶

La aparición del islamofascismo

En su evaluación de la situación de Irán, Huyser opinaba que los Estados Unidos debían haber aprendido la importancia de «estar al lado de los amigos de uno».[7] Él creía que al abandonar al sah, un socio de larga data en la región, Estados Unidos había «perdido a un aliado cercano y firme que podría haber provisto estabilidad a los intereses occidentales en el Golfo Pérsico».[8] El general Huyser dijo, sobre el gobierno de Carter:

> Evidentemente, el gobierno no comprendía la cultura iraní ni las condiciones que prevalecieron en los pocos últimos meses del reinado del sah. Creo que Washington debía haber reconocido la gravedad de la situación tan temprano como en 1978. Si la verdadera intención era apoyar al gobierno existente, se podría haber hecho mucho para reforzar la confianza rezagada y la resolución del sah...
>
> El presidente pudo haber condenado públicamente a Jomeini por su interferencia. Pudo haber requerido el apoyo de nuestros aliados y, junto a ellos, pudo haberle dado un apoyo material al gobierno de Bakhtiar.[9]

Lamentablemente para los Estados Unidos, estas no eran todas las enfermedades que se sufrieron como resultado de elegir al granjero de cacahuates georgiano para la presidencia. La historia definirá finalmente los años de Carter en la Casa Blanca por los siguientes hechos:

- La invasión soviética a Afganistán (la respuesta de Carter fue un boicot a las Olimpíadas de 1980, en Moscú) y el nacimiento de las organizaciones terroristas de Osama bin Laden.
- La recesión, la elevada inflación, las altas tasas de interés (21.5 por ciento).
- Las líneas de gas y el racionamiento.
- La caída del sah de Irán, el inicio de la revolución islámica y el surgimiento del fundamentalismo islámico.
- La pérdida de estatura de los EE.UU. en todo el mundo.
- La crisis de rehenes estadounidenses que finalmente le costó la reelección.
- Un control excesivo en la administración de la gestión.
- La alienación del Congreso.
- El retiro de misiles de los EE.UU. en Corea del Sur y el ofrecimiento de Carter de retirar a todas las tropas.
- La reducción del presupuesto para la defensa en seis millones de dólares.
- El debilitamiento de la CIA al recortar ochocientos veinte empleos de inteligencia.[10]

- La alabanza de dictadores tan horrendos como Tito, Cecescu y Ortega, y luego de su presidencia, a Kim il-Sung, de Corea del Norte.
- El surgimiento del marxismo en Nicaragua y la entrega del control del Canal de Panamá a un dictador (Hutchison Wampoa Ltd., un frente para los militares chinos, que ahora controla los puntos de entrada y de salida en ambos extremos del Canal).

UN ALIADO DE LOS ESTADOS UNIDOS DEPUESTO POR NEGLIGENCIA

Mientras crecía el desafío contra el régimen del sah, el primer ministro de Irán, Shapour Bakhtiar, persuadió al monarca y a su esposa de abandonar el país. Ostensiblemente, el plan de Bakhtiar era el de intentar verter petróleo iraní en las aguas turbulentas de Irán. Desbandó a SAVAK, liberó a todos los prisioneros políticos y permitió que el enemigo del sah, el ayatolá Ruhollah Jomeini, regresara a Irán.

En febrero de 1979, Jomeini abordó un vuelo de Air France para volver a Teherán. Casi al bajar del avión, en su retorno, manifestó su oposición al gobierno del Primer Ministro Shapour Bakhtiar, prometiendo: «Le patearé los dientes». Designó a su propio primer ministro interino y desafió a cualquiera que se le opusiera, diciendo que tal acción sería una «revuelta contra Dios».[11] Los días 30 y 31 de agosto, una votación popular en toda la nación apoyó la fundación de una República Islámica. Con el establecimiento de la República Islámica de Irán, Jomeini se convirtió en Líder Supremo (*Vali-e Faqeeh*). El 1 de abril de 1979 se le jugó la broma más grande de todos los tiempos al pueblo de Irán en el Día de los Inocentes: El ayatolá Jomeini proclamó el «primer día de gobierno», se nombró Gran Ayatolá y se otorgó el título de «Imán» (el rango religioso más alto en la Chía). Los eventos que siguieron a esa proclamación han tenido un efecto duradero no sólo en Irán, sino también en todo Oriente Medio y en el mundo.

El recién coronado Gran Ayatolá había demostrado al resto de sus hermanos árabes cómo unificar a grupos seculares, sociales y religiosos en su odio hacia el sah y Estados Unidos, y cómo lo utilizó como un arma política y militar para derrocar al gobierno. Luego, una vez que regresó a Irán, recompensó a los que habían apoyado su revolución con una rapidez y brutalidad que, incluso, el SAVAK no podría haber reunido.

Una juerga de matanza siguió, cuyos blancos eran los ex funcionarios del gobierno del sah, así como también los que no buscaban otra cosa que una república islámica con Jomeini como su líder supremo para toda la vida. No bastaba con huir de Irán. En la década siguiente a la revolución islámica en Irán, se mató o hirió, por lo menos, a sesenta y tres iraníes en el extranjero, incluyendo al hombre que había permitido que Jomeini regresara, el ex primer ministro Shapour Bakhtiar. Durante los meses posteriores al golpe, se clausuraron docenas de periódicos y revistas que se oponían al gobierno de Jomeini, y comenzó una revolución cultural, al tiempo que se cerraron las universidades por el término de dos años, para purificarlas de la influencia occidental. Miles de las personas que estaban en el gobierno y en la milicia perdieron sus cargos porque eran vistos como demasiado inclinados a Occidente. Grupos como, por ejemplo, el MEK se hallaron a sí mismos como intrusos y blancos del propio gobierno al que habían ayudado a tomar el poder.

CARTER INTENTA HACERSE AMIGO DE UNA VÍBORA

La administración Carter estaba en una situación de emergencia con el fin de garantizar al nuevo régimen que los Estados Unidos mantendrían vínculos diplomáticos con Irán. Incluso, cuando se le estaba transmitiendo este mensaje al embajador en Teherán, el 14 de febrero, la embajada era sitiada por una muchedumbre de militantes islámicos, muchos de los cuales vestían las capuchas que los identificaban como *fedayines* palestinos (los que están preparados para sacrificar sus vidas). Esta era otra prueba más del alcance de Jomeini en el mundo islámico. En lugar de hacer fuego contra los intrusos, Sullivan entregó la embajada luego de una revuelta que tenía como objetivo destruir dispositivos electrónicos sensibles y documentos secretos. En medio del caos que siguió, el representante personal de Jomeini, Ibrahim Yazdi, llegó a la embajada. Yazdi y otro mullah pudieron hacer retroceder a la multitud y garantizaron de esta forma la seguridad de los ocupantes de la embajada.

Con esta coyuntura, el embajador Sullivan intentó asegurar a Jomeini que los Estados Unidos habían aceptado que la revuelta era inevitable y que no intervendrían en los asuntos iraníes. Sin embargo, otra semilla plantada durante la Operación Ajax fue que la embajada estadounidense era considerada un refugio de espías reunidos para derrocar a Irán como lo había hecho en 1953. Como resultado de ello, los extremistas lo vieron como un blanco que necesitaba desaparecer, a fin de proteger a la nueva república islámica, en lugar de ser una voz en la que confiar.

Jomeini no podría haber vencido al sah de Irán en asuntos que eran del interés de los mullahs únicamente. Las fuerzas armadas iraníes, o bien, las estadounidenses fácilmente podrían haber retirado las fuerzas rebeldes, pero Carter poco sabía sobre el uso eficaz del poder militar (independientemente del hecho de que no tuvo la voluntad de usarlo) y veía a Jomeini más como un hombre sagrado en una revolución de base comunitaria que como un padre fundador del terrorismo moderno. Así, los Estados Unidos fracasaron en actuar a favor de su aliado de larga data, el sah y, al mismo tiempo que las fuerzas armadas nacionales iraníes optaban por una postura de neutralidad «a fin de evitar más desórdenes y derramamiento de sangre»[12], tampoco actuó. Con la declaración de que los militares serían imparciales en la lucha, Jomeini logró alcanzar su sueño: Irán era suya y él podía comenzar el proceso de islamización total.

El sah de Irán abandonó su país como un hombre quebrado y enfermo, su cuerpo carcomido por el cáncer. Su primera escala fue una visita a su buen amigo Anwar el-Sadat en Egipto. Después estuvo un breve tiempo en Marruecos, luego fue a las Bahamas y posteriormente a México. A pesar de su prolongada sociedad como un aliado clave de los Estados Unidos, inicialmente se le negó el ingreso al sah a nuestro país. Sin embargo, como su cáncer, linfoma que no era de Hodgkin's, empeoraba y necesitaba un tratamiento médico más sofisticado, finalmente se abrió la puerta para que ingresara a los Estados Unidos, el 22 de octubre de 1979.

Antes de partir de la Ciudad de México hacia Nueva York, el sah escribió en su diario personal:

> Claramente, yo era un hombre muy enfermo... Habían transcurrido nueve meses desde que me fui de Irán, meses de dolor, de impacto, de desesperación y de reflexión. Mi corazón sangró al ver lo que sucedía en mi país. Todos los días llegaban informes de asesinatos, derramamiento de sangre y ejecuciones sumarias...Todos estos horrores eran parte de la destrucción sistemática de Jomeini de la tela social que yo había tejido para mi nación... Y ni una palabra de protesta de los defensores de los derechos humanos estadounidenses que habían sido tan expresivos al denunciar mi régimen «tiránico»... Estados Unidos y la mayoría de los países occidentales habían adoptado una norma doble para la moralidad internacional: cualquier cosa marxista, sin importar cuán sangrienta y ruin, es aceptable.[13]

UNA EMBAJADA SITIADA

No fue necesariamente el arribo del sah a Nueva York lo que encendió la chispa de la que luego fue llamada la «Segunda Revolución». En cambio, fue una cadena de contactos inocentes de personas con buenas intenciones lo que incitaría a la toma de la embajada de los EE.UU., apenas unas semanas después. En Irán se mostró una cinta de vídeo en la que el sah recibía a visitantes, tales como Henry Kissinger, David Rockefeller, varios ex funcionarios iraníes y otros dignatarios.

Para quienes, en Irán, estaban paranoicos porque el sah podría intentar regresar, esta fue una prueba de la duplicidad compartida tanto por aquél como por Washington. Empalmada con informes de las fuerzas contrarrevolucionarias con residencia en Irak e Irán, no se necesitaba mucho más para alimentar los fuegos de otra reacción violenta antiestadounidense. Pronto comenzaron a sospechar que los Estados Unidos se estaban complotando para privarlos de los frutos de su victoria con el deseo de restaurar la influencia estadounidense en Irán, de una nueva forma.[14]

El 4 de noviembre de 1979, un grupo de estudiantes disidentes que habían adoptado el apodo de «Los discípulos del Imán» ingresaron a la embajada de los EE.UU. en Teherán por segunda vez, nuevamente con poca resistencia. Si bien Jomeini negó todo conocimiento de la toma amenazante de la embajada de los EE.UU., era probable que su oratoria mordaz antiestadounidense ante una muchedumbre de unos trescientos a quinientos jóvenes iraníes les diera el ímpetu para sitiar el edificio. Jomeini había denunciado al gobierno de los EE.UU. como el «Gran Satanás» y «Los enemigos del Islam».[15] Su táctica era darle a los Estados Unidos un tinte de maldad y a sí mismo de defensor de la justicia.

Cuando se asentó el polvo, sesenta y seis cautivos estaban en manos de sus captores iraníes. Su odisea fue durar cuatrocientos cuarenta y cuatro días. Los carceleros estaban resueltos a no liberar a sus prisioneros hasta que se enviara a Teherán al sah para que fuera enjuiciado y devolviera miles de millones de dólares de los que, supuestamente, se había apropiado, del pueblo de Irán.

¡Carter nunca lo comprendió! Jomeini dijo: «Occidente que mató a Dios y lo enterró, está enseñando al resto del mundo a hacer lo mismo». Llegó tan lejos como para acusar abiertamente a los Estados Unidos de ser la fuente de todos los males del mundo. Cuando el jefe del Servicio Secreto Francés, el Conde de Maranche, le sugirió a Carter, en 1980, que Jomeini fuese secuestrado y luego intercambiado con los rehenes, el presidente se indignó. «Uno no puede hacerle eso a un hombre santo», le dijo al super espía francés.[16] De hecho, el embajador designado por Carter en la ONU, Andrew Young, afirmó que el ayatolá «finalmente sería aclamado como un santo».[17] Fue Young el que orgullosamente se identificó con los militantes iraníes, porque le recordaba a las luchas por los derechos civiles en los Estados Unidos.

El apoyo público y la simpatía por Jimmy Carter comenzó a erosionarse con el transcurso del tiempo, y él permaneció indeciso sobre cómo manejar la crisis de los rehenes. Las negociaciones, tanto abiertas como secretas, no eran productivas, y no había indicios de que los captores estuvieran cediendo. Finalmente, en abril de 1980, Carter aprobó una riesgosa misión de rescate. El plan estaba destinado al fracaso casi desde su inicio. Tres de los helicópteros cruciales para el plan se descompusieron, ocho hombres de servicio perdieron sus vidas, y tres fueron heridos cuando en el despegue sus helicópteros chocaron con un avión de transporte C-130. El intento abortado sólo agregó combustible y metros de vídeo, a la afirmación jubilosa de que el «Gran Satanás» era impotente: Un tigre sin dientes.

En un renovado esfuerzo por asegurar la liberación de los rehenes antes de que asumiera el presidente recién elegido, Ronald Reagan, la administración Carter celebró negociaciones con los iraníes para que se liberaran los activos congelados por el gobierno de los EE.UU. cuando se destruyó la embajada y se tomó cautivos a los rehenes. Warren Christopher y un pequeño contingente de funcionarios de Estado y del departamento del Tesoro volaron a Argel para tener negociaciones cara a cara con el equipo argelino que representaba al gobierno de Jomeini,[18] cuando se llegó a un acuerdo final, la administración Carter cedió la suma de 7.997 mil millones de dólares a los iraníes. De acuerdo con una fuente, la transferencia requirió catorce bancos y la participación de cinco países actuando en conjunto.[19]

Si bien las negociaciones continuaron hasta las altas horas de la noche del 20 de enero de 1980, los esfuerzos de Carter por garantizar la liberación de los rehenes siguieron siendo infructuosos. De hecho, un equipo de la cadena de televisión ABC documentó el fútil «esfuerzo de toda la noche por traer a casa a cincuenta y dos rehenes, antes de finalizar su gobierno».[20]

El escritorio de la Oficina Oval del presidente Harry S. Truman tenía un cartel que decía: «El dólar se detiene aquí». Quizá lo mismo podría decirse de la participación de Jimmy Carter en fomentar la revolución islámica que ha plagado el mundo, en general, y los Estados Unidos, en particular, desde la asunción de Jomeini. Fue verdaderamente el nacimiento de la ideología contra la que actualmente estamos luchando en la guerra contra el terror. El presidente Carter sobresalía en otras áreas, pero siempre estaba en una distintiva desventaja al enfrentarse con la política extranjera estadounidense, habiendo sido de afuera de Washington antes de ser electo presidente. La inteligencia de Jimmy Carter no disfrazaba el hecho de que no pudiera asimilar plenamente la situación de Irán.

EL LEGADO LIBERAL DE CARTER

Jimmy Carter había avanzado tímidamente en la Casa Blanca con un énfasis en su campaña sobre la palabra «fe». Era un tema que atraía tanto a los cristianos conservadores como a los demócratas liberales desencantados con los años que estuvieron Jonson y Nixon en la Casa Blanca. Esta táctica le dio a Carter una ventaja leve respecto del público estadounidense y eso, junto con su popularidad en el sur, hizo que ganara la elección. Puede que les haya quitado la venda de los ojos a los conservadores del sur, pero no pasó mucho tiempo hasta que se divorció de su influencia, y desde que dejó el cargo, ha roto con su tradición bautista sureña también. Carter dijo sobre el una vez seguidor Rev. Jerry Falwell: «De una manera muy cristiana, en cuanto a lo que a mí me incumbe, puede irse al infierno».[21]

Aparentemente no fue ninguna sorpresa para el presidente del Seminario Teológico Bautista del Sur, R. Albert Mohler, Jr., quien escribió en la *Atlanta Journal-Constitution*, de acuerdo con Michael Foust, que «el ex presidente en realidad comenzó a distanciarse de la Convención Bautista del Sur hace años... «Sobre temas que iban desde la homosexualidad y el aborto hasta la naturaleza del evangelio y la autoridad de las Escrituras, el ex presidente está fuera del rumbo respecto de la mayoría de los bautistas del sur»... La división teológica entre Carter y la corriente principal de los bautistas del sur es grande».[22]

Quizá, podría resumirse la presidencia de Carter con dos palabras: ineptitud despreciable. El presidente número treinta y nueve tenía un ego abiertamente inflado, que fue el responsable de la temprana separación de Carter del Congreso y, de hecho, de su propio partido demócrata. El vocero de la Cámara de Diputados Thomas «Tip» O´Neill fue rechazado tan pronto como en la cena inaugural de Carter, cuando halló que su mesa estaba en los márgenes lejanos del evento. Ned Rice, de la *National Review Online* describió a Carter como el «Barney Fife de los presidentes estadounidenses: Andar a tropezones alternativos, luego petrificarse, luego mostrar su egotismo, luego andar nuevamente a los tropezones, y así durante cuatro años largos y surrealistas. Uno de los verdaderos bufones de la historia».[23] Resulta interesante resaltar que 1976 fue un año de anuncios para futuros candidatos presidenciales: Carter fue elegido presidente, William Jefferson Clinton se convirtió en procurador general en Arkansas y Albert Gore ganó un lugar en la Cámara de Diputados de Tennessee.

El gobierno de Carter podría haberse clasificado mejor por la palabra *pacifismo*, una ideología que fue claramente expresada en su elección de los miembros de gabinete. Su designación de Cyrus Vance como secretario de Estado hizo sonar la alarma en los pasillos del Congreso y armó el escenario para un gobierno conciliatorio y abierto a la negociación. (Vance renunció en protesta por el fallido intento de rescate de los rehenes). Henry Kissinger dijo sobre la administración Carter:

> Ha manejado la extraordinaria proeza de tener, a la vez, las peores relaciones con nuestros aliados, las peores relaciones con nuestros adversarios y las revueltas más serias en el mundo en vías de desarrollo desde fines de la Segunda Guerra Mundial.[24]

Carter ignoró las sugerencias del Congreso respecto de designaciones para diversos cargos y continuó seleccionando a pacifistas y casi pacifistas para ocupar puestos de alto nivel.

Muchos de los que fueron reclutados para implementar las políticas de globalización recientemente adoptadas por Carter fueron seleccionados del grupo marginal de George McGovern. Algunos fueron rotulados como «la mafia

Mondale» en alusión al vicepresidente de Carter, Walter Mondale. De hecho, una cantidad de personas designadas por Carter, incluyendo a Anthony Lake, Richard Holbrooke y Jessica Tuchman fueron a servir a la Casa Blanca de Clinton. Durante los primeros días del gobierno de Carter, el triunvirato de Cyrus Vance, Zbigniew Brzezinski y el embajador en la ONU, Andrew Young, tenían aportes comparables sobre decisiones de política extranjera.

La agenda, según la armaron los consultores izquierdistas liberales de Carter, comprendía lo que pasó a llamarse *regionalismo*. Se abstenía de la intervención militar a favor de asuntos de la reforma social y de derechos humanos. El historiador J. A. Rosati escribió: «La administración Carter intentó promover un sistema nuevo de orden mundial basado en la estabilidad, la paz y la justicia internacionales».[25] Para detrimento de las generaciones futuras, Irán se convirtió en el caso de prueba para el nuevo prototipo de Carter. El autor Steven Hayward caracterizó la doctrina de aquél como «una visión sentimental, neopacifista del mundo (que) ha venido a definir el núcleo de la ideología del liberalismo del partido demócrata hoy día... (y) la visión filosófica de que sus buenas intenciones valen más que las consecuencias prácticas de sus acciones y sus palabras, y el pacifismo cristiano izquierdista cree que el uso de la fuerza siempre está mal».[26]

El legado del liberalismo de Carter ha tenido un impacto definitivo y continuo, no sólo sobre el partido demócrata de Hillary Rodham Clinton y John Kerry, sino sobre el mundo en su totalidad. Es un enfoque universalista, en el que una talla le va a todos. Jimmy Carter se convirtió en todas las cosas para todos los pueblos a fin de impresionar a todos. Él se transformó en un paladín de los derechos humanos y, al hacerlo, le presentó al mundo uno de los regímenes más infames de la historia en la nueva República de Irán. Se metió en la cama, figurativamente, con Yasser Arafat y la OLP para establecer un legado como «pacificador». Lejos de proteger los intereses de la política exterior de los Estados Unidos, Carter hizo cualquier concesión necesaria para ser considerado el presidente de la paz. Si hubiera adoptado una postura levemente más parecida a la de un halcón, y hubiera sido más proclive a proteger los intereses estadounidenses en el exterior, y por cierto, en Irán, el mundo bien podría haber sido un lugar más seguro actualmente. La caída del sah de Irán le abrió la puerta al surgimiento del radicalismo islámico en Irán y en todos los países musulmanes y árabes. También, condujo al asesinato de Anwar el-Sadat en Egipto. Esta no es la huella de un pacificador.

La creencia de Carter de que toda crisis puede resolverse con la diplomacia y con ninguna otra cosa que la diplomacia ahora se infiltra en el partido demócrata. Lamentablemente, el señor Carter está equivocado. Hay momentos en que debe enfrentarse abiertamente al mal y derrotarlo. Sin un fuerte respaldo militar con un récord demostrado de victorias, la diplomacia no tiene sentido. Como quiso decirlo Theodore Roosevelt: «Hablen despacio y lleven un palo grande».[27]

En su libro *Failing the Crystal Ball Test* (El fracaso de la prueba de la bola de cristal), Ofira Seliktar dice de la situación con Irán:

Si bien el gobierno de Carter carga con la peor parte del fracaso político, el papel del Congreso en la debacle iraní no debe pasarse por alto... el Congreso con control de los demócratas fue el responsable de convertir a muchos de los modos imperativos (de Carter) en política aplicada, más notablemente en el reino de la asistencia exterior, las ventas militares y la inteligencia... los miembros izquierdistas y liberales del Congreso pugnaron por colocar a Estados Unidos en el lado "correcto" de la historia. Para lograrlo, tuvieron que detener las intervenciones anticomunistas estadounidenses en todo el mundo y dar fin a las relaciones con regímenes autoritarios de derecha, muchos de los cuales enfrentaban insurgencias izquierdistas».[28]

Si bien Jimmy Carter ha hecho cosas buenas en su vida, siendo la más notable su asociación con Hábitat para la Humanidad, sus decisiones de política exterior como presidente de los EE.UU. han conducido a más disturbios en cada una de las regiones en las que intentó intervenir. Carter parecía pensar que bastaba con hablarle a la gente hasta que sintiera estupor y luego seducirlos con tratados e incentivos.

El señor Carter y sus compañeros pacifistas aún deben comprender la imposibilidad de razonar con lo irracional. Nunca es aconsejable venderle el alma al diablo para tenerlo a raya. Tarde o temprano, él exige el sacrificio supremo y logrará sus metas, no a través de concesiones, sino por medio del terror y la coerción. Esta es una lección que James Earl Carter (Jimmy Carter) nunca aprendió.

Las conexiones del ex presidente con Yasser Arafat y la OLP son legendarias. Algunos creen que fue por las maquinaciones de Carter que Arafat, el padrino del terrorismo mundial, fue honrado con el Premio Nobel de la Paz. Es de conocimiento general que el Centro Carter está financiado por fondos de fuentes palestinas. Tal vez por eso él describió a la OLP en términos brillantes como «un paraguas libremente asociado de organizaciones vinculadas por metas comunes, pero que comprende a muchos grupos ansiosos por utilizar diversos medios para alcanzar estas metas».[29] ¡Cuán benevolente! No suena en nada como la organización responsable del levantamiento contra los judíos y el asesinato de cientos de civiles inocentes.

Aunque Yasser Arafat ya no está en escena, Carter ha continuado cortejando la buena voluntad de los terroristas, locos e izquierdistas, criticando en todo momento al gobierno de Bush ante cualquiera que quiera escucharlo. Tal vez, fue una reflexión de los propios factores divisivos de Jimmy Carter lo que hizo que el comité del galardón del Premio Nobel usara la presentación de la ceremonia como una oportunidad para criticar a la administración Bush.[30]

En 1986, Carter desafió las restricciones impuestas sobre Siria por el intento de bombardeo de un avión estadounidense al presentar un plan de viaje falso antes de partir para Damasco.[31] Pensaba que, de algún modo, estaba exento de las leyes de la tierra que gobernaba a otros pasajeros estadounidenses. Sus acciones evidenciaron ante todos que apoyaba el régimen de Al-Assad y que, como tal, era invitado a la bienvenida de un héroe.

No mucho tiempo después de dejar el cargo, el mundo comenzaría a ver el legado verdadero de Carter. Tan pronto como en 1984, estaba sugiriendo que el embajador ruso Anatoly Dobrynin apoyara al oponente de Ronald Reagan, Walter Mondale, en las próximas elecciones presidenciales. También, le parecía obligatorio, como ex presidente, escribir una carta a los regímenes de Siria, Arabia Saudita y Egipto, pidiéndoles que detuvieran la invasión de Irak, en 2003.[32]

No obstante, fue Bill Clinton el que elevó a Carter al papel de un estadista infalible. Con su aprobación, el ex presidente viajó a Corea del Norte para tratar las ambiciones nucleares de dicho país. Un periodista escribió que Carter acordó darle a Corea del Norte:

> Quinientas mil toneladas métricas de petróleo, toneladas de granos y un reactor nuclear de agua liviana... El acuerdo no comprobable que diseñó Carter le permitió a Corea del Norte desarrollar tanto como media docena de armas nucleares, algo de lo que ahora Carter le echa la culpa a George W. Bush.[33]

La interferencia del ex presidente con la política exterior no terminó aquí. Escribió un discurso para Yasser Arafat y certificó la «elección» del clon de Castro en Venezuela, Hugo Chávez.[34] En un viaje a Cuba, en 2002, el erudito señor Carter dijo que el embajador de la ONU John Bolton era un mentiroso por atreverse a insinuar que Castro estaba desarrollando armas biológicas; los informes de lo cual, dicho sea de paso, surgieron durante la administración Clinton.[35] En la fama final, al hombre de Plains, Georgia, James Earl Carter, se le otorgó el Premio Nobel de la Paz, en 2002.

En su libro más reciente, *Palestine: Peace Not Apartheid*, (Palestina: Paz, no *apartheid*), el ex presidente equipara la batalla de Israel para combatir el terrorismo dentro de sus fronteras con la odiosa práctica sudafricana del *apartheid*. Al lector le costaría descubrir las instancias reales del terrorismo horrible sufrido por los israelíes, mencionado en el libro. Poco dice sobre el hecho de que Israel ya ha cedido territorios en fallados intentos por lograr la paz con sus vecinos, o de los subsiguientes ataques y secuestros iniciados desde la misma tierra que les fue cedida. Aparentemente, el señor Carter también se olvidó de Munich y de la masacre del equipo olímpico israelí, y del asesinato de Leon Klinghoffer a bordo del *Achille Lauro*, entre otras atrocidades como esas cometidas en el nombre de la liberación palestina. De hecho, en todo el libro, él defiende a la OLP y denigra a Israel.

Entre las inequidades que se encuentran en el discurso del señor Carter están:

* La deliberada descripción falsa de que Israel fue el agresor en la guerra de 1967;
* El fracaso de revelar la amenaza contra Israel que precipitó la destrucción del reactor nuclear de Irak en Osirak, en 1980;
* La exoneración de Yasser Arafat por salirse de las conversaciones de paz con Ehud Barak.

No le da ningún crédito a Israel por décadas de intentos de establecer una relación pacífica con la Autoridad Palestina y, de hecho, los culpa por los problemas de la región.

El profesor de derecho en Harvard, Alan Dershowitz, dice sobre el libro de Carter:

> Es evidente que a Carter no le gusta Israel ni los israelíes... Él admite que no le gustaba Menájem Beguin. Tiene poco bueno para decir acerca de cualquier israelí: salvo de los pocos que están de acuerdo con él. Pero aparentemente se llevó espléndidamente con el propio asesino de masas seculares sirio, Afees Al-Assad. Él y su esposa Rosalynn también pasaron momentos muy gratos con el igualmente secular Yasser Arafat, un hombre que tiene en sus manos la sangre de cientos de estadounidenses e israelíes.[36]

El primer director ejecutivo del Centro Carter, así como también el fundador de un programa para Oriente Medio, Kenneth Stein, criticó abiertamente el último libro de Jimmy Carter. En una carta dirigida a la *Atlanta Journal-Constitution*, el señor Stein escribió:

> El libro del presidente Carter sobre Oriente Medio, con un título demasiado incendiario siquiera para su impresión, no se basa en un análisis puro; está repleto de errores basados en hechos, de materiales copiados y no citados, de superficialidades, omisiones conspicuas y porciones simplemente inventadas.
>
> Además de la naturaleza parcial del libro, que tiene el objeto de

provocar, hay evocaciones citadas de reuniones donde yo fui la tercera persona en la sala, y mis notas de tales reuniones demuestran poca similitud con los puntos sostenidos en el libro.[37]

Palestine: Peace Not Apartheid (Palestina: Paz, no *apartheid*), es una atroz exposición falsa de eventos en Oriente Medio, pero, por cierto, no más atroz que la manipulación izquierdista de Carter sobre los eventos de Irán. Él hizo todo lo que estaba en su poder para debilitar al sah y afianzar a Jomeini. El señor Carter ha permanecido coherente desde ese momento, coherentemente equivocado. Él articula una visión mundial de la izquierda liberal.

Esto me recuerda el debate entre los candidatos a vicepresidente Dan Quayle y Lloyd Bentsen. Luego de comparar su cargo como senador de los EE.UU. con el de John F. Kennedy, Dan Quayle se encontró con esta respuesta del senador Lloyd Bentsen: «Senador, yo serví en el gobierno de Jack Kennedy. Conocí a Jack Kennedy, Jack Kennedy era amigo mío. Senador, usted no es Jack Kennedy».

Jimmy Carter ha obtenido crédito por ser el arquitecto de la paz entre Egipto e Israel. De hecho, puede recibir ese reconocimiento, pero él no es directamente responsable de ello; fue Menájem Beguin. Beguin y yo tuvimos muchas discusiones acerca de las reuniones de Camp David y sobre asuntos relacionados con Anwar Sadat. Él me dijo que tuvo la idea de tratar de conseguir un acuerdo con Egipto mientras visitaba Rumania; que le mencionó a Nicolae Ceaucescu que le gustaría tener conversaciones directas con Sadat. Esta no fue una jugada inusual para Beguin. En su primer pronunciamiento como primer ministro de Israel, convocó a los líderes árabes a que se reunieran con él en la oportunidad más próxima.

Luego, cuando Sadat visitó Rumania, Ceaucescu le contó sobre el deseo de Beguin de reunirse con él. Según el primer ministro, allí se produjo un intercambio de opiniones, y luego más tarde, entre ambos hombres. Nicolae Ceaucescu confirmó su papel cuando hizo notar en un discurso en Bucarest, ese año, que él había actuado en los asuntos de conciliación de la paz en Oriente Medio, a través de negociaciones. Sadat utilizó una ocasión pública para indicar que, por el bien de la paz, estaría listo, incluso, a viajar a Israel para hablar con el pueblo de Israel desde la tribuna del Knesset (el parlamento unicameral de Israel).

Inmediatamente, Menájem Beguin respondió invitando al líder egipcio a Jerusalén. Extendió la invitación en un discurso a las delegaciones de los miembros del Comité Especial de las Fuerzas Armadas del Congreso Estadounidense, que estaban de gira por Oriente Medio e iban a El Cairo al día siguiente. Cuando él oyó que Sadat le dijo al mismo comité que no había recibido una invitación oficial, Beguin de inmediato transmitió una apelación especial en inglés directamente al pueblo egipcio; a esto le siguió una invitación formal transmitida por medio del embajador estadounidense.

En su discurso –del cual me dio una copia–, que apelaba al pueblo de Egipto a reunirse con Anwar Sadat, dijo:

> Ciudadanos de Egipto, esta es la primera vez que me dirijo a ustedes en forma directa, pero no es la primera vez que pienso en ustedes y hablo de ustedes. Ustedes son nuestros vecinos y siempre lo serán. Durante los últimos veintinueve años, se mantuvo el trágico y totalmente innecesario conflicto entre su país y el nuestro. Desde el momento en que el gobierno del rey Farouk ordenó invadir nuestra tierra, Eretz Israel, para estrangular nuestra libertad recientemente restaurada, han tenido lugar cuatro guerras importantes entre ustedes y nosotros. Se derramó mucha sangre en ambos lados, muchas familias quedaron huérfanas y fueron afligidas en Egipto y en Israel... Deben saber que hemos vuelto a la tierra de nuestros antepasados. Fuimos nosotros los que establecimos la independencia en nuestra tierra para todas las generaciones por venir. Les deseamos el bien; de hecho, no hay ningún motivo para que haya hostilidades entre nuestros pueblos... Vuestro presidente dijo hace dos días que estaba listo para venir a Jerusalén a nuestro Knesset a fin de evitar que se hiera a un solo soldado egipcio. Ya le he dado la bienvenida a esto y será un placer darle la bienvenida y recibir a vuestro presidente con la tradicional hospitalidad que ustedes y nosotros hemos heredado de nuestro padre en común, Abraham.
>
> Yo, por mi parte, estaré preparado para acudir a su capital, El Cairo, con el mismo propósito: No más guerra, sino paz, verdadera paz, para siempre.[38]

Le pregunté al primer ministro Beguin si realmente estaban tan ansiosos por ir a Egipto. Con una sonrisa y un guiño respondió: «Sí, realmente me gustaría ver las pirámides. Después de todo, nuestros ancestros fueron los que las construyeron. Pero les garantizaré a los egipcios que no pediremos ninguna compensación».

Durante años, el señor Carter ha aceptado las críticas elogiosas de los que pensaban que él era directamente responsable de las reuniones entre Sadat y Beguin. La percepción del señor Carter es su realidad; él realmente cree que fue el instigador de los Acuerdos de Paz entre Egipto e Israel. La misma percepción se infiltra en su nuevo libro: *Palestine: Peace Not Apartheid* (Palestina: Paz, no *apartheid*).

Jimmy Carter es, en verdad, uno de los pocos ex presidentes que ataca abierta y maliciosamente a un presidente de los EE.UU., y sus críticas no se limitan a Ronald Reagan o a George H.W. Bush. Es igualmente libre con sus críticas al presidente George W. Bush. Sus comentarios maliciosos rivalizan con los de cualquiera de los voceros autodesignados de la izquierda liberal, todos los cuales son «ciudadanos del mundo» leales a ninguna nación en particular. El ex presidente advierte contra una política unilateral en Oriente Medio. Parece favorecer a cualquier grupo político que sea antiestadounidense y/o anti-Bush. Fue esta ideología de Carter la que complació tanto al comité del Premio Nobel de la Paz. Sin embargo, no hace absolutamente nada para fortalecer los vínculos de los EE.UU. con el resto del mundo.

El 15 de agosto de 2005, Carter fue entrevistado por la revista *Der Spiegel*. Fue otra oportunidad más para que vomitara su retórica llena de odio contra el presidente Bush. Pero en ese momento, el público estadounidense estaba acostumbrado a los ataques similares de la izquierda liberal de John Kerry, Al Gore y, por supuesto, Howard Dean. Carter no sólo atacó al presidente, castigó también a Israel por su:

> Bombardeo masivo de toda la nación del Líbano. Lo que sucede es que Israel tiene casi 10,000 prisioneros, entonces cuando los militantes del Líbano o de Gaza capturan uno o dos soldados, Israel lo ve como una justificación para un ataque de la población civil del Líbano y de Gaza. No creo que eso sea justificado, no.[39]

El señor Carter parece haber convenientemente olvidado que Hezbolá (una organización terrorista) invadió Israel, mató a ocho soldados israelíes, y luego secuestró a otros dos. También parece haber escapado a su atención que los prisioneros mantenidos por Israel son *terroristas* con una agenda: matar civiles judíos inocentes.

Aparentemente, como partidario confirmado afiliado oficialmente a la izquierda liberal, el señor Carter se ha puesto del lado del enemigo de los Estados Unidos en cada oportunidad que tuvo a disposición: En su libro *Treason* (Traición), Ann Coulter escribe:

> Los liberales convocan sin reservas a todos los fascistas, racistas y enemigos de los libertadores civiles conservadores... a difamar la bandera, a proscribir el Himno a la bandera de EE.UU. y a organizar fiestas para los enemigos de Estados Unidos... Los liberales atacan a su país y luego entran en... pánico si alguien los critica... Cada tanto, su disposición de ánimo saca lo mejor de ellos y... los liberales dicen lo que en realidad quieren significar... Sus propias palabras los maldicen por odiar a Estados Unidos.[40]

Ella sigue definiendo a los liberales, al decir:

> Los liberales exigen que la nación trate a los enemigos como a amigos y a los amigos como enemigos. Debemos elevar sanciones, cancelar

La aparición del islamofascismo

embargos, retirar nuestras tropas, razonar con nuestros adversarios y absolutamente nunca librar una guerra, a no ser que los franceses digan que está bien... Los senadores, congresistas y ex presidentes demócratas siempre están apareciendo inesperadamente en países hostiles a Estados Unidos: Cuba, Nicaragua, Corea del Norte, Irak; codeándose con déspotas extranjeros que odian a Estados Unidos.[41]

Se ha dicho repetidas veces que el período de gobierno de Jimmy Carter fue el punto más bajo posible de la historia. De hecho, sus decisiones de política exterior continúan plagando actualmente a los Estados Unidos.

El editor William Loeb dijo, sobre la presidencia de Carter: «La reelección del presidente Carter hubiera sido el equivalente a darle al capitán del Titanic un premio por ser el Marinero del Año».[42]

Hay un consenso general, especialmente entre los conservadores, de que Jimmy Carter es el peor presidente de la historia de los EE.UU. Durante los últimos veinticinco años, se ha comportado mal hacia sus sucesores. Lamentablemente, no ha habido ninguna protesta respecto a sus groserías. Sus peroratas amargas contra Reagan y los dos presidentes Bush, además, frente a públicos extranjeros, han sido insolentes y descorteses, por no decir cosas peores. Pero aún están los que pasaron por alto su comportamiento, simplemente, porque ha trabajado con Hábitat para la Humanidad.

Muchos de los pronunciamientos del señor Carter han sido engañosos y, en algunos casos, totalmente erróneos. Él convirtió la protección de los «derechos humanos» en la base de toda su presidencia (y su vida futura). Vio un cambio que sucedía en todo el mundo. En *Our Endangered Virtues*, (Nuestras virtudes en peligro), escribió acerca de su deseo de ver la «democratización» difundiéndose en zonas de todo el mundo. Lo único que se expandió durante su gobierno fue el odio hacia todas las cosas occidentales, *especialmente,* hacia todas las cosas occidentales. Sus desaciertos en la política nacional sólo se equipararon, y posiblemente superaron, a sus desaciertos en la política exterior.

El presidente Jimmy Carter dejó el cargo, ridiculizado tanto por los liberales como por los conservadores políticos. El columnista sindicado R. Emmet Tyrrell, Jr. resumió los años de Jimmy Carter en la Casa Blanca de esta manera:

> En la política social era estrictamente un liberal «New Age». Incluso expresó su creencia en los OVNIS... En la política externa fue un dilatador presuntuoso, dando discursos a Estados Unidos sobre su «excesivo temor al comunismo»....Carter inició su carrera política dándole la bienvenida al apoyo del Ku Klux Klan. Adaptó su apelación a las fuerzas dominantes en el partido demócrata de la década de 1970... Es otra voz aullante en el coro de la izquierda enojada.[43]

Es sus años posteriores a la Casa Blanca, James Earl Carter sigue siendo un aullador presuntuoso inclinado a denigrar a los Estados Unidos en cualquier lugar al que le permitan viajar como un embajador de «buena voluntad».

EXPORTACIÓN DE LA REVOLUCIÓN ISLÁMICA

Poco después de tomar el poder, el ayatolá Ruhollah Jomeini comenzó a darse cuenta de que no necesitaba al gobierno conducido por los baathistas en Irak. Habiéndose refugiado en Al Najaf cuando fue expulsado de Irán, Jomeini había visto con sus propios ojos la represión de Hussein de los musulmanes chiítas en ese país. Para añadir un insulto a un daño, Hussein había deportado a Jomeini desde Irak a solicitud del sah, en 1978, porque su influencia estaba creciendo.

Así fue que Jomeini alentó a los chiitas del otro lado de la frontera a que depusieran a Saddam del poder y establecieran una República Islámica como la de Irán. En respuesta a ello, Hussein hizo arrestar al Gran Ayatolá Muhammad Baqir al-Sadr, violar a su hermana, asesinarla frente a él y luego Al-Sadr mismo fue brutalmente asesinado. Cinco días después, Hussein le declaró la guerra a Irán.

El bombardeo de los campos aéreos y puestos militares iraníes, en septiembre de 1980, señaló el inicio de la Guerra Irán-Irak. Mientras que el ataque inicial a Irán resultó en la captura de territorio que incluía la ciudad portuaria de Khorramshahr e instalaciones petroleras en Abadan, pronto resultó evidente que Irán tenía la ventaja. Su población estaba concentrada lejos de la frontera con Irak, mientras que la mayoría de los iraquíes vivían cerca de la frontera oriental con Irán, una presa fácil para los ataques aéreos.

A lo largo de la guerra, tanto Hussein como Jomeini continuaron con sus intentos de incitar a los habitantes del otro país a rebelarse: Hussein, a los sunnitas, en Irán y Jomeini, a los chiitas, en Irak. Sin embargo, pocos de cada grupo parecían dispuestos a someterse a la presión. .

Mientras que la guerra continuaba y el personal militar adiestrado disminuía en Irán, Jomeini indujo a que jóvenes iraníes se presentaran como voluntarios para misiones suicidas. Reclutó a niños de sólo doce años para que se convirtieran en dragaminas vivientes. Eran maniatados juntos y a cada uno se le entregaba una llave de plástico para abrir las puertas del paraíso. Luego, marchaban por los campos para abrir el paso.[44]

Hussein sólo pudo reclutar a conscriptos desinteresados y a curdos sin deseos de pelear contra Irán. Cuando los militares iraquíes se vieron severamente disminuidos, en 1983, Saddam trajo su suministro de armas químicas, incluyendo el gas mostaza. Fue uno de los varios gases nerviosos que usó Saddam durante la guerra.

Estados Unidos, en su mayoría, estuvo en las líneas laterales, mientras los dos países combatían por la supremacía en la región. Bajo el gobierno de Ronald

La aparición del islamofascismo

Reagan, Donald Rumsfeld fue designado como emisario especial en Irak. En las reuniones con Hussein, Rumsfeld exploró Irak y la hostilidad estadounidense tanto hacia Irán como hacia Siria, pero no pudo enfrentar el uso de las armas químicas por parte de Hussein. Trató ese hecho con el delegado del primer ministro, Tariq Asís, pero no con el dictador. Era una clara señal de que el gobierno de Reagan no iba a ir en busca de justicia por el empleo de armas químicas contra su enemigo. De hecho, el gobierno se opuso a una resolución de la ONU que condenaba el empleo de tales armas por parte de Hussein.

Reagan contaba con un motivo válido para apoyar a Irak durante la guerra con Irán: Si Irán ganaba, eso derivaría en el control de las reservas de petróleo de ambos países, así como también del Golfo Pérsico. Presentaría una oportunidad sin paralelo para que se difundiera la revolución islámica de Jomeini. También estaba el hecho de que el gobierno de Reagan, en realidad, consideraba a Hussein un aliado tanto político como económico en Oriente Medio.

Sin embargo, a mediados de la década de 1980, el gobierno de Reagan dio una media vuelta repentina y comenzó un programa clandestino para armar a Irán. El escándalo Irán-Contra resultante envió a los emisarios de Reagan a reparar el daño y ocasionó una inclinación mayor hacia el régimen de Hussein en Irak. En mayo de 1987, el USS *Stark* fue alcanzado por dos misiles disparados desde un avión de guerra iraquí. Los dos misiles Exocet mataron a treinta y siete marinos estadounidenses. El gobierno aceptó las explicaciones de Irak, respecto de que el ataque había sido un accidente.

En marzo de 1988, aviones iraquíes arrojaron latas llenas de gas sobre la ciudad curda de Halabja, que en ese momento estaba en manos de las tropas iraníes. Acostumbradas a ir a los refugios subterráneos por los aviones de guerra iraníes, las familias de Halabja se asilaron en sótanos de toda la ciudad. Lo que no podían saber era que el gas buscaría los lugares más bajos de la ciudad. Los sótanos se convirtieron literalmente en cámaras de muerte para los que buscaban asilo. Se estima que cinco mil residentes de Halabja murieron mientras el gas se difundía por la ciudad, y por complicaciones al inhalar la mezcla inmunda.

El Senado de los EE.UU. reaccionó ante el horror de Halabja y aprobó la Ley de Prevención de Genocidios. Sin embargo, la Cámara de Diputados aceptó una versión desvirtuada de la propuesta del Senado. La administración, que aún creía que Hussein podría convertirse en un aliado viable en la región, era proclive a pasar por alto este acto y otros similares que mataban a los curdos en el norte de Irak.

La Guerra Irán-Irak duraría más de ocho años, sin que ninguno de los adversarios obtuviera muchas ventajas. Millones de iraquíes e iraníes murieron en la conflagración, por lo menos dos millones fueron heridos y las dos naciones gastaron un total combinado de más de un trillón de dólares. La guerra permaneció en una condición en que ninguno podía derrotar al otro ni acordar sobre condiciones para una tregua. La lucha sólo finalizó en respuesta a la Resolución 598 de la ONU que pedía un cese de fuego; pero, incluso, eso fue ignorado durante un año, mientras cada lado se disponía a realizar un último intento por la victoria.

En forma muy similar a la guerra de Irak hoy día, la llevada a cabo entre las dos naciones vecinas era una lucha de ideologías y de civilizaciones divergentes. Hussein se veía a sí mismo como el líder árabe que podía derrotar a los persas. Jomeini lo veía como una oportunidad de exportar su revolución islámica a través de la frontera con los chiitas en Irak, y, a partir de allí, a otros países árabes. Si bien este sueño de Jomeini demostraría ser inalcanzable mientras viviera, nunca murió. En el 2005 fue revivido y revitalizado con la elección de Mahmud Ahmadinejad a la presidencia de Irán.

Capítulo nueve

LA BOMBA NUCLEAR DEL ISLAM

Es el deber de los musulmanes preparar tanta fuerza como sea posible para aterrorizar a los enemigos de Dios.[1]

—Osama bin Laden

La crisis iraní es grave porque el reloj corre. Irán está intentando desarrollar un ciclo completo de combustible, desde la industria minera hasta convertir el mineral uranio en gas de uranio, comprimir ese gas en pasteles amarillos y luego crear una reserva que pueda enriquecerse... para que sea un combustible nuclear que podría colocarse en una bomba. Una a ese combustible con un sistema de envío como un misil y tendrá una amenaza no sólo para Israel y Arabia Saudita, sino probablemente para regiones del sur de Europa.[2]

—Profesor Raymond Tanter

El presidente de Irán, Mahmud Ahmadinejad está loco como un plumero, o bien, es ladino como un zorro. Se las ha arreglado, durante su período presidencial, para desconcertar y confundir a los analistas políticos con una rabiosa determinación por lograr sus ambiciones nucleares. Actualmente, Irán está bien encaminado para convertirse en una potencia nuclear, y su blanco no es otro que lo que el ayatolá Jomeini denominó «El gran Satanás», los Estados Unidos y el «Pequeño Satanás», Israel.

Ahmadinejad tiene la creencia celosa de que él es un instrumento de la voluntad de Alá y de que los infieles merecen, al menos, ser ubicados en papeles de subordinación en su ciudad, o, en muchos casos, directamente se los debe matar. En las palabras de James Woolsey, ex director de la CIA, el brazo extremista del islamismo de Ahmadinejad consiste en «fanáticos teocráticos, totalitarios y genocidas antisemitas».[3]

El presidente de Irán cree que fue ubicado en su cargo para dar término a la obra de su héroe, el ayatolá Jomeini, y para producir un evento apocalíptico que derivaría en la difusión de la revolución islámica, mucho más allá de las fronteras iraníes. Utilizará cualquier medio que esté a su disposición: bombarderos suicidas con mochilas que contienen explosivos de dinamita convencionales, bombas sucias y/o misiles que lleven cargas nucleares explosivas, a fin de cumplir con sus metas.

Con excepción de los dos ataques al World Trade Center, en 1993 y 2001, los Estados Unidos, hasta ahora, han escapado a la barrera de fuego de los bombarderos suicidas que han plagado Israel desde hace mucho; pero ¿por cuánto tiempo? Mientras que Ahmadinejad y su ejército de voluntarios yihadistas puedan ver el enfoque de la «bomba sucia» como lo más eficaz contra los Estados Unidos, Israel, por otra parte, se encuentra bien dentro del rango de los misiles iraníes, cualquiera de los cuales podría estar armado con una ojiva nuclear que produciría una destrucción sin paralelo en ese pequeño país.

¿Y qué naciones estarán dispuestas a llamar a un alto a los objetivos nucleares de Irán? ¿Francia? ¿Alemania? ¿España? ¿Gran Bretaña? Simplemente, no podemos depender de nuestros así llamados aliados occidentales para resistir firmemente a los gustos de Ahmadinejad y su apoyo de fanáticos. Nuestro único aliado real del lío de Oriente Medio es Israel, un pequeño David en medio de un mar de Goliats. ¿Durante cuánto tiempo Israel estará de brazos cruzados y le permitirá al gigante —en este caso, Irán— lanzar epítetos por encima del desierto esteril, antes de que ella busque en su arsenal y haga caer a este antagonista mortal? No lo suficiente para que se arme de armas nucleares, eso es seguro.

No hay otros países, fuera de los Estados Unidos e Israel, que estén dispuestos a adoptar los gustos de los mullahs locos de Irán. Parece cada vez más probable que los Estados Unidos, no Israel, sean los que lo hagan, sólo a fin de detener el proceso de rápido enriquecimiento de uranio en Irán, y su decisión de hacerlo es más probable que llegue en 2007.

Incluso, aunque las fuentes diplomáticas estadounidenses y europeas intenten maneras nuevas y mejoradas de disuadir las ambiciones nucleares de Irán, Israel se prepara para lo peor: La necesidad de atacar las instalaciones nucleares de Irán, así como derribó las de Osirak (reactor nuclear de 40 megavatios) en Irak, en 1981.

¿Es esto una posibilidad real? Como dijo una fuente de seguridad israelí: «Si todos los esfuerzos por persuadir a Irán para que abandone sus planes de producir armas nucleares fracasan, el gobierno de los Estados Unidos autorizará a Israel a atacar».[4]

De acuerdo con esa misma fuente: «El futuro nuclear de Irán se está construyendo en un territorio pequeño... a 230 kilómetros al este de Kuwait. El sitio nuclear de Bushehr (una de las provincias de Irán) es el hogar de una planta casi terminada, construida por Rusia, que será capaz de producir un tercio de tonelada de plutonio de grado armamental por año; lo suficiente, dicen los expertos nucleares, para construir 30 bombas atómicas».[5] Y ésta es sólo una de las líneas de instalaciones con base nuclear alrededor del país. Algunas están tan profundamente enterradas que son virtualmente imposibles de penetrar. Incluyen sitios tales como Saghand, Ardekan y lo que probablemente sea el primer blanco israelí: Natanz, una instalación de enriquecimiento.

Los obstáculos para un ataque exitoso de Israel son enormes, y los intimidantes aviones israelíes tendrían que volar sobre Turquía. La coordinación con los Estados Unidos sería absolutamente necesaria, los ataques de represalia serían rápidos y certeros y los blancos son muchos: algunos los calculan en alrededor de mil y, quizá, todavía no todos identificados. Sin embargo, los pilotos de los F-15 israelíes estarán preparados y esperando la señal. Y, si bien la misión puede ser peligrosa, Israel sabe que debe actuar para preservarse, como lo hizo en Entebbe y más tarde en Osirak. No permitirá que se ponga en riesgo su existencia, especialmente, por parte de regímenes que nunca aquietaron su deseo de entregar territorios de Israel a los palestinos.[6]

LA MAYOR NIVELADORA

En 1945, luego de meses de lucha agonizante en el teatro del Pacífico, el presidente de los Estados Unidos, Harry S. Truman, finalmente emitió órdenes para arrojar dos bombas atómicas sobre Japón, en un intento de dar fin a la Segunda Guerra Mundial con mayor rapidez. El 6 de agosto, «Little Boy» cayó sobre Hiroshima con una carga explosiva equivalente a quince mil toneladas de TNT. Tres días más tarde, «Fat Man» fue arrojada sobre Nagasaki y llevaba una energía de veintitrés kilotones (veintitrés mil toneladas). Aproximadamente ciento treinta mil personas fueron evaporadas instantáneamente y más de trescientas cuarenta mil morirían por los efectos de esas dos explosiones, en el transcurso de los siguientes cinco años. Varios sobrevivientes de la explosión recordaron sus horrorosas experiencias:

> Cuando llegó la explosión, cerré los ojos pero aún podía sentir el intenso calor. Por no decir cosa peor, era como estar siendo asado vivo muchas veces... Advertí que el costado de mi cuerpo estaba muy caliente. Estaba incendiándose. E intenté apagarlo. Pero no se iría tan fácilmente... Casi no podían reconocerme, porque mis labios y mi rostro estaban todos así, como estos, y mis ojos, al haberlos forzado a estar abiertos con mis dedos a fin de ver. (Testimonio de Takehiko Sakai)[7]
>
> La explosión fue tan intensa, parecía como cientos de agujas que me pinchaban a la vez. (Testimonio de Yoshito Matsushige)[8]
>
> La gente... no tenía cabello porque se le había quemado, y con una mirada uno no podía decir si estaba mirándolos desde el frente o desde atrás... Todavía los tengo en mi mente, como fantasmas que caminan. (Testimonio de un dueño de una tienda de abarrotes que escapó a la calle)[9]
>
> Había mucha gente desnuda que estaba tan tristemente quemada que la piel de todo su cuerpo colgaba de ellos como trapos. (Otro testigo)[10]

Una tremenda ola de explosión golpeó nuestro barco... Los que observaban en la cola de nuestro buque vieron surgir una bola de fuego gigante como si fuera de las entrañas de la tierra, haciendo salir con fuerza aros de humo blanco enormes. Luego, vieron una columna gigante de fuego púrpura, de 10,000 pies de altura, disparada hacia el cielo a una velocidad enorme... Golpeados por el miedo, observamos que se disparaba hacia arriba como un meteoro que venía de la tierra en lugar del espacio exterior... Era vivir esto, una nueva especie de inicio, nacida ante nuestros ojos incrédulos... Era un poste de tótem viviente, grabado con muchas máscaras grotescas que ensuciaban la tierra. (Información de prensa del Departamento de Estado).[11]

Le miré el rostro para ver si la conocía. Era una mujer de unos cuarenta años. Un diente de oro brillaba en la boca totalmente abierta. Un puñado de cabello chamuscado le colgaba desde la sien derecha hasta la mejilla, terminando en la boca. Sus párpados estaban abiertos, mostrando agujeros negros donde se habían quemado los ojos. (Testimonio de Fujie Urata Matsumoto)[12]

Un destello enceguecedor cruzó por mis ojos. En una fracción de segundo, miré por la ventana hacia el jardín mientras un enorme haz de luz caía del cielo entre los árboles. Casi simultáneamente una explosión atronadora se apoderó de la tierra y la sacudió. ..Parecía no haber alternativa ante la muerte mientras la tierra se elevaba. (Testimonio de Hideko Tamura Friedman)[13]

Un oficial naval de los Estados Unidos dijo sobre Nagasaki: «Al igual que las antiguas Sodoma y Gomorra, su espacio fue plantado con sal e Icabod está escrito sobre sus puertas».[14]

J. Robert Oppenheimer había estado totalmente en lo cierto. Mientras era testigo de la primera prueba nuclear en Alamogordo, Nueva México, el 16 de julio de 1945, recordó un renglón de la *Bhagavad Gita*, las escrituras hindúes: «Ahora me he convertido en la Muerte, en el destructor de los mundos».[15]

En su libro *Endgame* (Final del juego) el teniente general Thomas McInerney y el general mayor Paul Vallely tuvieron esto para decir, al ocuparse de la amenaza de las armas de destrucción masiva utilizadas en un ataque terrorista:

Muchos de los escenarios acerca del terrorismo implican «armas de destrucción masiva», conocidas también como armas nucleares, químicas y biológicas... Así como son de graves las amenazas planteadas por las armas biológicas y químicas, sin embargo, no son tan graves como las que plantean las armas nucleares... Un ataque biológico no destruiría la infraestructura de la que depende nuestro país. Las líneas telefónicas funcionarían. Se generaría electricidad y se la transmitiría. Las carreteras y los caminos permanecerían abiertos. Las redes de computadoras seguirían funcionando. Aunque un ataque biológico podría ser aterrador en teoría, es poco probable que logre mucho en los hechos...

Incluso si se les otorgara a los grupos terroristas armas químicas del arsenal de un país, no existe garantía de que podrían transportarlas con seguridad a las ciudades objetivo ni reunirlas en cantidades suficientes como para matar y herir a grandes cantidades de gente...

Las armas químicas, al igual que las biológicas, no destruyen edificios ni puentes ni ninguna otra infraestructura vital ni interfieren seriamente con las operaciones del gobierno.

Por lo tanto, desde una perspectiva militar, el uso de armas nucleares tiene más sentido. Montar una operación terrorista usando armas de destrucción masiva sería caro, incluso, si los ítems más caros, las armas en sí, fueran «donadas» por Irán o Corea del Norte. Sería muy oneroso para la Red de Terror gastar en mano de obra inmensa, en una operación que no permita una explosión aplastante a los Estados Unidos.[16]

Actualmente, hasta una bomba atómica relativamente pequeña, digamos, de veinte kilotones (aproximadamente el poder explosivo de la que se arrojó en Nagasaki, aunque ahora es capaz de ser transportada en un contenedor mucho más compacto) mataría a cientos de miles de personas casi al instante, y muchos más morirían, a causa de la exposición a la radiación, en los días subsiguientes. Millones sufrirían los efectos de la explosión por el resto de sus vidas. Si tal bomba se colocara estratégicamente, como, por ejemplo, en la Biblioteca del Congreso, su estallido destruiría el Edificio del Capitolio y la Suprema Corte, así como también un gran número de edificios de oficinas gubernamentales, incluyendo al Departamento de Salud y Servicios Humanos, la oficina que de otro modo organizaría el rescate y las operaciones de cuidados de emergencia, simplemente, por un ataque como ese. Miles de funcionarios del gobierno morirían en medio segundo. Cuando ocurrieron los ataques del 11/9, toda la economía de los Estados Unidos tembló. ¿Qué sucedería después de un ataque nuclear en Washington? ¿O si la embestida, en cambio, fuera en Wall Street? ¿O, incluso, en ambos?

Según el ex director de la CIA, James Woolsey:

Hassan Abbasi, creo que así se llama el jefe de estrategias para Ahmadinejad, dijo alguna vez... que había veintinueve sitios en Estados Unidos y en Occidente que si quisieran destruirlos, y ellos sabían como destruirlos, harían que «los anglosajones se pusieran de rodillas». Y una vez hecho esto, nadie más pelearía.[17]

En una reunión con el profesor de derecho en Harvard, Alan Dershowitz, en 2006, le pregunté acerca de la amenaza de Irán para los Estados Unidos. El doctor Dershowitz dijo:

> Irán es una gran, gran amenaza para Estados Unidos. Si no se lo detiene, Irán obtendrá una bomba nuclear, y la usará para chantajear a Estados Unidos y a otros países... Un arma nuclear, ya sea que se la use o que se impida su uso, es una espada de Damocles: Cambia toda la estructura y el equilibrio de poder... Uno puede disuadir a un pueblo que no quiere morir, pero muchos de los líderes iraníes piensan en la muerte con beneplácito. Son parte de la cultura de la muerte. Ven la vida en la tierra sólo como un paso hacia el Paraíso con sus setenta y dos vírgenes, o lo que fueran las recompensas que tendrían, y es muy difícil detener a una cultura que le da la bienvenida a la muerte. Así que Irán sería una gran amenaza para Estados Unidos.
>
> Como dijo una vez Tom Friedman: «Si no se detiene a los terroristas de Oriente Medio, vendrán a un cine cerca de su casa, y están llegando a Estados Unidos, a Europa... (Incluso) los países europeos occidentales son vulnerables a una amenaza nuclear iraní».[18]

El ex primer ministro de Israel, Benjamín Netanyahu, tuvo esto para decir:

> Hasta ahora, las armas nucleares han estado en manos de regímenes responsables. Uno tiene un régimen, un régimen excéntrico, que aparentemente las tiene ahora en Corea del Norte. (No obstante) no hay mil millones de coreanos del norte para que la gente busque inspirarse en una guerra religiosa. Eso es lo que podría hacer Irán. Podría inspirar a los doscientos millones de chiitas. Eso es lo que intentan hacer: Inspirarlos para librar una guerra religiosa, primero contra otros musulmanes y luego contra Occidente.
>
> ...Es importante comprender que podrían imponer una amenaza directa a Europa y Estados Unidos, y, evidentemente, a Israel. Ellos no lo ocultan. Ni siquiera ocultan el hecho de que tienen la intención de atacar Occidente.[19]

En junio de 2002, luego de la destrucción de las Torres Gemelas en la ciudad de Nueva York, Suleiman Abu Gheith, el Secretario de Prensa de Bin Laden, hizo un anuncio aterrador en un sitio de Internet muerto: «Tenemos el derecho», dijo Abu Gheith, «de matar a cuatro millones de estadounidenses, dos millones de ellos, niños, y de exiliar al doble y de herir y mutilar a cientos de miles». En las mentes perversas y retorcidas de estos fanáticos, los cuatro millones representaban la cantidad que necesitaban matar para equilibrar la balanza. De hecho, Abu Gheith estaba diciendo que los Estados Unidos eran responsables de la muerte de cuatro millones de musulmanes. La cantidad equivaldría a cuatro mil novecientos ataques como el del 11/9.[20]

Cuando se le pidió a Tom Ridge, Secretario de la Seguridad de la patria bajo el gobierno del presidente George W. Bush, que definiera cuál era su peor pesadilla, él respondió: «La nuclear».[21]

EL RÉGIMEN SUICIDA

Por cierto, Irán no está limitado por lo que se denominó «factor disuasivo MAD» (destrucción mutua asegurada) durante la Guerra Fría del siglo XX. La teoría que subyace a esta política es que cada superpotencia que participaba de la Guerra Fría, es decir, Rusia y los Estados Unidos, estaba lo suficientemente armada como para destruir a las otras varias veces, en el caso de un ataque. El resultado de dicho evento traería aparejada la casi total destrucción de ambos países y del mundo.

Esta teoría fue directamente responsable de la carrera de armas nucleares que se desató a fines de la década de 1940 y que duró hasta mediados de la de 1980. Las dos naciones tenían un incentivo suficiente como para no participar en un conflicto nuclear directo, y ambas estaban contentas con usar guerras sustitutas en todo el mundo. ¿Pudo haber sido este concepto de «guerra sustituta» lo que le dio la idea a Irán de apostar a grupos tales como Hezbolá y Hamas, en el Líbano y en Gaza, y enviar representantes a Irak para fomentar una revuelta en ese país?

Tal vez, la cuestión más apremiante, después de todo, no sea cuándo tendrá la bomba Irán, sino, en cambio, si el loco de Ahmadinejad será disuadido por la «destrucción mutua asegurada».

El general Yossi Peled, Comandante de las divisiones del norte de Israel en las recientes reyertas entre Israel y Hezbolá, dijo esto sobre el hecho de que Irán cuente con bombas nucleares:

> Si llega el momento en que Irán tenga capacidad nuclear, digamos, que decida hacer una jugada en Oriente Medio para liberar lo de la mala influencia de Occidente, apuntaría a Egipto, Israel, el Líbano. Los iraníes están en contra de los intereses del mundo occidental y de Estados Unidos. ¿No cree usted que esto limitará la reacción de Estados Unidos? Todo cambiará. Espero equivocarme, pero no lo creo.
>
> El segundo punto es que ellos piensan de un modo diferente que usted y yo y que la mayoría del mundo occidental. Tal vez, estén preparados para sacrificar a la mitad del mundo islámico con tal de destruir la mitad del

mundo occidental. Esto es posible porque ellos piensan de un modo diferente, tienen una religión diferente, viven de acuerdo con una mentalidad diferente. Y ya son lo suficientemente fuertes como para convencer a sus pueblos de que está bien sacrificar a un millón para obtener el control.[22]

El profesor Raymond Tanter, consultor sobre seguridad nacional bajo los gobiernos de Reagan/Bush y uno de los fundadores del Comité de Política Iraní, considera que el extremismo islamofascista y las armas nucleares son una mezcla ante la cual Occidente no puede cruzarse de brazos y dejar que suceda:

> ¿Qué diferencia hay si un régimen islamofascista obtiene armas nucleares? Sería un impulso enorme para el gobierno en términos de su... capacidad diplomática para ejercer coerción sobre sus vecinos; aceleraría la carrera armamental en Oriente Medio donde Arabia Saudita, Egipto e Israel adquirirían o harían explícitas sus armas nucleares. La amenaza de Irán es un factor sumamente desestabilizador para las relaciones Estados Unidos-Europa.
>
> Entonces, ¿para qué está preparada la nación? Yo digo que hay que seguir adelante e intentar con la diplomacia, pero que hay que darse cuenta de que cuando uno está tratando con un régimen islamofascista, es improbable que la diplomacia funcione. ¿Por qué? Por el régimen islamofascista no es un régimen normal en el que uno hace cálculos de costo-beneficio, donde uno hace propuestas y contrapropuestas, (en el que) uno hace concesiones. Este régimen no negocia de la misma manera que negociaría un gobierno occidental. Por lo tanto, debería intentarse con la democracia, pero estar preparado para un fracaso diplomático y tener otras opciones fuera de las opciones militares. Eso es lo que yo llamo cambio de régimen; ayudar al pueblo iraní a través de sus grupos de oposición.[23]

El poder del sistema de creencias islámicas radicales de Jomeini, que les lavó el cerebro a todos los fanáticos islámicos, nunca ha sido más evidente que en los diversos ataques alrededor del mundo, que han matado a soldados estadounidenses, a espectadores civiles y hasta a camaradas musulmanes. Los escuadrones de la muerte respaldados por Irán en Irak no tienen escrúpulos en volarse a sí mismos en mercados atestados de gente, afuera de las escuelas, gritando todo el tiempo: «¡*Allah akbar*!»: «¡Alá es supremo!».

De acuerdo con el ex terrorista palestino Walid Shoebat:

> (Ahmadinejad) sacrificaría a todo su país. Cuando alguien llega a la tiranía del fundamentalismo islámico como Ahmadinejad, no le importa

su pueblo, igual que a Hitler. Son sólo elementos para establecer una meta. Entre el fundamentalismo islámico y el nazismo, hay dos cosas muy similares. El fin justifica los medios, y no hay respeto por las fronteras.[24]

Aparentemente, en la mentalidad fanática del Islam, es correcto matar a hermanos musulmanes, ya que llegarán al cielo; sin embargo, el odiado infiel tendrá su recompensa en el infierno. Para los yihadistas radicales, el fin justifica los asesinatos de transeúntes musulmanes inocentes porque, después de todo, ellos alcanzarán su recompensa con mayor prontitud. Lamentablemente, a los jóvenes estudiantes iraníes les están, literalmente, lavando el cerebro, por medio de los textos que se hallan en sus escuelas. A los más pequeños se les enseña que sacrificarse como mártires por la «causa» es la meta final, y que deben estar preparados en todo momento para la oportunidad de lograr ese objetivo.

John R. Bolton, el entonces Subsecretario para el Control de Armas y la Seguridad Internacional, dijo en agosto de 2004:

> Lo que pedimos no es mucho: Sólo lo que es necesario para proteger nuestra seguridad y para evitar que Irán desarrolle armas nucleares y otras ADMs. Todo lo que debe hacer Irán es cumplir con los tratados que ha suscripto prohibiendo las armas de destrucción masiva y detener su programa para desarrollar misiles balísticos. No podemos permitir que Irán, auspiciante del terrorismo internacional, adquiera las armas más destructivas y los medios para enviarlas a Europa, a la mayor parte de Asia Central y a Oriente Medio, o aún más allá.[25]

Sin embargo, sin una intervención seria, concertada e inmediata por parte de la comunidad internacional, Irán alcanzará esa meta.

AHMADINEJAD: NO ES EL LOCO COMÚN QUE USTED CONOCE

Debemos comprender que Mahmud Ahmadinejad no es su demente común y corriente. Él cree firmemente en el pronto retorno del duodécimo imán, un personaje de la mitología iraní al que sólo se lo puede hacer resucitar mediante una lucha apocalíptica. Su comprensión de este concepto se ha filtrado en sus discursos, incluyendo uno ante las Naciones Unidas, cuando valientemente convocó «al surgimiento de un ser humano perfecto que es heredero de todos los profetas y de los hombres píos. Él conducirá el mundo hacia la justicia y la paz absolutas».[26] Forma parte del núcleo de sus escritos y se enseña en las escuelas iraníes. Esta creencia ha dado forma a la visión de la vida y a la presidencia de Mahmud Ahmadinejad.

Al hablar sobre Ahmadinejad, el doctor Irwin Cotler, miembro del Parlamento de Canadá y ex Ministro de Justicia y Procurador General de Canadá, tuvo esto para decir, cuando recientemente hablé con él:

> Creo que Ahmadinejad constituye una amenaza más grande que Bin Laden... Bin Laden a estas alturas es un prófugo de la justicia y el pueblo está buscando hallarlo, pero Ahmadinejad es un líder mundial, en el sentido de que es invitado por las Naciones Unidas a dirigirse a la asamblea general y le confiere una inmunidad, si no una legitimidad...
>
> Pienso que Ahmadinejad es un tipo de amenaza mundial para cualquiera que no comparta su visión apocalíptica del universo y por ende, no constituye sólo una amenaza para Israel y los judíos. Conozco otra lección de la historia, que es que, mientras puede comenzar con los judíos, la cosa no termina con los judíos. Aprendimos eso en la Segunda Guerra Mundial... Creo que aquí la amenaza es, de hecho, mundial, que abarca, incluso, a aquellos musulmanes que de cualquier forma buscarían hacer las paces con Israel. Él ha hecho clara su intención al decir que aquellos musulmanes que reconocieran a Israel arderán en el *Uma* del Islam. Ahmadinejad es una amenaza global, y su criminalidad es global en su intención.[27]

Ahmadinejad ya ha tendido los cimientos para un ataque a Israel al vomitar su ira en cada oportunidad. Él ha dicho, repetidas veces, que Israel debería ser «borrado del mapa», que el Holocausto es un mito perpetrado por el pueblo judío como justificación para que les entregaran Palestina, y que los judíos debían ser reubicados en una colonia en Europa o, tal vez, Alaska. Presidió una conferencia en Teherán, en octubre de 2005, denominada: «Un mundo sin sionismo y sin Estados Unidos».

Durante la conferencia, Ahmadinejad citó al ayatolá Jomeini y luego añadió: «Cualquiera que reconozca a Israel arderá en el fuego de la furia de la nación islámica (mientras que) cualquier (líder islámico) que reconozca al régimen sionista significa que está reconociendo la capitulación y la derrota del mundo islámico».[28] Él no dudaría en lanzar un ataque para arrasar con Israel, aunque tuviera que atacar también a los palestinos. Por supuesto, un ataque como ese significaría los contragolpes inmediatos de Israel que diezmarían a Irán.

Si bien tal táctica podría darles a los palestinos y, tal vez, a la población iraní una pausa para pensar, Ahmadinejad lo consideraría como la esencia del martirio y, por ende, la esencia de la egolatría. La enseñanza del complejo de mártir se ha vuelto tan arraigada en la psiquis radical islámica que la vida humana no tiene valor salvo por la manera en que muere la persona; ni siquiera las vidas de las esposas y los hijos, de las madres y los padres, de los amigos y vecinos importan, ante la oportunidad de partir a un golpe explosivo glorioso contra los infieles.

Uno de los grandes héroes de Ahmadinejad es el Gran Ayatolá Jomeini. Fue él quien dijo:

> Estoy anunciando con decisión a todo el mundo que si los devoradores de poder (es decir, las potencias infieles, queriendo significar a cualquiera que se atreviera a no estar de acuerdo con él) desean enfrentarse a nuestra religión, nosotros nos enfrentaremos con todo su mundo y no cesaremos hasta aniquilarlos a todos. O nos liberamos todos, o bien nos encaminaremos a la mayor libertad que es el martirio. O nos damos la mano, gozosos por la victoria del Islam en el mundo, o bien todos nosotros pasaremos a la vida eterna y al martirio. En ambos casos, la victoria y el éxito son nuestros.[29]

Con esto en mente, la idea de la destrucción mutua asegurada no es una limitación que funcionará con la clase a la que pertenecen Ahmadinejad y sus compinches.

Los mullahs que actualmente están gobernando Irán creen plenamente que Alá ha predestinado su éxito y están resueltos a andar por el camino que él ha dispuesto para ellos. Y creen que triunfarán, que verdaderamente establecerán un califato islámico en todo el mundo, que todas las rodillas se postrarán ante el Islam y que todo cristiano y judío será esclavizado.

Cuando el ayatolá Jomeini regresó triunfante a Teherán en 1979, los fanáticos religiosos estaban convencidos de que ganarían. ¿Por qué? Consideraban que los estadounidenses eran débiles; que los Estados Unidos tenían las armas, pero no la voluntad, ni la resolución, ni la determinación de llevar adelante una guerra de desgaste prolongada. El gran ayatolá reiteró la creencia de que los Estados Unidos carecían del fervor necesario para desafiar a la revolución islámica, que estaba dispuesta a luchar, de ser necesario, durante siglos, para alcanzar sus objetivos.

Jomeini puso el plan a la vista: Erradicar a la nación de Israel; sacarle Oriente Medio a los judíos. Convenció a sus compatriotas de que la eliminación de Israel era un edicto divino de la boca de Alá. Él, y luego sus sucesores, llegaron a la conclusión de que, cuando se llegue a la agresión, los Estados Unidos y sus aliados occidentales abandonarían a Israel, en lugar de ir a la guerra en pro de ellos.

Aunque Jomeini era un héroe para Ahmadinejad, su verdadero mentor es el ayatolá Mohammad Taghi Mesbah Yazdi. Es este hombre el que ha dado forma a gran parte de la visión mundial de Ahmadinejad. Yazdi es el director del Instituto de Educación e Investigación Imán Jomeini, en Qom. También, es miembro de la Asamblea Iraní de Expertos. Según se piensa, Yazdi, de línea dura, cree: «Si cualquiera insulta la santidad islámica, el Islam ha permitido que se derrame su sangre, sin necesidad de un jurado».[30]

En mi entrevista con James Woolsey, él abordó el tema de Yazdi y de su influencia sobre Ahmadinejad:

Ahmadinejad cree que el duodécimo imán, el Imán Oculto, el Mahdí, ingresó en una oclusión, como lo diría él: que desapareció en el siglo VIII y está esperando regresar...

(Ahmadinejad) va todas las semanas o cada dos semanas a algo así como a comunicarse con el Imán Oculto y a obtener sus instrucciones... El mentor (de Ahmadinejad) es un ayatolá llamado Mesbah Yazdi, que dirige una escuela en Qom, la ciudad santa de Irán. El motivo por el que Mesbah Yazdi fue exiliado allí, en 1979, por el ayatolá Jomeini fue porque Jomeini pensaba que era demasiado radical. Así que el mentor de Ahmadinejad era demasiado radical para Jomeini.

Las creencias que rodean su visión del mundo tienen que ver con trabajar arduamente para asesinar a mucha gente tan rápidamente como sea posible. Entonces, el premio por el dolor convocará al Mahdí. Y también creen que, una vez que venga el Mahdí, el mundo sólo existirá durante un breve lapso. Así que Ahmadinejad está efectivamente dedicado a una campaña por ver si él no puede dar fin al mundo.[31]

¿Qué armas son efectivas contra un enemigo como este? ¿Los musulmanes que no comparten esta visión mundial del presidente iraní serán seducidos a tomar las armas en su contra? ¿Podemos, incluso, convencerlos de que están corriendo tanto peligro como cualquier infiel del mundo? ¿O simplemente nos sentaremos de brazos cruzados y permitiremos que los dementes, Mahmud Ahmadinejad y los mullahs de Irán que lo apoyan, destruyan el mundo con una tormenta nuclear?

¿CUÁN POSIBLE ES UN ATAQUE NUCLEAR TERRORISTA?

En 1999, mientras estaba leyendo el capítulo sobre la apertura de los rollos, en el Libro de Apocalipsis, me inspiré para escribir una novela: *The Jerusalem Scroll*, (El rollo de Jerusalén). En el capítulo 8 de la novela, describí una reunión en la Unión Soviética entre la mafia rusa y una organización terrorista islámica. ¿Su objetivo? La organización terrorista islámica estaba negociando la compra de bombas nucleares de maleta:

«Ambos sabemos que Estados Unidos es el Gran Satanás», continuó Khaled. «Retiren esos impedimentos y podremos erradicar instantáneamente a los sionistas. De una gran barrida, nuestros ejércitos matarán a esas pestes». Hizo un gesto como si blandiera una espada en el aire. «Por supuesto, su ayuda es esencial para nuestra victoria, mi hermano».

«Sí, sí». La sonrisa de Iván nunca cambió. Sostenía un cigarro cubano entre su pulgar y su índice y lo seguía ingresando dentro del bosque negro por encima de su grueso labio inferior. El ex agente de la KGB masticaba su cigarro, pero no dijo nada más.

«No tendríamos ningún problema en transportar la bomba al sur, a través de Afganistán y luego, a Irán», continuó Khaled. «Nuestro amigo, Osama bin Laden, ya ha dispuesto de sus instalaciones en la región de Kandahar para nosotros». Cruzó los brazos sobre su pecho, con confianza. «No habrá ningún problema en ningún lado del camino». Rió. «La CIA entrenó y armó a su pueblo para luchar contra ustedes en Afganistán. Ahora ambos ganamos. Ha llegado el momento de pagar la deuda».

La bomba se compraría por veinte millones de dólares.

Avraham estudió al hombre que tenía frente a él. Bronceado, levemente excedido de peso, el primer ministro tenía más resolución y agallas de lo que uno hubiera pensado. Avraham debería volver a evaluar su opinión sobre el líder.

«La gravedad de esta política debe hacer que las naciones occidentales sean un poco más moderadas hacia nosotros y que respalden mucho más nuestra posición».

Durante un momento Avraham sopesó su respuesta. Las palabras correctas lo eran todo en una conversación de esta magnitud. «¿Qué pasaría si, Dios no lo permita, una de esas bombas cayera sobre la ciudad de Nueva York o sobre Los Ángeles? Pensaría que habría un cambio radical de perspectiva». Sacudió la cabeza.[32]

Lamentablemente, un escenario como ese parece demasiado fácil para que los terroristas instiguen y para que lo logren.

En septiembre de 2003, Yossef Bodansky y yo conversamos en la Conferencia sobre Terrorismo, en Jerusalén. Como director de la Fuerza de Tareas del Congreso sobre Terrorismo y Guerra No convencional en 1998, Bodansky declaró:

> Los afganos han vendido de siete a ocho mil millones de dólares en drogas en Occidente por año. Bin Laden supervisa la exportación de drogas desde Afganistán. Su pueblo está involucrado en hacer la cosecha, procesarla y embarcarla. Cuando los estadounidenses compran droga, financian a la yihad.[33]

Cuando Osama Bin Laden abandonó el Sudán por insistencia de los Estados Unidos, en 1996, llegó a Jalalabad en un avión de carga Hércules C-130 especialmente equipado para él. Ciento cincuenta asociados de Al-Qaeda y sus hijos y esposas lo acompañaron.

Bin Laden no era el terrorista rico que la mayoría de la gente había imaginado que era en 1996. El gobierno saudita revocó su ciudadanía y congeló sus activos en 1994. Estaba desesperadamente necesitado de una nueva fuente de ingresos. En 1997, la cosecha de amapola en Afganistán había vendido 3.276 toneladas de opio crudo, y los ingresos comenzaron a derramarse sobre los cofres de Al-Qaeda en una cantidad estimada de entre cinco y dieciséis mil millones por año.[34]

La parte de Bin Laden estaba en algún lugar, entre los quinientos millones a un mil millones de dólares por año. Su decisión de asegurarse bombas nucleares de maleta y tecnología nuclear de la mafia rusa le costó a Bin Laden treinta millones de dólares en efectivo y dos toneladas de heroína refinada.[35] Dicho sea de paso, los Estados Unidos presentaron papeles judiciales en una audiencia de extradición, en diciembre de 1998, acusando a un representante mayor de bin Laden de intentar adquirir «uranio enriquecido para armas nucleares».[36]

¿Es posible lanzar un dispositivo nuclear del tamaño de una maleta con una granada o un lanzador de cohetes? Sí. Estas armas del terrorismo también podrían ser disparadas en centros de compras, cines o estadios deportivos, en áreas metropolitanas. Las bajas por muerte serían astronómicas.

En 1998, el Ministerio Ruso de Defensa recibió más de setecientos informes de ventas de material nuclear. Se estaban vendiendo a diversos compradores dentro y fuera de las fronteras rusas.[37]

Ese mismo año, el secretario de seguridad de Boris Yeltsin, Alexander Lebed, se reunió tras puertas cerradas con miembros de la Cámara de Diputados de los Estados Unidos. Lebed informó que faltaban tanto como cuarenta bombas nucleares de maleta del arsenal ruso. Él conjeturaba que podrían estar en manos de los musulmanes radicales. Lebed pudo dar cuenta de sólo cuarenta y ocho de las ciento treinta y dos maletas que habían sido producidas por los rusos y no tenía la menor idea de qué sucedió con los ochenta y cuatro dispositivos restantes.[38]

El periodista Steve Kroft entrevistó a Lebed para un segmento del programa televisivo *60 Minutes* en 1997 y le preguntó cuán fácil sería robar una bomba en forma de maleta. La respuesta de Lebed fue aterrorizadoramente clara. Según Lebed, ya que cada bomba se arma con la forma de una maleta, sería sencillo caminar por cualquier calle de Moscú, Washington o la ciudad de Nueva York, con una de esas bombas y nunca llamar la atención.

Kroft siguió preguntándole a Lebed acerca de la detonación. La respuesta de Lebed a esta pregunta fue aún más amenazadora que la primera: «No se necesitan códigos secretos del Kremlin y se podría preparar la detonación en un lapso de tiempo como de veinte minutos. Sólo se requiere una persona para accionar esta arma nuclear».

Admitiendo que las bombas podrían estar en Georgia, Ucrania, los países bálticos y en otros lugares, Lebed dijo: «Más de cien armas de la supuesta cantidad de 250 no están bajo el control de las fuerzas armadas de Rusia. No conozco su ubicación. No sé si han sido destruidas, si están almacenadas o si han sido vendidas o robadas. No lo sé».[39]

En una aparición en Meet the Press, en diciembre de 1991, Dick Cheney hizo esta observación: «Si los soviéticos hacen un trabajo excelente al retener el control de su acopio de armas nucleares, supongamos que tienen de veinticinco mil a treinta mil -esa es una cifra aproximada- y son exitosos en un noventa y nueve por ciento, eso significaría que ustedes todavía podrían tener tantas como doscientas cincuenta que no pudieron controlar».

Cuando se le preguntó acerca de la proximidad de una amenaza nuclear, Yossef Bodansky dijo:

> No contamos con ningún indicio de que vayan a usarlas (las armas nucleares) mañana o cualquier otro día. Pero tienen la capacidad, tienen la autorización legítima, tienen la lógica (para usarlas). Uno no (realiza) la cantidad tremenda de gastos, esfuerzo, inversión en seres humanos, en recursos humanos, para tener algo que simplemente se almacenará en algún lado.[40]

En noviembre de 2001, Bin Laden le otorgó una entrevista al editor pakistaní Hamid Mir. Mir preguntó sarcásticamente si Bin Laden obtenía dispositivos nucleares. Él respondió: «No es difícil, no si uno tiene contactos en Rusia y en otros grupos militantes. Están disponibles por diez a veinte millones de dólares». Al-Zawahiri, el estratega en jefe de Bin Laden, intervino: «Si usted va a los informes de la BBC, hallará que faltan treinta armas nucleares del arsenal nuclear de Rusia. Tenemos vínculos con los canales clandestinos de Rusia».[41]

No hay absolutamente ninguna duda de que en 1993, Bin Laden comenzó su búsqueda de dispositivos nucleares en una tentativa por construir un arsenal nuclear viable. Su primer intento de compra fue uranio enriquecido de Sudáfrica.[42]

La cacería de armas nucleares de Bin Laden terminó con adquisiciones de cuarenta y ocho maletas de la mafia rusa. Él añadió entre doce y quince kilos de uranio-235 del traficante de armas ucranio Semion Mogilevich.[43]

¿Cuál podría ser el blanco de Bin Laden? Considere Times Square en Nueva York. Una bomba de diez kilotones disfrazada en una maleta u otro aspecto cotidiano podría matar tanto como un millón de personas en segundos y destruir la Isla de Manhattan, algunas de las propiedades más preciosas de los Estados Unidos. Y, si una no basta, ¿cuántas son demasiadas? ¿Dos? ¿Tres? ¿Cuatro? Ya sabemos que Bin Laden no estará satisfecho con un millón de muertos. Si se la coloca en las ciudades estadounidenses más grandes del país, sería sólo una sencilla cuestión de cumplir el horrible objetivo de matar a cuatro millones de estadounidenses.

Es imposible conocer cuántos miembros de Al-Qaeda han sido reclutados desde el 11/9. Esta organización fanática y mortal podría ser diez veces más grande, o más, que lo que era antes del 11/9. No caben dudas de que Osama Bin Laden está siendo protegido en Pakistán. Tres veces más pakistaníes confían en que Osama Bin Laden haga lo correcto que lo que confían en el presidente Bush.[44]

Arabia Saudita proveyó gran parte de la financiación para el doctor Abdul Qadeer «A.Q.» Khan para apoyar el programa nuclear de Pakistán. Al ministro de defensa saudita, príncipe Sultán se le dio la gran gira por las instalaciones de enriquecimiento nuclear de Pakistán, en 1999. El príncipe invitó al doctor Khan a visitar Arabia Saudita. Durante los últimos diez años, Riyadh ha conferido aproximadamente 1.2 mil millones de dólares en petróleo por año en Islamabad. El gobierno saudita no ha recibido nada a cambio.[45]

Los agentes de inteligencia de los Estados Unidos interceptaron un buque de carga que iba de Libia a Malasia, en octubre de 2003. Contenía cajas marcadas como «Maquinaria usada». Dentro de ellas, los agentes descubrieron cantidades de piezas centrífugas usadas en el enriquecimiento de uranio. El embarcador: A. Q. Khan. El comprador: Muammar el Gaddafi.

Solamente este incidente reveló el subproducto reprobable del mercado negro internacional, el prolífico comercio de materiales y tecnología nucleares. El jefe de la Agencia de Energía Atómica Internacional, Mohamed El Baradei, se ha referido a esto como el «Wal-Mart de la proliferación del sector privado».[46]

¿Qué fue lo que persuadió a Muammar el Gaddafi a abrir Libia para los funcionarios de inteligencia estadounidenses y los inspectores internacionales de armas? El temor puede haber sido el factor decisivo. Se cree que Gaddafi tenía la intención de evitar una represalia, no, «si» los terroristas usaran bombas nucleares de maleta contra los Estados Unidos, sino «cuando» las usaran. El Gaddafi, por cierto, hubiera estado entre la lista de blancos en los Estados Unidos.

¿UN HIROSHIMA ESTADOUNIDENSE?

Un mes después de que los terroristas estrellaron aviones de pasajeros contra las Torres Gemelas y el Pentágono, se le presentó al presidente Bush un escenario aún más diabólico. George Tenet, Director de la CIA, informó al presidente en la reunión diaria de inteligencia que «Dragonfire», un funcionario de la CIA, transmitió la información de que agentes secretos de Al-Qaeda poseían una bomba nuclear de diez kilotones, aparentemente robada del arsenal ruso. «Dragonfire» estaba convencido de que el dispositivo nuclear no sólo se hallaba en suelo estadounidense, sino, de hecho, en la ciudad de Nueva York.

«Fue brutal», le dijo un funcionario de Estados Unidos a *Time*. También fue totalmente secreto y muy bien guardado. Bajo la protección del Grupo de Seguridad de Contraterrorismo de la Casa Blanca, parte del Consejo Nacional de Seguridad, el sospechado misil nuclear se mantuvo en secreto para que no cundiera el pánico entre los habitantes de Nueva York. Los funcionarios de alto rango del FBI no estaban al tanto. El ex alcalde Rudolph Giuliani dice que a él nunca se le contó acerca de la amenaza. Al final, los investigadores no encontraron nada y llegaron a la conclusión de que la información de Dragonfire era falsa. Pero pocos de ellos durmieron mejor. Se habían dado cuenta de algo estremecedor: Si los terroristas sí se las habían arreglado para hacer entrar una bomba nuclear a la ciudad, no había casi nada que cualquiera pudiera hacer al respecto.[47]

¿Por qué la idea de una organización terrorista que posea un arma nuclear asusta tanto? Toda la defensa nuclear de los Estados Unidos siempre se basó en la premisa de MAD o en la esperanza de interceptar misiles balísticos intercontinentales en vuelo, a través de algo así como el programa de satélites de defensa «Star Wars» (Guerra de las galaxias) Ningún país con armas nucleares se atrevería a atacar a los Estados Unidos porque sabría que resultaría una aniquilación inmediata como represalia. Sin embargo, una organización terrorista sin domicilio físico, sin número telefónico y sin código postal no le tendría miedo a dicha represalia.

Durante el incidente de Dragonfire, la primera orden del presidente Bush fue para el vicepresidente Dick Cheney. Fue despachado desde Washington, D.C. a una ciudad desconocida. Cheney debía pasar varias semanas en ese sitio secreto. La segunda orden del presidente fue a un grupo de especialistas del Equipo de Apoyo para Emergencias Nucleares (NEST). Fueron enviados a la ciudad de Nueva York para cazar el arma sospechosa. (La operación fue tan secreta que nadie, ni siquiera Rudolph Giuliani, alcalde de la ciudad de Nueva York, fue notificado). En otro desarrollo, el Centro de Contraterrorismo de la CIA había interceptado un diálogo en los canales de Al-Qaeda sobre una «Hiroshima estadounidense».[48]

El pensamiento definitorio acerca de un ataque terrorista nuclear en los Estados Unidos es que sólo el cinco por ciento de los millones de contenedores de carga que ingresan a sus puertos, por año, son inspeccionados con profundidad.

Es altamente probable que Israel ataque a Irán para destruir el reactor nuclear del país, antes de que sea activado, como lo hizo en Irak, en 1980. La grave amenaza de un país musulmán con acceso a un arma nuclear es una preocupación válida. Lo cierto es que: Pakistán, un país musulmán, ya posee aproximadamente cincuenta armas nucleares, así como también materiales para fabricar, por lo menos, la misma cantidad.

Las mentes militares de los Estados Unidos están profundamente preocupadas acerca de un ataque nuclear en el país. Y Warren Buffet, reconocido financista, dice: «Sucederá. Es inevitable. No veo la forma en que no suceda».[49]

No «si», sino «cuando».

Capítulo diez

LA BATALLA POR EL ALMA DE LOS ESTADOS UNIDOS

El primer musulmán elegido en el Congreso de los Estados Unidos es un demócrata de Minneapolis vinculado con un grupo islámico...
El nuevo diputado por Minnesota en la Cámara, Keith Ellison, fue apoyado y en parte financiado por el Consejo de Relaciones Estadounidenses-Islámicas (CAIR), una organización masiva con base en EE.UU. que defiende ávidamente a Osama bin Laden, y a otros terroristas islámicos militantes y que considera que la acción de EE.UU. contra los terroristas es anti-islámica.
—*Corruption Chronicles*, a *Judicial Watc*blog,
(Crónicas de la CORRUPCIÓN, un blog de vigilancia,
8 de noviembre de 2006[1]

Simplemente, no podemos permitir que (nuestros valores morales) se desperdicien debido a que no estamos dispuestos a defenderlos. Esto, creo yo, es absolutamente crítico... nuestros valores morales nos sostendrán. Nuestros valores como civilización, nuestros valores religiosos nos sostendrán porque son valores civiles; son valores tolerantes y esto, me parece, es el tipo de cosa que nos permitirá que tiremos juntos y sostengamos cualquier esfuerzo que se requiera para resistir este ataque en contra de nosotros.
—Mort Zuckerman
editor en jefe de *U.S. News & World Report*
y editor/propietario del *New York Daily News*[2]

La batalla por el alma de los Estados Unidos comenzó con tres ataques terroristas de la década de 1960, los asesinatos de tres hombres: John F. Kennedy, Robert Kennedy y Martin Luther King., Jr. Fueron tan destructivos para esa generación como lo fue el ataque a Pearl Harbor, el 7 de diciembre de 1941, o el ataque al Pentágono y a las Torres Gemelas, el 11 de septiembre de 2001.

Así como la embestida a Pearl Harbor zambulló a los Estados Unidos en una lucha global por la libertad, los asesinatos de la década de 1960 señalaron el final de una era de inocencia que la mayoría del pueblo estadounidense había disfrutado. Casi de repente, pasamos de *Yo amo a Lucy, Leave it to Beaver* (Abandonen al castor) *y Papá lo sabe todo* a las proclamaciones de que Dios estaba muerto y a Woodstock. La revolución social en las artes que, al principio, parecía inofensiva, los Beatles, Mick Jagger y sus Rolling Stones, la locura del LSD, pronto se convirtió en un ataque frontal pleno contra los valores tradicionales de la familia y una cultura estadounidense basada en los principios de la Biblia.

La Biblia dice: «y conocerán la verdad, y la verdad los hará libres» (Juan 8:32). En lugar de crear libertad, la revolución social de la década de 1960 esclavizaba. La gente se hizo adicta a las drogas, al sexo, a la pornografía y a extrañas creencias filosóficas/espirituales. Los valores basados en tradiciones judeocristianas fueron dejados atrás, mientras las personas se volcaban a religiones orientales y a prácticas de la Nueva Era, en busca de respuestas a las grandes preguntas de la vida. Los tableros para comunicarse con los espíritus supuestamente proporcionaban discernimiento para el buscador, el satanismo vio un incremento en sus prácticas, y estuvimos sometidos a tipos como Charles Manson y su culto demoníaco con una fascinación mórbida.

«HE AQUÍ, YO ESTOY A LA PUERTA Y LLAMO...»

La mayoría puede recordar la pintura clásica de Jesús, estando de pie afuera de una puerta esperando que le permitieran ingresar. Ese retrato conmovedor de Cristo afuera, esperando para tener comunión con su creación, nunca ha sido más poderoso de lo que lo es hoy día. La oración ha sido eliminada en las escuelas, se han presentado acciones legales para obligar al Congreso a eliminar la frase «bajo Dios» del Himno a la bandera, se han quitado copias de los Diez Mandamientos de los edificios públicos, y el lema «En Dios confiamos» está en peligro de extinción. A los maestros se les ha prohibido, incluso, llevar una Biblia personal, a la vista de los alumnos. La literatura cristiana ha sido retirada de los estantes de las bibliotecas; los villancicos de Navidad, excluidos de los programas escolares, y el «receso de primavera» ha reemplazado a las vacaciones de pascua.

No podemos hacer otra cosa que preguntarnos: ¿Estamos mejor hoy día de lo que lo estábamos en 1963, cuando, luego de un juicio presentado por Madelyn Murray O´Hare, la Corte Suprema de EE.UU., en una decisión de ocho a uno, votó prohibir la oración «obligatoria» y la lectura de la Biblia en las escuelas públicas de los Estados Unidos? ¿Nuestras escuelas son más seguras? ¿Hay menos niños adictos a la droga? ¿Hay menos niños que participan del sexo promiscuo? ¿Hay menos delitos cometidos por niños en edad escolar?

Batalla tras batalla, lentamente, ha despojado a los cristianos de los Estados Unidos de sus derechos. El 9 de julio de 2004, luego de una prolongada lucha, se retiró un monumento en tributo a los Diez Mandamientos de dos mil doscientos kilos, de la rotonda del tribunal de Alabama. El juez Roy O. Moore, que había sido el paladín del clamor por dejar el monumento en su lugar, fue retirado de su cargo, todo esto disfrazado por la separación entre iglesia y estado. Los tribunales estadounidenses que abrazan dichos movimientos como «los derechos de los gay», «el derecho al aborto» y hasta «los derechos de los animales» ahora están detrás del derecho a ser ateos. Escribí en *The American Prophecies* (Las profecías estadounidenses):

> Hemos rechazado la base de nuestra cultura que tradicionalmente nos ha mantenido unidos: Dios y las Santas Escrituras; y mientras que nuestra cultura se aleja de ese centro, nosotros... ya no oímos Su voz. Como nación, nuestra inocencia está siendo ahogada. Las cosas se derrumban. En nuestras salas de la justicia, en nuestros púlpitos y en los escenarios políticos, aquellos que hablan por Dios no sólo carecen de la convicción de ser eficaces, se los silencia sistemáticamente debido a una interpretación perversa de «la separación de Iglesia y Estado». Se les niega los derechos de la Primera Enmienda a los que hablarían en nombre de Dios, mientras que los que luchan por sí mismos, por intereses especiales y por la inmoralidad son intensamente apasionados... cuando se hace cargo el «espíritu del mundo»... Hemos sido testigos de que este espíritu ha sido más activo en nuestro mundo mucho antes de que los «ismos», fascismo, nazismo, comunismo y terrorismo, se hayan convertido en las mayores amenazas que la humanidad haya enfrentado jamás.[3]

Cuando el Primer Congreso Continental se dispuso a redactar el documento que regiría al inexperto Estados Unidos, ni una sola vez adoptaron las palabras «separación entre iglesia y Estado». ¡No está allí! Léalo usted mismo:

> El Congreso no dictará ninguna ley que represente el establecimiento de una religión ni que prohíba la libertad de culto.[4]

En el siglo XXI, los tribunales de nuestro país protegen la perversión, al tiempo que castigan a la iglesia. Los autores de la Constitución, probablemente, se sentirían sorprendidos por la interpretación del documento sobre el cual han derramado sangre, sudor y lágrimas, y pasmados por la falta de claridad moral que existe actualmente en los Estados Unidos. Los hombres que aprobaron la compra de Biblias con fondos del Congreso, que periódicamente convocaron a la existencia nacional de días de oración y ayuno, que designaron a capellanes en el Senado, se lamentarían por el camino descendente que han tomado los sucesivos congresos y cortes Supremas sobre esta alguna vez orgullosa nación.

La revolución social de la década de 1960 fue un eco de la declaración de Nietzsche de «Dios está muerto». John Lennon proclamó que los Beatles eran más populares que Jesús. El reportero de la revista *Time* John T. Elson escribió:

«Hay un sentimiento agudo de que las iglesias los domingos predican acerca de la existencia de un Dios que no está en ningún sitio visible de sus vidas cotidianas»[5], y cuestionó la dedicación de los cristianos profesantes. Según el artículo de Elson, Dios ha sido reemplazado por la ciencia, y la Iglesia se ha vuelto «secularizada».

Con la falta de claridad moral en la Iglesia secularizada, ¿debe sorprendernos que la enfermedad se haya difundido a los cuerpos gobernantes de la nación? La base sólida de la fe de nuestros padres ha sido reemplazada por arenas movedizas. Los sacrificios de los que se han ido antes, desde la guerra de la independencia que dio nacimiento a esta nación hasta la guerra del terror que nació el 11 de septiembre, han disminuido. La sangre de los soldados muertos, de patriotas del pasado, nos claman desde campos de batalla de todo el mundo. Estos hombres y mujeres lo sacrificaron todo para garantizar libertad para todos. Tal vez, el doctor James Dobson lo resumió más sucintamente cuando advirtió: «Estamos en un punto giratorio en la historia de este país. Participe. No se quede de brazos cruzados mientras se pierden nuestras libertades básicas».[6]

LAS TINIEBLAS DESCIENDEN

Todos recordamos vivamente las imágenes horripilantes de la Ciudad de Nueva York luego de ataque a las Torres Gemelas del 11/9. Nubes de humo negro corrían a través de las gargantas de de cemento de esa vibrante ciudad, dejando a su paso la muerte y la destrucción. La visión de la gente saltando desde las ventanas por el incendio y el derrumbe de los edificios estará grabada por siempre en nuestras mentes.

Los desastres naturales de los años recientes han producido imágenes igualmente de pesadilla: La pared de agua del tsunami que destruyó regiones de Asia del Sur, en diciembre de 2004; el huracán Katrina que devastó la Costa del Golfo, en agosto de 2005. Pero ninguno puede compararse con el manto amoral de tinieblas que se ha establecido sobre los Estados Unidos. Lo vemos en las películas, en la televisión, en las revistas y hasta en las carteleras. Lo oímos en música que parece poseer a quien la escucha; nos la inyectamos en nuestras venas; nos la fumamos en pipa o la bebemos de una botella. Es el epítome del mal.

La revolución sexual de la década de 1960 donde «todo valía» fue alimentada por «estudios científicos» tales como el Informe Kinsey, un hombre que abusaba sexualmente de los niños en nombre de la ciencia, y por personas como Hugh Hefner que proponían la «Filosofía Playboy». El advenimiento de la Internet sólo sirvió para hacer que la revolución sexual estuviera aún más disponible. Solamente la pornografía por la Internet es una industria mundial de cincuenta y siete mil millones de dólares en los Estados Unidos únicamente.

De acuerdo con *Internet Filter Review* (Revisión de Filtro de Internet): «Los ingresos por pornografía en EE.UU. superan a los de ABC, NBC y CBS juntas (seis mil doscientos millones de dólares)».[7] La edad promedio de un niño expuesto a la pornografía en Internet es de once años, y un increíble noventa por ciento de personas entre dieciocho y sesenta años de edad han visto pornografía en línea (la mayoría, mientras hace su tarea escolar).

Otro pasatiempo favorito de los moralmente decadentes consiste en intentar bajar a Dios a sus niveles. Tomando el edicto constitucional de «todos los hombres han sido creados iguales», lo han aplicado a la religión y han declarado que todas las religiones son lo mismo. «Todos vamos al mismo lugar», dicen. «Simplemente tomamos caminos diferentes para llegar allí». El pecado ha sido eliminado de nuestro vocabulario, la cruz de Cristo se ha visto reducida a joyería costosa (cuanto más llamativa, mejor), y la sangre de Cristo ha sido tomada como sin valor. Las religiones que alguna vez provocaron horror, como el satanismo y las brujas, son equiparadas con el judaísmo y el cristianismo, y son, de hecho, caracterizadas en las secciones religiosas de los periódicos. ¿Y quién hubiera pensado que la *Satanic Bible* (Biblia satánica) de Anton LeVey se habría convertido en un artículo de colección que, en ocasiones, se vende a mil dólares por ejemplar?

Con frecuencia se ha dicho que los seres humanos tienen un vacío en sus corazones con la forma de Dios, un lugar que sólo puede ser llenado por una relación con el Creador. Es una ley espiritual escrita en una placa de carne. Los que intentan llenar ese vacío con cualquier cosa imaginable: drogas, sexo, pornografía, alcohol, perversión, religiones paganas, sólo se están mintiendo a sí mismos.

No existe tiempo ni espacio para tratar por completo la investigación de las células madre, la plaga del divorcio, las familias sin padre, la «mística feminista» de Gloria Steinem, el mal trato del niño y temas afines. Sin embargo, todos ellos han jugado un papel en el deslizamiento de los Estados Unidos hacia la depravación y el libertinaje. Y el lado más grave de todo es que la iglesia secular, con frecuencia, ha colaborado. Isaías 5:20 dice: «¡Ay de los que llaman a lo malo bueno y a lo bueno malo, que tienen las tinieblas por luz y la luz por tinieblas, que tienen lo amargo por dulce y lo dulce por amargo!».

Claramente hemos alcanzado el punto que el apóstol Pablo expresó en su primera carta a Timoteo: «El Espíritu dice claramente que, en los últimos tiempos, algunos abandonarán la fe para seguir a inspiraciones engañosas y doctrinas diabólicas. Tales enseñanzas provienen de embusteros hipócritas, que tienen la conciencia encallecida» (1 Timoteo 4:1–2).

¿No? ¿Cuándo fue la última vez que lloró por una víctima o por la muerte sin sentido, de mal trato o por la muerte sin sentido de un niño inocente e indefenso? ¿Cuándo se acercó a una esposa golpeada o hizo una donación a una clínica que ofrece una alternativa al aborto?

El genio del mal se ha escapado de la botella. Estados Unidos ha plantado el viento y está cosechando torbellinos. Los bebés mueren a diario, son abortados, sacrificados en el altar del interés propio. El aborto se ha vuelto un medio válido de control de la natalidad para muchas mujeres. Tienen una relación de una sola noche, quedan embarazadas, ¡no hay ningún problema! Toman la píldora a la mañana siguiente o corren a la clínica que hace abortos en la esquina. Después de todo, se trata de un «tejido», no de un verdadero bebé. Es un feto, no un niño cuidadosa y maravillosamente hecho. ¿Nos sorprende entonces que el doctor Billy Graham haya dicho que si Estados Unidos no llegara a arrepentirse de su mal, Dios debería pedir disculpas por Sodoma y Gomorra?

UNA TOLERANCIA DEL MAL

El 11 de septiembre de 2001, los Estados Unidos se toparon con el mal de frente, cuando diecinueve fanáticos islámicos comandaban cuatro aviones de aerolíneas estadounidenses que chocaron con las Torres Gemelas y un tercer avión, con el Pentágono. El cuarto avión, probablemente dirigido a Washington D.C., fue rescatado por los pasajeros y se estrelló en un campo, en Pensylvania. Fue la primera vez que sentimos el sabor del odio de la yihad, según la predican los clérigos islámicos radicales.

Inmediatamente luego del ataque, los políticamente correctos se pusieron a trabajar arduamente para evitar llamar a un terrorista, terrorista. Algunos objetaron el empleo de la palabra «islámico» o «musulmán» para describir a estos asesinos en masa. Otros se opusieron al uso de la palabra «terrorista». Mientras que el público estadounidense estaba traumatizado y paralizado por los horrorosos eventos, miembros de la prensa estadounidense participaban de un debate sobre cómo no ofender a un segmento de la sociedad en particular. Un memorando del departamento de prensa de Reuter, escrito por Stephen Jukes, le advertía que no usara la palabra «terrorista».Él escribió: «El terrorista de un hombre es el combatiente de la libertad de otro hombre».[8] No importaba que Osama bin Laden hubiera emitido un edicto llamando a todos los musulmanes a que mataran estadounidenses.

Antes de que se asentara el polvo sobre la ciudad de Nueva York y se extinguieran los incendios en el Pentágono, estos consultores políticos estaban bosquejando sus campañas para abortar todo intento de capturar a los responsables de la carnicería. Lo que siguió en las semanas posteriores al 11/9 fue una sucesión de demostraciones antiguerra, evocativas de la época de Vietnam, una serie de vigilias de paz y otras protestas. Estados Unidos fue declarado culpable de agresión, habiendo sido merecedor de los ataques debido a cierto malestar percibido contra el Islam y/o sus adherentes. Los que no culpaban a los Estados Unidos encontraron otro chivo expiatorio en Israel. ¿Por qué era

La batalla por el alma de los Estados Unidos 169

tan difícil colocar la culpa precisamente donde correspondía, sobre un grupo de islamofascistas radicales que declamaba una ideología llena de odio y que mataba a personas inocentes?

La autora lesbiana Susan Sontag escribió en defensa de quienes llamaron «cobardes» a quienes secuestraron los aviones:

> Y si debe emplearse la palabra «cobardía», se la podría aplicar más con mayor aptitud a los que matan desde más allá del rango de la represalia, altos en el cielo, que a los que están dispuestos a matarse a sí mismos a fin de matar a otros. En cuanto al tema de la cobardía (una virtud moral neutral): se puede decir cualquier cosa de los perpetradores del ataque del martes, menos que fueron cobardes.[9]

¿No fueron cobardes? Diecinueve hombres se subieron a cuatro aerolíneas llenas de pasajeros, hombres, mujeres y niños, tomaron el control de esos gigantes del aire, asesinaron no sólo a los pasajeros sino a miles de otros espectadores inocentes sin jamás mirarlos a los ojos. ¿Y ese no es un hecho cobarde?

Otra autora más tuvo la intención de que los estadounidenses hicieran surgir su patriotismo y colocaran una gran cantidad de banderas nacionales en los días inmediatamente posteriores al ataque terrorista. La bandera implicaba ser un símbolo visual de fanatismo, criminalidad, odio y hasta homofobia, en los EE.UU.

La novelista Barbara Kingsolver saltó a la confusión con este pronunciamiento liberal y esclarecedor:

> El patriotismo amenaza la libre expresión con la muerte. Se enfurece con la duda meditativa, con las críticas constructivas de nuestros líderes y con las promesas de paz. Desdeña a los pueblos nacidos en el extranjero. Ha culpado específicamente a los homosexuales, a las feministas y la Unión Estadounidense de Libertades Civiles. En otras palabras, la bandera estadounidense representa la intimidación, la censura, la violencia, el fanatismo, el sexismo, la homofobia y a impeler a la Constitución por medio de una trituradora de papeles. ¿A quién estamos llamando terroristas aquí?[10]

El presidente Bush fue denunciado repetidas veces por haber declarado inequívocamente que Estados Unidos iría tras de los perpetradores y castigaría a quienes planearon el ataque al país. Él tuvo la cautela de explicar que cualquier golpe sería específicamente dirigido a las organizaciones que financiaban y daban asilo a los terroristas en todo el mundo. En un discurso ante la sesión conjunta del Congreso el 20 de septiembre de 2001, identificó el blanco:

Nuestro enemigo es una red radical de terroristas, y todos los gobiernos que los apoyan.

Nuestra guerra contra el terror comienza con Al-Qaeda, pero no termina allí. No finalizará hasta que cada grupo terrorista de alcance mundial haya sido encontrado, detenido y vencido.[11]

El presidente advirtió al pueblo estadounidense que no espere que la guerra contra el terror concluyera rápidamente:

Los estadounidenses no deben esperar una batalla, sino una campaña prolongada, a diferencia de cualquier otra que hayamos visto. Puede que incluya golpes espectaculares, visibles en televisión, y operaciones secretas, incluso, si son exitosas. Haremos que los terroristas se mueran de hambre de financiaciones, los haremos pelear a unos contra los otros, los llevaremos de lugar en lugar, hasta que no encuentren refugio ni descanso. Y perseguiremos a las naciones que les proporcionen ayuda o un refugio seguro. Cada nación, en cada región, tiene ahora una decisión que tomar. O están con nosotros, o están con los terroristas. Desde este día en adelante, cualquier nación que continúe dando asilo o apoyando al terrorismo será considerada por los Estados Unidos como un régimen hostil.[12]

Y entonces, se lanzó la guerra contra Bin Laden y los talibanes. En dos cortos meses, estos habían sido derrotados y en su lugar había un nuevo líder, Hamid Karzai. Durante su Discurso al Estado de la Unión, de enero de 2002, el presidente Bush pudo decirle a los televidentes que Estados Unidos había «librado al mundo de miles de terroristas, destruido los campos de adiestramiento de Afganistán, salvado a un pueblo de la hambruna y liberado a un país de la opresión brutal».[13]

Rápidamente la atención pasó de Bin Laden a Afganistán u a otros países que daban refugio y financiaban a los terroristas, es decir, Irak. Saddam Hussein estaba claramente complicado con el ataque evidente sobre los estadounidenses en su propia patria. Hussein durante décadas había provisto de un hogar seguro a los terroristas internacionales. Le dio asilo a Abu Abbas, el genio manipulador y director del secuestro del Achille Lauro, en 1985, y a Abu Nidal, un mercenario terrorista del que se decía que fue responsable de la muerte como de novecientas personas. También le dio un asilo seguro al prófugo solitario del bombardeo del World Trade Center de 1993, Abdul Arman Yasin. Hussein distribuyó grandes sumas de dinero a las familias de los bombarderos suicidas que morían en los ataques contra los judíos de Israel. Parecía natural virar la atención, en la guerra contra el terror, hacia Saddam Hussein. Cabe advertir que el foco sobre él no se inició con el presidente Bush, sino con el ex presidente Bill Clinton, en 1998. Hussein expulsó a los inspectores de armamentos de la ONU, y ésta fue una clara violación del acuerdo de cese de fuego luego de la primera Guerra del Golfo. La administración Clinton le solicitó al Congreso que redactara lo que se denominó la Ley de Liberación Iraquí. Ella proponía que se buscara un cambio de régimen. El proyecto de ley, firmado por Clinton, decía que: «Debería ser política de los Estados Unidos buscar la remoción del régimen de Saddam Hussein del poder en Irak y reemplazarlo por un gobierno democrático».[14] Es más, el Senado aprobó el uso de la fuerza, a fin de lograr ese objetivo. Fue abrumadoramente apoyado por una mayoría tanto en la Cámara como en el Senado. Con tal muestra de apoyo por el cambio de régimen en Irak, era sólo lógico que el presidente Bush pudiera esperar el mismo tipo de apoyo del Congreso cuando Saddam Hussein comenzó a desafiar abiertamente los llamamientos de la ONU respecto de inspecciones de armamentos. El presidente apeló a la ONU a que convocara a un alto al juego de Hussein. En su discurso, reiteró que todas las sanciones e incentivos para tentar a Hussein a cumplir habían sido en vano. Una ONU ineficaz era impotente contra el «carnicero de Bagdad».

En todo el país, los murmullos de disenso se convirtieron en un bramido de protesta antiguerra. Incluso Jimmy Carter estuvo del lado de los que disentían. Declaró que Bagdad no representaba ninguna amenaza para los Estados Unidos. Su declaración pronto se vio acompañada por un pronunciamiento similar del ubicuo Al Gore. La cacofonía crecía mientras que los senadores Tom Daschle y Ted Kennedy se unieron al debate. Parecía que muchos no podían comprender bien cómo un dictador brutal que en varias ocasiones había invadido Irán y Kuwait, había cometido asesinatos en masa con armas de destrucción masiva contra sus propios compatriotas, y que había abierto sus fronteras para que los terroristas reconocidos pudieran constituir una amenaza a cualquier persona.

Mientras proseguía una cuenta regresiva hacia una invasión a Irak, crecía la cantidad de personas que protestaban contra la guerra, no solamente en los Estados Unidos, sino en todo el mundo. ¿Protestaban por el ataque a los Estados Unidos por parte de Al-Qaeda? ¿Por los brutales ataques de Hussein contra su propio pueblo? No, los blancos de las manifestaciones eran los Estados Unidos e Israel. EE.UU. fue rotulado como un «Estado terrorista» y se equiparó al presidente Bush con Adolf Hitler. La multitud que protestaba en Washington incluía a personas como el Diputado John Conyers, Charles Rangel y el concejal de Nueva York, Charles Barron, Irán, Irak y Corea del Norte.

Lamentablemente, no todos los liberales de los Estados Unidos estuvieron de acuerdo con el conductor del programa de debate Alan Colmes, del famoso Hannity y Colmes. En su libro *Red, White, and Liberal*, (Los rojos, los blancos y los liberales), el muy liberal señor Colmes dijo sabiamente: «El momento de debatir si íbamos a la guerra debió ser antes de que se aprobase la ley. Una vez que los hombres y las mujeres de Estados Unidos se vieron en perjuicio, ese debate estaba terminado y perdido para quienes, como yo, se oponían a la intervención».[15]

A la inversa, un profesor de antropología de la Universidad de Columbia, Nicholas de Genova, dio este provocativo discurso en lo que fue arrogantemente llamado una «enseñanza»:

> La paz no es patriótica. La paz no es subversiva, porque la paz anticipa un mundo diferente del que vivimos; un mundo donde EE.UU. no tendría lugar... Los únicos héroes verdaderos son los que hallan formas de ayudar a derrotar a los militares de EE.UU. Yo personalmente quisiera ver a un millón de Mogadishus.[16]

Lo extraño del caso es que el doctor de Genova hizo estos comentarios con referencia a:

> La emboscada de las fuerzas de EE.UU. por parte de un ataque de Al-Qaeda en Somalia, en 1993. Los estadounidenses estuvieron allí en una misión humanitaria para alimentar a los musulmanes somalíes hambrientos. Los terroristas militares de Al-Qaeda estaban robándose la comida y vendiéndola en el mercado negro. Sus fuerzas mataron a 18 soldados estadounidenses y arrastraron sus cuerpos por las calles como un acto diseñado para humillar a su país.[17]

La retórica abominable dirigida a las tropas estadounidenses que participaban en batallas de vida y muerte no menguó cuando las tropas de los EE.UU. marcharon dentro de Bagdad el 9 de abril de 2003; de hecho, sólo surgieron los gritos y los clamores para traer al país a los soldados. Incluso cuando se vaciaron las prisiones horribles de Hussein y se desmontaron sus monstruosas cámaras de torturas; incluso, mientras toneladas de asistencia humanitaria fluían hacia Bagdad para alimentar a los hambrientos y para proveer de la gran necesidad de medicamentos para los enfermos, la izquierda liberal condenaba la incursión en Irak de los EE.UU. Al igual que de Genova, detractores más abiertos y volubles estaban entre la élite universitaria estadounidense.

LOS ISLAMOFASCISTAS: NADA NUEVO

Ha habido desde hace tiempo una fascinación en el mundo islámico por todas las cosas que tenían que ver con Hitler. De hecho, los Estados árabes de Siria e Irak, ambos regímenes del partido Baath, tomaron como patrón los conceptos fascistas de Hitler. Así como su visión era un mundo bajo la dominación del régimen nazi, la de los clérigos islámicos radicales actuales es un mundo bajo la autoridad de la Ley Sharía o islámica. Esto nunca fue más evidente que cuando el ayatolá Ruhollah Jomeini lanzó su revolución islámica, incluso, mientras el sah de Irán huía del país. Como mencioné anteriormente, fue Jomeini quien les puso a los Estados Unidos el mote de «El Gran Satanás» y rotuló a nuestro aliado más próximo, Israel, como «El Pequeño Satanás». En verdad, estas son las únicas dos naciones que tienen la capacidad y la esperanza de la claridad moral necesaria para apagar la llama de la revolución islámica, antes de que incendie todo el mundo.

La izquierda liberal en los Estados Unidos levantó el estandarte de los oprimidos y reprimidos de Irán y corrió con él. Lo que siguió fue una letanía de acusaciones contra la nación por su apoyo al régimen del sah y a Israel, que estaba encerrada en una lucha de vida y muerte con los palestinos, por haber arrojado las bombas en Hiroshima y Nagasaki a fines de la Segunda Guerra Mundial, por Vietnam, y demás. Los terroristas palestinos se convirtieron en «soldados de la libertad», y las víctimas inocentes de sus hechos atroces, en los instigadores, simplemente, por atreverse a vivir en Israel. Los bombarderos suicidas que trajeron destrucción en ómnibus, restaurantes, centros de compras llenos de gente y hasta escuelas recibieron la designación religiosa de mártires.

El islamismo radical ha dado a luz un arma que verdaderamente hace que la vida humana no valga nada: los bombarderos suicidas. Pero esto no será nada, en comparación con las armas de destrucción masiva que se están preparando en los Estados islámicos, cuyos blancos pueden comenzar por Israel, pero que, finalmente apuntan a la mayor democracia del mundo.

La izquierda liberal y secular se niega a aceptar la amenaza muy seria planteada por los radicales del Islam, y el hecho de que todo estadounidense, sin importar su lugar de origen; todo judío, dondequiera que se lo halle, y todo musulmán, que no esté de acuerdo con la particular filosofía de los fanáticos islámicos, es un blanco. No se salvará a los profesores universitarios porque hayan apoyado a los radicales como a los izquierdistas, que estuvieron del lado de Jomeini al derrocar al sah; los filósofos eruditos no dejarán de ser un objetivo, debido a su educación, y la izquierda religiosa no lo será simplemente por la visión mundial que tienen de la religión. Si bien ahora le dan la bienvenida a su apoyo y son proclamados por las organizaciones terroristas, una vez que alcancen sus metas, apuntarán con sus pistolas a estos infieles tal como lo hicieron después de la revolución islámica de 1979. No, a todos se les exigirá que se amolden a las doctrinas y dictámenes de los locos mullahs que han secuestrado una religión entera.

De hecho, el 26 de febrero de 1993, Yigal Carmon, consultor sobre contraterrorismo del primer ministro de Israel, advirtió al Pentágono que, según su estimación, el Islam radical constituía una amenaza inminente para los Estados

Unidos. Al finalizar su informe, los críticos presuntuosos le dijeron que ellos no consideraban que la religión fuera una amenaza para la seguridad nacional.

Luego de su discurso en el Pentágono, Carmón voló a la ciudad de Nueva York, donde, mientras almorzaba a las 12:18, se produjo una explosión en las cercanías: Los terroristas islámicos habían intentado volar el World Trade Center. Mil fueron heridos y hubo seis muertos.

Los terroristas islámicos terminaron su tarea el 11 de septiembre de 2001, y todavía hoy nadie quiere admitir *por qué* fuimos atacados, sino sólo por quién. Pero Osama bin Laden es sólo la vanguardia de un odio religioso que sumergirá a todo el mundo, si no se lo detiene.

Días antes de los ataques del 11/9, la ONU auspició una Conferencia Mundial contra el Racismo, la Discriminación Racial, la Xenofobia y la Intolerancia. Oculto tras un título tan extenso, estaba un ataque lleno de odio contra la democracia, en general, y Estados Unidos e Israel, en particular. Se igualaron en categoría cargos tales como el racismo, la esclavitud y el colonialismo contra estas dos democracias. No es de sorprender que los regímenes musulmanes que siguen usando estas prácticas escaparan a tales críticas. No se hizo mención del genocidio en Rwanda o en Irak; no se condenó el uso de niños, en Irán, como dragaminas, durante la Guerra Irán-Irak, ni hubo mención de los regímenes opresores en Arabia o del sometimiento, por parte de Siria, del pueblo libanés.

A la conferencia asistieron liberales importantes, tales como Jesse Jackson y Julian Bond y diez miembros de la Junta de Dirigentes Negros del Congreso de los EE.UU. En un foro mundial, el grupo censuró a su propio país y pidió que Estados Unidos pagara un trillón de dólares en compensación por la esclavitud que había sido abolida en el país, en 1865. No se realizaron otras exigencias de este tipo respecto de otros Estados, incluyendo las naciones africanas que voluntariamente participaron en el tráfico de seres humanos. Si bien se dice que Cuba ha importado más esclavos que los Estados Unidos, el hijo preferido, Fidel Castro, escapó indemne a la condena. Esto sólo sirvió para subrayar la norma doble practicada por la ONU.

Cuando la retórica, dentro de la conferencia, se tornó más amarga y ésta se deterioró hasta llegar a ser un flagrante ataque antisemita contra Israel, el presidente Bush, el secretario de Estado, Colin Powell y la delegación israelí abandonaron el salón, en señal de protesta. Algunos asistentes a la conferencia se dirigieron a las calles para desfilar con carteles repugnantes, con cruces esvásticas e imágenes de judíos con colmillos que goteaban sangre. Richard Heideman, presidente de la B'nai B'rith International, en una carta abierta a todos los líderes de la comunidad judía, opinó sobre la Conferencia de Durban:

> Nosotros y otros delegados hemos sido bombardeados por propaganda nazi, por caricaturas, por material de odio, por ataques físicos y verbales

y por intimidación. Y todo, ante los ojos de los funcionarios de la ONU, todo en una clara y abierta violación de los estatutos, convenciones y declaraciones que definen el verdadero propósito del organismo mundial.[18]

El representante británico del Congreso Judío Mundial, Lord Greville Janner dijo que «fue el peor ejemplo de antisemitismo que he visto jamás».[19]

A la conferencia asistieron varias organizaciones no gubernamentales (ONGs) financiadas por la Fundación Ford y tomadas de entre las filas de la Unión Estadounidense de Libertades Civiles, la NAACP, el Sindicato Nacional de Abogados (rotulado por J. Edgar Hoover como una organización subversiva y posiblemente un encubrimiento del partido comunista) y el Centro pro-Castro para los Derechos Constitucionales (CCR).

Los grupos izquierdistas, que alguna vez se centraron sobre la justicia social, cambiaron su foco casi por completo hacia Palestina e Irak. Estos dos Estados que dan asilo y apoyo a los terroristas se convirtieron en los favoritos de los liberales de todo el mundo. Los países y las organizaciones que tenían diferencias ideológicas se volvieron enemigos tremendos. Su malicia se centró en un grupo en particular, la Organización de Comercio Mundial, cuyos proyectos se consideraron la causa principal de preocupación ambiental en el mundo.

El odio hacia esta organización y sus participantes se transformó en una de las protestas más grandes -unos fuertes cinco mil- incluso, vistos en Seattle, Washington. La anarquía regía mientras se bloqueaban las calles, las bombas Molotov destruyeron negocios locales, y reinó el caos. Reuniones sucesivas de la Organización de Comercio Mundial en Checoslovaquia, Canadá e Italia también fueron interrumpidas por manifestantes. De estas protestas nació el Foro Social Mundial, un grupo cuyo objetivo profesado es el de «movilizar la solidaridad por el pueblo palestino y su lucha por la autodeterminación, mientras enfrentan una ocupación brutal por parte del Estado israelí». Dicho simplemente, esta coalición mundial de liberales izquierdistas tenía una meta: la emasculación de los Estados Unidos y la destrucción de Israel.

PALESTINA: EL CATALIZADOR

Las diversas guerras que han tenido lugar en Oriente Medio están por encima de lo que se percibe como escaramuzas sobre la periferia de la guerra actual contra el terror y, por lo tanto, están completamente separadas de la yihad declarada a los Estados Unidos. Entonces, resulta más sencillo ver a los terroristas como víctimas desesperadas y no como los asesinos e incitadores de odio que son.

Cuando se trazó el plan de partición original de la ONU para Palestina, los judíos y los palestinos debían ocupar un veinte por ciento del Mandato Palestino iniciado por la Liga de las Naciones, en la década de 1920. Se le confió a Gran Bretaña la ejecución del mandato. Ella y la Liga de las Naciones resolvieron, en septiembre de 1922, que una patria para los judíos no incluiría la tierra al este del río Jordán, tres cuartos del territorio pautados en el escrito. Esa área, finalmente, se convertiría en el Reino Hachimita de Jordania, una zona con mayoría palestina. A los judíos se les prohibió apostarse en ningún lugar de esa región.

En 1937, a una comisión real de reclamos se le entregó la instrucción de intentar resolver las diferencias entre los palestinos y los judíos. Se dispuso un plan para dividir el territorio en dos Estados separados. Los árabes lo rechazaron porque requería la creación de un Estado judío en el que vivirían algunos palestinos. Los judíos no estaban de acuerdo con el plan porque sólo le asignaba, aproximadamente, mil novecientas millas cuadradas, de las casi diez mil trescientas diez del territorio. Sin embargo, ellos acordaron negociar, mientras que los árabes se negaron.

Nuevamente, en 1939, los británicos intentaron persuadirlos para que acordaran un Estado en Palestina y una limitación en la cantidad de judíos a los que se les permitiría inmigrar. Esto también fue rechazado por los árabes. Entonces, ¿cómo puede explicarse el envilecimiento de los judíos que, simplemente, se produjo porque ellos ocupan un uno por ciento de las tierras árabes en Oriente Medio y sólo un diez por ciento de todo el Mandato Palestino?

El conflicto de Oriente Medio no se trata de tierras ni del establecimiento de un Estado para el pueblo palestino. Esto ha sido ofrecido y rechazado varias veces: En Oslo, en 1929; en Camp David y Washington D.C. El problema se refiere a la destrucción del Estado de Israel y la aniquilación del pueblo judío. Autoridad Palestina no quiere una parte de Jerusalén, sino todo Jerusalén. No desean simplemente ocupar Cisjordania, sino todo Israel, desde el río Jordán hasta el Mar Mediterráneo. No es una cuestión de «tierra para la paz», sino de usar todos los medios posibles para quitar de Oriente Medio a toda la población judía. No desean su sometimiento, sino su destrucción. Esa era la agenda del líder egipcio Gamal Abdel Nasser; la de Yasser Arafat; la de Bashar al-Assad, de Siria, y la de Mahmud Ahmadinejad, de Irán. Tal vez, Yasser Arafat condensó el conflicto árabe-israelí en la forma más sucinta de todas, cuando dijo: «Nos opondremos al establecimiento de este Estado con el último miembro del pueblo palestino, porque si alguna vez se establece tal Estado será el fin de toda la causa palestina (la destrucción de Israel)».[20]

NEGOCIOS SIN TERMINAR

Los eruditos en política son rápidos al señalar que la guerra en Irak es la guerra del presidente Bush, cuando, de hecho, es un capítulo inconcluso de la presidencia de Bill Clinton, durante la que se bombardeó el World Trade Center

La batalla por el alma de los Estados Unidos

en 1993 y los radicales islámicos atacaron a los estadounidenses. Fue la administración Clinton la que falló en hacer responsables a los regímenes por el ataque. En 1998, Saddam Hussein desafió a la ONU y expulsó a los inspectores de armamentos. Clinton fue tan lejos como para pedir un cambio de régimen y lanzó ataques aéreos y con misiles contra Irak, pero no consideró nada más allá. El ex director de la CIA, James Woolsey, tuvo esto para decir acerca de la efectividad de los ataques con misiles:

> En el '93, Saddam (Hussein) intenta matar al ex presidente (George H. W. Bush) en Kuwait, con una bomba. Y el presidente Clinton lanza dos docenas de misiles de cruce contra un cuartel de inteligencia iraquí, en medio de la noche, para que estuviera deshabitado. E hizo que su secretario de Estado explicara que lo hicimos en medio de la noche para que no hubiera nadie allí. No sé qué teníamos en contra de mujeres de limpieza y serenos iraquíes, pero yo no hubiera dicho que esa era una respuesta efectiva.[21]

Cuando el presidente Bush recogió la baqueta arrojada por Saddam Hussein y dio comienzo a su campaña para perseguir a Estados que apoyaran y dieran asilo a terroristas, tuvo un fuerte respaldo. Incluso su oponente en la carrera por llegar a la Casa Blanca, Al Gore, apoyó firmemente la acción. Sin embargo, una vez que las tropas se comprometieron a derrotar a las fuerzas de Hussein, los detractores comenzaron a salir a la superficie. Los líderes democráticos fueron instados a abandonar a Bush y a resistir a la convocatoria para una invasión a Irak.

Una petición firmada por miles, incluyendo a Al Sharpton, Jesse Jackson, Gloria Steinem, y una hueste de celebridades de Hollywood, hizo que la izquierda política pensara nuevamente en su compromiso. Repentinamente, Al Gore, que antes era defensor de la guerra en Irak, comenzó a criticar al presidente Bush cuando vio que hacer lo correcto podía ser políticamente peligroso para sus intereses. Pronto se le unió el ex presidente Jimmy Carter, quien parecía haber olvidado convenientemente que el presidente Bush había buscado la ayuda del Consejo de Seguridad de la ONU. También pareció olvidar que el presidente demócrata Bill Clinton había aprobado ataques contra Afganistán e Irak, entre otros, sin la sanción previa de la ONU.

Carter y Gore demostraron ser la punta del témpano de la rápida oposición a la guerra de los demócratas. La líder de la minoría de la Cámara de Diputados, Nancy Pelosi, dio a conocer su insatisfacción en una conferencia de prensa, poco después de que las fuerzas estadounidenses ingresaran a Bagdad. Dijo Pelosi, quien votó en contra de ingresar a una guerra con Irak: «No tengo ningún tipo de remordimiento por mi voto sobre esta guerra. ...El costo en vidas humanas, el costo de nuestro presupuesto, probablemente cien mil millones de dólares. Quizás, podríamos haber derribado esa estatua (refiriéndose al derrumbe de la estatua de Saddam Hussein) por mucho menos».[22] (Luego de las elecciones de 2006, la señora Pelosi fue elegida líder de la mayoría de la Cámara de Diputados).

Antes de que empezara la guerra, la izquierda liberal fijó un rumbo para difamar, denigrar y calumniar al presidente Bush, sin pensar en los miles de tropas estacionadas en Irak y a su alrededor. No tenían respeto por los funcionarios israelíes recién designados que habían luchado por construir un gobierno estable sobre los escombros de la maligna dictadura de Saddam Hussein. La credibilidad, la veracidad y las ideologías del presidente fueron objeto de cuestionamiento. Fue acusado de haber conducido una guerra sin sentido e independiente, desprovista de aliados tales como Rusia y Francia.

Se señaló, una y otra vez, que Saddam Hussein no poseía armas de destrucción masiva, como el presidente le había hecho creer al pueblo estadounidense, a pesar del hecho de que Hussein había usado armas químicas en la guerra contra Irán, y nuevamente para asesinar a muchas personas de su propio pueblo, en el norte curdo. No se le dio crédito a la propuesta de que Hussein contaba con mucho tiempo antes del inicio del conflicto para trasladar esas armas a través de la frontera con Siria y confiárselas a Al-Assad. Y se pasó casualmente por alto el hecho de que unos veinticinco millones de iraquíes habían sido liberados del control del maligno Hussein.

La izquierda liberal sigue obsesionada por las armas de destrucción masiva, al tiempo que infecta a las naciones con «armas de engaño masivo». Dudo que pocos de esos «liberales a los que les sangra el corazón» hayan visitado las tumbas masivas de los curdos envenenados con gas por Saddam Hussein. Incluso mientras escribo esto, estoy mirando los rostros de los curdos que fueron víctimas de los horrorosos actos indecibles contra su pueblo. La tristeza reflejada en ellos es desgarradora.

Las elecciones presidenciales de 2004 constituyeron un ataque total contra la guerra de Irak, la doctrina de Bush sobre el terror y el pueblo estadounidense que apoyaba firmemente al presidente. Demostró la verdad del adagio, que expresa que si a uno le dicen con suficiente frecuencia una mentira se convierte en algo creíble. Howard Dean, un furioso crítico de la guerra, anunció su entrada en la contienda del candidato, luego Al Gore, Dick Gephardt y John Kerry. Los postulantes competían por el honor de producir la retórica más llena de odio de la campaña contra la guerra de Irak. Incluso se sugirió que ella fue concebida antes del ataque a los Estados Unidos, el 11 de septiembre de 2001.

Al final de una campaña llena de rencor y división, durante la cual el senador Kerry profirió que la guerra contra el terror era simplemente una acción política y que podía fácilmente manejarse por medio de una intervención militar ocasional, y acusó a la Casa Blanca de atacar las libertades básicas del pueblo estadounidense, George Bush fue reelegido durante otro período como presidente. Sin embargo, la izquierda liberal permanece firmemente comprometida con los intereses del apaciguamiento y la apatía.

EL ATAQUE DE LOS LIBERALES

Los ataques contra las bases espirituales y morales de los Estados Unidos no han cesado durante las últimas décadas. Sin embargo, de acuerdo con el informe Barna, el cuarenta y siete por ciento de los adultos de EE.UU. asisten a la iglesia en un fin de semana típico, el setenta y uno por ciento cree en Dios descrito como el Creador todopoderoso, omnisciente y perfecto del universo, que gobierna actualmente el mundo y el cincuenta y cuatro por ciento de los estadounidenses se identifican a sí mismos como cristianos. Los estadounidenses, en general, siguen asistiendo a la iglesia. Vea el éxito de la serie *Dejados atrás* de Tim LaHaye y Jerry Jenkins, *Un vida con propósito* de Rick Warren y *La pasión de Cristo* de Mel Gibson. La Biblia sigue siendo un libro perpetuo de gran venta nacional.

¿Por qué, entonces, una nación con alto índice de cristianos permitió que se despojara al mercado y al escenario político de todo lo devoto? ¿Por qué ha florecido el aborto? ¿Por qué se ha retirado a Dios de las escuelas, mientras se permite la distribución de condones? Se ridiculiza a los cristianos y se promueve todo lo que sea contrario a ellos. El deseo de adecuación ha reducido al cristiano promedio a una medusa sin espinas, por el temor de hablar en voz alta, por miedo al escarnio.

Muchas iglesias, que una vez fueron fortalezas de todo lo bueno y lo correcto, se han convertido simplemente en otro club donde la gente se reúne para socializar. Ellas también han caído, presa de la corrupción de lo secular y se han vuelto versiones aguadas de sus yoes anteriores, admisibles para todos y eficaces para nadie. Los cristianos se han tornado no distinguibles de los no creyentes que se hallan en la calle. El investigador George Barna tuvo esto para decir, acerca del cristianismo en la actualidad:

> Si Jesucristo vino a este planeta como modelo de cómo deberíamos vivir, entonces nuestra meta debería ser actuar como Jesús. Lamentablemente, pocas personas muestran consistentemente el amor, la obediencia y las prioridades de Jesús. La razón principal de por qué esta gente no actúa como Jesús es porque no piensan como Él. El comportamiento parte de las cosas en que pensamos: Nuestras actitudes, creencias, valores y opiniones. Si bien la mayoría de las personas poseen una Biblia y conocen algo de su contenido, nuestra investigación halló que la mayoría de los estadounidenses tienen muy poca idea de cómo integrar principios bíblicos básicos para conformar una respuesta unificada y significativa

ante los desafíos y las oportunidades de la vida. Con frecuencia estamos más preocupados en sobrevivir en medio del caos que en experimentar la verdad y la significación.[23]

Aún así, la iglesia sigue siendo la última esperanza de los Estados Unidos, en un mundo sin esperazas. ¿Y quién, en este mundo políticamente correcto, con desafíos a la verdad, se atrevería a ponerse de pie y a presentarla inalterada, de acuerdo con la Palabra de Dios? Mientras formulo esta pregunta, nuevamente me viene a la mente el pasaje bíblico de Romanos 1:25 KJV que habla de los que «cambiaron la verdad de Dios por la mentira».

Una nueva traducción de la Biblia publicada en 2004, llamada *Good as New* y respaldada por el Arzobispado Británico de Canterbury ha hecho justamente eso: Cambió la verdad de Dios por la mentira. Ruth Gledhill, una corresponsal religiosa para el *London Times*, escribió: «En lugar de condenar a los fornicarios, a los adúlteros y a los que se echan con varones, la nueva versión de su primera carta a Corinto muestra a Pablo aconsejando a los cristianos que no se excedan con el sexo para no frustrarse» [24] Además, alienta a todos a que tengan una «pareja regular».

En la versión Reina Valera, el pasaje de 1 Corintios 7:2 dice: «Pero a causa de las fornicaciones, cada uno tenga su propia mujer, y cada una tenga su propio marido». En la nueva traducción *Good as New,* ese mismo versículo dice: «Mi consejo es que cada uno tenga una pareja estable».[25]

En los Estados Unidos de nuestros días las iglesias, en general, se han movido cada vez más hacia la izquierda, con demasiada frecuencia, no convirtiéndose en un faro para los perdidos, sino en un grupo de presión para los liberales. La Iglesia ha pasado a ser más un punto de origen para numerosos candidatos políticos que un santuario de redención sagrado. Organizaciones tales como El Consejo Nacional de Iglesias atienden los intereses seculares, en lugar de verdaderamente representar, hoy, a millones de cristianos evangélicos de los Estados Unidos.

Quizá lo que más perturbe es que el Consejo Nacional de Iglesias reciba fondos de una variedad de organizaciones izquierdistas tales como:

> De la Fundación Ford (en 2000), US$ 100,000; US$ 149,400 de la Fundación Annie E. Casey (en 2000–2001); US$ 150,000 del Fondo Beldon Fund (en 2001); US$500,000 del Lilly Endowment (en 2002); US$ 50,000 de la Fundación Rasmussen (en 2003) y US$ 75,000 del Rockefeller Brothers Fund, ese mismo año.

> (Dicho apoyo) poco ha hecho para contrarrestar el enojo de los críticos del CNI, que lejos de hacer la obra de Dios, sirve poco más que un vehículo para que progresen los intereses izquierdistas de sus líderes.[26]

Otra marca registrada del CNI es su condena hacia Israel como agresor y violador de los derechos humanos. Poco reconocimiento se le da a Israel -si es que se le da- del bombardeo constante por medio de misiles y bombarderos suicidas de los países que rodean a este firme aliado estadounidense. De hecho, los miembros del CNI han votado en varias instancias deshacerse de posesiones relacionadas con Israel, en un intento por mutilar la economía de esa pequeña nación.

LA DERECHA EVANGÉLICA

La derecha evangélica en los Estados Unidos se ha vuelto, en diversas ocasiones, un chivo expiatorio, blanco de bromas, un hazmerreír y un blanco frecuente de los medios de comunicación liberales. A los evangélicos se los retrata como intentando imponer su ideología pasada de moda sobre una población esclarecida. En respuesta a ello, la Iglesia ha sido paralizada, hipnotizada y aislada por las mismas personas que más necesitan conectarse con ella para oír la historia de la gracia salvadora de Dios.

A veces, parecería que la Iglesia se ha rendido y que está conforme con cruzarse de brazos y observar a un mundo destinado a ir al infierno, mientras que espera plácidamente que el resto sea arrebatado. La iglesia abandonó la Gran Comisión a favor de «la Gran Omisión», adoptando muchas de las características de la iglesia de Laodicea, según lo describe el apóstol Juan: «Por tanto, como no eres ni frío ni caliente, sino tibio, estoy por vomitarte de mi boca. Dices: 'Soy rico; me he enriquecido y no me hace falta nada'; pero no te das cuenta de que el infeliz y miserable, el pobre, ciego y desnudo eres tú» (Apocalipsis 3:16–17).

John W. Chalfant, autor de *Abandonment Theology*, (La teología del abandono), lo describe de este modo:

> Los clérigos y sus seguidores han estado enseñando, predicando y saturando a los medios de comunicación y a los miembros de sus iglesias con la doctrina de la entrega y de la no participación política. No nos están enseñando a entregarnos a Cristo a través de la obediencia a los mandamientos de Dios. En cambio, nos dicen que Estados Unidos está terminado, que el derrumbe de nuestra herencia y de nuestras libertades ha estado predeterminado dentro de un marco temporal definible en el futuro cercano y que por lo tanto está más allá de nuestro control.[27]

El altamente respetado doctor Francis Schaeffer escribió un libro solemne, justo antes de su muerte. En *The Great Evangelical Disaster* (El gran desastre evangélico), Schaeffer expresó una visión global sombría y concisa de la Iglesia del siglo XX. Escribió:

Este es el gran desastre evangélico: El fracaso del mundo evangélico para ponerse de pie por la verdad como la verdad... El mundo evangélico se ha acomodado al espíritu de la época mundial... Acomodarse al espíritu mundial... no es nada menos que la forma más gruesa de mundanalidad... Debemos decir, con excepciones, que la iglesia evangélica es mundana y que no es fiel al Cristo viviente.[28]

¡Qué denuncia tan trágica y, sin embargo, cuán cierta es! En lugar de andar por el camino de Dios, muchos exigen su propio camino, con berrinches como niños descarriados cuando se los desafía ante lo que dice realmente la Biblia. Es cierto respecto de Isaías 53:6: «Cada uno seguía su propio camino».

El deseo de aceptación ha reemplazado el apetito de acercarse a Cristo. La duda, la determinación; el temor ha derrotado a la fe; la conformidad con la Palabra ha sido reemplazada por la conformidad con el mundo, y la voz de alguien «...que clama en el desierto...» ha sido reemplazada por una cacofonía de buscadores de la celebridad. La separación del mundo ha evolucionado hasta la separación de Iglesia y Estado, y las consecuencias de quitar a Dios del proceso político han tenido resultados terribles para la verdadera Iglesia.

La buena noticia es que hay un remanente. No todos los cristianos han adquirido los intereses liberales izquierdistas y seculares. Es a causa de estos hombres y mujeres, gigantes sin nombre de la fe, todos guerreros de la oración, que aún hay esperanzas. Es porque ellos se aferran firmemente a la verdad de 2 Crónicas 7:14: «Si mi pueblo, que lleva mi nombre, se humilla y ora, y me busca y abandona su mala conducta, yo lo escucharé desde el cielo, perdonaré su pecado y restauraré su tierra».

Estados Unidos no necesita cosechar el torbellino; no necesitamos obtener lo que merecemos. Dios graciosamente nos ha dado un camino de escape. La respuesta está en la humildad: «Humíllense, pues, bajo la poderosa mano de Dios, para que él los exalte a su debido tiempo» (1 Pedro 5:6). Nosotros, al igual que el apóstol Pedro luego de haber negado a Cristo, debemos quebrarnos ante el Señor a fin de hallar perdón y restauración. La integridad debe triunfar sobre el engaño; el deseo de hacer lo correcto debe vencer al deseo de conformarnos con las tradiciones de este mundo.

La Iglesia debe atravesar el escrutinio de la Luz. Ya no puede tolerar la incursión de las tinieblas; se debe reconocer el mal y definirlo como tal. La Iglesia todavía tiene una opción. Las palabras de Josué suenan en mi espíritu: «Pero si a ustedes les parece mal servir al Señor, elijan ustedes mismos a quiénes van a servir: a los dioses que sirvieron sus antepasados al otro lado del río Éufrates, o a los dioses de los amorreos, en cuya tierra ustedes ahora habitan. Por mi parte, mi familia y yo serviremos al Señor» (Josué 24:15). La opción es suya.

Epílogo

MARTES 30 DE ENERO DE 2007
IRAK DEL NORTE

Mientras estoy apostado aquí, en Irak, terminando la investigación para este libro, mi mente da vueltas con recuerdos de cuando estuve en este lugar durante la Guerra del Golfo Pérsico. Pienso acerca de cómo han cambiado las cosas desde esa visita. Como un encantador de serpientes, la fragancia de las reservas petroleras por explorar debajo de los yacimientos de Kirkuk ha seducido a Turquía e Irán hasta llegar a una obsesión demente.

Reflexiono sobre el paisaje que me rodea. Irak es un país pequeño, del tamaño del estado de California aproximadamente, sin embargo, dos tercios de ese país no se hallan poblados; es simplemente desierto. La mayoría de los habitantes viven en el Centro y en el Norte de Irak.

No puedo dormir. Sigo pensando acerca de los eventos que se han desarrollado en todo Irak el día antes de mi llegada. El 29 de enero de 2007 la mañana comenzó como muchas otras, con las horas transcurriendo lentamente como la arena de un reloj de arena antiguo, apocalíptico. A pesar de la familiaridad, no era un día normal, era Ashura, el día más sagrado del calendario chiita, que conmemora la muerte hace siete siglos del mártir-santo Iman Hussein, el hijo de Alí, primo del profeta Mahoma. Como hojas secas en el viento, millones de peregrinos habían llegado a Irak desde Irán y de otros países musulmanes de todo el mundo para honrar este día. En Al-Najaf hacia el norte, cientos de miles de hombres, prometiendo convertirse en mártires, se golpeaban con cadenas y se cortaban con espadas en un intento por sentir el dolor de Iman Hussein, una práctica común durante Ashura. Su sangre fluía como un río, mezclándose con la sangre de cientos de miles en todo Irak. Con alegría, clamaban a su Iman caído y martirizado.

Repentinamente, el caos entró en erupción mientras los pistoleros sunni árabes y los seguidores chiitas de Ahmed Hassani al-Yemeni, una vanguardia del Mahdi, atacaron. La batalla comenzó cuando los terroristas se aproximaron más a Al-Najaf, con planes de asesinar al gran ayatolá Alí al-Sistani, el clérigo más poderoso de Irak. Sus seguidores creen que él habla por Alá. Los terroristas sunnitas, que vestían las vinchas del martirio que los declararon «Soldados del cielo», abrieron fuego sobre los peregrinos. Fue la tormenta perfecta... una conspiración sincronizada para coincidir con el climax de Ashura.

Más tarde, los líderes de alto rango de la inteligencia iraquí me contaron que fue una operación de Irán, coordinada con el ejército Mahdi bajo el liderazgo del jeque Moztada al-Sadr, en un intento de colocar el último clavo en el ataúd del presidente George Bush. El plan era matar a Al-Sistani, ya que es moderado, y culpar a los sunnitas. Al-Sistani es el enemigo del radical Al-Sadr, quien cree que Al-Sistani es un traidor a la revolución islámica. Sin una rápida respuesta de las fuerzas armadas de EE.UU. e Irak, el asesinato se habría concretado.

El día continuó con gritos maniáticos de «Bush, el mayor infiel de Satanás» reverberando por vecindades, entremezclados con gritos que se burlaban de cristianos y judíos diciéndoles: monos, cerdos e infieles. Mientras continuaba la batalla que duró todo un día, muchos se preguntaban si esa sería la chispa que encendería una revolución islámica.

Luego ingresaron las tropas de EE.UU., y evitaron el holocausto que hubiera encendido el asesinato de Al-Sistani. Llamas rojas de los tanques Abrams de EE.UU. y de los helicópteros Blackhawk, iluminaban el oscuro cielo cerca de Al-Najaf. De repente, una ráfaga de ametralladoras dio en su marca, y un rastro de humo negro siguió a uno de los helicópteros al estrellarse contra el suelo. Las calles de Irak se cubrían con más sangre norteamericana, mientras las tropas terrestres y los vehículos blindados entraban en la ciudad. Unas doscientas personas fueron arrestadas y trescientos fueron asesinados durante el ataque.

Hoy, debido a la violencia de ayer, nos detuvimos en pequeño pueblo iraquí. Miré a los ojos de las viudas iraquíes cuyas sonrisas tímidas están teñidas de dolor. Las armas de destrucción masiva de Saddam Hussein mataron todos los seres vivos de su aldea. Estas mujeres de negro están de duelo por las muertes de sus esposos, padres, hijos y hermanos. Las fotografías de sus seres queridos son su único vínculo con el pasado.

Llorando, me dijeron: «Oímos a los medios de comunicación estadounidenses preguntar: "¿Dónde están las armas de destrucción masiva?". Díganles que vengan aquí; nosotras se las mostraremos. Estas armas de destrucción masiva están en nuestra sangre y en nuestras almas. Los llevaremos a las tumbas masivas». Mañana iremos allí. Muchas, sin embargo, ni siquiera tienen un sepulcro para visitar. Los cuerpos de sus seres queridos fueron destruidos por completo, evitando que las viudas, jóvenes y viejas, se vuelvan a casar.

Mientras hablaban, miré alrededor a un campo donde habían sido exterminadas aldeas enteras, borradas del mapa como si nunca hubieran existido. Todo ser vivo estaba destruido: Perros, vacas, pero especialmente los hombres. No importaba si tenían seis meses de edad o sesenta.

Consideré cómo esta bárbara atrocidad genocida ha sido borrada de la mente de las personas y de los periódicos del mundo. Es como si nunca hubiera sucedido. Pero *sí* sucedió... mientras el mundo dormía.

Las armas de destrucción masiva iraquí mataron a más de un millón de iraníes y a casi doscientos mil curdos iraquíes. Aún así, los liberales que están contra la guerra gritan acerca de una guerra injusta porque las ADMs no fueron encontradas. Los oficiales de la inteligencia iraquí me dicen que fueron embarcadas a Siria y que ahora están trabajando con Irán para vencer al «gran Satanás» en Irak.

En el día de hoy, me reuní con el vocero de la Cámara de Kurdistán, Adnan Mufti. Con nosotros estaba el Coronel norteamericano Harry Schute. Le pedí a Mufti que me contara sobre los ataques terroristas en Erbil, una de las ciudades más grandes de Irak y la ciudad que él preside.

—¿Ataques terroristas?, —sonrió Mufti—. Esta ciudad no ha sufrido ataques terroristas en más de un año y medio.

Habló el Coronel Schutte.

—Los medios de comunicación de EE.UU. no le dirían eso. (La ciudad es tan segura que) nuestro aeropuerto tiene más de ochenta vuelos por semana.

—Leí el informe del Grupo de estudio iraquí que criticaba a su región por no colocar la bandera de Irak, —dije.

—Así es, —respondió Mufti—. Era la misma bandera colocada en más de quinientas aldeas que fueron gaseadas. Tenemos una constitución, y nuestra región es democrática. ¿Por qué debemos colocar la bandera iraquí? ¿EE.UU. le pediría a los judíos que sufrieron el Holocausto que colocaran la bandera nazi? Nos rehusamos a honrar al «Hitler» que asesinó a nuestro pueblo; queremos que nuestra Constitución apruebe la bandera nueva.

Mufti también rechazo la propuesta del Grupo de estudio iraquí de que dos estados terroristas, Irán y Siria, se metieran en (sus) asuntos.

—¿Por qué?, —preguntó—, ¿nadie del Grupo de estudio iraquí vino aquí? Ellos preguntan dónde está la prueba de que la política de Bush tenga éxito en Irak. Nosotros somos la prueba. Su nación nos salvó del exterminio. Somos una región estable que es modelo para todo lo que Estados Unidos desea para Irak. ¿Por qué se lo mantiene oculto?

Recordé mientras lo miraba a los ojos que él fue el blanco de una bomba arrojada por los musulmanes fanáticos debido a su fuerte apoyo a Estados Unidos y que fue envenenado por Saddam Hussein y casi murió.

Mufti me entregó una carta para hacerle llegar al presidente Bush y al vicepresidente Cheney. Dijo: «La envíe a través de canales diplomáticos por el embajador de EE.UU., pero no tuve respuesta». Entonces, le prometí que haría lo posible para que llegue a manos del Presidente.

Descubrí que los curdos son muy tolerantes respecto de otras religiones. Ellos disfrutaron al contarme su historia, que data de los medos, desde la historia de Daniel en el foso de los leones y la conversión del rey Darío ante la petición de la huérfana judía, Ester. Me contaron sobre los Magi, los reyes magos que siguieron la estrella y le presentaron regalos al niño Jesús, y de los medos que se convirtieron el día de Pentecostés.

Me contaron de las decenas de miles de cristianos que habían huido al norte, lejos de las fortalezas sunnitas y chiitas hacia el Valle de Nínive, a unos pocos kilómetros de Erbil. La horrible historia de un muchacho de catorce años que fue crucificado por compartir su fe, me partió el corazón el pensar en la inocencia de mis propios preciados nietos. Oí acerca de un pastor que fue decapitado por difundir el Evangelio y de mujeres a las que les arrojaron ácido en sus rostros por ir a la iglesia. La iglesia en Irak está sitiada, sin embargo, el mundo permanece en silencio.

Me pareció extraño que EE.UU. no tuviera una base en Erbil para luchar la guerra contra el terrorismo. La historia de mayor éxito en Irak, un modelo para inspirar la verdadera democracia, se ignora por completo. Kurdistán es el sitio donde Estados Unidos debe invertir su dinero, en lugar de extraer divisas desde Kurdistán hasta los cofres de los regímenes que consideran a Estados Unidos su enemigo. También me resultó raro que se hayan gastado en Irak cuatro mil millones de dólares, sin embargo los curdos no cuentan con equipos militares de EE.UU. con los que combatir la guerra contra el terrorismo. Ver a nuestros aliados usando antiguos AK-47 rusos es una vergüenza.

En este libro le he dado una explicación clara al problema, pero también a la solución. El primer paso consiste en recompensar a nuestros aliados y en dejar de apaciguar a nuestros enemigos. Vaya enfoque nuevo.

A modo de ejemplo, creo que Estados Unidos debe establecer una gran base militar en Erbil y permitirles a los curdos tener el cien por ciento del dinero que se les prometió. Esto no es lo que ocurre ahora. Estados Unidos debe recompensar económicamente a los regímenes estables. Para hacerlo, Estados Unidos debe hacer frente a Turquía e Irán, que odian a los curdos. Los yacimientos de petróleo de Kirkuk deben entregarse a los curdos que, en el pasado, han controlado la región de Kirkuk. Saddam los mató para expulsarlos de allí y movilizó a regímenes pro-Saddam para proteger su inversión.

Lo que se dice en Estados Unidos es que hay que volver a definir las metas de la guerra en Irak. Sin embargo, queda claro que Estados Unidos ha sido cien por ciento exitoso en la región curda, que representa a millones de personas. Les propuse a los dirigentes curdos iraquíes que yo trabajaría con ellos para patrocinar un Grupo de estudio iraquí en Estados Unidos sobre la base de la claridad moral, en contraposición a un «Estudio de apaciguamiento».

La guerra en Irak puede ganarse; sólo se necesita ir a Kurdistán para ver una de las principales historias exitosas. Las mamás y los papás de militares deben ir a Kurdistán. Cuando lo hagan, serán tratados como héroes y sabrán que el sacrificio no fue en vano. El pueblo curdo correrá a besarlos y a honrarlos de formas que sobrepasa la capacidad de imaginación de Estados Unidos. Ellos aman a las familias porque también han perdido a sus seres queridos. Están llenos de una increíble compasión y gratitud.

La Agencia Nacional de Inteligencia de Estados Unidos reveló un informe que sugería que la nueva estrategia del presidente Bush para controlar la violencia debe demostrar un progreso dentro de doce a dieciocho meses, sino se avecinará un deterioro mayor. ¿Demostrar progreso? Hay un cuarto de Irak viviendo en estabilidad; ni un soldado de Estados Unidos ha muerto aquí... jamás. No ha habido un ataque terrorista en dieciocho meses. Si eso no es progreso, ¿qué es?

Robert Gates, Secretario de defensa de EE.UU., dijo que Estados Unidos está planificando detener la contribución a la violencia en Irak. De ser así, se debe cerrar la frontera con Irán, se deben cerrar la embajada y los consulados, y a los iraquíes que han demostrado su lealtad, me refiero a los curdos, se les debe entregar las herramientas para hacer la tarea. No se trata de asegurar Bagdad sino de aislar a Irán. Eso no sucederá a no ser que la presión venga del norte al sur, con los curdos iraquíes ejerciéndola. El ejército turco se ha abierto camino en el sur de Kurdistán. Si Estados Unidos no ingresa rápidamente en la región, lo harán los turcos y los iraníes. La guerra debe librarse desde el norte hacia el sur con los aliados, no desde el sur hacia el norte con los enemigos.

Una y otra vez, se me ha dicho que los ministerios iraquíes en Bagdad están ayudando a los terroristas. Los chiitas y los sunnitas no finalizarán su conflicto, ellos están siendo alimentados por los países árabes. La única esperanza para salvar a Irak es reclutar a los curdos iraquíes.

Ganar la guerra en Irak no sucederá luchando en el centro o en el sur del país. Estados Unidos no va a ganarle a teocracias corruptas distorsionando su realidad. Ir a la cama con el enemigo no es la solución, sino el problema. Me resulta muy evidente que Irak está por emprender una revolución islámica que tiene su origen entre los chiitas y los sunnitas.

MIÉRCOLES, 31 DE ENERO DE 2007

Mi primera reunión hoy a las 9:00 de la mañana fue en la Legislatura, con el ministro de estado, Karim Sinjari. Mantuve dos reuniones más de inteligencia de alto nivel con líderes diplomáticos iraquíes. No puedo atribuir ninguna frase a ellos por razones de seguridad. No deseo que un agente iraní les dispare una bala en la cabeza.

Karim es un hombre muy humilde; bebimos té mientras me contó la historia de los tres intentos de ataque sobre su vida, los primeros dos a cargo de terroristas y el tercero a cargo de Saddam, quien lo envenenó. Casi se muere. Repitió una historia que ya me habían contado:

«Saddam hizo desaparecer a 191,000 hombres de entre diez y sesenta años para que las mujeres no pudieran volver a casarse. No tendrían pruebas de que sus esposos estaban muertos».

Saddam usó el Corán para respaldar su reclamo de que tenía permiso de matar al enemigo y de confiscar todo lo que éste poseía. Aseguró una fetua, un decreto legal de un imán para que le diera el derecho legal, teocrático de borrar del mapa a los curdos.

Se me ha dicho que decenas de miles de agentes iraníes están por todas partes en Irak y que los terroristas iraníes son varios cientos de miles. Puedo decir con sinceridad que eso no me gusta, sabiendo que hablo firmemente contra Irán en programas televisivos y que he escrito *Showdown With Nuclear Iran* (Enfrentamiento con el Irán nuclear). Me siento como un canario en el hueco de una mina. Estoy tan agradecido por la fe que me fortalece en las tinieblas.

Karim me contó que el mayor problema que tienen es la infiltración de agentes iraníes en todo Irak. Irán está trabajando con Siria, un estado sunnita, para matar iraquíes, y con los chiitas para que un grupo se pelee con el otro.

Según Karim, Paul Bremer (director de la Autoridad Provisional de la Coalición en Irak), abrió las fronteras, obligando a retirar todos los puestos fronterizos de Irak. A Bremer se le advirtió que esto generaría terror, pero él quería demostrarle al mundo que toleraba a todos. Irán tiene actualmente uno de los mayores servicios de empleo de todo Irak. Por unos pocos dólares colocan a los iraquíes desempleados en la nómina del terror. También es una de las mayores agencias de inteligencia que funciona a través del gobierno iraquí. No hay diferencia si se viste un uniforme de policía o de militar; el proceso de veto no funciona, y el resultado de esto es que los secretos se comparten con Irán, que ahora está al tanto de cada jugada.

Dijo Karim: «Su ejército está librando una guerra santa con los yihadistas a nivel mundial. Miles de fanáticos iraquíes vivían en Irán y regresaron a casa como agentes con el apoyo pleno de Irán. Recuerde, la revolución iraní la planeó el ayatolá Jomeini en Al-Najaf. Al-Najaf bien sabe cómo planear revoluciones islámicas. El único motivo por el cual no los están atacando en Estados Unidos es porque ustedes los invitaron a ser atacados en Irak».

Pienso en las palabras de Nuri al-Maliki, el primer ministro de Irak, cuando dijo que Estados Unidos no debería usar a Irak para un enfrentamiento con Irán. Esta es otra broma de mal gusto. Al-Qaeda tiene entre cuatro y cinco mil terroristas en Irak. Si nos vamos, el peligro será mil veces peor, pero en Estados Unidos, no en Irak. Los terroristas llevarán el campo de batalla a las calles de Estados Unidos. El único factor limitativo son las tropas de EE.UU. Mantenemos ocupados a los terroristas haciendo que luchen en Irak. Me dijeron que si abandonamos Irak, todos los países árabes escaparán del experimento de la democracia y que toda la región explotará.

Karim continuó opinando: «Arabia Saudita está tan convencida de que Irán está viniendo, que está construyendo un muro de seiscientos cincuenta kilómetros a un costo de trece mil millones de dólares para mantenerlos fuera. Los sauditas sienten pánico porque el 50 por ciento de su población es chiita y la región

Epílogo

petrolera está en su región chiita. Saben que un Irán nuclear podría significar su final. Oren porque Estados Unidos o Israel los detengan».

Me han dicho que más de quinientos mil «misioneros» chiitas están reunidos en Arabia Saudita con un objetivo: convertir a los sunnitas.

Esta conversación con Karim se grabó como uno de los últimos segmentos del programa especial de televisión en hora pico basado en este libro. Posteriormente, en los estudios de la estación de televisión estatal, nuestro equipo (estoy viajando con un oficial militar, con seguridad y un equipo de cámaras) recibió material fílmico que nunca antes se había mostrado en la televisión de Estados Unidos ni de cualquier otro país. Vi imágenes de la bandera de Saddam colocada en cada aldea luego de haber arrojado los tubos de gas. Al principio, se utilizó el gas que permaneció bajo, cerca del suelo. Cuando la gente huyó a las montañas, se arrojaron tubos de gas venenoso que se elevaba en el aire, con el fin de matar a los que escapaban. Posteriormente, me mostró material fílmico de la muerte de los escuadrones de Saddam exterminando a multitudes, incluyendo islamofascistas decapitando a estadounidenses. Fue la visión más horrorosa que he visto en mi vida.

Fue un impacto ver el rostro de Ali Hassan al-Majid en la televisión iraquí. Estaba siendo enjuiciado por crímenes genocidas contra la humanidad. «No estoy pidiendo disculpas», dijo. «No cometí errores. Yo soy el que dio las órdenes al ejército para que usaran las armas de destrucción masiva (ADMs) contra cien mil curdos iraquíes.»

Nosotros recibimos el permiso del gobierno para ver y tener acceso a este material. Parte de él será incorporado en el especial de televisión *The Final Move Beyond Iraq (La movida final más allá de Irak)*.

JUEVES, 1 DE FEBRERO DE 2007

A las 5:30 A.M., comenzamos el camino al noreste hacia Irán y la cámara de torturas de Química Alí. El camino era peligroso. Una organización terrorista iraní habita en esa zona montañosa. Yo había estado despierto la mayor parte de la noche para orar por nuestra seguridad.

Kurdistán abarca un tercio de la región poblada de Irak. Tiene el yacimiento petrolífero más grande del mundo, Kirkuk. Va desde Khanaqin en el este y se extiende por la frontera con Irán hasta Sinjar en el oeste, cubriendo la planicie de Nínive. Nuestro primer destino era Sulaymaniyah. Me enteré de que los iraníes contrabandeaban heroína, opio y hashish a Irak. La frontera está abierta en más de seiscientos kilómetros y está controlada por el ejército Mahdi y la Brigada Bader, ambas organizaciones pro-chiitas.

Nuestro primer encuentro en Sulaymaniyah fue con el General Sheikh Ja'affra, un hombre pequeño con un gran bigote negro, que resultó ser el Ministro de los asuntos de Peshmerga (Peshmerga son los combatientes curdos armados). Estaba muy agradecido a los estadounidenses por liberar a su pueblo. «Si se van ahora», dijo, «pueden estar seguros de que los terroristas irán a Estados Unidos. Es muy sencillo. Ustedes les pidieron que luchen en su contra en Irak, y ellos lo hicieron. Si se van, considerarán que han sido derrotados, y llevarán la lucha a su territorio».

«El ejército Mahdi se adiestra en Irán y toma el ejemplo de Hezbolá. Sus equipos de terrorismo provienen de Irán. Y sí, fueron responsables del ataque en Al-Najaf así como también de los ataques del sur. Los terroristas suicidas provienen de los campamentos de Al-Qaeda en Irak y son reaprovisionados desde Afganistán. Llevan drogas afganas al Líbano para que se vendan en toda Europa. Irán está detrás de todos los ataques en Irak, de uno u otro modo.»

Continuó: «Para ganar la guerra, las fronteras deben cerrarse y monitorearse a cargo de tropas que no sean leales a Irán, tropas que puedan ser monitoreadas. La mayor parte de Irak está controlada por la shía, y para que eso cambie, se debe construir un nuevo Irak desde Kurdistán hacia el sur. Nuestra región es un modelo de democracia y estabilidad. No es necesario que las tropas de EE.UU. mueran aquí; nosotros podemos detener al terrorismo en estas ciudades si ustedes nos lo permiten. Hasta ahora, su gobierno ha dicho que no.»

Durante el almuerzo conocimos al vicepresidente Kosrat Rasul Ali, quien me invitó a regresar y reunirme con él, con el presidente Barzani y con Abdul Abdulbari Alzebari, miembro del Congreso iraquí. El Sr. Alí me dijo: «Tenemos doscientos mil soldados; ustedes tienen trescientos mil. No necesitan a las fuerzas armadas; trabajen con nosotros y nosotros controlaremos todo el territorio de Irak. Si nos lo permiten, acabaremos con Irán. Ahora el 60 por ciento de Irak está controlado por Irán; nos ocuparemos de que esa cifra sea del 0 por ciento».

Luego del almuerzo, visitamos la Casa Roja, los cuarteles de Saddam Hussein en Sulaymaniyah, y el sitio de sus cámaras de torturas. Kiowa, un hombre encantador, nos llevó hasta las cámaras de torturas donde él mismo fue torturado. Lo colgaron de ganchos de carne desde su pecho mientras sus brazos estaban atados tras la espalda. Al mismo tiempo, le aplicaban picana eléctrica en el cuerpo. Pude ver el terrible dolor en sus ojos mientras repetía su historia.

Me quedé pasmado al enterarme de que los iraníes están comprando tierras en Irak e invirtiendo una fortuna en las mezquitas fundamentalistas. La mayor parte de los que escaparon a Irán durante el régimen de Saddam han vuelto a Irak y apoyan firmemente a Irán. Han celebrado acuerdos comerciales y están invirtiendo en Irak. Hay una embajada en Bagdad y consulados en casi todas las regiones. Los acuerdos de turismo permiten que millones de peregrinos visiten Karbala y Al-Najaf. Esta es una buena oportunidad para los terroristas que ingresan al país, junto con los peregrinos.

El objetivo de Irán de lograr la inestabilidad de Irak está teniendo éxito.

Epílogo

Hay que comprender que la batalla de EE.UU. en Irak está encuadrada entre la estupidez y la estabilidad. La izquierda anti-guerra liberal de Estados Unidos está ayudando y consolando al enemigo. Los gritos de «Estamos perdiendo la guerra; ellos están ganando» envalentonan a un enemigo que tiene la ideología del 11/9. Mientras observaba el material fílmico de los ataques terroristas contra las tropas de EE.UU., sentí furia. Pensé que los terroristas del 11/9 vendrían a Irak desde el otro lado del mundo para luchar contra nosotros, mientras los liberales de Estados Unidos gritan: «¡Salgan!». Esto es demente. ¿Cómo puede convertirse Irak en el frente central de la guerra contra el terrorismo sin que tengamos un lío en nuestras manos?

Haber destapado el genio del fundamentalismo chiita en Irak con un super-Estado chiita vecino fue una receta para el desastre. No se puede hallar a un árabe de entre mil que no crea que Estados Unidos invadió Irak por el petróleo. Intentar convencerlos de lo contrario es un ejercicio de futilidad.

Mientras que amenazamos desde afuera a Irán por su interferencia en Irak, cerramos nuestros ojos ante el hecho de que hay agentes iraníes virtualmente detrás de cada roca. La embajada y los consulados de este miembro del eje del mal no son más que salas de guerra que sirven para financiar y planificar las batallas contra las tropas de EE.UU.

Estoy seguro de que si Estados Unidos suministrara las herramientas para que los curdos iraquíes lucharan la guerra y simplemente controlara los cielos y diera respaldo, las bajas estadounidenses se reducirían y la victoria llegaría con el tiempo. Sin embargo, los medios de comunicación liberales deberán ser colocados en círculos de prensa comunitarios y tendrán que ser monitoreados; están haciendo más para socavar una victoria en Irak que al enemigo.

«Ali Bagdad» y los cuarenta ladrones que saquearon los bancos en Irak están fuera de la jaula como pájaros silvestres. Han migrado a Medio Oriente, sus almas llenas de odio y sus bolsillos, llenos de dólares estadounidenses. Si se produce una revolución islámica al estilo de la de Irán, el fuego podría regarse por todo Medio Oriente.

VIERNES, 2 DE FEBRERO DE 2007

Mientras esperaba en el aeropuerto esta mañana para volar fuera de Irak vi un informe periodístico acerca de que fue derribado otro helicóptero Blackhawk en Al-Najaf el domingo pasado, el cuarto en dos semanas. Los funcionarios de inteligencia me dijeron que los ataques a los helicópteros se llevan a cabo con misiles iraníes. En las últimas 48 horas han sido asesinados nueve soldados estadounidenses más.

Me acaban de decir tres diferentes agentes de aeropuerto que nuestro vuelo no partirá para Jordania esta mañana. ¿Por qué? No hay combustible. Los terroristas iraníes están volando los camiones petroleros mientras se dirigen a Kurdistán, y los turcos no permitirán que el petróleo se transporte a Irak.

Sin moralidad, la democracia es una de las peores formas de gobierno. El mundo descubrió que esto es así durante la Revolución Francesa y en la época de Hitler. Ninguna potencia sobre la tierra puede ignorar indefinidamente el dilema curdo. Treinta millones de curdos vivos y la sangre de una multitud de muertos reclaman justicia.

Democracia quiere decir literalmente «gobierno del pueblo». El único grupo de personas que apoya la democracia es el pueblo curdo iraquí. Es un éxito fantástico. Todo lo que el presidente Bush quería ver en Irak está presente en Kurdistán. Erbil es la cuarta ciudad más grande de Irak, siendo Bagdad la primera, Kirkuk la segunda y Mosul la tercera.

Los titulares de hoy revuelven las tripas. Un terrorista suicida que conducía un camión cargado con explosivos mató a 135 personas en el ataque más fatal de Irak desde 2003. El Primer Ministro chiita Al-Maliki culpó a los que apoyan a Saddam Hussein. Un oficial israelí nacido en Irak me dijo que fueron los miembros sunnitas de Al-Qaeda. El problema reside en Al-Maliki y su aliado político, Moqtada al-Sadr y su ejército Mahdi de más de sesenta mil terroristas.

Me alegro tanto de haber venido a Irak, y especialmente a Kurdistán, para poder contarle al mundo la historia de una democracia en funcionamiento en por lo menos una región de Irak.

Tal vez el presidente Bush esté en lo cierto acerca de luchar la guerra global desde Irak. Si lo hace, debe pelear esta guerra con los aliados de Estados Unidos, los 200.000 fuertes soldados del ejército curdo, no con aquellos que querrían ser enemigos de Estados Unidos. Las palabras de Cristóbal Colón pueden describir muy bien la guerra que libra el Presidente contra el terrorismo con Irak como frente central:

«Todos los que oyeron mi proyecto, lo rechazaron mofándose, ridiculizándome. No cabe duda de que la inspiración provino del Espíritu Santo porque él me consoló con rayos de inspiración maravillosa de las Santas Escrituras».

Apéndice A

CARTA DEL PRESIDENTE IRANÍ DR. MAHMUD AHMADINEJAD AL PRESIDENTE GEORGE W. BUSH DE LOS ESTADOS UNIDOS

9 de mayo de 2006

En el nombre de Dios, el Clemente, y el Misericordioso.
Señor George Bush, Presidente de los Estados Unidos de Norteamérica:

Desde hace ya un tiempo, he estado pensando en cómo se pueden justificar las innegables contradicciones que existen en el escenario internacional, que son constante fuente de debate, en especial, en foros políticos y entre estudiantes universitarios. Muchas preguntas quedan sin respuesta. Eso me ha llevado a tratar algunas de las contradicciones e interrogantes, con la esperanza de tener una oportunidad de rectificarlas.

¿Puede uno ser un seguidor de Jesucristo (la paz sea con Él), el gran Mensajero de Dios, sentirse obligado a respetar los derechos humanos, presentar al liberalismo como un modelo de la civilización, manifestar la oposición a la proliferación de las armas nucleares y de destrucción masiva, convertir su lema en «Guerra sobre el terror», y finalmente, esforzarse para el establecimiento de una sociedad única mundial? Una sociedad que está previsto que la gobiernen Jesucristo (la paz sea con él) y los hombres benevolentes de la tierra; pero, al mismo tiempo, que los países sean agredidos: destruir las vidas, la reputación y las posesiones de los pueblos; con la mera eventualidad de la presencia de varios delincuentes en un pueblo, ciudad, o caravana, por ejemplo, que toda la aldea, la ciudad o el convoy ardan en llamas. O, con la probabilidad de la existencia de las armas de destrucción masiva en un país, invadir ese país. Matar alrededor de cien mil de su población, destruir sus recursos de agua, agricultura, industria y desplegar cerca de ciento ochenta mil fuerzas militares en él. Violar el espacio sagrado de las casas de los ciudadanos y llevar atrás el país más de cincuenta años. ¿A qué precio? Cientos de miles de millones de dólares gastados del tesoro de un país y de determinados otros países, y decenas de miles de hombres y mujeres jóvenes como tropas de ocupación, expuestos al peligro, alejados de la familia y de los seres queridos, sus manos manchadas con la sangre de otros, sometidos a ejercer una gran presión psicológica para que todos los días algunos se suiciden y los que regresan a casa sufran de depresión, se sientan mal y luchen cuerpo a cuerpo con todo tipo de enfermedades, mientras otros son asesinados y sus cuerpos son entregados a sus familias.

Con el pretexto de la existencia de armas de destrucción masiva, esta gran tragedia llegó para sumergir tanto a los pueblos del país ocupado como del ocupador. Más tarde se reveló que no existían armas de destrucción masiva, en primer lugar.

Por supuesto, Saddam fue un dictador asesino. Pero la guerra no se libró para derrocarlo, sino que la meta anunciada era la de hallar y destruir armas de destrucción masiva. Fue derrocado en el camino hacia otra meta; de todos modos el pueblo de la región está feliz al respecto. Señalo que a lo largo de los muchos años de la guerra impuesta sobre Irán, Saddam fue apoyado por Occidente.

Señor Presidente, tal vez, sepa que soy docente. Mis alumnos me preguntan, ¿cómo pueden reconciliarse estos actos con los valores mencionados al comienzo de esta carta y con el deber a la tradición de Jesucristo (la paz sea con Él), el Mensajero de la paz y del perdón?

Hay prisioneros en la Bahía de Guantánamo que no han sido juzgados, no tienen representación legal; sus familias no pueden verlos y evidentemente están en una tierra extraña, lejos de su propio país. No hay un control internacional sobre sus condiciones y su suerte. Nadie sabe si son prisioneros, prisioneros de guerra, acusados o criminales.

Investigadores europeos han confirmado, también, la existencia de prisiones secretas en Europa. No podría correlacionar la desaparición de una persona, y que a ésta se la mantenga en una prisión secreta, con las disposiciones de cualquier sistema judicial. Por eso, no llego a comprender de qué manera esas acciones se corresponden con los valores descritos en el principio de esta carta, es decir, las enseñanzas de Jesucristo (la paz sea con Él), los derechos humanos y los valores liberales.

Los jóvenes, los alumnos universitarios y la gente común tienen muchas preguntas sobre el fenómeno de Israel. Estoy seguro de que usted conoce algunas de ellas.

A lo largo de la historia, se han ocupado muchos países, pero creo que el establecimiento de un país nuevo con un pueblo nuevo es un fenómeno nuevo, que es excluyente en nuestra época.

Apéndice A

Los estudiantes están diciendo que hace sesenta años tal país no existía. Muestran antiguos documentos y globos terráqueos y dicen que, aunque lo intenten, no pueden hallar a un país llamado Israel.

Yo les digo que estudien la historia de la Primera y la Segunda Guerras Mundiales. Uno de mis alumnos me dijo que durante la Segunda Guerra Mundial, en la que murieron más de decenas de millones de personas, las noticias sobre la guerra eran difundidas rápidamente por las partes en guerra. Cada una de ellas hablaba sobre sus victorias y de la derrota en el frente de batalla más reciente de la otra parte. Luego de la guerra, se sostuvo que se había matado a seis millones de judíos. Seis millones de personas que seguramente estaban relacionadas con por lo menos dos millones de familias. Nuevamente, supongamos que esos eventos son ciertos. ¿Se traduce eso lógicamente en el establecimiento del Estado de Israel en Oriente Medio o en el apoyo a tal Estado? ¿Cómo puede racionalizarse o explicarse este fenómeno?

Señor Presidente, estoy seguro de que usted sabe, y a qué costo, se estableció Israel:

—Murieron muchos miles en el proceso.

—Millones de personas indigentes fueron convertidos en refugiados.

—Cientos de miles de hectáreas de tierra apta para el cultivo, plantaciones de olivos, pueblos y aldeas fueron destruidos.

Esta tragedia no es exclusiva del momento del establecimiento; lamentablemente, ha continuado durante sesenta años, hasta ahora.

Se ha creado un régimen que no muestra misericordia ni para con los niños, que destruye casas mientras los ocupantes aún están dentro, que anuncia con antelación su lista y sus planes para asesinar figuras palestinas y que mantiene en prisión a miles de palestinos. Dicho fenómeno es único, o por lo menos extremadamente raro, en la memoria reciente.

Otra pregunta importante que realiza el pueblo es «¿Por qué se apoya a este régimen?».

¿Está el apoyo a este régimen en línea con las enseñanzas de Jesucristo (la paz sea con él) o con Moisés (la paz sea con él) o con los valores liberales? ¿Y si conceder el derecho de la autodeterminación de toda la tierra de Palestina a sus dueños originales que viven dentro o fuera de Palestina, tanto musulmanes y judíos y cristianos, contradice los principios de la democracia y los derechos humanos y las enseñanzas de los Profetas? De no ser así, ¿por qué hay tanta oposición a un referéndum

Hace muy poco tiempo que la administración palestina nuevamente electa asumió el cargo. Todos los observadores independientes han confirmado que este gobierno representa al electorado. Escépticamente, han puesto al gobierno electo bajo presión y han aconsejado que reconozcan el régimen israelí, que abandonen la lucha y que sigan los programas del gobierno anterior.

Si el gobierno palestino actual hubiera presentado la plataforma antedicha, ¿el pueblo palestino lo hubiera votado? Nuevamente, ¿puede dicha posición tomada en oposición al gobierno palestino reconciliarse con los valores mencionados anteriormente? El pueblo también pregunta: «¿Por qué todas las resoluciones del Consejo de Seguridad condenando a Israel son vetadas?».

Señor Presidente, como usted bien sabe, vivo entre el pueblo y estoy en constante contacto con él; muchos pueblos de alrededor de Oriente Medio también se las arreglan para ponerse en contacto conmigo. Tampoco tienen fe en sus dudosas políticas. Existe evidencia de que el pueblo de la región se está enojando cada vez más con ellas.

No es mi intención formular demasiadas preguntas, pero necesito referirme, también, a otros puntos:

¿Por qué cualquier logro tecnológico y científico alcanzado en la región de Oriente Medio se describe como una amenaza al régimen sionista? ¿La investigación y el desarrollo científicos no son uno de los derechos básicos de las naciones?

Usted está familiarizado con la historia. Además de la Edad Media, ¿en qué otro momento de la historia el avance científico y tecnológico ha sido un crimen? ¿Puede la posibilidad de que los logros científicos sean usados para propósitos militares ser un motivo suficiente para oponerse del todo a la ciencia y la tecnología? Si tal suposición es cierta, entonces todas las disciplinas científicas, incluyendo la física, la química, la matemática, la ingeniería, etc. deberían ser una fuente de oposición.

Se dijeron mentiras respecto del tema iraquí. ¿Cuál fue el resultado? No me quedan dudas de que decir mentiras es condenable en cualquier cultura, y que a uno no le gusta que le mientan.

Señor Presidente: ¿Los latinoamericanos no tienen derecho a preguntar por qué reciben oposición sus gobiernos electos y se apoya a los líderes de los golpes de estado? O, ¿por qué deben ser constantemente amenazados y vivir con temor?

El pueblo de África es muy trabajador, creativo y talentoso. Puede jugar un papel de importancia y muy valioso al proveer para las necesidades

Apéndice A

de la humanidad y contribuir a su avance material y espiritual. La pobreza y las dificultades en grandes regiones de África están evitando que esto suceda. ¿No tienen el derecho de preguntar por qué sus famosas riquezas, incluyendo los minerales, son saqueadas, a pesar del hecho de que ellos las necesitan más que los demás?

Nuevamente, ¿esas acciones se corresponden con las enseñanzas de Cristo y con los principios de los derechos humanos?

El valiente y fiel pueblo de Irán también tiene muchas preguntas y angustias, incluyendo: El golpe de Estado de 1953 y el subsiguiente derrocamiento del gobierno legal de la época, la oposición a la revolución islámica, la transformación de una embajada en un cuartel que apoyó las actividades de los que se oponían a la República Islámica (muchos miles de páginas de documentos corroboran este reclamo), el apoyo a Saddam en la guerra librada contra Irán, la explosión del avión de pasajeros iraníes, el congelamiento de los activos de la nación iraní, crecientes amenazas, enojo y desagrado comparados con el avance científico y nuclear de la nación iraní (justo cuando todos los iraníes están llenos de júbilo y celebrando el progreso de su país), y muchos otros problemas a los que no me referiré en esta carta.

Señor Presidente: El 11 de septiembre fue un horrendo incidente. La muerte de inocentes es deplorable y horrenda en cualquier lugar del mundo. Nuestro gobierno declaró de inmediato su desagrado con los perpetradores y ofreció sus condolencias a los deudos y expresó su compasión.

Todos los gobiernos tienen el deber de proteger las vidas, los bienes y el bienestar de sus ciudadanos. Según se informa, el suyo emplea una seguridad, una protección y sistemas de seguridad extensos e, incluso, persigue a sus enemigos en el extranjero. El 11 de septiembre no fue una operación sencilla. ¿Pudo haberse planeado y ejecutado sin coordinación con los servicios de inteligencia y de seguridad con su gran infiltración? Por supuesto que esta es sólo una suposición educada. ¿Por qué los diversos aspectos de los ataques se han mantenido en secreto? ¿Por qué no se nos dice quién no se hizo cargo de sus responsabilidades? Y, ¿por qué los responsables y las partes culpables no se han identificado ni se las ha juzgado?

Todos los gobiernos tienen el deber de brindar seguridad y tranquilidad mental a sus ciudadanos. Desde hace ya unos años, el pueblo de su país y los vecinos de lugares donde hay problemas no tienen paz en sus mentes. Después del 11/9, en lugar de sanar y cuidar las heridas emocionales de los sobrevivientes y del pueblo estadounidense, que había estado inmensamente traumatizado por los ataques, algunos medios de comunicación occidentales sólo intensificaron el clima de temor e inseguridad, algunos hablaron constantemente acerca de la posibilidad de nuevos ataques de terror y mantuvieron atemorizadas a las personas. ¿Es ese un servicio para el pueblo estadounidense? ¿Es posible estimar los daños incurridos por el temor y el pánico?

Los ciudadanos estadounidenses vivían con un temor constante a nuevos ataques que podían llegar en cualquier momento y en cualquier lugar. Se sentían inseguros en las calles, en sus lugares de trabajo y en sus hogares. ¿Quién podría estar feliz en una situación como esa? ¿Por qué los medios de comunicación, en lugar de transmitir un sentimiento de seguridad y de proporcionar tranquilidad mental, daban lugar a un sentimiento de inseguridad?

Algunos sostienen que estas propagandas allanaron el camino y se han realizado para preparar el terreno y justificar el ataque a Afganistán. Nuevamente, debo referirme al papel de los medios de comunicación. En las reglamentaciones correspondientes, la difusión correcta de la información y los informes periodísticos honestos son principios establecidos. Expreso mi profundo malestar acerca de la negligencia demostrada por determinados medios de comunicación occidentales, respecto de estos principios. El pretexto principal para un ataque a Irak fue la existencia de armas de destrucción masiva. Esto se repitió incesantemente, para que lo creyera el público, y fue la base para un ataque a Irak.

¿No se perderá la verdad en un clima fabricado y engañoso? Nuevamente, si se permite que se pierda la verdad, ¿cómo puede reconciliarse eso con los valores mencionados anteriormente?

¿También se pierde la verdad que conoce el Todopoderoso?

Señor Presidente: En los países de todo el mundo, los ciudadanos proveen los gastos de los gobiernos para que éstos, a su vez, puedan servirlos. La pregunta que surge aquí es: «¿Qué produjeron para los ciudadanos los cientos de miles de millones de dólares gastados año tras año para pagar la campaña iraquí?».

Como sabrá su Excelencia, en algunos estados de su país, hay gente que vive en una situación de pobreza. Muchos miles no tienen techo, y el desempleo es un problema enorme. Por supuesto que estos problemas existen, en mayor o menor medida, también en otros países. Con estas

Apéndice A

condiciones en mente, ¿pueden los gastos gigantescos de la campaña, pagados con el tesoro público, explicarse y ser coherentes con los principios antes mencionados?

Lo que he dicho son algunas de las preocupaciones de los pueblos de todo el mundo, en nuestra región y en su país. Pero mi punto de vista, que tengo esperanzas de que usted esté de acuerdo con algo de él, es:

Los que desempeñan el poder ocupan un tiempo específico en sus cargos y no gobiernan indefinidamente, pero sus nombres quedarán registrados en la historia y serán coherentemente juzgados en el futuro inmediato y en el distante.

El pueblo escudriñará nuestras presidencias. ¿Logramos traer paz, seguridad y prosperidad para el pueblo, o inseguridad y desempleo?

¿Intentamos establecer justicia o sólo apoyamos grupos de intereses especiales, y al forzar a muchas personas a vivir en la pobreza y con penurias, convertimos a unos pocos en ricos y poderosos, intercambiando así la aprobación del pueblo y del Todopoderoso por la de ellos? ¿Defendimos los derechos de los desamparados o los ignoramos?

¿Defendemos los derechos de todas las personas del mundo o les impusimos guerras, interferimos ilegalmente en sus asuntos, creamos prisiones infernales y encarcelamos a algunos de ellos?

¿Trajimos paz y seguridad al mundo o hicimos surgir el espectro de la intimidación y las amenazas?

¿Le dijimos la verdad a nuestra nación y a los demás países del mundo o presentamos una versión trastocada?

¿Estuvimos del lado del pueblo o de los ocupantes y los opresores?

¿Nuestras administraciones se dispusieron a promover la conducta racional, la lógica, la ética, la paz, el cumplimiento de obligaciones, la justicia, el servicio al pueblo, la prosperidad, el progreso y el respeto por la dignidad humana o la fuerza de las pistolas, la intimidación, la inseguridad, el descuido del pueblo, retrasando el progreso y la excelencia de otras naciones, pisoteando los derechos de las personas?

Y finalmente, ¿ellos nos juzgarán en cuanto si hemos cumplido con nuestro juramento al asumir el cargo -servir al pueblo, que es nuestra principal tarea- y seguir las tradiciones de los profetas, o no?

Señor Presidente: ¿Cuánto tiempo más podrá tolerar el mundo esta situación? ¿A dónde conducirá al mundo esta tendencia? ¿Cuánto más deberán pagar los pueblos del mundo por las decisiones incorrectas de algunos de quienes los gobiernan? ¿Durante cuánto tiempo más el espectro de la inseguridad, que viene del acopio de armas de destrucción masiva, perseguirá a los habitantes del mundo? ¿Durante cuánto tiempo más la sangre de los hombres, las mujeres y los niños inocentes se derramará en las calles, y se destruirán sus casas sobre sus cabezas? ¿A usted le agrada la condición actual del mundo?

¿Cree que las políticas actuales pueden continuar?

Si se gastan miles de millones de dólares en seguridad, campañas militares y movimientos de tropas y, en lugar de ello, se asignaran a inversiones y asistencia a países pobres, a la promoción de la salud, a combatir diferentes enfermedades, a la educación y a la mejoría de la aptitud física y mental, a la asistencia a las víctimas de los desastres naturales, a la creación de oportunidades de empleo y producción, a proyectos de desarrollo y alivio de la pobreza, al establecimiento de la paz, a la mediación entre países en conflicto y a extinguir las llamas de disputas raciales, étnicas y de otra índoles, ¿dónde estaría actualmente el mundo? ¿No estarían su gobierno y su pueblo justificadamente orgullosos? ¿La posición política y económica de su administración no sería más fuerte? Lamentablemente debo decir, ¿hubiera existido el odio creciente de hoy del pueblo del mundo respecto al gobierno de Estados Unidos?

Señor Presidente, no es mi intención afligir a nadie.

Si los profetas Abraham, Isaac, Jacob, Ismael, José, o Jesucristo (la paz sea con ellos), estuvieran hoy aquí con nosotros, ¿cómo hubieran juzgado tal comportamiento? ¿Se nos dará un papel para jugar en el mundo prometido, donde la justicia se convertirá en universal y Jesucristo (la paz sea con él) estará presente? ¿Siquiera nos aceptarán?

Mi pregunta básica es esta: ¿No hay una forma mejor de interactuar con el resto del mundo? Hoy día hay cientos de millones de cristianos, cientos de millones de musulmanes y millones de personas que siguen las enseñanzas de Moisés (la paz sea con él). Todas las religiones divinas comparten y respetan una palabra y esa es «monoteísmo» o la creencia en un Dios único y en ningún otro en el mundo.

El Sagrado Corán enfatiza esta palabra común y convoca a todos los seguidores de las religiones divinas y dice: «Di: ¡Oh seguidores de una revelación anterior! Convenid con nosotros un principio aceptable a ambas partes, que no adoraremos sino a Dios y no atribuiremos divinidad a nada junto con Dios y no tomaremos por señores a seres humanos en vez de Dios." Y si se apartan, entonces decid: "Sed testigos de que, ciertamente, nosotros nos sometemos a Él"» (3.64) (La Casa de Imrán).

Apéndice A

Señor Presidente: Según la Palabra de Dios, todos nosotros hemos sido llamados para adorar a un Dios único y seguir las enseñanzas de sus profetas.

«Adorar a un Dios por encima de todo poder en el mundo y que puede hacer todo lo que desea». «El Señor que conoce todo lo visible e invisible, el pasado y el futuro, que conoce lo que sucede en el corazón de sus siervos y registra sus hechos». «El que es el dueño de los cielos y la tierra y todo el universo. Sus manos planean todo el universo y da a sus siervos las buenas nuevas de su misericordia y el perdón de pecados». «Es compañero de los oprimidos y enemigo de los opresores». «Es el clemente y el misericordioso». «Es Clemente y Misericordioso». «Él es apoyo para los creyentes y los guía de la oscuridad a la luz». «Observa los actos de sus siervos». «Los invita a la fe y a hacer buenas obras y les pide andar por el camino recto y permanecer firmes». «Invita a sus siervos a obedecer a sus profetas; es testigo de sus actos» y «el mal final lo pregona solamente a aquellos que han elegido la vida mundana y desobedecen a sus órdenes oprimiendo a sus siervos», «y el buen final y el paraíso eterno les pertenece a los siervos que le temen en su majestad y no siguen sus deseos carnales».

Creemos que un regreso a las enseñanzas de los profetas divinos es el único camino que conduce a la salvación, y me han dicho que su Excelencia sigue las enseñanzas de Jesús (la paz sea con él) y que cree en la divina promesa del reinado de los justos sobre la tierra.

Nosotros también creemos que Jesucristo (la paz sea con él) fue uno de los grandes profetas del Todopoderoso. Es alabado repetidas veces en el Corán. Jesús (la paz sea con él) también ha sido citado en el Corán: «Y (así fue que Jesús dijo siempre) "En verdad, Dios es mi Sustentador y también vuestro Sustentador; adoradle (pues, sólo) a Él: (sólo) este es un camino recto" (19.36) (Sagrado Corán, la Sura de María, Aleya 36).

El servicio y la obediencia al Todopoderoso es el credo de todos los mensajeros divinos.

El Dios de todos los pueblos de Europa, Asia, África, América, el Pacífico y el resto del mundo es uno. Él es el Todopoderoso que quiere guiarnos y brindarnos dignidad a todos Sus siervos. Él les ha dado grandeza a los humanos.

Nuevamente, dice el Libro Sagrado: «El Dios Altísimo ha enviado a sus profetas con milagros y señales claras para guiar al pueblo y mostrarles señales divinas y purificarlos de sus males y pecados. Y envió su Libro y el equilibrio para que el pueblo muestre justicia y evite a los rebeldes».

Todas estas aleyas, de alguna manera, aparecen en el Libro Sagrado (Biblia). Los profetas divinos han prometido: «Que llegará el día en que todos los humanos se congregarán ante la corte del Todopoderoso, para que se examinen sus acciones. Los buenos se dirigirán hacia el Cielo, y los malos se encontrarán con la retribución divina. Confío en que nosotros dos creamos en ese día, pero no será fácil calcular las acciones de los soberanos, porque debemos poder responder a nuestra nación y a todos los demás, cuyas vidas han sido directa o indirectamente afectadas por nuestras acciones».

Todos los profetas hablan de paz y tranquilidad para el hombre, basados en el monoteísmo, la justicia y el respeto por la dignidad humana.

¿No cree que si todos nosotros llegáramos a creer y a vivir de acuerdo con estos principios, es decir, en el monoteísmo, en la adoración de Dios, en la justicia, en el respeto por la dignidad del hombre, en la creencia del Último Día, podríamos superar los problemas actuales del mundo, que son el resultado de la desobediencia al Todopoderoso y a las enseñanzas de los profetas, y que mejoraríamos nuestro desempeño?

¿No cree usted que esa creencia en estos principios promueve y garantiza la paz, la amistad y la justicia?

¿No piensa que los principios que le mencioné, escritos o no, están representados universalmente?

¿No aceptará esta invitación? Es decir, un retorno genuino a las enseñanzas de los profetas, al monoteísmo y a la justicia, con el fin de preservar la dignidad humana y la obediencia al Todopoderoso y a sus profetas.

Señor Presidente: La historia nos cuenta que los gobiernos crueles y represores no sobreviven. Dios les ha confiado el destino de los hombres. El Todopoderoso no ha abandonado al universo y a la humanidad a sus propios recursos. Puede que muchas cosas hayan sucedido en forma contraria a los deseos y a los planes de los gobiernos. Estos nos dicen que hay un poder supremo obrando y que todos los eventos los determina Él. ¿Se pueden negar las señales de cambio en el mundo, hoy día? ¿Es comparable la situación del mundo actual con el de hace diez años? Los cambios suceden rápidamente y vienen con un ritmo furioso.

Los habitantes del mundo no están felices con el status quo y prestan poca atención a las promesas y comentarios realizados por una cantidad de líderes mundiales con influencia. Muchos pueblos de todo el mundo

Apéndice A

se sienten inseguros y se oponen a difundir la inseguridad y la guerra, y no aprueban ni aceptan políticas dudosas.

El pueblo protesta contra la creciente brecha entre lo que se puede y no se puede hacer en los países ricos y en los países pobres. Al pueblo le desagrada mucho la creciente corrupción.

Los pueblos de muchos países están enojados acerca de los ataques a sus cimientos culturales y a la desintegración de las familias. Están igualmente consternados con el desvanecimiento del cuidado y la compasión. Los pueblos del mundo no tienen fe en las organizaciones internacionales, puesto que sus derechos no son defendidos por ellas.

El liberalismo y la democracia al estilo occidental no han sido capaces de ayudar a concretar los ideales de la humanidad. Actualmente, estos dos conceptos han fracasado. Los que tienen discernimiento ya pueden oír los sonidos de los destrozos y la caída de la ideología y de los pensamientos de los sistemas democráticos liberales.

Vemos, cada vez más, que los pueblos del mundo están congregándose hacia un punto focal principal: Ese es el Dios Todopoderoso. Sin duda alguna, a través de la fe en Dios y de las enseñanzas de los profetas, los pueblos resolverán sus problemas. Mi pregunta es: «¿No quiere usted también seguir este camino?».

Señor Presidente: Nos guste o no, el mundo está orientando sus pasos hacia la fe en el Todopoderoso y en la justicia, y la voluntad de Dios prevalecerá por sobre todas las demás cosas.

Apéndice B

CARTA DEL PRESIDENTE IRANÍ, DOCTOR MAHMUD AHMADINEJAD, AL PUEBLO ESTADOUNIDENSE

29 de noviembre de 2006

Mensaje de S.E. doctor Mahmud Ahmadinejad
Presidente de la República Islámica de Irán
Al pueblo estadounidense

En nombre de Dios, el Clemente, el Misericordioso.
Oh, Altísimo, concede a la humanidad el ser perfecto que has prometido a todos, y ponnos entre sus seguidores.

Noble pueblo de Estados Unidos:
   Si no nos enfrentáramos con las actividades de la administración de los EE.UU. en esta región del mundo y con sus ramificaciones negativas en las vidas cotidianas de nuestros pueblos, junto con las muchas guerras y calamidades ocasionadas por ella, así como también, con las consecuencias trágicas de la interferencia de los EE.UU. en otros países; si el pueblo estadounidense no le temiera a Dios, no amara la verdad y no buscara la justicia, mientras que la administración de los EE.UU. oculta activamente la verdad e impide cualquier descripción objetiva de las realidades actuales; y si no compartiéramos una responsabilidad común de promover y proteger la libertad, la dignidad y la integridad humanas; entonces, no habría gran urgencia en tener un diálogo con ustedes.
   Si bien la Divina Providencia ha ubicado a Irán y a los Estados Unidos lejanos geográficamente, deberíamos ser conocedores de que los valores humanos y nuestro espíritu humano en común, que proclama la dignidad y el valor exaltado de todos los seres humanos, han acercado a nuestras dos grandes naciones de Irán y los Estados Unidos
   Nuestras dos naciones temen a Dios, aman la verdad y buscan la justicia, al igual que la dignidad, el respeto y la perfección.

Apéndice B

Ambas, en gran medida, valoran y rápidamente abrazan la promoción de ideales humanos tales como la compasión, la empatía, el respeto por los derechos de los seres humanos, el asegurar la justicia y la equidad, y la defensa de los inocentes y los débiles contra los opresores y los abusadores.

Todos nos inclinamos hacia el bien, y hacia extendernos una mano de asistencia unos a los otros, particularmente a los que lo necesitan.

Todos deploramos la injusticia, el pisoteo de los derechos de los pueblos y la intimidación y la humillación de los seres humanos.

Todos detestamos la oscuridad, el engaño, las mentiras y la distorsión, y seguimos y admiramos la salvación, el esclarecimiento, la honestidad y la sinceridad.

La esencia humana pura de las dos grandes naciones de Irán y Estados Unidos atestigua la veracidad de estas enunciaciones.

Noble pueblo de Estados Unidos:

Nuestra nación siempre ha extendido su mano de amistad a todas las otras naciones del mundo.

Cientos de miles de mis compatriotas iraníes están viviendo entre ustedes, en amistad y en paz, y están contribuyendo positivamente a vuestra sociedad. Nuestro pueblo ha estado en contacto con ustedes durante los muchos años del pasado y lo ha mantenido, a pesar de las restricciones innecesarias de las autoridades de los EE.UU.

Como ya mencioné, tenemos preocupaciones en común, enfrentamos desafíos similares y nos duelen el sufrimiento y las aflicciones del mundo.

Nosotros, al igual que ustedes, nos vemos perjudicados por el dolor cada vez peor y la desgracia del pueblo palestino. Las persistentes agresiones por parte de los sionistas están haciendo que las vidas sean cada vez más difíciles para los dueños genuinos del territorio palestino. A plena luz del día, frente a las cámaras y ante los ojos del mundo, bombardean a civiles indefensos e inocentes, arrasando casas, disparando ametralladoras a estudiantes en las calles y callejones, y sometiendo a sus familias a un dolor sin fin. No pasa un día sin un crimen nuevo.

Las madres palestinas, al igual que las madres iraníes y estadounidenses, aman a sus hijos, y se ven dolorosamente afligidas por el encarcelamiento, las heridas y el asesinato de sus hijos. ¿Qué madre no se sentiría así?

Durante sesenta años, el régimen sionista ha expulsado de sus hogares a millones de habitantes de Palestina. Muchos de estos refugiados han fallecido en la diáspora y en campos de refugiados. Sus hijos han pasado sus años de juventud en ellos y están envejeciendo, aunque siguen teniendo esperanzas de regresar a su patria.

Bien saben ustedes que la administración de los EE.UU. ha provisto persistentemente un apoyo ciego y total al régimen sionista, lo ha animado a continuar con sus crímenes y ha evitado que el Consejo de Seguridad de la ONU lo condenara.

¿Quién puede negar tales promesas no cumplidas y graves injusticias hacia la humanidad por parte de la administración de los EE.UU.?

Los gobiernos están allí para servir a sus propios pueblos. Ningún pueblo quiere estar del lado de ningún opresor ni apoyarlo. Pero lamentablemente, la administración de los EE.UU. hace caso omiso hasta de su propia opinión pública y permanece en la vanguardia, apoyando el pisoteo de los derechos del pueblo palestino.

Observemos a Irak. Desde el inicio de la presencia militar de los EE.UU. en Irak, cientos de miles de iraquíes han sido asesinados, mutilados o trasladados. El terrorismo en Irak ha crecido exponencialmente. Con la presencia de los militares de los EE.UU. en Irak, nada se ha hecho para reconstruir las ruinas, para restaurar la infraestructura o para aliviar la pobreza. El gobierno de los EE.UU. ha utilizado el pretexto de la existencia de armas de destrucción masiva en Irak, pero posteriormente resultó evidente que eso era sólo una mentira y un engaño.

Si bien Saddam fue derrocado y el pueblo está contento con su partida, su dolor y su sufrimiento ha persistido e, incluso, se ha visto agravado.

En Irak, aproximadamente ciento cincuenta mil soldados estadounidenses, separados de sus familias y de sus seres queridos, están operando bajo el comando de la administración actual de los EE.UU. Una cantidad sustancial de ellos han sido muertos o heridos, y su presencia en Irak ha manchado la imagen del pueblo estadounidense y de su gobierno.

En numerosas ocasiones, sus madres y parientes han demostrado su descontento con la presencia de sus hijos e hijas en una tierra a miles de kilómetros de las orillas de EE.UU. Los soldados estadounidenses con frecuencia se preguntan por qué han sido enviados a Irak.

Considero altamente improbable que ustedes, el pueblo estadounidense, consientan el gasto anual de miles de millones de dólares de su tesoro para esta desventura militar.

Apéndice B

Noble pueblo de los Estados Unidos:

Han oído que su gobierno está secuestrando a sus supuestos enemigos en todo el mundo y los está reteniendo arbitrariamente, sin juicio de por medio ni ninguna supervisión internacional, en prisiones horrendas que ha radicado en diversas partes del planeta. Sólo Dios sabe quiénes son en realidad estos detenidos, y qué terrible suerte les espera.

Ciertamente, habrán oído las tristes historias de las prisiones de Guantánamo y Abu-Ghraib. La administración de los EE.UU. intenta justificarlas a través de su proclamada «guerra contra el terror». Pero todos saben que tal comportamiento, de hecho, ofende a la opinión pública, exacerba el resentimiento y, de ese modo, difunde el terrorismo, a la vez que mancha la imagen de los EE.UU. y su credibilidad entre las naciones.

La conducta ilegal e inmoral del gobierno de los EE.UU. ni siquiera se confina fuera de sus fronteras. Ustedes son testigos, a diario, de que bajo el pretexto de la «guerra contra el terror», se están cercenando cada vez más las libertades civiles en los Estados Unidos. Incluso la privacidad de los individuos está perdiendo rápidamente su significado. El debido proceso judicial y los derechos fundamentales están siendo pisoteados. Se pinchan los teléfonos privados, se arresta arbitrariamente a sospechosos, a veces son golpeados en las calles o, incluso, reciben disparos mortales.

No me cabe ninguna duda de que el pueblo estadounidense no aprueba este comportamiento y que, de hecho, lo deplora.

La administración de los EE.UU. no acepta responsabilidad ante ninguna organización, institución ni consejo. Ha socavado la credibilidad de las organizaciones internacionales, en particular de las Naciones Unidas y su Consejo de Seguridad; pero no es mi intención abordar todos los retos y las calamidades en este mensaje.

La legitimidad, el poder y la influencia de un gobierno no emanan de sus arsenales de tanques, aviones de caza a reacción, misiles o armas nucleares. La legitimidad y la influencia residen en la lógica sólida, en la búsqueda de justicia y en la compasión y empatía por toda la humanidad. La posición global de los Estados Unidos está, muy probablemente, debilitada porque el gobierno ha seguido recurriendo a la fuerza, a ocultar la verdad y a confundir al pueblo estadounidense acerca de sus políticas y prácticas. Indudablemente, éste no está satisfecho con esta conducta y así lo demostró en las recientes elecciones. Espero que en las de la mitad del período, la administración del presidente Bush haya oído y siga el mensaje del pueblo de los EE.UU.

Mis preguntas son las siguientes: ¿No hay un mejor abordaje para el gobierno? ¿No es posible colocar la riqueza y el poder al servicio de la paz, la estabilidad, la prosperidad y la felicidad de todos los pueblos, a través de un compromiso con la justicia y el respeto de los derechos de todas las naciones, en lugar de agresión y guerra?

Todos condenamos al terrorismo, porque sus víctimas son los inocentes. Pero ¿se puede contener y erradicar el terrorismo a través de la guerra, de la destrucción y de la muerte de cientos de miles de inocentes? Si eso fuera posible, entonces, ¿por qué no se ha resuelto el problema?

La triste experiencia de la invasión a Irak está ante todos nosotros.

¿Qué le ha aportado al pueblo estadounidense el apoyo ciego a los sionistas por parte del gobierno de los EE.UU.? Es lamentable que para él, los intereses de estos ocupadores substituyan a los del pueblo estadounidense y de las otras naciones del mundo.

¿Qué han hecho los sionistas por el pueblo estadounidense para que la administración de los EE.UU. se vea obligada a apoyar ciegamente a estos agresores infames? ¿No se debe a que ellos se hayan impuesto en un sector sustancial de la banca, financiero, cultural y de los medios de comunicación?

Recomiendo que, en una manifestación de respeto por el pueblo estadounidense y por la humanidad, deba reconocerse el derecho de los palestinos a vivir en su propia patria, para que millones de refugiados palestinos puedan regresar a sus hogares y se determine el futuro de Palestina y de su forma de gobierno en un referéndum. Esto será de beneficio para todos.

Ahora que Irak cuenta con una Constitución, y es una congregación y tiene un gobierno, ambos independientes, sería más beneficioso que los oficiales estadounidenses regresaran a sus casas, y se dedicaran los gastos militares astronómicos de los EE.UU. en Irak al bienestar y la prosperidad del pueblo estadounidense. Como bien sabrán, muchas víctimas del Katrina continúan sufriendo, e innumerables estadounidenses siguen viviendo en la pobreza y sin techo.

También quisiera dedicar unas palabras a quienes ganaron recientemente las elecciones de los EE.UU.

Estados Unidos ha contado con muchas administraciones, algunas de las cuales han dejado un legado positivo y otras que ya ni el pueblo estadounidense ni otros países recuerdan.

Apéndice B

Ahora que controlan una rama importante del gobierno, también ustedes deberán dar cuenta ante el pueblo y la historia.

Si el gobierno de EE.UU. cumple con los actuales retos nacionales y exteriores, usando un enfoque basado en la verdad y la Justicia, podrá subsanar algunas de las aflicciones del pasado y aliviar parte del resentimiento y odio mundial hacia el país. Pero si el enfoque sigue siendo el mismo, no sería inesperado que el pueblo estadounidense similarmente rechace a los nuevos ganadores electorales; si bien las elecciones recientes, en lugar de reflejar una victoria, en realidad apuntan al fracaso de las políticas de la administración actual. Estos asuntos han sido tratados extensamente, en detalle, en la carta que le envié al presidente Bush a principios de este año. Resumiendo:

Es posible gobernar sobre la base de un enfoque que sea muy diferente del de la coerción, la fuerza y la injusticia.

Es posible servir con honestidad y promover los valores humanos comunes, junto con la honestidad y la compasión.

Es posible brindar bienestar y prosperidad sin tensiones, amenazas, imposiciones ni guerras.

Es posible conducir al mundo hacia la perfección a la que se aspira, adhiriendo a la unidad, el monoteísmo, la moralidad y la espiritualidad, y plasmando las enseñanzas de los Divinos Profetas.

Entonces, el pueblo estadounidense, temeroso de Dios y seguidor de las religiones Divinas, superará cualquier dificultad.

Lo que he expresado representa algunas de mis ansiedades y preocupaciones.

Confío en que ustedes, el pueblo estadounidense, jugarán un papel decisivo en el establecimiento de la justicia y la espiritualidad mundiales. Las promesas del Todopoderoso y de sus profetas, por cierto, se verán concretadas. La Justicia y la Verdad prevalecerán, y todas las naciones vivirán una vida genuina en un clima repleto de amor, compasión y fraternidad.

El establecimiento del gobierno de los EE.UU., de sus autoridades y de los poderosos no deberá optar por caminos irreversibles. Como nos han enseñado todos los profetas, la injusticia y la trasgresión finalmente traerán aparejada la declinación y la muerte. Actualmente, el camino de regreso hacia la fe y la espiritualidad está abierto y no tiene impedimentos. Todos deberíamos seguir la Divina Palabra del Sagrado Corán:

«Pero quien se arrepienta, crea y obre rectamente se contará entre quienes tendrán éxito. Tu Señor es Quien crea y elige (hacer lo que quiere) y no son ellos (los hombres) quienes deciden. ¡Glorificado sea Allah! Allah está por encima de lo que le asocian» *(El Relato, Sura 28:67–68.)*

Oro al Todopoderoso para que bendiga a las naciones de Irán y Estados Unidos y también a todas las naciones del mundo con dignidad y éxito.

Apéndice C

EXTRACTO DE UNA ENTREVISTA CON BENJAMÍN NETANYAHU

Benjamín Netanyahu fue primer ministro de Israel, entre los años 1996 y 1999, y ha sido un buen amigo desde antes de haber sido designado como jefe delegado de misiones en la embajada israelí en Washington, en 1982. Más recientemente, en 2002, se desempeñó como ministro de relaciones exteriores de Israel y fue designado ministro de finanzas en 2003, cargo en el que estuvo hasta que renunció como protesta por los retiros de Gaza en 2005.

MDE: Hábleme acerca de la participación de Irán en las recientes luchas en el sur del Líbano.

Sr. Netanyahu: Creo que no hay dudas de que Hezbolá no duraría ni un día sin el apoyo iraní y, por supuesto, sin el sirio. Los han estado financiando, dirigiendo, armando, inspirando, y no hay dudas de que de los dos, Irán es la amenaza más seria. Ahora está liderada por una loca militancia chiita que quiere hacer retrodecer mil años al mundo —iba a decir a la época medieval, pero es casi a la anterior a ella—, y hacerlo con una matanza apocalíptica de millones. Ellos tienen este credo, que usted pensaría que ya ha pasado de este mundo. Después de todo, hace trescientos años fue el final de las guerras religiosas, pero ellos desean reconstruirlo. Como puede ver, el peligro reside en que se nos ha dado un llamado a despertar aquí. Utilizando a sus representantes en el Líbano y, coincidentemente, en Gaza, están bombardeando con cohetes las ciudades israelíes con estas armas con las que cuentan ahora. Imagine lo que sucedería posteriormente si Irán tuviera misiles que llegaran a todas las capitales europeas, dentro de una década, a la costa oeste de los EE.UU. y estuvieran armados no con explosivos, sino con armas nucleares. Creo es una posibilidad muy tétrica para el mundo. Pienso que hay que poner un alto a esto; que hay que detenerlo hoy con una división del trabajo. Israel manejará a Hezbolá, luchando con sus fuerzas militares y desmantelando su arsenal de misiles, y EE.UU. debería manejar a Siria y, especialmente, a Irán, aplicándoles una presión internacional masiva. En esos términos, creo que la declaración más importante es la que han realizado el presidente Bush y el vicepresidente Cheney, en cuanto a que a Irán no se le debe permitir adquirir armas nucleares. Y cuando uno ve las ciudades israelíes atacadas por los representantes de Irán, hay que comprender que sólo estamos en la posición delantera. Ellos están realmente tras de ustedes, no tras de nosotros. Nosotros sólo somos la posición del frente de Occidente.

MDE: **Tenemos delegados que están atacando a su país, y nadie sigue usando la palabra «Irán». ¿Es posible que si los Estados Unidos están durmiendo, haya terroristas que crucen nuestras fronteras?**

Sr. Netanyahu: Sí, pero lo más probable es que experimentarían un mundo que ni siquiera queremos contemplar. Hasta ahora, las armas nucleares han estado en manos de regímenes responsables. Hay un régimen, un régimen extravagante, que aparentemente los tiene ahora en Corea del Norte. No hay mil millones de coreanos a los que la gente quiera inspirar para una guerra religiosa. Eso es lo que podría hacer Irán. Podría incitar a los doscientos millones de chiitas. Eso es lo que tienen intención de hacer: enardecerlos para que libren una guerra religiosa, primero contra otros musulmanes y luego contra Occidente.

La razón por la que nos detestan tanto, el motivo por el que quieren erradicarnos es que no los odian a ustedes debido a nosotros, sino a nosotros, a causa de ustedes. Dicen que somos el «Pequeño Satanás» y que Estados Unidos es el «Gran Satanás». Europa es el «Satanás de tamaño mediano», si bien ellos no lo saben. Es importante comprender que podrían convertirse en una amenaza directa contra Europa y los Estados Unidos, y contra Israel, evidentemente. No lo ocultan. Ni siquiera ocultan el hecho de que tienen intenciones de enfrentarse a Occidente. Lo único que están ocultando es su programa nuclear, que está siendo expuesto por la comunidad internacional. Muchos piensan que lo que han hecho en el Líbano fue meramente una estrategia tipo señuelo para distraer la atención de la creciente presión de su programa nuclear. Así que tenemos que tener los ojos puestos en dos objetivos: El primero, despachar al representante iraní en el Líbano y darle a este país una esperanza para el futuro, y otorgarle seguridad a Israel; pero, del mismo modo, manejar el programa nuclear y de misiles de Irán, mientras aún quede tiempo, mientras ese régimen no se haya armado con armas de muerte masiva.

MDE: **El 11/9 usted se dirigió a la nación y describió ese día como «un llamado a despertarse proveniente del infierno». ¿Cómo luciría Estados Unidos y qué podría sucederle a nuestra nación si Irán contara con armas nucleares?**

Sr. Netanyahu: Irán ha dicho en términos inequívocos que, ante todo, su blanco es Israel, y lo hace con un tipo particular de malevolencia porque niega que sucediera el Holocausto —el asesinato de seis millones de judíos-, mientras que abiertamente declara su intención de crear otro, para destruir a seis millones de judíos de Israel. Número uno, Israel podría estar ante un gran peligro. Número dos, también lo estarían los demás. Es decir, en una encomienda fácil, los regímenes de Oriente Medio orientados hacia Occidente caerían por el borde del camino. Ese es el motivo por el cual usted puede ver a los países árabes en contra de Irán, en contra de Hezbolá, porque comprenden lo que estoy diciendo. Entonces, Oriente Medio podría pasar a estar en manos de ellos, y eso significa que los yacimientos petrolíferos, el grifo de petróleo del mundo, estarían en manos iraníes. Si le preocupan los precios actuales del petróleo, y qué influencia tienen sobre la economía occidental, simplemente piense en mañana. Y número tres, por supuesto, es la capacidad que tenga Irán de usar su arsenal nuclear y de misiles para amenazar a Europa y a los EE.UU. en forma directa. No se equivoque: Su visión demente, apocalíptica, podría serles perfectamente posible de hacer. Esto no es la Unión Soviética, esto no es China.

Estas no son fuerzas racionales. Cualquier cosa que pudiera decir sobre la Unión Soviética, diríamos que actuó con cautela en la escena mundial. Cada vez que su ideología de dominación mundial chocaba con su supervivencia, siempre dieron un paso atrás... en Cuba, en Berlín. Siempre dieron un paso atrás; fueron muy racionales en ese aspecto. Pero uno no puede contar con que los ayatolás del mundo equipados con armas nucleares den un paso atrás. Con frecuencia, prefieren el celo por sobre la supervivencia. ¿Alguna vez oyó acerca de un bombardero suicida comunista? No. Pero el Islam militante produce batallones de ellos, y se estrellan contra edificios en Manhattan, contra el Pentágono, contra naves de los EE.UU., contra ómnibus, escuelas, lo que usted quiera. Así que, esta es una ideología diferente; es una amenaza diferente. No se les debe permitir que se armen. Son los nuevos bárbaros los que están buscando las armas de muerte masiva, y todos hemos sido advertidos. Esta es otra llamada para despertarnos. Eso es todo lo que es.

MDE: **¿Qué pasaba por las mentes de los diecinueve que atacaron Estados Unidos el 11 de septiembre, y qué hay en las mentes de los fascistas islámicos de Irán? ¿Hay alguna diferencia?**

Sr. Netanyahu: Es un credo particular, y el que guía a Irán es una rama particular del chiismo. El chiismo data de los primeros años del Islam, de la época de la batalla por la herencia del legado de Mahoma. Fue un grupo separatista que se descarrió de la trayectoria principal del Islam, que fue la de los sunnitas. Tenía un tipo de líder místico, el Mahdí, quien era un gran jefe religioso que desapareció hace unos doscientos años. Este Mahdí regresará en una gran guerra apocalíptica que se llevará la vida de millones. Casi ordena este tipo de conflagración y uno realmente no quiere que el único país del mundo con un noventa por ciento de chiitas Irán entre ellos, la porción más extrema de esta secta religiosa adquiera las horrorosas bombas atómicas y los misiles para llevar a cabo su ideología retorcida. Es muy peligroso. La gente no se da cuenta.

Apéndice C

MDE: ¿Ellos piensan que lo pueden anunciar con un Apocalipsis?

Mr. Netanyahu: Eso es lo que piensan.

MDE: Un cristiano cree que la venida de Jesús es la esperanza bendita. Entonces, ¿usted está diciendo que aquí hay una facción islámica que preferiría una nube de hongo sobre Israel y los Estados Unidos, un mundo sin sionismo ni EE.UU., y que de algún modo ellos piensan que todos nos vamos a someter al islamismo?

Sr. Netanyahu: ¡Preferir, no! Eso es lo que ellos quieren, no es una preferencia. Es como si se les hubiera ordenado hacerlo. Este es el peligro de ese credo. No es una elección; es casi como una orden de Alá. Por eso estas personas están dispuestas a suicidarse. La pregunta es: ¿Tenemos regímenes suicidas? ¿Contamos con regímenes que realmente pondrán en práctica esta visión apocalíptica insana, con la creencia de que de alguna manera heredarán el paraíso, mientras que plantan el infierno para todos los demás, como también para su pueblo? La respuesta es que esta sea, quizás, la primera vez que una militancia tan demente a escala mundial buscaría adquirir armas de muerte masiva. Hace sesenta años, hubo otra, el hitlerismo, que corría la carrera para producir la bomba, pero que felizmente fue derrotada antes de que esto sucediera. Imagine un mundo en el que Hitler hubiera tenido bombas atómicas. Se parece mucho al que tendríamos, si los ayatolás tuvieran bombas atómicas.

MDE: Habiéndose desempeñado como primer ministro de Israel y también como embajador, ante la ONU, este presidente de Irán habló frente a la ONU acerca de la segunda venida del Decimosegundo Mahdio, y le escribió una carta de ochenta páginas al presidente de EE.UU., desafiándolo a convertirse al islamismo. Terminó la carta con: «Oigo el vidrio fragmentándose y las torres de su democracia liberal cayendo». Como líder mundial, ¿qué cosa debería suceder para que un presidente de un país le escribiera una carta tan extravagante al presidente de los EE.UU.?

Sr. Netanyahu: Es precisamente esta ideología demente la que la gente subestima. Piensan que es un país normal con una susceptibilidad normal al cálculo del costo-beneficio. Básicamente, que es un país que opera en el escenario mundial con una cuota de responsabilidad. Pero no es así. Irán es un estado facineroso. Alienta el terrorismo y la militancia en todo el mundo. Ahora está organizando el lanzamiento de cohetes con civiles como blanco, en Israel, porque Hezbolá, sin Irán, se derrumba en dos segundos. Y se está preparando para poder lanzar ojivas atómicas con un radio enorme. No sólo tiene a Israel como objetivo. Si sólo quisieran a Israel, no construirían esos cohetes de largo alcance que ahora pueden abarcar bastante a cualquier capital europea y que pronto cubrirán a los EE.UU.

MDE: **¿Es una coincidencia que sus soldados hayan sido tomados rehenes, que se hayan disparado Katyushas a su país durante el mismo lapso en que el presidente Bush iba al G8 a ejercer presión sobre Irán?**

Sr. Netanyahu: Se ha dicho, y no sin razón, que Irán utilizó esta táctica de secuestrar y matar a nuestros soldados por medio de dos de sus representantes, Hamas en el sur y Hezbolá en el norte de Israel, para desviar la atención internacional de su programa nuclear. Pienso que esto puede funcionar en el corto plazo, pero creo que en uno mediano será contraproducente. Considero que ahora mismo el pueblo de los Estados Unidos, no sólo su presidente y su administración, sino su pueblo y los de otros países pueden comenzar a preguntarse: «Esperen un momento, ¿esto es lo que nos espera?». Si están dispuestos a hacerle esto a Israel, de quien dicen abiertamente que es meramente un sustituto para los EE.UU., —así es como lo ven ellos—, entonces uno sabe qué tienen pensado para los Estados Unidos, y eso es lo que subyace a todo lo que estamos hablando. Indudablemente, esto en su opinión es una escaramuza para una guerra de mayor envergadura, y dicha guerra no es contra Israel. Comienza con Israel, pero así como sucedió con los nazis, se comienza con los judíos, luego se sigue con todos los demás.

MDE: **¿Cuán importante es el apoyo cristiano para el Estado de Israel en estos momentos?**

Sr. Netanyahu: Creo que tiene una importancia fundamental. Pero el hecho es que tenemos mucha suerte de que en los EE.UU. haya un gran cuerpo de ciudadanos que comprende que tenemos una herencia en común. Es una herencia de libertad, de respetar los derechos individuales y la conciencia individual, de permitir elegir, de proteger la libertad y la democracia, y eso proviene de muchos lugares de los EE.UU. y, más especialmente, de muchos de la comunidad evangélica y de otros del otro lado del espectro político. En este aspecto, EE.UU. es diferente. Es diferente de Europa porque tiene una creencia esencial. Estados Unidos, al igual que Israel, se construyó como la Tierra Prometida, casi como la nueva Tierra Prometida. Conlleva muchos valores universales de libertad y justicia que el pueblo judío le dio al mundo. Considero que esta es una de las grandes bendiciones de nuestro tiempo, que el mundo, a principios del siglo XXI, sea conducido por los EE.UU. Durante la primera mitad del siglo XX, no lo fue y, de hecho, las consecuencias fueron horribles: La Segunda Guerra Mundial y el Holocausto. Creo que somos afortunados porque, hoy día, los EE.UU. están conduciendo al mundo, ya que tiene sus visiones morales muy, pero muy claras.

MDE: **Cuando usted fue primer ministro, nosotros teníamos un presidente a cargo que no le respondía con claridad moral. En este momento, tenemos un presidente que sí lo hace. ¿Cuán importante es eso?**

Sr. Netanyahu: Creo que es sumamente importante. Creo que en los Estados Unidos todos querían ver, a través de un cambio de administración, la paz y la seguridad para Israel. Y eso no está cambiando, pero lo que se requiere es identificar la fuente de la amenaza. El liderazgo tiene dos grandes tareas: Identificar la amenaza a una sociedad, a un país o a una civilización, y ver la oportunidad de protegerlos y hacer que sobrevivan y sigan luchando. Y pienso que en este momento, los Estados Unidos cuentan con ese liderazgo. Creo que el mundo ahora cuenta con ese liderazgo.

MDE: **¿Cómo ve la situación nuclear iraní actual?**

Sr. Netanyahu: Ahora, se tiene un régimen, Corea del Norte, que busca inspirar una guerra nuclear. Eso es lo que podría hacer Irán: Incitar a una Chia de trescientos millones a una guerra religiosa: Primero contra otros árabes; luego, contra Occidente. No los odian por nosotros; ellos nos odian a nosotros por ustedes. Dicen que somos el Pequeño Satanás; ustedes son el Gran Satanás, los Estados Unidos. Es importante comprender eso. No ocultan el hecho de que tienen intenciones de dominar Occidente. Lo único que esconden es su programa nuclear. Enfrentan una creciente presión, respecto de él. Están usando una estrategia de señuelo para distraer la atención. Muchos piensan que lo que han hecho en el Líbano es meramente una estrategia de señuelo para distraer la creciente presión de su programa nuclear. Debemos tener los ojos puestos en los dos objetivos: uno, tener cuidado con Irán, especialmente la región de Irán que está en el Líbano, y dos, tratar con el programa de misiles nucleares de Irán, que no debe equiparse con armas de destrucción masiva.

Apéndice D

EXTRACTOS DE UNA ENTREVISTA CON JAMES WOOLSEY

James Woolsey fue director de la CIA en el período 1993–1995. Durante su carrera en Washington, se desempeñó como consultor (mientras cumplía su servicio militar)de la Delegación de los EE.UU. sobre las Conversaciones de Limitación de Armas Estratégicas (SALT 1), en Helsinki y Viena, 1969-1970; del consejo general para el Comité del Senado de los EE.UU. sobre Servicios Armados, 1970-1973; fue Subsecretario de la Marina, 1977-1979; delegado general en las Conversaciones de Estadounidenses-Soviéticas de Reducción de Armas Estratégicas (START) y en las Conversaciones sobre Armas Nucleares y Espaciales (NST), Ginebra, 1983-1986; y embajador ante la Negociación sobre Fuerzas Armadas Convencionales en Europa (CFE), Viena, 1989-1991.

En la actualidad, es miembro del Consejo de Administración en el Centro de Estudios Estratégicos e Internacionales, consultor del Instituto para el Análisis de la Seguridad Global, miembro fundador de la Coalición Liberación de los Estados Unidos y vicepresidente en Booz Allen Hamilton para la Seguridad Estratégica Global.

MDE: En 2000, usted habló ante el Congreso sobre terrorismo. Dio un mensaje casi apocalíptico respecto del creciente diseño de los terroristas para matar a la mayor cantidad de personas. ¿Es precisamente esto lo que está en la agenda con la obsesión de Irán?

Sr. Woolsey: Creo que sí. En ese entonces, publicábamos nuestro Informe de la Comisión Nacional de Terrorismo. Pudo haber sido dentro de ese contexto. Tuvimos unas veinticinco recomendaciones, algunas de las cuales hubieran ayudado a atrapar a algunos de los terroristas del 11/9. Se las ignoraba por completo en la Cámara de Diputados, en la administración y en el Senado, salvo por el Senador Jon Kyl, que presentó un proyecto de ley para intentar implementarlas, lo que no llegó a ninguna parte.

Así que ese testimonio fue, casi seguro, en ese contexto. Y el 11/9 encaja con eso, con lo que sucedió después, coincide con ese modelo. Y, por cierto, una de las cosas más locas que ha dicho Ahmadinejad encajaría todavía más en el modelo.

MDE: A partir de 1979, ha estado produciéndose una revolución islámica, cuya mira son los Estados Unidos, y parecería que este país ha guardado silencio. Fundamentalmente, en este momento, no estamos viendo una respuesta completa a Irán. ¿Es de hecho, así, o Estados Unidos cuenta con un plan para enfrentar a Irán a la luz de sus amenazas?

Sr. Woolsey: Yo no he visto ninguna evidencia de ningún plan sólido. Y, si bien la revolución islámica ya tiene más de un cuarto de siglo de antigüedad, la hemos visto realmente durante los años recientes, ya que fue revelado por uno de los grupos de oposición emigrados que Irán tiene un importante programa nuclear. De modo que ha sido durante el transcurso de los últimos cuatro años, pienso, que el pueblo estadounidense se ha focalizado en Irán de una manera en que no lo había hecho antes. Pero hubo serios ataques de Irán a los Estados Unidos. Casi todos los que lo han observado dicen que el de las Torres Khobar, en Arabia Saudita, fue auspiciado por Irán. Y en 1983, nuestra embajada y nuestras barracas de infantería fueron voladas por Hezbolá, casi seguramente con la guía de dicho país. Por lo tanto, han muerto estadounidenses como resultado de la acción iraní.

Pero, en términos generales, las administraciones, desde Jimmy Carter hasta los primeros nueve meses de George W. Bush, han tratado al terrorismo como un problema de las fuerzas del orden. Pensaban que si uno podía atrapar a algunos de los terroristas y los ponía en la cárcel, entonces eso iba a detener a los demás. Ahora, creo, no hay mucho de eso. Por cierto, algunas acciones de los organismos de seguridad son útiles si se los puede emplear para detener ataques terroristas.

Pero a los terroristas no se los detiene arrestando y encarcelando a algunos de ellos. No estamos hablando de ladrones o de criminales de delitos financieros. Son fanáticos. Así que pienso que, si bien pudo haberse dado algunos pasos en los últimos tres o cuatro años como tomar mucho más en serio al terrorismo y al terrorismo respaldado por Irán, antes de descubrir su programa nuclear- esto todavía no sea, probablemente, algo sólido.

MDE: **Cuando Irán pronuncia las amenazas que ha enunciado, tales como «un mundo sin sionismo o sin Occidente», o bien, con exterminar al Estado de Israel, siendo constantes todas estas intimidaciones, ¿ellas son sólo retóricas, o se las debe tomar en serio?**

Sr. Woolsey: Se las debe tomar en serio. Las personas que tienen la mentalidad de que son sólo retóricas son el mismo tipo de personas que, hace sesenta o setenta años, a fines de la década de 1920 y principios de la de 1930, dijeron que el libro *Mein Kampf* (Mi lucha) de Hitler no era más que retórica. Hitler armó su plan con mucha claridad para establecer un Reich de mil años y exterminar a los judíos y demás, en *Mein Kampf*.

Con estos movimientos dementes, ideológicos y totalitarios -ya sea que estén religiosamente arraigados como en Ahmadinejad y los que lo rodean en Irán, o sean seculares, como el comunismo o el nazismo- con frecuencia, la mejor guía para que uno sepa qué harían, si realmente tuvieran poder, son los pronunciamientos que emiten en línea con su ideología, a fin de repuntar sus tropas y hacer que sean entusiastas. Sería muy necio y realmente muy inocente, creo, que la gente diga que Ahmadinejad sólo está enviando señales de humo, respecto de querer destruir a Israel, por ejemplo. Creo que él lo haría, seguramente, si pudiera.

MDE: **Ahmadinejad dio un discurso en las Naciones Unidas en el que habló acerca de una figura mesiánica que entra en escena y manifestó su creencia de que estaba en alguna misión religiosa divina. ¿Con cuánta fuerza sus ideas religiosas juegan en sus deseos apocalípticos?**

Sr. Woolsey: Creo que sus creencias religiosas están en el núcleo de su fanatismo. Él es un fanático religioso. No es un comunista ni un nazi que resulta ser un hombre religioso. Es un fanático religioso, en un mundo musulmán chiita, de la forma en que lo fue, digamos, Torquemada, que dirigía la inquisición española en el mundo cristiano, hace unos cinco siglos, más o menos.

Pienso que Ahmadinejad cree que el Decimosegundo Imán, el Imán Oculto, el Mahdí, se ocluyó, como lo diría él, desapareció en el siglo VIII, y que está esperando, junto con muchos otros. No todos los Chia, pero muchos de ellos, que sostienen esa creencia, son personas a las que no les produce una visión alocada. Ellos creen, igual que los judíos, que llegará el Mesías o los cristianos, que Cristo regresará. No es algo que los conduzca a una conducta demente en los emprendimientos cotidianos.

Pero en el caso de Ahmadinejad, parte todas las semanas o cada dos semanas para algo así como comunicarse con el Imán Oculto y obtener sus instrucciones, desde su punto de vista. Su mentor es un ayatolá de nombre Mesbah Yazdi, que dirige una escuela en Qom, en la ciudad sagrada de Irán. El ayatolá Jomeini lo exilió allí, en 1979, fue porque pensaba que era demasiado radical. Así que el mentor de Ahmadinejad también lo era, para Jomeini.

Las creencias que rodean su visión del mundo tienen que ver con trabajar arduamente para matar a muchas personas tan rápidamente como sea posible. Así, el premio del dolor convocará al Mahdí. Y creen en que, una vez que él llegue, el mundo sólo existirá durante un breve período. Entonces Ahmadinejad está, efectivamente, en una campaña para ver si no puede finalizar con el mundo.

Por eso es que, de algún modo irónico, digo que Al-Qaeda y los Wahabistas de Arabia Saudita son los moderados de los islámicos de Oriente Medio, porque sólo desean un califato mundial en el que todos seamos ciudadanos semisubordinados, o bien, subordinados, y que nuestras esposas e hijas deban vestir burqas y demás. Pero ellos, por lo menos, quieren tener a la gente viva; mientras que Ahmadinejad está, creo, del otro lado de esa división.

MDE:	**En cuanto a plantas nucleares, ¿cuán grave sería un Irán nuclear para Oriente Medio y para el mundo?**
Sr. Woolsey:	Bueno, sería muy grave, tanto como cualquier cosa que puedo imaginar, precisamente, debido a estas visiones enloquecidas, ideológicas, totalitarias, fanáticas y antisemitas genocidas. Si este fuera un país con un conjunto de creencias con las que uno pudiera tratar, como lo hicimos con los soviéticos, la cosa cambiaría. En efecto, a ellos los contuvimos durante casi cincuenta años y evitamos que usaran sus armas nucleares, e, incluso, que atacaran convencionalmente en Europa. Y el motivo por el que pudimos hacer eso es que la ideología soviética había muerto efectivamente hacia la década de 1950. En el momento del discurso de Khruschov ante el Vigésimo segundo Congreso del Partido, en 1956, cuando ya se habían conocido todos los crímenes de Stalin, no había muchos comunistas creyentes como parte del sistema soviético. Eran unos cínicos. Figuraba la clase dirigente, la nomenclatura. No querían morir, sino mantener sus mansiones y sus limusinas, así que se los pudo disuadir. Y, además, se podía negociar con ellos. Yo lo hice cinco veces. Solía, cuando nos atascábamos en las negociaciones en Viena, a fines de la década de 1980, tomar a mi colega, el embajador soviético, invitarlo a cenar afuera y comprarle una linda botella de Chablis y una langosta al Termidor, y comenzábamos a contar chistes rusos y estadounidenses, que son muy similares y tienen un sentido de la ironía muy parecido... muy gracioso. Nos reíamos durante un tiempo y luego hablábamos de algunas de las cosas que nos dividían y llegábamos a arreglar parte de ellas. Tal vez no, todo, pero solucionábamos este problema y ese también. ¿Puede imaginarse hacer algo así con un representante de Ahmadinejad? Realmente, creo que sobrepasa lo imaginable.
MDE:	**En *60 Minutes*, se le formuló una pregunta acerca de cincuenta y cuatro mil bombarderos suicidas y mártires que serían enviados a los Estados Unidos. Y él estuvo de acuerdo en que es altamente posible. ¿Hay alguna preocupación sobre la posibilidad de que pasen ese tipo de cosas en los**

Estados Unidos, ya sea directamente o a través de Irán o de sus representantes?

Sr. Woolsey: Creo que es improbable que veamos en los EE.UU. una serie de bombarderos suicidas individuales del tipo de los que fueron a Israel, es decir, de Cisjordania, antes de que los israelíes colocaran la barrera. En parte, se debe a que nuestra aplicación de la ley es muy buena; y, en parte, a que los grupos inmigrantes —incluyendo a los chía libaneses, de los cuales hay una cantidad bastante grande, especialmente en Michigan— son estadounidenses leales y están integrados a la sociedad estadounidense. No todos, pero la gran mayoría.

Hemos recibido información de estadounidenses árabes, estadounidenses musulmanes, respecto a grupos terroristas, ya sea en Florida, en Nueva York o en otros lados. No se nos presenta el mismo tipo de situación que existe, incluso, en Gran Bretaña, y mucho menos en un lugar como Francia, con nuestros grupos de inmigrantes. Así que pienso que sería difícil que hubiera un conjunto de acciones terroristas sostenidas, bombarderos suicidas que se vuelen en centros comerciales, porque no creo que realmente cuenten con una base de operaciones. Pero para un solo ataque como el del 11/9, en el que la gente se infiltra y luego se mata, mientras están haciendo algo devastador, eso por cierto es posible. Y puede que nos encontremos en una situación donde tengamos que observar a los niños, por horrible que suene. Hezbolá ha adiestrado como dos mil muchachos de entre diez y quince años, varones, como bombarderos suicidas y hace, básicamente, lo que Irán le dice. Así que esta es una situación muy seria, pero no creo que lo sea del mismo modo o respecto al mismo tipo de amenaza que hemos visto en Israel, por ejemplo. Pienso que cuando Irán, Hezbolá o alguna combinación elija atacar este país, intentarán que su primer esfuerzo sea destructivo.

MDE: ¿Qué necesita hacer EE.UU. para que Irán rinda cuentas de lo que hace de manera tal que no se vuelva un país nuclear?

Sr. Woolsey: Bueno, creo que así ha sido el caso desde hace bastante tiempo, y lo ponemos en nuestro sitio Web de la Comisión del Peligro Actual que el ex secretario de Estado George Schultz y yo presidimos conjuntamente hace muchos meses. Pienso que necesitábamos, un largo tiempo atrás, ejercer mucha más presión sobre Irán de la que hemos ejercido. Creo que no hubo una verdadera oportunidad luego del año que transcurrió desde la primavera del 97 hasta la primavera del 98, para ver una expansión del papel y la influencia de los reformistas iraníes bajo la protección del presidente Khatami, en cierto sentido.

Hacia la primavera del 98, los mullahs estaban, de nuevo, totalmente a cargo. Estaban matando a los estudiantes, a los valientes editores de periódicos y a los valientes reformistas. Así que realmente no creo que haya habido muchas oportunidades, desde la primavera de 1998. Pero, tal vez, hubo alguna posibilidad allí, desde mayo de 1997 hasta mayo de 1998, de creer que podríamos hallar alguna forma de elaborar algo con Khatami y los reformistas que lo rodeaban. A partir de 1998, no creo que éste haya sido el caso y, por cierto, no lo ha sido desde que Ahmadinejad es presidente. Así que tan pronto como sucedió, si no antes, pero por lo menos desde que sucedió eso, debimos habernos dispuesto a hacer todo lo que podíamos multilateralmente, unilateralmente; pero dejar de viajar con altos funcionarios iraníes, inmovilizar sus finanzas personales en las de los gobiernos de Irán y aumentar enormemente nuestra difusión en ese país. Y considero que, antes, debimos haber trabajado con los países que exportan gasolina y productos de petróleo refinado a Irán, ya que éste no tiene la posibilidad de depurar su propio petróleo, así que importa un cuarenta por ciento o más de nafta y gas oil. Y eso nos da una oportunidad de encontrar alguna forma de trabajar con India o con otros países que embarcan productos de petróleo a Irán. Y ahora, dada su clara violación del mandato de detener el combustible nuclear, creo que bien podríamos lograr que algunos de esos países concuerden con nosotros en que «Muy bien, les compraremos gasolina refinada. Creemos que es bastante razonable para ustedes rescindir este contrato a largo plazo con Irán, dado lo que están haciendo respecto de la estabilidad en Oriente Medio con su programa de armas nucleares». Por cierto, vale la pena intentarlo.

Sería mucho mejor ya que algunos de estos países, como la India, son amigos de los Estados Unidos intentar hacer esto como un trato de negocios, en lugar de un bloqueo de importaciones para ellos. Pero pienso que eso sería mucho más efectivo que intentar bloquear sus exportaciones de petróleo, que el mundo necesita para mantener su precio por debajo de cien dólares el barril.

MDE: **Islamofascitas. Es una palabra nueva para el presidente Bush. La oímos recientemente. Parecería que hay casi un conflicto de morales en los estadounidenses y en qué estamos mirando, respecto de la guerra contra el terrorismo. Casi ha sido definido como nuestra participación en Irán. ¿Qué es precisamente la guerra contra el terrorismo y qué es precisamente el islamofascismo?**

Sr. Woolsey: Bueno, llamar a Ahmadinejad, a Al-Qaeda y a los wahabistas de Arabia Saudita islamofascistas es realmente un insulto a Mussolini; porque los fascistas italianos no eran explícitamente genocidas. Eran dictadores terribles, extremadamente autoritarios. Ayudaron a los alemanes en el Holocausto, pero su doctrina y sus creencias no eran genocidas. No estaban a favor, en sí, como un asunto doctrinario, de exterminar a todos los judíos, de la forma en que lo estaban los nazis.

Así que realmente sería más preciso llamar a estos tres grupos «nazis islámicos». Yo diría, por ejemplo, que Torquemada, a fines del siglo XV y principios del XVI, fue un nazi cristiano. Era totalitario. No veo ningún motivo para no llamar a cada cosa por su nombre.

MDE: **Irán nuclear. El pueblo estadounidense no considera que Irán llegue a convertirse en una amenaza nuclear para los Estados Unidos porque nunca podría lanzarnos un misil. ¿Hay otras formas de ingresar a este país armas nucleares o bombas caseras?**

Sr. Woolsey: Por supuesto. Se las podría ocultar, por ejemplo, en un fardo de marihuana. Hay diversas formas de ingresar a nuestras fronteras, con ítems bastante amplios, tanto en la del sur como en la del norte, y por nuestras costas. Por lo menos, contamos con la Guardia Costera patrullando en medio del mar, pero algunas partes de las fronteras con Canadá y con México son muy fáciles de cruzar.

La cantidad de material nuclear que se necesita para una bomba es de veinticinco a treinta y cinco libras, aproximadamente el tamaño de una pelota de voleibol o, tal vez, de pelota al cesto. Pero conseguir un conjunto iraní de material fisionable y luego armar la bomba, una vez que ingresó al país, bien podría hacerse cuando consigan ese tipo de material. Y no necesitan hacerlo ellos mismos, con tal de tenerlo.

Todas estas estimaciones de que no tendrán una bomba antes de cinco o diez años dependen de que hagan el reprocesamiento del plutonio o el enriquecimiento de uranio para generar la existencia del material fisionable, que es el polo largo de la placa de un arma nuclear. La bomba es, en sí, es bastante fácil de hacer, lamentablemente. Si la inteligencia iraní trabajando con Hezbolá obtuviera una bomba o material lo suficientemente fisionable como para armarlo en ella, y la ingresara a los Estados Unidos por una de nuestras fronteras, esa sería una forma en la que podrían atacar. La otra sería utilizar lo que a veces se denomina coloquialmente «un SCUD en un balde». Un SCUD es un misil balístico de corto alcance, tal vez, un par de cientos de kilómetros, de a miles, decenas de miles en todo el mundo. Los iraníes los poseen. Tienen los de largo alcance. Tienen su programa de misiles conjunto, esencialmente, con Corea del Norte, que crea uno de mucho mayor alcance que ése. De modo que, si uno lanza algo como eso desde un carguero vagabundo que no se patrulla —incluso la marina de los Estados Unidos que patrulla los mares no identifica a todos los cargueros de este tipo. Y además, como usted mencionó anteriormente, los persas inventaron el ajedrez, así que el engaño es algo que forma parte de su repertorio. Es de esperar que si se acercaran a mil quinientos kilómetros de la ciudad de Nueva York y lanzaran un SCUD desde un viejo carguero, hagan todo lo posible para que pareciera que lo hizo Al-Qaeda; o, si lo hiciera éste, probablemente tratarían de que se creyera que lo hizo Hezbolá.

Esos son escenarios plausibles, incluso antes de llegar a la posibilidad de que los iraníes compren o desarrollen alguna arma nuclear que pudieran colocar en uno de sus submarinos diesel. En ellos, tienen misiles de barcos, que se lanzan desde debajo del agua. Es mucho más difícil lanzar un misil balístico y hacerlo con precisión, pero tampoco es imposible de pensar. Y la cantidad de años que deberían transcurrir luego de que uno tuviera un misil de rango intermedio, que tiene la capacidad de avanzar muchos cientos de kilómetros, como el Shahab, antes de poder tener un misil balístico intercontinental que puede recorrer unos pocos miles de kilómetros, no es tanta. Mire el progreso que han logrado los coreanos del norte. El suyo explotó poco después de haber sido lanzado, pero el diseño y todas las capacidades son tales que probablemente alcancen a Hawai o Alaska e, incluso, el noroeste del Pacífico. Así que cualquiera que adopte ese tipo de actitud está siendo irresponsable. Creo que una de las conclusiones razonables de esto es que no contamos con un programa de defensa de misiles balísticos lo suficientemente robusto. No debiéramos tener simplemente unos pocos misiles balísticos de defensa en Alaska y California, enfocados exclusivamente hacia Corea del Norte. Debemos actualizar muchos de nuestros cruceros y destructores Aegis para que ellos puedan proteger nuestras costas. Y necesitamos avanzar rápidamente en la defensa de misiles balísticos con base en el espacio.

MDE: **¿Y qué hay de los misiles Katyusha y de otros suministros militares que proveyó Irán contra Israel? Irán parece estar totalmente obsesionado con Israel y su destrucción. ¿Por qué?**

Sr. Woolsey: Son fanáticos antisemitas. Hace mucho que creo que el antisemitismo es el primer refugio del villano verdaderamente desagradable, de que si usted fuera un nazi, o Hamas, o los wahabitas en Arabia Saudita, el respeto de los judíos por la ley y la historia de la ley forma parte de su religión, y que ser una parte demostrable de la cultura y la vida judías, es algo que ha generado la ira de los particularmente totalitarios que no creen que puede haber ningún concepto de la ley que no sea lo que ellos dicen que es.

Ahora bien, lo que diría Ahmadinejad es que la ley no es lo que él dice que es, sino que es lo que dice Alá que es. Pero él se lo interpretaría a usted: él o su mentor. Así que la idea del gobierno de la ley, de lo que pensamos acerca del gobierno de la ley, la justicia, es completamente ajena para los totalitarios. Y gran parte, debería admitir que no toda, pero gran parte de la historia del pueblo judío se ha centrado alrededor de la santidad de la noción de la ley. Así que pienso que probablemente los totalitarios los odien primero y los odien más que a nadie.

MDE: **Él envió una carta al presidente de Estados Unidos, que fue fundamentalmente ignorada por completo, en la que intentó convertirlo, persuadirlo. Y luego le hizo una advertencia. Utilizó términos tales como: «Oigo los vidrios hechos añicos y las torres de su democracia liberal cayendo». ¿Esto fue un capricho o había algo más al respecto en esa carta?**

Sr. Woolsey: Bien, creo que repite una advertencia que Mahoma pronunció en algún momento a algún enemigo. Y no, no es un capricho. Todo esto está vinculado con su sistema de creencias demente. No es un cínico. No tiene intereses personales. Es un verdadero fanático. Y hemos pasado momentos arduos en estos días en Estados Unidos intentando ver cómo tratar con fanáticos con motivaciones religiosas. No habíamos tenido que hacerlo durante un largo tiempo.

Si observa la Guerra Fría, como mencioné hace unos minutos, los soviéticos no eran fanáticos. Ni siquiera creían en el comunismo. Eran cínicos. Así que no comprendimos demasiado la idea de su ideología. La ideología comunista era algo así como, bueno, si usted estaba realmente interesado en ellos, podría tomar un curso en la escuela de licenciatura o de graduados sobre la teoría marxista-leninista o algo así. Pero hablando en términos generales, nadie pensaba que debíamos meternos allí y refutar, o socavar, o tratar con la doctrina marxista-leninista, por lo menos en los términos de tratar con los soviéticos. Ellos eran unos cínicos.

No hay nada de cinismo en Ahmadinejad, en los miembros de Al-Qaeda o en Mesbah Yazdi. Ellos creen, realmente, que están implementando la voluntad de Alá al destruir a los infieles, al expulsarlos de Oriente Medio, y finalmente, dar fin al mundo o establecer un califato mundial, dependiendo de qué conjunto de visiones tengan. Y esto nos dificulta mucho el trato; porque en los Estados Unidos estamos acostumbrados a dejar que todos crean en lo que deseen creer, sin importar cuán locos puedan estar. Y decir que los wahabitas, los seguidores de Mesbah Yasdi y la facción chiita del Islam son fanáticos dementes, pero la mayoría de los musulmanes sufíes son personas razonables con la que es fácil trabajar, lo cual considero cierto, les suena a muchos estadounidenses como si estuviéramos diciendo: «Bueno, los episcopalistas están locos, pero los presbiterianos están bien». Nos resulta muy difícil meternos con la creencia de la gente si ellos dicen que se basa en la religión.

Lo que siempre les pregunto es: Si Torquemada —que asesinó a trescientas mil personas quemándolas en la hoguera y robando su dinero, desde fines del siglo XV hasta comienzos del XVI, en la Inquisición Española— hiciera eso hoy en algún país, ¿usted diría: «Bueno, él dice ser un representante de Cristo sobre la tierra, y no hay forma de que podamos desafiar eso, supongo»? ¡No! Se pondría en su contra. No podemos permitir que estos fanáticos manejen el futuro de Oriente Medio y, mucho menos, del mundo.

MDE: **Israel valientemente enfrentó al subcontratista, representante de Irán en el Líbano. Luego, repentinamente, algo cambió. Casi parecía como si ellos hubieran probado estratégicamente la cantidad de cuerpos que Estados Unidos toleraría, antes de que fuera rechazado por las «víctimas inocentes». Entonces, Estados Unidos le dijo fundamentalmente a Israel que iban a tener que tratar con la ONU.**

Apéndice D

Israel estaba en crisis. Las tropas se dirigían hacia el río Litani. De repente, todo se detiene. La ONU se convierte en un nuevo socio de Israel. ¿Por qué?

Sr. Woolsey: Bueno, creo que el motivo de haber sido socios de Israel es que, a no ser que las cosas vayan bien en Irak y se den vuelta en el Líbano, es la única democracia de Oriente Medio, y es un lugar de tolerancia religiosa. Los musulmanes practican y viven libremente en Israel.

Y, además, Israel ha puesto todo de sí para hacer las paces con los palestinos, retirándose del Líbano, de Gaza, y preparándose para retirarse de Cisjordania. Ellos están perfectamente dispuestos a tener una solución razonable de dos Estados. De hecho, se propuso uno: Ehud Barak hizo a Arafat una oferta muy generosa durante los últimos días de la administración Clinton.

Pero los palestinos, ya sean seculares como Arafat o fanáticos religiosos, declinaron la solución de los dos Estados. Y ahora Hamas y Hezbolá no están ni remotamente interesados en ello. Cuando hablan de «Palestina ocupada», se refieren a Tel Aviv. Cuando dicen que forman parte de la resistencia, se refieren a la que se ejerce contra la existencia de Israel. Así que no hay base para realizar concesiones de parte de Hamas o Hezbolá.

Creo que los israelíes han hecho todo lo posible para trabajar con un subconjunto razonable de palestinos seculares y decentes. Y, por cierto, parte del liderazgo palestino, pienso, encajaría en esa descripción. Pero Hamas, no. No creo que sea plausible que cualquiera diga: «Si Israel sólo hiciera más concesiones, podrían resolver las cosas». Hamas no quiere eso, sino destruirlos.

MDE: **Entonces, ¿por qué Estados Unidos no le permitió a Israel que terminara su tarea en el Líbano?**

Sr. Woolsey: No conozco la respuesta a las cuestiones diplomáticas que rodean ese tema. Sí, creo que los israelíes, de una manera no característica en ellos, dudaron bastante y no contaron con una estrategia muy buena. Intentaron hacer todo esto con bombardeos, y luego, cuando no funcionó, adoptaron una ofensiva dudosa. Después, se retiraron y, dos días antes de la fecha límite, ingresaron en forma más agresiva, convocaron a sus reservas e hicieron lo que uno hubiera esperado que hicieran si hubieran decidido seguir este curso de acción. Por eso no puedo culpar demasiado al gobierno de los EE.UU. por no estar seguro de que Israel iba a cumplir con la tarea y de que lo iba a hacer de una manera sólida. Si hubieran ingresado, con algún apoyo aéreo, con toda su fuerza, hubieran sufrido algunas bajas más. Mas si hubieran entrado de esa forma al comienzo, después de Hezbolá, hubiera habido una lucha tremenda, pero hubieran llegado al Litani, mucho antes de este mes de lucha que tuvo lugar.

MDE: **¿Cuán importante es la claridad moral para ganar la guerra contra el terrorismo?**

Sr. Woolsey: Creo que es bastante importante. No deberíamos bloquearnos por la desconfianza hacia nosotros mismos. Estas personas nos odian por lo que somos. Como me dijo un conductor de taxímetro en Washington D.C. una vez: «Yo estaba siguiendo un discurso del presidente Clinton hace unos años, acerca de las cosas que hemos hecho mal en nuestro trato con Oriente Medio», dijo. «Esas personas no nos odian por lo que hemos hecho mal. Nos odian por lo que hacemos bien».Y tiene toda la razón. Nos odian por hacer posible que las mujeres tengan una vida decente, en lugar de ser serviles, como lo son en sus culturas. Nos odian por nuestra libertad de expresión. Nos odian por nuestra libertad de culto. Odian todas las partes buenas de los Estados Unidos. Y mucha gente diría: «Bueno, no nos odiarían si no hubiéramos apoyado a Israel». Pero no veo qué más podría hacer Israel que lo ya hecho en los intentos de hacer la paz con los palestinos. Y, seguramente, la razón principal por la que nos odian, atacándonos, no fue la guerra con Irak. Al-Qaeda no sólo nos atacó el 11/9, sino al *Cole* y a las embajadas del este africano y a una instalación en Arabia Saudita, mucho antes de que se llegara a cruzar por la mente a George W. Bush ingresar a Irak; y los israelitas y los palestinos ni siquiera estaban realmente en la lista original de Bin Laden. El problema principal es que los estadounidenses están en Arabia Saudita. Bien, luego de aproximadamente un año, por otros motivos, nos fuimos de allí, por lo tanto, ese tema se acabó. Pero eso no evitó que él continuara con sus ataques ni que cambiara algunas cosas en la jerarquía de su lista. Lo que Bin Laden quiere, y creo que es lo mismo que los wahabitas, y por cierto, Ahmadinejad, es que nos vayamos de Oriente Medio para poder dominar a unos u otros de maneras diferentes cuanto más les sea posible. Y finalmente, quieren sacarnos de encima...

MDE: **Estados Unidos, ¿tiene la voluntad, si fracasan todas las medidas diplomáticas, tiene la disposición de lanzar un ataque preventivo sobre Irán?**

Sr. Woolsey: Ah, no creo que únicamente un ataque preventivo vaya a cumplir con la tarea de terminar con el programa nuclear de Irán, o bien, con los instrumentos de poder del Estado. Pienso que debería haber una campaña aérea. Esto no es como en 1981, cuando los israelíes atacaron el reactor de Osirak. Con ello, detuvieron durante años el programa nuclear de Irak. Al desplazarnos contra Irán, tal vez no deberíamos hacerlo por tierra, sino llevando a cabo una campaña sostenida contra sus defensas aéreas, su programa nuclear, los instrumentos de poder del Estado tales como la Guardia Revolucionaria, y demás. No podemos simplemente arrojar una serie de bombas y pensar que vamos a lograr algo.

Espero que no lleguemos a eso, sino que podamos conseguir un cambio de régimen con otros muchos tipos de presión de la clase que hemos tratado aquí. Pero si eso no se logra, no deberíamos pensar que podemos solamente lograr algo útil lanzando un ataque.

MDE: **¿El Estado de Israel puede, si Israel llega al punto en que cree que no tiene otra opción, cumplir con la tarea?**

Sr. Woolsey: Es mucho más difícil para ellos porque, si estoy en lo correcto y se requiere una campaña aérea en lugar de sólo un ataque, van a necesitar más camiones cisterna y vigilancia aérea, y muchos más activos de los que tienen. Son una fuerza aérea soberbia, pero relativamente pequeña. E Irán está mucho más lejos de ellos que Irak. Así que el hecho de poner combustible a sus aviones y poner las ordenadas sobre los blancos... uno no quiere decir que no podrían hacerlo. Los soldados y aviadores israelíes son notablemente eficientes. Pero sería realmente una operación muy difícil si intentaran ganar una campaña aérea sostenida.

MDE: **Uno oye una y otra vez, acerca de Irán, que ellos creen que los Estados Unidos no harán nada.**

Sr. Woolsey: Bueno, los iraníes tienen más motivos que ese para dudar acerca de nuestra disposición. Ellos capturaron a nuestros rehenes en 1979, y nosotros realizamos una operación de rescate ineficiente. Y luego atamos cintas amarillas alrededor de los árboles. En 1983, a través de Hezbolá, volaron nuestra embajada y nuestros cuarteles marítimos en el Líbano, y nos fuimos. En la década de 1980, debido a diversos ataques iraníes y terroristas, básicamente enviamos abogados. Tratamos el tema como un asunto de cumplimiento legal. Enjuiciamos a algunos de ellos. El presidente Reagan, sí, atacó Libia en esa oportunidad.

Luego en 1991, el Bush, el presidente número cuarenta y uno, tenía medio millón de tropas en Irak. Habíamos alentado a los curdos y a los chiitas para que se rebelaran contra Saddam. Estaban triunfando en quince de las dieciocho provincias de Irak. Nos detuvimos y nos mantuvimos a un lado y, efectivamente, invitamos a Saddam a desplazarse contra ellos y observamos mientras ellos eran masacrados. Y luego nos fuimos... pero no del todo. Teníamos una zona de protección aérea en el norte.

En 1993, Saddam intenta matar al ex presidente, Bush en Kuwait, por medio de una bomba. El presidente Clinton lanza dos docenas de misiles de crucero contra un cuartel de inteligencia iraquí, en medio de la noche, para que estuviera vacío, y hace que su secretario de Estado explique el motivo. Y, no sé qué teníamos en contra de las empleadas de limpieza y los serenos iraquíes, pero no llamaría a eso una respuesta efectiva.

En 1993, tuvimos bajas Black Hawk, en Mogadishu, y nos fuimos; y luego, en la década de 1990, una instalación de reserva en Arabia Saudita, las embajadas del este de África y las Torres Khobar y el *Cole*. Y hasta el 11/9, básicamente hicimos lo que habíamos hecho en la década de 1980. Ejecutamos esto como una operación de cumplimiento de la ley e intentamos atrapar a unos pocos terroristas y encarcelarlos, lo que no tuvo para nada efecto sobre fanáticos religiosos que realmente les daba lo mismo ir a prisión o morirse... y mejor, morirse.

Si los iraníes, o, para el caso, los baathistas, en Irak, observan la historia del último tercio del siglo, creo que es comprensible cómo llegaron a pensar que somos tigres de papel. Lo más peligroso en el mundo al tratar con estos totalitarios fanáticos religiosos es hablar a lo grande y luego no seguir adelante. Teddy Roosevelt tenía razón: «Habla despacio y lleva un palo grande».

MDE: **¿Estamos ganando la guerra contra el terrorismo? Y, si no, ¿qué podemos hacer para ganarla?**

Sr. Woolsey: John Lehman presentó recientemente un artículo excelente en el *Washington Post* que analizaba esta cuestión.[1] Y yo diría que hay algunas brechas enormes. Nos ha ido bien en algunos aspectos del cumplimiento de la ley y trabajando con nuestras comunidades de inmigrantes aquí, en EE.UU.; pero no creo que las reorganizaciones de inteligencia o el FBI hayan hecho mucho para ayudarnos, hasta ahora.

Alcanzamos brillantes victorias iniciales tanto en Afganistán como en Irak, con un mínimo de fuerza militar; y luego no planeamos adecuadamente, en ninguno de los dos casos, a largo plazo; por lo cual estamos teniendo dificultades en Afganistán y mayores, en Irak. En efecto, es insuficiente la policía militar, el desarrollo nacional, el dinero para los proyectos inmediatos que apuntan a mejorar el agua y los sistemas cloacales, la electricidad, y demás.

Y en este país, como lo señala el artículo Lehman, aproximadamente el ochenta por ciento de las mezquitas y de los institutos religiosos son financiados por los sauditas. Son básicamente wahabistas. Por cierto, eso no se aplica al ochenta por ciento de musulmanes estadounidenses. Pero las instituciones están financiadas por los wahabistas, y ellos son fanáticos. Por lo cual tenemos un problema serio. Hay conflictos en nuestras cárceles; con algunos de nuestros capellanes musulmanes en las fuerzas armadas. No hemos descubierto que no podemos abrirles las puertas a los wahabitas y dejarlos que estructuren, ya sea a través de las organizaciones que ellos financian, de sus mezquitas o de cualquier otra cosa; dejarlos que estructuren en Occidente lo que significa ser musulmán. Esto sería como entregarle el cristianismo a Torquemada.

Debemos hallar alguna forma de trabajar con los cientos de millones de musulmanes buenos y decentes del mundo que no desean ser terroristas, a los que ni siquiera les gustan los terroristas —los sufis y otros— y encontrar una manera de hacer una causa común con ellos para que no sean aterrorizados en silencio en la forma en que los wahabitas y sus aliados, gente como Al-Qaeda, lo están. Ahora bien, los wahabitas y Al-Qaeda se odian. Se matan. En cierto modo, les gustaban los trotskistas y los estalinistas en las décadas de 1920 y 1930. Pero sus visiones subyacentes son, en efecto, las mismas; son, esencialmente, genocidas, respecto de los chiitas, los judíos, los homosexuales y los apóstatas, y terriblemente represores de todos los demás, incluyendo, en particular, a las mujeres.

MDE: **Muchos describen esto como una potencial Guerra Mundial. Algunos la denominan Tercera Guerra Mundial o Cuarta. ¿Es ésta, en esencia, una Guerra Mundial? ¿Y qué tienen en común estos individuos?**

Apéndice D

Sr. Woolsey: Bueno, yo tomé prestado un término de mi amigo Elliot Abrams, que escribió un trabajo justo después del 11/9, llamando a esta lucha la Cuarta Guerra Mundial, diciendo que, esencialmente, la Tercera Guerra Mundial fue la Guerra Fría y que ésta tenía cosas en común con ella. Iban a ser muy prolongadas, los elementos ideológicos, y demás. Pero dejé de hablar acerca de la Guerra Mundial porque cuando las personas oyen ese nombre suelen pensar en la Primera y la Segunda Guerras Mundiales, en Gallipoli o Iwo Jima, o algo que es rápido y muy, pero muy violento. Newt Gingrich ahora ha regresado para impulsar la Tercera Guerra Mundial. Realmente, no hay un gran término para definir esto. Una Guerra Global contra el Terror o el Terrorismo creo que es una mala frase. No denominamos a la Segunda Guerra Mundial en el Pacífico una Guerra Global sobre los Kamikazes. El terrorismo es una táctica terrible, pero es una táctica. Tenemos problemas mucho más grandes que él. Y nosotros, al usar una frase como «Fascista islámico» o «Fascistas islámicos», nos aproximamos a una descripción precisa de lo que estamos peleando. Como estaba diciendo, prefiero «Nazis islámicos».

¿Y qué tienen en común? ¿Ahmadinejad y Mesbah Yazdi por un lado, el lado chiita, los wahabitas y Al-Qaeda por el otro? Lo que tienen en común es una creencia apasionada de que ellos son los instrumentos de la voluntad de Alá; que los infieles merecen, como mucho, estar en una posición servil y, en muchos casos, la muerte; que no hay una justificación racional. Los fatuas wahabistas son muy claros en cuanto a esto, incluso, al trabajar o al tratar con los infieles que, en el caso de Ahmadinejad y Mesbah Yazdi, se están ocupando para que regrese el Mahdí, así pueden, esperanzadamente, desde su punto de vista, hacer que termine el mundo lo más rápido posible. Aquéllos y Al-Qaeda quieren que los Estados Unidos y todas las entidades de Occidente, incluyendo Israel, estén fuera de Oriente Medio. Y, una vez establecido un califato, una unión de mezquita y Estado, una estructura totalitaria, esencialmente, una teocracia, gobernar el mundo árabe; luego, el musulmán; después, las partes del mundo que alguna vez fueron musulmanas, pero que ya no lo son; y, finalmente, todo el mundo. Así deberían suceder las cosas, desde su punto de vista. Así que yo diría que lo que tienen en común es que son fanáticos genocidas teocráticos, totalitarios y antisemitas.

Apéndice E

EXTRACTOS DE UNA ENTREVISTA CON EL GENERAL RETIRADO DEL EJÉRCITO HUGH SHELTON

El general Hugh Shelton se desempeñó treinta y siete años en la infantería, cumpliendo dos períodos de servicio en combate en Vietnam: el primero, con el Quinto Grupo de Fuerzas Especiales y el segundo, con la 137 Brigada Aerotransportada. También comandó el Tercer Batallón de la Infantería Número 60, en la Novena División de Infantería en Fort Lewis, Washington; actuó como jefe de Estado Mayor en la Novena División de Infantería para operaciones; comandó la Primera Brigada de la División Aerotransportada Número 82, en Fort Bragg, Carolina del Norte y fue el jefe de Estado Mayor de la Décima División de Montaña en Fort Drum, Nueva York.

Ascendido a brigadier general en 1988, Shelton sirvió dos años en la dirección del Estado Mayor Conjunto. En 1989, inició una tarea de dos años de duración como comandante adjunto de la división de operaciones, en la División Aerotransportada Número 101 (Asalto aéreo) en Fort Campbell, Kentucky, y participó en la liberación de Kuwait durante la Operación Escudo/Tormenta del Desierto. Luego de la Guerra del Golfo, el general Shelton fue ascendido a general de división y asumió el comando de la División Aerotransportada Número 80, Fort Bragg, Carolina del Norte. En 1993, fue ascendido a teniente general y asumió el comando del Cuerpo Aerotransportado Número 18. En 1994, durante su desempeño como comandante del Cuerpo, el general Shelton condujo la Fuerza de Tareas Conjuntas de los Estados Unidos que restauró la democracia en Haití. En marzo de 1996, fue ascendido a general y se convirtió en Comandante en Jefe del Comando de Operaciones Especiales de los EE.UU.

Desde 1997 hasta 2001, también actuó como Presidente de los Jefes de Estado Mayor Conjunto.

MDE: ¿Cree usted que contamos con un plan efectivo para ganar la guerra?

Gen. Shelton: Creo que tenemos un buen plan. ¿Podría ser mejor? Sí, podría serlo. No considero que ahora mismo estemos usando todas nuestras herramientas tan eficientemente como podríamos hacerlo para ir tras los terroristas. Estamos usando los medios políticos; los diplomáticos, hasta cierto punto, las grandes armas militares. Pero cuando uno observa las herramientas económicas y, en particular, las de la información, hay un espacio considerable para mejorar.

La actual es una guerra de ideas y, también, militar; y no creo que nuestro programa sea tan efectivo y que podamos hacerlo solos. Se requeriría de una guerra de información que se lleve a cabo junto con nuestros amigos y aliados de todo el mundo. Hacemos mucho bien en él; sin embargo, lo que llama la atención, mayormente, en estos países del tercer mundo —para llamarlos de algún modo, naciones subdesarrolladas—, son las cosas malas que les presentan los radicales y los fundamentalistas. De modo que realmente necesitamos una campaña más efectiva para demostrarles las buenas, que resultan no sólo de los esfuerzos de los Estados Unidos, sino también, de los de nuestros amigos y aliados que están en esta guerra con nosotros.

MDE: **Hay quienes han dicho que hemos comenzado a abandonar, en cierto grado, nuestra posición de no negociar con terroristas. ¿Piensa que en nuestra relación con Irán, en la forma en que se está desarrollando, ha sucedido algo de eso?**

Gen. Shelton: Por supuesto. Estoy bastante preocupado por el hecho de que parecería que queremos quedar bien con Dios y con el diablo, en el caso de Irán. Tenemos elementos en Washington, por ejemplo, que están convencidos de que debemos manejarlos con guantes de seda porque hay una cantidad muy grande del pueblo iraní al que realmente le gusta Estados Unidos y quisieran ver al régimen que está en el poder, los regímenes más fundamentales o más radicales. Pero esas son las personas que manejan pistolas y que están gobernando la nación-Estado de Irán en este momento, y, sí, creo que los hemos tratado con guantes de seda. Por ejemplo, indicios directos del FBI, relacionados con el incidente de las Torres Khobar que mató e hirió a cientos de aviadores de los EE.UU.; ellos tienen que pagar un precio por ello. Deberían pagarlo. Creo que hay una vinculación con casi todas las actividades terroristas que han sucedido, y se puede demostrar que se relacionan con Irán y su apoyo -o su participación directa, una de las dos- con esos esfuerzos contra los Estados Unidos y contra nuestros amigos y aliados.

MDE: **A la luz de todo lo que vemos, ¿dónde está la indignación? Sabiendo cómo Irán ha estado vinculado con tantas actividades terroristas, ¿dónde está la indignación? ¿Por qué les estamos abriendo puertas al permitir que los líderes iraníes vengan y hablen frente a la ONU, frente a Harvard, como lo hizo Khatami este último fin de semana?**

Gen. Shelton: Bueno, por supuesto, cuando se habla de la ONU, se está hablando de todas las naciones que son miembro y que tienen el derecho de venir a los Estados Unidos, a visitar la ONU y a participar de las actividades de ese organismo. Luego se encuentran más universidades liberales en los Estados Unidos, que invitan al presidente de Irán a venir al país y disertar en ellas, y yo no diría que eso está tan mal. No me opongo a la libertad de expresión ni a las opiniones enfrentadas, pero lo que más me preocupa es ignorar la situación, como gobierno, de los movimientos que están teniendo lugar, así como el apoyo al terrorismo que proviene de Irán en casi todos los aspectos de la violencia que ha sido dirigida recientemente hacia los EE.UU. Quiero decir, que si uno se acuerda de Bosnia y Kosovo, y observa las Torres Khobar y Afganistán, Irak, hay vínculos dentro de Irán que no pueden negarse, y no deberíamos sacarlos del apuro. Están apoyando al terrorismo en un alto grado, y aún porque tenemos una milicia que está sumamente comprometida en este momento, parece que quisiéramos sólo un cambio hacia el otro lado, y entonces ellos actúan con impunidad.

MDE: **Podría argumentarse que las amenazas proferidas por Osama bin Laden, que fueron dichas mucho antes del 11 de septiembre, tal vez no fueron tomadas tan en serio como debían haberlo sido. ¿Cómo podría comparar las** amenazas de Osama bin Laden con la del presidente iraní y con cuánta seriedad debemos tomarla?

Gen. Shelton: Creo que uno debe tomar en serio cualquier amenaza que se profiera contra los Estados Unidos y sus ciudadanos o contra nuestros amigos y aliados de todo el mundo. Pienso que deben tratárselas a ambas del mismo modo. Ahora bien, le diría que, como sabe, antes del 11/9, hubo esfuerzos considerables para ir tras Osama bin Laden, capturarlo o matarlo; y enfatizo la palabra *matarlo*, debido a las atrocidades que ya había perpetrado contra los Estados Unidos, contra nuestros hombres y mujeres y contra nuestros buques de guerra, etcétera.

Pero, al mismo tiempo, debo decirle que el tipo es bastante bueno en evitarlos. Hace todas las cosas correctas. Sabe cómo sobrevivir, o sea, lo que tiene que hacer para ello. El resultado es que él ni siquiera está cerca de ser tan eficiente como lo hubiera sido; pero, aún así, nuestro esfuerzo debe ser continuar buscándolo a él y a todos sus tenientes, más o menos, cortarle la cabeza a la serpiente y a ese equipo. Al-Qaeda es una serpiente.

MDE: **James Woolsey dijo que hemos tratado la guerra contra el terrorismo, hasta cierto grado, a lo largo de los años, como un problema de aplicación de la ley a los terroristas. Usted lo sabe, ¿qué opina al respecto?**

Gen. Shelton: Bueno, creo que probablemente la analogía con esto sea el hecho de que ellos no son un buen blanco militar, sino, más bien, un blanco de cumplimiento de la ley. Luchar contra el terrorismo se parece más a luchar contra el crimen organizado. Ciertamente, uno quiere decapitarlos, negarles sus santuarios. Pero, también, ir tras su economía, su base de apoyo. Uno desea hacer todo lo que puede, a nivel político y diplomático.

A diferencia de una organización militar, ellos no cuentan con tanques, ni aviones, ni una infraestructura que se pueda atacar y bombardear, y demás. De modo que hay que ir tras los individuos, y en ese aspecto, se parece más a luchar contra el crimen que contra los militares. Pero, nuevamente, la milicia es una parte integrante de esto, y apoyando al FBI o a la CIA, es una pieza muy potente; pero sólo es una pieza y, hasta cierto grado, una pieza relativamente pequeña...

MDE: **En nuestro enfrentamiento actual con Irán ¿quién diría usted que realmente está ganando a estas alturas?**

Gen. Shelton: Acerca del enfrentamiento con Irán, hasta cierto punto, se debería decir -ya que no hay un conflicto abierto entre las dos naciones- que los iraníes se están llevando mucho más de lo que se les debe permitir que obtengan. Su búsqueda continua de un arma nuclear, incluso, ante los ojos de una comunidad internacional que les dice que se detengan, su resistencia a hacerlo, su apoyo constante al terrorismo como el mayor exportador mundial de recursos para él, consultores, etcétera, me dice que se están saliendo con la suya en muchas cosas que no debieran ser así, y, por ende, debo colocarlos en la «columna ganadora» porque están haciendo mucho más de lo que debería permitírseles hacer contra la comunidad internacional y contra los Estados Unidos...

MDE: **En cuanto a que estemos conversando sobre si Irán está ganando o perdiendo en este enfrentamiento, ¿qué piensa sobre su potencial, cuál es la opinión que ellos tienen, respecto de quién está ganando o perdiendo?**

Gen. Shelton: Diría que es una buena pregunta. Es una pregunta difícil. Creo, desde el punto de vista actual iraní, que ellos piensan que están ganando, y que es así porque han podido escaparse de los ataques a las Torres Khobar, con el apoyo de los radicales y los fundamentalistas, por medio de recursos como de consejeros, sin ver sus manos implicadas en esto.

Han continuado desafiando a la ONU al ir tras del poder nuclear, y siguen teniendo mártires, y eso se parece en algo a las advertencias que se les hacía a los talibanes para que detuvieran el apoyo a Al-Qaeda, si no, iban a pagar el precio. Pero no lo hicieron hasta el 11/9, e ingresamos y los expulsamos.

Así que pienso que Irán está en la misma situación ahora y, según sus mentes, les está yendo bien.

MDE: **Creo que existen ejemplos de que hemos incursionado y lo hemos hecho plena y completamente como la expulsión de los talibanes. Posiblemente usted pueda mencionar algunos otros ejemplos donde nos hemos salido de la situación y quizá no respondimos tan plenamente. ¿Piensa que Irán tiene motivos para creer que Estados Unidos no tiene la disposición para actuar y para tomar verdaderas acciones militares contra ellos?**

Gen. Shelton: Bueno, si ahora estuviera sentado en Irán con mi sombrero iraní puesto y hubiera desafiado a los Estados Unidos, a la ONU, en mi búsqueda de armas nucleares, por cierto poder nuclear –potencialmente, un arma nuclear–; si hubiera continuado proveyendo los recursos para que gran parte de las actividades se dirigieran contra los Estados Unidos en cualquier lugar del mundo, y no me involucrasen en ello, pensaría que me está yendo bastante bien. Estoy caminando por esa línea delgada en la forma en que he permanecido lo suficientemente fuera como para ofrecer bastante provocación a los Estados Unidos, a fin de que venga a mí directamente, y aún me estoy saliendo con la mía, con una gran ganancia en el proceso y, probablemente, esté hiriendo la autoestima de los estadounidenses, aunque, por cierto, estoy perjudicando su reputación.

MDE: **Cuando observa las alternativas que tenemos con relación a Irán, comparando la facilidad o la dificultad con la que podemos invadir, en contraposición a concertar verdaderamente la paz, ¿cuál cree usted que es, potencialmente, el camino más fácil? ¿Piensa que es imposible llegar a la paz, o que la invasión también es una suerte de ruta sin esperanzas? O... usted sabe, compare a ambas.**

Gen. Shelton: Creo que cuando se mira a Irán, se la debe colocar dentro del contexto de cómo se actuaría en cualquiera de los dos casos. ¿Cómo actuaría si librara una guerra contra ellos? ¿Cómo actuaría si intentara lograr la paz con el mayor grado de aprovechamiento a su favor? Y, en mi opinión, en esto juega el entorno internacional. A través de una coalición de los socios de las Naciones Unidas, o bien, de los esfuerzos de Naciones Unidas o de una liga de socios europeos, entienden que usted está buscando la paz. Y ciertamente, si así lo quiere, si va a ingresar y tomar su capacidad nuclear, si va a ser una guerra enteramente de disparos entre Irán y quien quiera que dé inicio a la invasión, es para los mejores intereses de los Estados Unidos usar a la comunidad internacional que también está siendo atacada por los iraníes y formar una coalición. Usar esas herramientas políticas y diplomáticas que mencioné antes. Reunir a esa alianza, tal como lo hicimos en la Tormenta del Desierto- Escudo del Desierto/Tormenta del Desierto, y emplearla para ejercer presión contra ellos, a fin de arreglar las cosas pacíficamente, y que acepten una supervisión de la ONU sobre sus desarrollos nucleares; o bien, usarlos para ingresar y tomarla, y para hacer militarmente todo lo que la comunidad internacional considere que es necesario hacer.

MDE: **Si realmente ingresamos para tomar a Ahmadinejad, ¿qué apariencia tendría el primer ataque? ¿Qué pasos podrían darse, en realidad?**

Gen. Shelton: No me gustaría especular sobre eso. Tengo demasiados conocimientos, podría decirse, sobre cuáles serían los planes para tratar con los iraníes si debiéramos hacerlo, al librar una guerra. Pero sólo diría que espero que, a diferencia de algunos de los planes con los que contamos —en su mayoría, operativos, desarrollados por los Estados Unidos—, nos tomáramos el tiempo para desarrollar esos mismos planes con socios, con una coalición. Y pienso —no es necesario decirlo— que deben ser abrumadores. Debe ser algo rápido y con un plan de seguimiento que diga: «Así es como vamos a tratar con ello en la fase 4», por decir algo, a diferencia de lo que hicimos cuando fuimos a Irak.

MDE: ¿Puede hablar de las ventajas y las desventajas de ir tras un cambio de régimen?

Gen. Shelton: No creo que haya ninguna duda: si se llegase a la decisión de que vamos a incursionar en Irán y vamos a tener un cambio de régimen, con suerte, podríamos hacer eso con una fuerza internacional. Creo que es sumamente importante debido a la percepción en todo Oriente Medio de que los Estados Unidos están allí sólo por el petróleo, como todos nosotros sabemos. Nos encontramos allí para tratar de brindar un entorno pacífico y estable en una parte del mundo de vital interés nacional para los Estados Unidos. Y entonces, si ha decidido incursionar en Irán, querrá hacerlo como parte de una fuerza internacional. Después de todo, ellos están desafiando ahora a la comunidad internacional con su programa nuclear, no sólo a los Estados Unidos, también a la ONU, y, por ende, debería ser ella la que tomara esa decisión. Y luego en términos de qué va a hacer una vez que va allí, creo que va a reemplazar al régimen. Ellos tienen que irse. No han cooperado. Han hecho que uno vaya a la guerra. Por lo tanto, usted debe pensar de frente, ¿a quiénes tenemos?, ¿quiénes estarán tras las bambalinas? ¿Quiénes son los moderados del país en este momento para poder llegar a ellos, una vez que haya removido al régimen, y reestablecerlos como el gobierno central y con un plan de seguimiento, para ayudarlos a ponerse de pie con el nuevo liderazgo en ese país?

No es necesario decir que siempre es más sencillo ingresar que partir. Lo hemos aprendido una y otra vez. Pero es mucho más fácil salir, si se cuenta con un buen plan de transición para el aspecto del desarrollo nacional; y, a partir de él, un plan de repliegue para retirar todas sus fuerzas o permanecer, un pequeño contingente que se queda como parte de una fuerza internacional, hasta que el nuevo gobierno esté plenamente de pie y preparado para mantener la paz y la seguridad por sus propios medios.

MDE: Con nuestras fronteras y puertos abiertos, todos los meses llega a éstos todo tipo de carga. ¿Cuán seria es la amenaza de una bomba sucia, y luego, qué tipo de espacio se requeriría para los componentes de armado de ella?

Gen. Shelton: Bueno, cuando uno observa los mismos derechos, privilegios y libertades que hacen que los Estados Unidos sea la envidia del mundo, en términos de las libertades de las que gozamos como individuos, eso también está a la vista de los Al-Qaeda del mundo, los terroristas, nuestra mayor amenaza, nuestra mayor debilidad. Son las fronteras porosas que tenemos, y sin importar cuánto intentemos protegerlas, si se observan los kilómetros y kilómetros de frontera con Canadá o, incluso, nuestra capacidad para tratar de detener la infiltración en la frontera sudoeste, bueno, realmente es difícil.

Y por lo tanto, yo digo que no es un asunto de cuándo nos ataquen, me refiero a que no es un asunto en sí, sino un asunto del momento en que ello suceda. Y cualquiera que se aboque a ello y que cuente con el tiempo y los recursos necesarios eventualmente puede hacer ingresar el material adonde lo necesite en los Estados Unidos para llevar a cabo un ataque. ¿Cuál es nuestra mayor defensa? La comunidad de inteligencia, y se la debe realizar mundialmente. Son pistas que uno recoge que llegan de Alemania o, recientemente, del Reino Unido, o que provienen de Australia.

Quiero decir, que si observamos a Indonesia, la cuarta nación más grande del mundo, la nación con más musulmanes en el planeta, está atravesando un proceso de desintegración. Es un caldo de cultivo ideal para el terrorismo y podría convertirse en el próximo campo de adiestramiento de Al-Qaeda. Bien, sólo porque está en Indonesia no significa que pueda venir aquí y atacar la ciudad de Nueva York o Los Ángeles o cualquier otra ciudad. Así que la inteligencia es cómo vamos a hacerlo y ese tiene que ser un esfuerzo internacional, no sólo de los Estados Unidos. Y si lo hacemos bien, si realmente le dedicamos la atención que requiere y los recursos, creo que es nuestra mejor defensa contra el terrorismo...

MDE: ¿Cómo cree que los terroristas están usando los medios de comunicación contra nosotros?

Gen. Shelton: Bueno, en una guerra de ideas, en una guerra de informaciones, los medios de comunicación son un arma muy poderosa, y creo que lo que encontramos aquí es que lamentablemente los terroristas son mucho más eficientes en algunos casos en su empleo para su provecho de lo que lo estamos usando para el nuestro. Un ejemplo característico es que tienen un *Al Yazira* (emisora de televisión por satélite de lengua árabe) que está difundiendo su propaganda por todo Oriente Medio, y sin embargo, falla nuestra capacidad para entrar como una comunidad internacional, con el objeto de demostrar todas las cosas buenas que están sucediendo en muchos de esos países, ya se trate de Irak y las numerosas escuelas que construimos, o la cantidad de hospitales que se han vuelto a abrir.

Simplemente hay que bombardearlos con estas cosas y algunas personas lo denominarían propaganda. No es propaganda, es información. Y es presentársela a las personas que la necesitan, que son las que están tomando la decisión de creer lo que están diciendo los radicales o lo que sus propios ojos le están diciendo, que las cosas están mejorando. Las cosas están mejor actualmente en sus vidas de lo que lo estaban bajo Saddam Hussein, o quien fuera. Podemos hacerlas mucho mejor todavía, y se necesita hacer un esfuerzo realmente focalizado para que los Estados Unidos ganen verdaderamente esta guerra de ideas.

MDE: **¿Cuáles diría usted que son los disparadores básicos que podrían instigar una acción militar contra Irán?**

Gen. Shelton: Bueno, por cierto, cuando se trata de Irán, creo que cualquier tipo de acción militar abierta contra los Estados Unidos, ya fuera disparar a uno de nuestros aviones de combate o de transporte o derribarlos, o hundir uno de nuestros buques de guerra, o simplemente una acción abierta de cualquier tipo en contra de nosotros... Y me gustaría pensar que todo tipo de ataque terrorista que tuviera de inmediato una prueba irrefutable de culpabilidad relacionada con dicho ataque, que Irán pagara un precio muy alto por medio de nuestra propia política nacional de represalias contra los terroristas. Así que eso es lo que debería suceder. Creo que todos lo comprenden. Es una política que todo el mundo entiende. Si uno ayuda, apoya, brinda asistencia o de cualquier otro modo presta ayuda a una organización terrorista, y sus huellas están presentes, será tratado como el terrorista mismo. Y creo que los iraníes son lo suficientemente inteligentes como para comprenderlo también.

MDE: **Parecería que Irán ha tenido éxito en el uso de cuatro mil misiles, en su ataque reciente desde el Líbano a Israel. Han alardeado acerca de que tienen cincuenta y dos mil bombarderos suicidas preparados para atacar Occidente, para ingresar a los Estados Unidos. ¿Cuán realista es una situación como esa?**

Gen. Shelton: Bueno, yo no dudaría que Irán es el que más apoya al terrorismo, desde el momento en que cuenta con una gran cantidad de misiles, un gran número de todo tipo de armas químicas o biológicas a su disposición. Quiero decir que aquí hay una organización que envía tecnología de misiles que es ilegal, de acuerdo con las normas de la ONU, a Corea del Norte, otro miembro del eje del mal. Harán todo lo que crean que es necesario para sus mejores intereses o contra los Estados Unidos o nuestros aliados más cercanos. Entonces, quiero decirle que esa es parte de la guerra de ideas, y eso suele hacer que uno le tema a alguien. Uno piensa en cincuenta y dos mil bombarderos suicidas. Es una gran arma psicológica. Yo se los lanzaría si... ya sabe.

Bueno, ya sabe, prepárese. Tenemos algo de una magnitud aún mayor que cincuenta y dos mil bombarderos suicidas. Es como si alguien diera un paso hacia atrás porque los chinos tienen una población de 1.3 mil millones de personas. Decimos, bueno, no les haremos frente porque son demasiados. Hay muchas cosas que nos ocurren en términos de nuestra voluntad de luchar y de la tecnología con la que contamos, y tenemos un montón de buenos aliados en todo el mundo que, si surge alguna agresión, aparecerán y estarán allí, de nuestro lado.

MDE: No obstante, ¿a usted le parece que se deben tomar en serio estas amenazas?

Gen. Shelton: Cuando el presidente de una nación capta la atención y alardea con que va a eliminar a otra nación de la faz de la tierra, con que cuenta con una gran cantidad de bombarderos suicidas; cuando habla acerca de su tecnología de misiles o de lo que podría planear para herir a otras naciones, creo que se lo debe tomar muy en serio, no sólo los Estados Unidos, sino las Naciones Unidas y también nuestros aliados y amigos.

MDE: **Benjamín Netanyahu dijo que los asuntos relacionados con la Guerra Fría, por ejemplo, son muy diferentes de los de hoy día y de la forma en que debemos tratar con otros países como Irán. ¿Puede comparar la forma en que tal vez pudimos disuadir a los soviéticos con la manera en que debemos abordar a Irán? Usted sabe, pienso básicamente en que la ideología de los soviéticos estaba bastante muerta hacia mediados de la década de 1950, y entonces creo que nuestra capacidad para negociar con ellos quizás fue un poco diferente. ¿Puede hacer una comparación entre ambas situaciones?**

Gen. Shelton: Yo creo que cuando comparamos la Guerra Fría con la post-Guerra Fría, la primera era notablemente más sencilla; porque aquí uno tenía dos superpotencias, los Estados Unidos y Rusia, que era la Unión Soviética y todos sus socios de los países del Pacto de Varsovia, etcétera, alineados contra los Estados Unidos y todos sus socios. Y nadie daba un paso fuera de la línea sin verificarlo con el líder; y Estados Unidos era el líder del mundo libre; Rusia, el otro líder; y cuando se derribó ese muro y todas esas naciones rompieron con los rusos, se convirtió en un mundo mucho más complicado porque no se trataba ya de que las dos superpotencias solamente mantuvieran conversaciones.

Uno tenía actores independientes haciendo sus cosas y nadie reinando en el poder, y luego se vio el estallido de las guerras étnicas, religiosas y tribales en todo el mundo. Y cuando se observa a los Estados Unidos, nuestro compromiso de fuerzas se incrementó en más del trescientos por ciento durante los diez años que siguieron a la caída del muro que en los veinticinco años previos. Es una cantidad fenomenal de cosas que comenzaron a ocurrir cuando desapareció esta gran coalición de cada lado, y de repente surgió el odio en todas esas tribus.

Y entonces por cierto es más complicado en el mundo actual, y tenemos que armar ligas nuevas y nuevas sociedades y, en algunos casos, se trata de pequeños grupos que se unen en contra de amenazas específicas. En otros, pueden ser grandes como contra la amenaza nuclear iraní. Podría haber uno bastante grande, como la coalición de los Estados Unidos contra los iraníes, pero eso es sin duda considerablemente más complicado.

MDE: ¿Cuáles piensa que son nuestros mayores obstáculos para establecer la coalición que necesitamos?

Gen. Shelton: Creo que actualmente el mayor obstáculo que tiene Estados Unidos es el hecho de que ingresamos solos a Irak, en su mayor parte. En consecuencia, mucha gente está viendo los compromisos que tuvimos que empeñar para ello, tanto en términos de tropas como de nuestros recursos nacionales, y están comenzando a preguntarse si quieren o no formar parte de algo así; y ellos comienzan a drenar sus economías, o a desplegar. Muchos de esos países en verdad han reducido el tamaño de sus fuerzas militares como resultado de la finalización de la Guerra Fría, por lo que les han quedado pocas para contribuir a grandes esfuerzos de lucha en una guerra.

Y también pienso, actualmente, que es probable que haya mucha resistencia para unirse a cualquier tipo de coalición que pudiera involucrarlos en algo similar a lo que estamos involucrados nosotros en Irak, y eso es algo que vamos a tener que superar. Deberemos trabajar duro sobre esto para convencerlos nuevamente a todos de que uno tiene que tomar la postura correcta, y que esto puede significar un sacrificio de sus pueblos. Puede significar usar una fuerza militar que sea relativamente pequeña y que sufran fatiga como están experimentando nuestras fuerzas armadas en este momento. Pero al final, es hacer lo correcto para lograr la paz y la seguridad en todo el mundo, no sólo preocuparse por su pequeña porción al respecto.

MDE: **Hablemos un momento sobre Israel. Si Israel le notificara a EE.UU. que ellos atacarían anticipadamente a Irán: primero que nada, ¿piensa usted que podrían lograrlo eficazmente?, y en segundo lugar, ¿cuál cree que sería la respuesta de los EE.UU.?**

Gen. Shelton: Esa es una pregunta hipotética para la cual ni siquiera tengo una buena respuesta hipotética. En primer lugar, no estoy seguro de que los israelíes nos avisaran si estuvieran preparándose para un ataque anticipado y creo que hay un precedente respecto a ello. Y, en segundo lugar, no estoy seguro de qué esperarían de nosotros si optaran por hacerlo. Es una jugada bastante valiente y yo regresaría a mi punto original de que cualquier acción contra los iraníes en este momento debería tomarse únicamente luego de haber agotado todos los esfuerzos para construir una coalición internacional para atacarlos.

No creo que haya ninguna nación que quiera ver a Irán con armas nucleares en sus manos, particularmente, dada la importancia que tiene la región de Oriente Medio para el resto del mundo; y si no podemos armar una coalición para protegernos contra ellos o para encargarse de lograr una paz y una estabilidad mayores en Oriente Medio ahora, en especial, con una amenaza nuclear que podría utilizarse contra cualquiera de los países de Oriente Medio, nunca podremos armarla. Y entonces ese debería ser el primer intento y pienso que los israelíes también lo comprenden así. Ese sería el último recurso. Sólo después de que todo lo demás fracasara ellos considerarían un ataque anticipado.

MDE: **En su opinión, si Irán realmente pudiera obtener un arma nuclear, ¿cree que están lo suficientemente locos como para usarla contra nosotros o contra Israel?**

Apéndice E

Gen. Shelton: Creo que con los iraníes, nunca se sabe qué esperar de un demente. Quiero decir que ¿quién hubiera predicho alguna vez que Saddam Hussein, idiota como era, iba a invadir Kuwait y salir airoso cuando los Estados Unidos ya contaban con cincuenta mil tropas en la región y había sido bastante claro en sus intenciones de asegurar que quedaría un entorno pacífico, seguro y estable? Por eso no creo que pueda darse nada por sentado con tipos como el líder de Corea del Norte o el presidente iraní. No creo que uno pueda suponer que ellos necesariamente usan la lógica. Creo que en términos del empleo de un arma nuclear, lo pensarían mucho porque saben cuáles podrían ser las consecuencias, y ellas podrían ser que la nación de Irán se convirtiera en nada más que en una fábrica de vidrio, así que tienen que tener eso en cuenta, si vale la pena o no.

MDE: **Según su opinión, ¿cuál cree que es la mayor amenaza para los EE.UU.: Irán o Corea del Norte?**

Gen. Shelton: No creo que se lo pueda plantear en esos términos. Pienso que debemos suponer que ambos países son una amenaza para los Estados Unidos. Tenemos a Kim Jong-il (presidente del Comité Nacional de Defensa de Corea del Norte) sentado allí básicamente con un cuarto de millón de estadounidenses: nuestros miembros del servicio militar, nuestras personas del servicio exterior, los estadounidenses que viven en Corea, que si decidiera tomar el poder sobre Corea del Sur plantearía una importante amenaza para los Estados Unidos y para nuestra capacidad de detenerlo.

Por otro lado, están los iraníes con sus amenazas y su potencial capacidad de tener armas nucleares. Creo que debemos tratar con ambos como amenazas equivalentes. Una es más estable en este momento, si bien está lejos de tener una mente estable, en mi opinión: Corea del Norte.

Pero por otra parte, tenemos al presidente iraní que tiene una actitud casi de enfrentamiento actualmente con los Estados Unidos; y entonces pienso que ambos son amenazas y que deben ser tratados como tales. Uno debe estar seguro de que cuenta con las fuerzas militares para tratar con ambas amenazas, en el caso de que se lo requiriera.

MDE: Muy bien. Se podría argumentar que usted es uno de los hombres que más sabe actualmente sobre la seguridad de los EE.UU. En lugar de tal vez hacerle la pregunta de 50.000 dólares, se trata de la cuestión de 50.000 vidas. ¿Cómo diría usted que debemos actuar ahora mismo al crear el plan más sólido posible para triunfar en la guerra sobre el terror?

Gen. Shelton: Primero y principal, creo que debemos reconocer, como lo hace el presidente Bush, que la que estamos enfrentando es una guerra mundial. Es una guerra que debemos ganar; que podemos ganar, como lo demostramos en la década de 1970, cuando había una organización conocida como la Organización Abu Nadal, encabezada por éste, amenazando específicamente a los estadounidenses de todo el mundo y llevando adelante esos planes de matarlos, y colocamos nuestros recursos en ello; nos lo propusimos, y ahora es una organización que ya no existe, y fueron unos pocos años en los que fuimos tras de ellos.

La amenaza actual es muy similar, salvo que es de mayor magnitud; por el 11/9, por las Torres Gemelas, tenemos la oportunidad de armar esta coalición internacional y no tienen por qué ser usados todos los recursos de los Estados Unidos. Son los del mundo los que podemos usar contra la amenaza terrorista, y creo que eso es lo que debemos hacer y dedicar los recursos necesarios para asegurarnos de que nuestras agencias de inteligencia, nuestras fuerzas contraterroristas, estén adiestradas y preparadas y propensas a ello, y que la prioridad permanece fija, a pesar de todos los demás desafíos que tengamos en todo el mundo, y sí que tenemos otros retos significativos. Hemos hablado acerca de unos pocos como Corea del Norte, Irán y sobre potenciales desarrollos con China, si eso no resulta en la forma que todos quisiéramos...

Apéndice E

MDE: ¿Puede hablar sobre el peligro o el impacto de hablar demasiado, pero no cumplir lo que se dice?

Gen. Shelton: Creo que cualquiera debería preocuparse si habla demasiado, si hace creer que uno va a perseguir, por ejemplo, a los grupos terroristas y a las naciones-Estados, y luego no lo concreta; cuando se hace eso, se envalentona a los terroristas. Le quita poder a la amenaza que profirió. Un buen ejemplo es si supiéramos que Irán atacó las Torres Khobar, y lo sabemos, ¿por qué no pagaron un alto precio por ello? Eso envalentona a los terroristas.

Si se sabía que Al-Qaeda atacó al U.S.S *Cole*, uno de nuestros buques de guerra, y que casi lo hundió, ¿por qué esperamos hasta el 11/9 para perseguir a los talibanes? Hay que ir tras ellos, y hay que hacerlo en el minuto en que podemos tener un vínculo definitivo y demostrarle al resto del mundo que contamos con pruebas irrefutables de culpabilidad.

Ahora bien, pienso, por ejemplo, que después del 11/9, haber atacado a Saddam porque era un mal tipo y nos estaba tiroteando todo el tiempo y queríamos que se fuera de allí, pues no teníamos pruebas irrefutables de culpabilidad. No había nada que vinculara a Saddam con el terrorismo, en el verdadero sentido de la palabra, nada que dijera que él formaba parte de la organización Al-Qaeda o que los apoyaba. Simplemente no contábamos con eso. Así que no perseguirlo bajo ese pretexto de las Torres Gemelas también fue la decisión correcta. Por lo tanto, hay que asegurarse de contar con pruebas definitivas, pero una vez que se las tiene, ya sea al día siguiente o dos años o tres años después, los terroristas que le han hecho daño y que matan a sus ciudadanos tienen que pagar un precio, y va a ser mucho peor que lo que ellos nos hicieron.

Apéndice F

EXTRACTOS DE UNA ENTREVISTA CON EL CAPITÁN RETIRADO DE LA ARMADA DE EE.UU. CHARLES NASH

El capitán Charles Nash se retiró de la armada en 1998 luego de servir durante más de veinticinco años como piloto. Durante ese tiempo acumuló más de cuarenta y tres mil horas de vuelo y novecientos sesenta y cinco aterrizajes. Nash se desempeñó como titular de las secciones Guerra de Unidad de Ataque/Anti-superficie y Apoyo de Ataque/Aire a Aire, como Jefe de Estado Mayor de las operaciones de la armada en el Pentágono; asistente ejecutivo del Subcomandante en Jefe de las Fuerzas de la Armada de los EE.UU. en Europa, Londres, Gran Bretaña; Comandante del Escuadrón 137 de Combate de Ataque; y funcionario de operaciones, Aviones de Transporte de Comando Trece.

Nash es fundador y presidente de *Emerging Technologies International, Inc.* (Tecnologías Emergentes Internacionales), y además se desempeña como analista militar para FOX News.

MDE: ¿Estados Unidos está en guerra?

Capt. Nash: Creo que los militares estadounidenses están en guerra, no, todo el gobierno estadounidense, y digo eso porque, en mi viaje a Bagdad, hablé con los dirigentes militares de los EE.UU. que están allí. Realmente, podrían recibir la ayuda del Departamento del Tesoro, del Departamento de Agricultura (y de otros) a fin de ayudar (a crear)... los ministerios que necesitan para llevar adelante un gobierno exitoso. Así que, en general, yo diría que el que está en guerra es el Departamento de Defensa, la Agencia de Inteligencia Central y algunas de nuestras otras agencias de inteligencia, que apoyan a los militares; pero la vasta mayoría del pueblo estadounidense y del gobierno federal no está en guerra.

MDE: ¿Por qué?

Apéndice F

Capt. Nash: Porque, cuando las personas piensan en la guerra, piensan únicamente en Irak, o en Irak y Afganistán (en el mejor de los casos). Lo que no llegan a comprender es que esas son batallas de una guerra real, y la verdadera guerra es contra el fascismo islámico. El presidente fue muy claro sobre ese tema. Pienso que hasta ahora hemos tendido a considerar cada batalla individual como una guerra: La guerra en Afganistán, la guerra en Irak, pero no lo son. Seríamos más precisos, si dijéramos la *batalla* actual en Afganistán y la *batalla* en Irak.

MDE: **Usted emplea el término «islamofascismo». Por favor, explíquese.**

Capt. Nash: El islamofascismo es una división de creencias que está impulsado por una versión torcida de la religión en la que se seleccionan con sumo cuidado determinadas partes de una religión, (luego) se las magnifica fuera de toda proporción y se obtiene una visión tremendamente desequilibrada. Después, a los que, en términos generales, están desafectados de su sociedad, tienen quejas contra el gobierno o contra la situación en su país se les dice que no es realmente culpa de ellos que vivan de ese modo, sino que la culpa la tienen los judíos y los estadounidenses. Por ende, lo que hay que hacer para corregir todos esos males no consiste en arreglar su propia sociedad, sino en ir a matarlos.

La parte difícil cuando tratamos este tema como lo hemos hecho hasta ahora es que muchas personas piensan en una guerra como una guerra por un territorio o una guerra para obtener riquezas, cuando el hecho del asunto es que estas personas no quieren aquello que tenemos, simplemente no quieren que lo tengamos. La opción que están presentando es hacerlo a su manera o matarnos.

En la Segunda Guerra Mundial, negociamos a partir de un punto: La rendición incondicional. Esencialmente eso es lo que nos están diciendo. Esta es una guerra y el único resultado (aceptable) es la rendición incondicional. Así que debemos querer nuestra forma de vida más de lo que ellos quieren que nosotros vivamos bajo la de ellos; y, si no lo hacemos, participamos de un viaje muy prolongado y doloroso.

MDE: En 1979, Irán tomó la decisión de que iba a humillar a los Estados Unidos por cuatrocientos cuarenta y cuatro días con la crisis de los rehenes que terminó con el presidente Carter perdiendo su segundo período. Eso parece bastante evidente porque ellos liberaron a los rehenes el día en que Ronald Reagan asumió el poder. Con las elecciones próximas de mediados del período de otoño, ¿cree usted que Irán está observando las encuestas? ¿Y cree que tienen la intención de usar sus actividades insurgentes y los dispositivos explosivos improvisados en Irak con el fin de separar al Congreso del presidente y de los republicanos?

Capt. Nash: Creo que los iraníes son un grupo de personas muy conscientes políticamente, como lo son quienes manejan Al-Qaeda, los extremistas sunnitas. Toda esa gente que está en los altos mandos de esos países y de esas organizaciones entiende que el centro de gravedad en la guerra contra ellos es la voluntad de luchar del pueblo estadounidense. Ahora mismo, tenemos a un presidente en George W. Bush que está diciendo: «No vamos a retirarnos de esta lucha. Nos quedaremos en Afganistán hasta que arreglemos esto. Nos quedaremos en Irak hasta que arreglemos esto».

Esos grupos están tratando de sacudir la voluntad del pueblo estadounidense de sostener ese esfuerzo, porque si nos vamos de Irak y de Afganistán, habrá un vacío tal que ellos explosionarán hacia adentro, y nuestros nietos pelearán esta guerra como jamás lo hicimos nosotros.

MDE: Así que si, de hecho, están intentando humillar al presidente, están tratando de demostrar que estuvo equivocado en Irak. Si logran ese objetivo, ¿en qué condición estará este país, respecto del presidente?

Capt. Nash: A mí me preocupa que si se produce un cambio grande en la Cámara de Diputados en noviembre de 2006, en que sucederán más de estas astucias políticas a corto plazo, ingresemos en una paralización total en Washington con la Cámara confinada, y el Senado no podrá prevalecer debido a una leve mayoría allí, y todos estarán como conteniendo el aliento hasta las elecciones de 2008. Si no estuviéramos viendo tal partidismo cuando el país está en guerra, yo no estaría preocupado. Pero estoy viendo un costado partidista que funciona para sí mismo y no para los mejores intereses del país, y eso es muy problemático.

MDE: **En *60 Minutes*, Ahmadinejad infirió que el presidente estaba en problemas. Dijo que había advertido su caída de popularidad en las encuestas. ¿Cree usted que Irán está acelerando esta guerra para otoño para tratar intencionalmente de influir en las encuestas?**

Capt. Nash: Creo que los iraníes, Al-Qaeda y un montón de los otros grupos terroristas han actuado significativamente mejor que nosotros, en cuanto a sus operaciones de información. Se destacan por la forma en que la obtienen y los datos que están teniendo intentan sacudir la voluntad del pueblo estadounidense. Es propaganda. ¿Si creo que es una campaña orquestada dirigida (hacia) las elecciones de otoño? Creo que son lo suficientemente conscientes políticamente y astutos como para hacerlo... sí. Es muy similar a una gran cadena de cafeterías de este país. Antes de que despegara y se convirtiera en una palabra que se usa en el hogar, realmente no existían las cafeterías temáticas en este país. Eran pocas y estaban muy dispersas. Todos iban a la pastelería, a los negocios pequeños de la esquina, o a algún lugar como ese para beber una taza de café. Pero, una vez que esta cadena conocida a nivel nacional se volvió popular, empezaron a surgir como hongos todas estas cafeterías temáticas.

Asemejo mucho eso al éxito de la revolución islámica de 1979, al estimular a estos grupos (de) fundamentalistas islámicos que han surgido como hongos en toda la región, no necesariamente con el apoyo directo, la logística y la guía de Irán. Fue el éxito del grande que condujo a los pequeños a darse cuenta de que había un mercado.

Por eso, cuando rastreé los hechos (y me pregunté) «¿Dónde está ese frente de la revolución islámica? ¿Dónde está el frente para el radicalismo islámico». Sale de la Chía, de Irán, y comenzó en 1979, cuando derribaron nuestra embajada. Han estado peleando con nosotros y permanecido en guerra contra nosotros desde ese momento. Todavía debemos darnos cuenta de la magnitud de ese hecho.

Estamos en guerra. Hemos estado en guerra. Lo hemos negado durante varias administraciones. Ahora aquí estamos. Estamos donde estamos, y si no nos ponemos serios pronto, acerca de esto, van a tener armas nucleares, y cuando las tengan, muchas opciones con las que contamos ahora se van a evaporar. Es como solíamos decir en la armada: «Las malas noticias no mejoran con la edad».

MDE: **Si EE.UU. va a la guerra, ¿qué podría exactamente hacer militarmente? ¿Cuáles son los pasos que deberíamos tomar para detener el programa nuclear de Irán?**

Capt. Nash: Estados Unidos tiene una fuerza militar abrumadora. Somos la potencia más fuerte del planeta en este momento. Para detener el plan nuclear de Irán se requeriría, en algunos casos, potencialmente, de una pérdida de vidas bastante significativa porque los iraníes, como los títeres de Hezbolá, han construido gran parte de su infraestructura de investigación nuclear debajo de vecindarios de civiles. Ahora bien, los sitios donde está su reactor, como Natanz y varias de las otras importantes instalaciones nucleares están bastante al aire libre, pero lamentablemente las instalaciones de investigación están literalmente debajo de vecindarios civiles. Así que ir y volar los reactores o tomar los elementos clave, y hacer lo que ellos denominan «combates nodales», eliminar los puntos clave, eso podría hacerse con mucha facilidad. Pero eso es sólo (sacar) una parte: La capacidad de los iraníes de producir sus propias ojivas nucleares. Hay algunos observadores que creen que los iraníes ya las tienen, que las obtuvieron de China, Pakistán o de alguna región de la ex Unión Soviética.

No se ataca a los iraníes directamente con la fuerza militar, sino que hay que hacerlo desde el aire; eso es lo que los israelíes hicieron en el Líbano, intentaron hacerlo desde el aire. Lo que estamos descubriendo es una lección ya aprendida, que es que si uno va a tomar territorio y va a intentar ganar, esa guerra se trata de personas, y no se la puede hacer prolijamente. Se necesitan individuos en el terreno, que ingresen y les digan que hay un nuevo alcalde en la ciudad. Hasta que no estemos dispuestos a hacer eso, hasta no contar con la voluntad política de hacerlo, todo lo que hacemos es insertarnos y aguijonear. Un enemigo experto como lo son los iraníes será muy rápido en reconocerlo.

MDE: **¿De dónde proviene la financiación para los terroristas?**

Capt. Nash: Se los financia a través de Irán, principalmente, del lado Chia, y proviene de cobrar setenta y cinco dólares el barril de petróleo. Irán es un importante productor de petróleo, y sus cofres están llenos de dinero en este momento. Están usando esos fondos para subsidiar sus actividades políticas. De hecho, han incorporado a Hezbolá como parte de su política exterior. Realmente está manejado a través del Cuerpo de Guardias revolucionario islámico. También, están financiando grupos, con la esperanza de que algún día se eleven a la categoría de Hezbolá. Están trabajando en África y en todo el resto del mundo. En el mundo islámico, intentan crear los fondos y las medidas de apoyo para estos grupos, de modo de que crezcan. Incluso los árabes están comenzando a prestarle atención a esto ahora, porque la última vez que el imperio persa se extendía desde el Irán moderno hasta el Líbano moderno fue en el siglo VII. Muchos de los regímenes existentes están en la parte sur del Golfo, comenzando por todo Pakistán e Indonesia y hacia el oeste hasta Marruecos (que son todos sunnitas), ese es el cinturón sunita. Y si hay algo que los extremistas sunnitas odian más que a los judíos y a los cristianos es a la Chia, porque los consideran los últimos blasfemadores. Cuando uno comienza a ver las diferencias entre Al- Qaeda y Hezbolá, observa las de los extremistas sunnitas y los chiitas. Uno pensaría que luchan entre sí, cuando, de hecho, lo que se ve es que Irán (chia) colabora con Hamas (sunita) y con Al-Qaeda (sunita wahabista) dándoles asilo de Afganistán, así como también apoyando a terroristas shiitas (Hezbolá y otros). Esto trata más acerca de ganar una guerra, y ellos aclararán sus diferencias más tarde. Ahora, tienen un enemigo en común, que es la civilización occidental.

MDE: **Si Irán tuviera armas nucleares como un Estado chia, ¿esto precipitaría una carrera armamentista nuclear entre los estados sunnitas con Rusia?**

Capt. Nash: No sé si los rusos serían los proveedores, pero si los iraníes fueran a poseer una capacidad de armas nucleares, los sauditas la querrían. Todos los que están en ese cinturón sunita, especialmente los que están justo alrededor de Irán y dentro de un rango de misil de ese país, querrán tener armas nucleares. Cuando uno piensa en la inestabilidad de la región -luego armar a la gente con armas nucleares, meterse en uno de los aspectos más problemáticos del régimen iraní actual, que son los Doce Chias o la visión apocalíptica del regreso en el Decimosegundo Imán, es más que atemorizador. Es algo que debe tratarse antes de que obtengan esas armas nucleares.

MDE: **¿Con cuánto tiempo contamos?**

Capt. Nash: Eso depende de con quién hable. Si habla con su Agencia Central de Inteligencia, creo que se están refiriendo a diez años. Si habla con los rusos, hay informes en la prensa en los que ellos dicen que están (alejados) de ocho meses a un año y los rusos deberían saberlo porque han estado proveyéndoles y trabajando con los iraníes. La CIA se ha perdido un par de cosas bastante grandes en nuestro pasado reciente, así que no sé cuán buena es la inteligencia de la CIA. No sé cuán buena es nuestra inteligencia en Irán «en el terreno», aunque hayamos estado en guerra con Irán desde 1979. No conozco la condición de nuestras redes de inteligencia, pero me temo que probablemente no sea tan buena como quisiéramos.

La amenaza de un Irán nuclear es que sus armas nucleares (estarían) aisladas del ataque convencional si es que pueden alcanzar los intereses de los Estados Unidos con armas nucleares. En otras palabras, con éstas, ellos pueden proteger su forma actual de hacer negocios. Podrían establecer un apoyo directo para el terrorismo alrededor del mundo, ser mucho más flagrantes sobre ello de lo que lo son ahora, sabiendo que, si alguna vez fueran atacados, lanzarían armas nucleares (contra los aliados de los EE.UU.). En consecuencia, todas las opciones están fuera de la mesa, salvo realizar un ataque anticipado sobre Irán para evitarlo. Ese es el problema que esto plantea. Una vez que obtengan armas nucleares, todo el cálculo cambia, no sólo en la región; y también están trabajando en sus programas de cohetes, y en cohetes mucho más potentes, casi como lo hacen en su programa nuclear, porque saben que una vez que cuenten con el rango de misiles (donde los quieren), entonces pueden alcanzar y tocar a todo el mundo, una vez que coloquen ojivas nucleares sobre esos misiles. Entonces no van a preocuparse porque nadie los persiga para detener su accionar de dar vuelta al mundo cabeza abajo con el terrorismo.

MDE: **¿Esto constituye una amenaza para Israel: nuestro gran aliado en la lucha contra el terrorismo, o lo que estamos haciendo en la guerra contra el terrorismo?**

Capt. Nash: Creo definitivamente que Israel es un aliado en la lucha contra el terrorismo. No sé si el Reino Unido o Israel estarían a la cabeza; pienso que el Reino Unido, debido a los pasos que ha dado en la guerra contra el terrorismo y al apoyo contra la corriente de la opinión mundial. El resto del mundo se ha agazapado bastante frente a esta amenaza. Le tienen miedo. Tienen poblaciones grandes, inherentes, de comunidades musulmanas inmigrantes. No los han recibido bien, y debido a ello se termina con estos cónclaves de una población inmigrante que no se asimila. Esa es la diferencia que vemos en los Estados Unidos. La gente que viene aquí, se asimila a la cultura, congenia, y nosotros tenemos tolerancia.

En muchos países europeos hay sociedades muy homogéneas: Francia, Bélgica, Alemania. Están intentando mantener la paz en el hogar. Juegan a la política nacional así como a la internacional.

Los israelíes no son aliados porque están amenazados en forma personal. Están rodeados, y uno tiene al jefe del gobierno iraní declarando públicamente en múltiples ocasiones que debemos borrar del mapa a Israel. Así que están —y han estado- en la guerra contra el terrorismo, porque estuvieron en la planta baja, hasta este momento. Bien, eso cambió el 11/9, y, en realidad, en la década de 1980, cuando nuestras embajadas (en África) fueron bombardeadas, y cuando se derribó la que estaba en Beirut. Cuando tuvimos estadounidenses capturados, prisioneros y luego ejecutados por organizaciones terroristas respaldadas por Irán en Beirut. Esto ha continuado desde hace mucho tiempo. Por lo tanto, sí, estamos en guerra. El Reino Unido es nuestro mejor aliado. Y los israelíes están en ella (también).

MDE: Hábleme sobre la participación de Irán en Irak. ¿Están matando a soldados estadounidenses?

Capt. Nash: Mientras que las fuerzas de EE.UU. pasaron por el norte de Kuwait hacia arriba, a la Mesopotamia y dentro de Bagdad, la inteligencia iraní inundaba de operativos el sudeste de Irak. Así que justo detrás, mientras nuestras fuerzas ascendían, sus fuerzas ingresaban. Actuaron como organizaciones no gubernamentales, proveyendo de alimentos, suministros médicos, cobijas (y asistencia médica) cuando en realidad eran organizaciones de inteligencia iraníes. Cayeron directamente sobre las mezquitas chiitas. Tenían allí personas encubiertas que los apoyaron durante un tiempo y comenzaron a tomar el control en muchas comunidades del sur de Irak. Lo que siguió, y contamos con pruebas definitivas de esto, porque capturamos a personas en Irak que habían recibido adiestramiento iraní, fue que los iraquíes capturaron soldados iraníes; y nosotros, muchas armas iraníes.

Cuando estuve en Bagdad, realmente sostuve uno de esos dispositivos explosivos, ADM, en mi mano. En ese entonces, era la última amenaza, una generación totalmente nueva. En realidad, cuando explota, forma un proyectil que orada la chapa de blindaje. Hay que fabricar esas cosas. No hay que ser una lumbrera, pero alguien tiene que saber cómo hacerlo para que sea efectivo.

Los iraníes han estado haciendo eso, lo sabemos. El Ministro de Defensa iraquí ha denominado a Irán «la amenaza número uno para Irak», porque puede bajar la vista y ver lo que está sucediendo.

De un lado, usted tenía a los chiitas iraquíes, que son árabes, cruzando una frontera política de los chiitas iraníes, que son persas. La diferencia, aunque tienen una religión y una etnia similares, era una barrera. No se trata sólo de la frontera política.

Pero, al mismo tiempo, había una familia que iba y venía. De hecho, había muchos chiitas árabes que huyeron de Irak y fueron a Irán porque eran perseguidos por Saddam Hussein, así que estas comunidades tienen ciertos lazos.

A cada lado de la frontera estaba la diáspora enemistada, que quería regresar y luchar contra el gobierno del cual provenían. Había iraníes en el MEK [Mujahedin del Pueblo de Irán] dispuestos a hacer eso en Irán, y había iraquíes en Irán dispuestos a volver y luchar en Irak.

Si Irán puede obtener el control de los yacimientos petrolíferos del sur en Irak, esto es algo más que simplemente unir a los chía, que una visión de tipo Adolf Hitler para reclutar al pueblo alemán. Ahora que hemos estado en Irak y que hemos hecho la exploración mineral, nuestras fuerzas están convencidas de que Irak, y no Arabia Saudita, tiene los recursos petroleros más grandes del planeta. La gran mayoría de esas reservas de petróleo están en el yacimiento Ramallah, ubicado en la región sudeste de Irak. En otras palabras, está justo bajo el territorio chía. Así que los iraníes están intentando unir a los chiitas y convertirse en el país petrolero más grande del mundo. Luego, hay que agregar estar en la frontera de Kuwait y Arabia Saudita. Ese es un poderoso aliciente para ellos.

MDE: **Siria, evidentemente, ahora tiene un acuerdo con Irán. Están diciendo que hay, incluso, conversaciones acerca de la posibilidad de una futura Siria que posea la región sunita de Irak.**

Capt. Nash: Uno de los principales problemas que enfrentamos ahora mismo es mantener unido a Irak. Hay tres divisiones preponderantes. La gran mayoría de la población, aproximadamente el sesenta por ciento, es chiita y está en el sur. Están sentados sobre ese petróleo y sobre una de las tierras agrícolas más bellas del mundo.

Tenemos a los curdos en el norte, un porcentaje pequeño de la población, digamos, de un cinco a un diez por ciento; luego hay que agregar muchas otras razas, pero es una proporción muy pequeña y están arriba, al norte. Mucha lluvia, buenas tierras y ahí es donde está el resto del petróleo. Así que tenemos aproximadamente de un diez a un quince por ciento de las reservas conocidas de Irak en el norte. La ciudad clave de refinación y perforación es la de Kirkuk, que está justo fuera del área que les pertenece a los curdos, pero ellos la reclaman. El resto de los vecinos, Irán, Siria y Turquía, detesta ver a los curdos con el control de Kirkuk, porque de ese modo, tendrán el motor económico que podría sostener y facultar un Kurdistán libre.

Y si observamos las minorías curdas en Siria, Turquía e Irán, ellos temen que entonces, como lo han hecho en el pasado, reclamen un Kurdistán más grande. Los vecinos de esa región del norte no querrían ver un Kurdistán independiente. Los chiitas del sur no están necesariamente felices con el hecho de que ellos también podrían caer bajo esta monocracia religiosa en Teherán. Están con pánico de que eso suceda, de verdad.

Los sunnitas componen el otro treinta por ciento de la población. No tienen petróleo, y no están asentados en tierras agrícolas buenas. ¿Qué es lo que tienen? Observe los cursos de los ríos Tigris y Eufrates. Fluyen a través del territorio sunita. Tienen toda el agua. Y fluye hacia la región del sur.

Así que cuando uno mira esto, y nuestra gente lo ha hecho, hemos enviado expertos agrícolas universitarios a Irak para que analicen el suelo, se convence, igual que ellos, de que Irak no necesita bombear una gota de petróleo para ser una nación rica porque tiene más agua que cualquier lugar de la región. Podría ser su granero. Entonces, cuando los vecinos miran a Irak, no sólo ven caos, también ven una oportunidad. Los iraníes ven el petróleo, los vecinos ven cómo mantener en su lugar a los curdos y los sirios ven un acceso a toda el agua de Bagdad y de sus alrededores.

Por eso es que para evitar que los vecinos depreden las carcasas de Irak, los iraquíes deben darse cuenta de que su futuro reside en un cuerpo político sostenible llamado Irak, como un país unificado con fronteras que pueden defenderse.

MDE: **¿Estamos más a salvo en los Estados Unidos debido a la guerra en Irak?**

Capt. Nash: Estamos más seguros en los Estados Unidos de lo que estábamos antes, pero pienso que el 11/9 debe haber desengañado a todos acerca de esta idea de «Estados Unidos como una fortaleza». Los malos vinieron una vez. Probablemente haya células latentes aquí en este país, ahora mismo, y van a seguir viniendo.

Esto es así. Eso es lo que debemos meternos en la cabeza. Ellos están en guerra con nosotros. No quieren negociar. Están intentando matarnos. Muy pronto vamos a despertar ante el hecho, y vamos a darnos cuenta de que tratar de ingresar a Oriente Medio y establecernos allí, con una democracia o, por lo menos, un gobierno de participación, para intentar cambiar esa mentalidad y esas condiciones básicas es una idea muy avanzada para este momento.

MDE: ¿Es esta la Tercera Guerra Mundial?

Capt. Nash: Creo que sí y, a la vez, no; no lo es, en el sentido tradicional en el que pensamos respecto de la Primera Guerra Mundial y la Segunda Guerra Mundial, donde uno tenía ejércitos uniformados peleándose unos contra otros. Vamos a ver cada vez más estos grupos de terroristas auspiciados por el Estado, pero sin un Estado. Si observa a Hezbolá —no sólo sucede con Al-Qaeda—, ve a un grupo terrorista que se ha diseminado y que realmente ha adoptado atributos de un ejército plenamente adiestrado. Muy adecuadamente provisto, muy bien entrenado; también cuentan con un brazo político que les da el apoyo de su población local, que los asila. Así que entrenan son apoyados por Irán, pero operan en un área que es suya, y forman parte del gobierno anfitrión, tienen bancas en el parlamento libanés.

El Líbano se parece mucho a los otros lugares en los que surgen estos grupos terroristas. En algunos, hay un cuerpo político débil, y pueden crecer este tipo de organizaciones e intimidar al gobierno local. En el caso de Hezbolá, estaban ofreciendo apoyo. Estaban usando dinero iraní para edificar casas y hacer que la población volviera a trabajar en el sur del Líbano, construyendo escuelas, hospitales y clínicas. Usaban el dinero iraní para hacer eso, con el objeto de obtener la lealtad del pueblo del sur.

Esto está muy bien pensado. El motivo por el cual los iraníes querían que Hezbolá estuviera justo en la frontera norte con Israel es que en esos momentos Irán no contaba con armas que pudieran llegar a ese país. Sabían que tan pronto como comenzaran con un programa de armas nucleares y eso saliera bien, Israel no podría tolerarlo, así que para protegerse anticipadamente de un ataque israelí, y sabiendo que no podían responder, colocaron armas y fuerzas justo sobre la frontera norte con Israel para poder operar cuando quisieran. Podían usarlos para darles un codazo en las costillas, o para una represalia o ataque estratégicos, si querían, en cualquier momento.

MDE: **Conociendo el riesgo que corrió Israel al luchar en esta guerra, ¿podría ser que contara con un plan en fases para un ataque anticipado a Irán con la intención de derrotar a uno de sus representantes?**

Capt. Nash: Esa es una buena pregunta. Creo que Israel reaccionó ante los eventos del 12 de julio porque debía hacerlo. Y regresemos a ese período y veamos qué estaba sucediendo. La IAEA [Agencia Internacional de Energía Atómica] estaba a punto de dar su última determinación acerca de lo que iban a hacer, si se iban a referir a Irán en el Consejo de Seguridad de la ONU (o alguna otra acción en respuesta al refinamiento continuo de uranio). El negociador en jefe de Irán voló para reunirse con (un representante de la IAEA). El representante le dijo que se iba a enviar a Irán al Consejo de Seguridad de la ONU para oír su dictamen. A esas alturas, el negociador en jefe de Irán regresó al avión y no voló a Teherán, sino a Damasco. Era la noche del 11 (de julio). Mantuvo reuniones con militares y funcionarios políticos sirios y oficiales de Hezbolá. (La mañana siguiente los dos soldados fueron secuestrados y Hezbolá lanzó los ataques con cohetes sobre el norte de Israel).

Apéndice G

EXTRACTOS DE UNA ENTREVISTA CON EL GENERAL ISRAELÍ RETIRADO DE LA FUERZA DE DEFENSA MOSHE YA'ALON

El teniente general Moshe Ya'alon actuó como Jefe de Estado Mayor en las fuerzas de defensa israelíes desde 2002 hasta 2005. Actualmente es un miembro distinguido del Shalem Center *Institute for International and Middle East Studies* (Instituto del Centro Shalem para Estudios Internacionales y de Oriente Medio).

MDE: General, ¿puede decirnos cómo intenta Irán derrotar a Occidente?

Gen. Ya'alon: Las personas con mentalidad occidental deben comprender la ideología iraní de imponer un nuevo califato en todo el mundo. Ellos lo llaman la Nación del Islam. Perciben a Occidente como una amenaza a su ideología, a su cultura y creen que podrán derrotarlo desde el punto de vista cultural e imponer a este nuevo gobierno por medio del uso del terrorismo. Hoy día, el régimen iraní está resuelto a adquirir capacidad nuclear militar, ante todo, para usarla como un paraguas para sus actividades de terror. Prefieren usar aliados que traten con Occidente e Israel, para socavar nuestro régimen moderado y luego dominar Oriente Medio. Por supuesto dominar el petróleo socavando a aquellos regímenes que están vinculados con Occidente y posteriormente intentando exportar lo que ellos llaman la revolución iraní: la ideología iraní a Europa y a otros países occidentales usando aliados terroristas, exportando la ideología por la fuerza.

MDE: ¿Cuál es la teología fundacional que impulsa esto?

Gen. Ya'alon: Es interesante lo que estamos enfrentando hoy día: diferentes ideologías islámicas. En el caso iraní se trata de una ideología chiita, pero también está la de Al-Qaeda, que es muy diferente, pero que comparte la misma agenda y la misma estrategia. Este es el caso de la Hermandad Musulmana que proviene de esta otra ideología, que convoca a imponer la Nación del Islam en todo el mundo. En realidad, la ideología iraní consiste en dominar el mundo islámico y el resto de él, imponiendo el Islam, que pretende, finalmente, alcanzar la paz y la tranquilidad en todo el mundo. Todas las personas de todo el mundo deben ser musulmanas, esa es la idea. Utilizan esta noción de lo que llaman el Mahdí, como su Mesías, a fin de alentar (a la gente) a ser proactiva, a realizar actividades de terror. Al adquirir capacidades militares nucleares, tienen la esperanza de convencer por la fuerza a aquellos infieles que no creen en el islamismo, para que se conviertan en musulmanes a fin de lograr la paz y la tranquilidad en todo el mundo.

MDE: **¿Creen que un Apocalipsis anunciaría al Mahdí?**

Gen. Ya'alon: No estoy seguro de que la idea sea el Apocalipsis. Ellos están intentando convencer a las personas de que se conviertan, como el presidente Ahmadinejad, en su carta de dieciocho páginas al presidente Bush, le recomendaba que se convirtiera al islamismo; no por la fuerza, pero intentó convencerlo. Él realmente cree en eso. Para los occidentales puede parecer ridículo, pero él dice lo que quiere decir y quiere decir lo que dice. En la carta, convocándolo a borrar a Israel del mapa y demás, él quiere decir lo que dice. Realmente cree en eso, así que prefiere convencer a los occidentales.

Esta es la idea de Hamas, que forma parte de la Hermandad Musulmana. Lo tenemos en un discurso de Damasco. En febrero último, luego de haber ganado las elecciones, él hablaba acerca de la Nación del Islam y les recomendaba a los occidentales que se convirtieran o que no apoyaran a Israel; si no, se llenarían de remordimientos. Ellos hablan el mismo idioma, si bien no comparten la misma ideología, pero la fuerza más débil hoy día, respecto de este tipo de ideologías, es, sin duda, Irán.

MDE: **Háblenos acerca del programa nuclear de Irán.**

Gen. Ya'alon: Actualmente no hay ninguna disputa en la comunidad de la inteligencia occidental respecto de que Irán está resuelto a adquirir capacidad nuclear militar. Este no es sólo un proyecto de civiles. Contamos con información de la última década de que hay un proyecto nuclear militar iraní clandestino. Intentarán vencer los problemas en el proceso de enriquecimiento, pero están encaminados a superarlos, están encaminados a adquirir esa capacidad. Y según los expertos, es cuestión de un par de meses -no estoy seguro de cuántos-, para que alcancen lo que necesitan tener, el conocimiento inherente para poder enriquecer los materiales y para poder producir una bomba. Luego tendrán un par de años para construirla, para producirla realmente, pero no caben dudas de que están resueltos a adquirir la capacidad nuclear militar. Lo que hemos enfrentado en el último par de años, en especial desde 2004 cuando la IAEA expuso su proyecto clandestino, es que Irán está intentando ganar tiempo para avanzar con el proceso. Lamentablemente, creen que están teniendo éxito en manipular y en engañar a Occidente, y en continuar con el proyecto.

MDE: **¿De qué magnitud es el proyecto? ¿Los rusos están involucrados?**

Gen. Ya'alon: Yo fui el jefe de inteligencia de la fuerza de defensa israelí en los años 1995-1998 y en realidad conocí personalmente a funcionarios rusos y les presenté la información que teníamos de que había expertos rusos involucrados en el proyecto de los misiles, y por supuesto, en ese momento, en un proyecto nuclear. La administración rusa lo negó, pero teníamos evidencias de su participación en esos momentos. De modo que no hay dudas cuando hablamos acerca del proyecto de los misiles, que fue, incluso, antes del Sahab-6, de que ya está en operaciones en la actualidad. Contábamos con todas las pruebas acerca de la participación rusa en este proyecto.

MDE: ¿De cuántos sitios estamos hablando?

Gen. Ya'alon: Este no es un sitio como fue en Irak. Estamos hablando de docenas de instalaciones que están involucradas en este proyecto.

MDE: ¿Y cuál es la diferencia entre sus instalaciones y la instalación iraquí?

Gen. Ya'alon: En el caso de Irak, era un reactor, Osirak, que fue destruido por el ataque aéreo israelí en 1981. Hoy día, el régimen iraní ha aprendido una lección del caso iraquí y cuentan con muchas instalaciones. Saben que es un reto a la inteligencia, pero podemos salir adelante.

MDE: ¿Se los construye en forma subterránea?

Gen. Ya'alon: Sí, están construidos en instalaciones bien protegidas.

MDE: ¿Y están frente al Golfo, alineadas sobre el Golfo?

Gen. Ya'alon: La intención estratégica iraní es dominar el Golfo, convertirse en una hegemonía respecto de todas las fuentes, que son los Estados del Golfo de Oriente Medio. Así que esto es una combinación de ideología religiosa con estrategia política. Con ella, están intentando dominar la religión y, por supuesto, controlar el interés de Occidente, respecto al petróleo en el Golfo.

MDE: ¿Qué tipo de amenazas ha proferido el presidente de Irán contra el Estado de Israel?

Gen. Ya'alon: El presidente Ahmadinejad declaró que Israel debería ser borrada del mapa. Se refirió a ello en una conferencia titulada «El mundo sin sionismo». Celebraron otra conferencia acerca de «El mundo sin los Estados Unidos». De modo que ellos ven a Israel como encabezando la cultura y la civilización occidentales, y creen que en el camino hacia la derrota de Occidente, debe derrotárselo; y por este motivo él apoya a todas las organizaciones de terror que operan contra el Estado de Israel, como Hezbolá en el Líbano, la yihad islámica palestina, Hamas, los activistas de Fata, sobre una base individual. Él cree que este es un paso en el camino de derrotar a Occidente. En esta etapa, Israel debería ser borrado del mapa, y él realmente lo cree, así como que es capaz de implementarlo.

Lamentablemente, se ve alentado por nuestras decisiones como luchar en el Líbano y en la Franja de Gaza. Lo hicimos especialmente debido a consideraciones internas de Israel. El régimen iraní lo percibió, y aún lo percibe, como debilidad, y él es alentado por Israel así como por las dificultades de la coalición de los EE.UU.: las dificultades de Irak. Por supuesto que él es responsable de ello también porque pone todo de su parte para no permitir ninguna estabilidad política en Irak, tras bambalinas, y él proporciona los conocimientos del terror, a las insurgencias como los IEDs, los dispositivos explosivos improvisados, fabricados por Irán. Y, por supuesto, pone todo de sí para socavar esos regímenes moderados que se vinculan con Occidente, como Jordania, Egipto, los Estados del Golfo Pérsico; lamentablemente cree que está ganando porque no enfrenta ninguna determinación desde Occidente y continúa con su política, usando a los aliados y adquiriendo la capacidad nuclear militar para su beneficio.

MDE: **¿Usted está diciendo que muchas de nuestras tropas que son voladas, realmente, lo son, por dispositivos militares que provienen de Irán?**

Gen. Ya'alon: No hay ninguna duda al respecto. Las tropas de la coalición los estadounidenses, los británicos, los italianos son voladas actualmente en Irak con dispositivos explosivos improvisados, fabricados en Irán. Enfrentamos los mismos dispositivos en el Líbano que usaba Hezbolá, fabricados en Irán. Interceptamos esos tipos de dispositivos en el *Karine-A*, el barco que provenía de Irán, y lo hicimos (en el Mar Rojo) intentando contrabandear este tipo de dispositivos para los terroristas palestinos, así que no caben dudas de que se fabrican en Irán.

Apéndice G

MDE: **Cuando Irán utiliza el término «Gran Satanás» para referirse a Estados Unidos, ¿qué quiere decir?**

Gen. Ya'alon: Israel es percibido por este régimen como un pequeño Satanás. El Gran Satanás es Estados Unidos y en realidad el régimen iraní está retando a los Estados Unidos como el líder de la cultura occidental. Israel es un asunto al margen en el camino para la derrota de los Estados Unidos. Hoy día, el régimen iraní está concentrándose en tratar con el interés estadounidense en la región, como en Irak, en el Estado del Golfo Pérsico y en Israel. Ellos ven a los Estados Unidos como la punta de lanza de la cultura y la religión occidentales. Pero la meta estratégica consiste en derrotarlos en derrotar a la cultura y los valores occidentales, y en imponer el nuevo califato y la Nación del Islam.

Al final, creo que si tienen éxito en Oriente Medio, abordarán Europa y, por supuesto, los Estados Unidos. En realidad, el régimen iraní cuenta con la infraestructura de terror, actualmente, latente en todas partes. Como hicieron en Argentina en 1992 y 1994 contra las comunidades judías, como lo hicieron en Europa contra sus oponentes en Alemania, y en todas partes, en Asher. En todos lados tienen la infraestructura de terror latente para ser usada cuando sea necesario.

MDE: **Si Irán les diera el sí a los que tienen la infraestructura para dañarnos y que viven dentro de nuestro país, ¿qué son capaces de hacer?**

Gen. Ya'alon: Puede remitirse a lo que sucedió en Alemania respecto de los asesinatos y también puede recordar lo que aconteció en la Argentina, que se trató de volar grandes edificios: La embajada de Israel y el Centro Judío Comunitario, así que tienen la capacidad de enviar un camión cargado con explosivos para hacer explotar cualquier edificio de los Estados Unidos o de cualquier sitio del mundo.

MDE: **Israel ha debido tratar, durante los últimos seis años, con más de veinte mil intentos de ataques suicidas. Evidentemente les ha funcionado para lograr sus objetivos con**

Israel. El crimen ha pagado por ellos de muchas formas, desde su perspectiva. ¿Hay alguna posibilidad de que pudieran intentar lo mismo en los Estados Unidos?

Gen. Ya'alon: ¿Por qué no? El empleo de terroristas homicidas -yo no los llamo suicidas, sino homicidas- se vuelve muy efectivo, desde su punto de vista. Ellos creen que Israel se retiró del Líbano por este tipo de ataques de terror. Hablando acerca de los islamitas radicales, todos ellos, Al-Qaeda, la Hermandad Musulmana y el régimen iraní creen que vencieron a Rusia como una superpotencia. ¿Por qué no creerían ser capaces de derrotar a la segunda superpotencia o a la primera, los Estados Unidos, usando su determinación o su voluntad? No todo Occidente tiene el poder, pero en realidad no estoy seguro de que Occidente tenga el entendimiento, la conciencia, la voluntad, y la determinación; y los islamofascistas, sí, y creen que ganarán por ello, y porque solamente debemos escucharlos, a Osama bin Laden, a Ahmadinejad, a Khaled Mashal (el líder de Hamas) y por supuesto al principal generador actual de cualquier actividad de terror en todo el mundo: El régimen iraní.

MDE: **Cuando usted dijo que ellos creían que habían vencido a la Unión Soviética rusa, ¿se estaba refiriendo a la guerra afgana?**

Gen. Ya'alon: Sí, por supuesto. Los islamitas radicales actualmente creen que están ganando, aunque no tengan el poder, pero piensan que poseen la voluntad y la determinación.

¿Por qué creen que están ganando? En primer lugar, ellos lo creen por el hecho de haber derrotado a la Unión Soviética en Afganistán; del mismo modo, van a poder vencer a los Estados Unidos. En segundo lugar, creen que Hezbolá venció a Israel en el Líbano. Fue una victoria para el terror, según su percepción. Ellos creen que cambiaron la política española, debido al devastador ataque de Madrid, en 2004. Creen que los israelíes se retiraron de Gaza por los ataques terroristas de Hamas, y por supuesto se ven alentados por la victoria política de éste en las elecciones palestinas.

Son alentados por la Hermandad Musulmana al obtener el poder en Egipto. Y hoy, por lo que está sucediendo en Mogadishu, en Somalia; y por supuesto, también, por las dificultades de las tropas de coalición en Irak y por las políticas que hay aquí en Washington que enfrenta el presidente. De manera que consideran que están ganando y actualmente tienen mucha confianza en sí mismos de que están en el camino hacia la derrota de Occidente.

MDE: **¿Cuán importante es el apoyo de los estadounidenses que tienen claridad moral, en esta batalla?**

Gen. Ya'alon: Para ganar este tipo de guerra, necesitamos tener la conciencia de los occidentales. Entonces precisamos claridad moral, y luego una estrategia clara. Dormimos. Nosotros, en Occidente, estamos durmiendo, y necesitamos que nos llamen para despertarnos, a fin de comprender que esta amenaza es inminente. No es una amenaza teórica; y, mientras (los islamofascistas) crean que son ellos los que están ganando, y no vean una determinación de Occidente de tratar esto política, económica y militarmente, seguirán con ello. Primero que nada, usarán a su gente contra blancos occidentales en cualquier lugar, no sólo en Israel, sino en regímenes moderados occidentales de Oriente Medio, y continuarán con esto desde Oriente Medio hasta Europa hasta los Estados Unidos.

MDE: **Si no se hace nada, si el mundo sigue durmiendo, si Occidente sigue durmiendo, y nos despertamos dentro de una década y no se ha hecho nada, ¿puede describir cómo podría ser Estados Unidos, en comparación con su país cuando usted era Jefe de Estado Mayor en relación con el terrorismo y la amenaza, cómo se viviría en las calles de los Estados Unidos?**

Gen. Ya'alon: Será más difícil para cualquier administración o gobierno de Occidente tratar con un Irán nuclear debido al paraguas nuclear. Cane dijo recientemente que la única opción peor, en vez de ejercer la militar, en cuanto al proyecto nuclear de Irán, es tener un Irán nuclear. Yo estoy de acuerdo con él porque tener un Irán nuclear con este tipo de régimen no convencional, con estas capacidades no convencionales, no es siquiera racional. No estamos hablando de un tipo de liderazgo como el de la Unión Soviética. Ellos eran racionales. Este régimen no es racional. Tienen una creencia religiosa fuerte y la están impulsando para derrotar a Occidente. Por ello, primero que nada, usarán el terror como lo enfrentamos en el Líbano de la Autoridad Palestina. Se opondrán a otros países socavándolos, chantajeándolos, por medio de actividades terroristas, una combinación de actividades de terror bajo un paraguas nuclear, y abordarán Europa y los Estados Unidos con el empleo de representantes; para no usar misiles, usarán apoderados, de los cuales tienen muchos: Hezbolá, organizaciones terroristas palestinas, y por supuesto aquellas dirigidas por la inteligencia iraní que fueron responsables de los devastadores ataques en la Argentina, usada furtivamente para lanzar ataques terroristas contra blancos occidentales. De modo que podrían llegar a los Estados Unidos también.

MDE: ¿Qué participación tuvo Irán en el 11 de septiembre?

Gen. Ya'alon: Los elementos de Al-Qaeda usaron a Irán como un refugio seguro. No podemos decir que el régimen iraní estuvo directamente involucrado o que haya participado de otra manera el 11/9, pero no caben dudas de que los elementos de Al-Qaeda usaron a Irán durante un determinado período como un refugio seguro.

MDE: **Me gustaría poder describirle al pueblo estadounidense algo visual. ¿Qué estarían viendo y oyendo si los terroristas homicidas comenzaran con esta estrategia en los Estados Unidos? ¿Cómo sería? ¿Cuáles serían las particularidades?**

Gen. Ya'alon: Actualmente, hay en todo el mundo una infraestructura de terror latente, como jamás hemos visto; no simplemente en Canadá, y este caso se aplica a todos lados porque estamos hablando de ideologías, que son difundidas por muchos islamitas radicales. En muchos casos, es el régimen iraní conversando con elementos chía; y en otros, la organización Al-Qaeda, que es un paraguas, una ideología para alentar a los islámicos radicales. No estoy hablando de todos los musulmanes. Estoy hablando de los islamitas radicales que se convierten en terroristas y que están preparados para sacrificar sus vidas, matando infieles, como nos llaman: Cristianos, judíos, budistas, cualquiera que no sea musulmán es infiel, para de esta forma convencerlos de convertirse al islamismo. En todo el mundo hay islamitas radicales que están preparados para convertirse en terroristas homicidas. Puede ser Osama bin Laden u otros. Están preparados, así que si el régimen iraní decidiera implementarlo aquí, en los Estados Unidos, tendría la capacidad para hacerlo.

MDE: **Explíqueme cómo sería en la práctica, si ocurriera en Nueva York o en Washington.**

Gen. Ya'alon: Creo que, prácticamente, hoy día, en Israel, suponemos que cada minuto un terrorista homicida podría intentar acercarse a cualquier instalación pública, así que tenemos apostado un guardia en la entrada de ellas: centros comerciales, restaurantes, cafeterías, transportes públicos, para defender a los civiles. Lo mismo podría suceder aquí.

MDE: **Pero el pueblo estadounidense nunca ha experimentado realmente ese tipo de terror. Sé que cuando hacen estas cosas, a veces, trabajan de a dos. Lo planean estratégicamente. Descríbanos cómo serían las cosas, si esto sucediera realmente aquí en Washington, DC, o en Nueva York. ¿Cómo sería?**

Gen. Ya'alon: Por supuesto que las personas no se sentirán seguras debido a la idea de ser voladas en una instalación pública (subterráneo, restaurante, sala de conciertos, teatro), perderán su sentido de seguridad a diario y serán conscientes de cualquier movimiento sospechoso; no confiarán en nadie que lleve un maletín o cualquier otra bolsa, que podría contener explosivos. Cambia toda la forma de vida cuando uno lo enfrenta.

MDE: **Usted mencionó que este presidente tuvo la audacia de escribir una carta para intentar convertir al presidente de los Estados Unidos. Si así lo hizo, ciertamente, también lo haría con pueblo estadounidense.**

Gen. Ya'alon: Ah, por supuesto.

MDE: **¿Podría hablar sobre eso durante un minuto? Comience por la carta.**

Gen. Ya'alon: En realidad, el presidente Ahmadinejad le recomendó al presidente de los Estados Unidos que se convirtiera al islamismo. Por supuesto, esta recomendación se aplica a todo el pueblo estadounidense, para evitar el conflicto y la guerra que él le declara a Occidente, a su cultura; sí, recomienda la conversión como cualquier otro islamita radical actual, como Osama bin Laden y Khaled Mashal, que también habla acerca de no apoyar a Israel y adoptar el Islam, si no, se llenará de remordimientos y finalmente lo lamentará. Sí, esta es la propuesta: Convertirse.

MDE: **El pueblo estadounidense tiene una tendencia a pensar que es esta única persona la que cree en esto.**

Gen. Ya'alon: En realidad, en Irán deberíamos hacer una distinción entre el régimen y el pueblo iraníes, pero cuando hablamos de aquél, debemos hablar de los ayatolás, de los conservadores, los que no permiten ninguna reforma y que están tratando de manejar a Irán usando la Ley del Islam, que no permiten la democracia ni sus valores. Hay que trazar una distinción entre el régimen y el pueblo. Creo que a la mayoría del pueblo iraní no les gustan los ayatolás, pero el problema no es con un hombre. El problema está en el sistema, con esta ideología de los ayatolás.

MDE: ¿De cuántos estamos hablando aproximadamente y desde cuándo se les ha estado alimentando con esta ideología?

Gen. Ya'alon: Estamos hablando acerca de la revolución iraní que surgió en 1979, con bastante éxito. Si bien no pueden como régimen convencer a todos los iraníes de que crean en esta ideología, han tenido éxito en dirigir el país y en realidad también al fortalecer su control en el gobierno, elaborar la inteligencia, la intimidación, la presión contra la gente, y son bastante exitosos, a su manera. Hay que hablar acerca del régimen iraní, no sólo del pueblo iraní, igual que sobre los islamitas radicales, no sobre todos los musulmanes; y el régimen iraní es un régimen islámico radical.

MDE: **La mayoría de las personas piensan en las bombas nucleares como misiles, disparadas a través de misiles. Pero ¿podría haber un período en el que una bomba nuclear pudiera ser colocada en un contenedor de carga o incluso atravesar una frontera?**

Gen. Ya'alon: En realidad, la bomba, de acuerdo con mi entendimiento, podría usarla el régimen iraní como un paraguas; la bomba sucia sería usada por organizaciones terroristas con enviados por el régimen. Esta es la mejor manera de negar toda responsabilidad y es la forma en que este régimen está pensando acerca de cómo obtener los beneficios de este tipo de actividades terroristas, y no ser considerado responsable. Eso es lo que están haciendo ahora en Irak, en el Líbano, y en la Autoridad Palestina, y en todo Oriente Medio contra los regímenes moderados: Negar la responsabilidad, pero, sin duda, generando, financiando, equipando, apoyando y alentando a este tipo de enviados. Por lo tanto, la idea de utilizar representantes es el escenario más probable, incluso, cuando se trata de la capacidad nuclear.

MDE: **¿Podría describir qué es una bomba sucia y qué tipo de daño podría hacer en una zona altamente poblada?**

Gen. Ya'alon: Se puede llevar una bomba sucia a cualquier ciudad, usando carga marítima, aérea o terrestre; es indistinto; podría ser traída por barco, por avión o por camión para ser usada en un área urbana altamente poblada como una ciudad de cualquier sitio. Podría ser Tel Aviv, Berlín, Nueva York. Y, por supuesto, para ocasionar un daño colateral devastador, matar tantos civiles como se pueda, pero contenerla en una determinada área como una gran ciudad.

MDE: **Nuestro peor horror fue el 11 de septiembre, y conocemos el número de muertos. Aproximadamente, ¿cuál sería la cifra de bajas si explotara una bomba sucia en una ciudad altamente poblada?**

Gen. Ya'alon: Podrían ser docenas de miles, cientos de miles de bajas. Depende de la cantidad de materiales que tenga la bomba sucia.

MDE: **Si no se detiene a Irán y logra tener bombas nucleares, entonces ¿usted está diciendo que no se los puede detener? O, si se los detuviera, ¿qué consecuencias traería aparejadas?**

Gen. Ya'alon: Creo que de una u otra manera se los debe detener. No deben tener capacidad nuclear. Prefiero que una opción militar sea el último recurso. Aún no hemos experimentado la opción política y económica. Se la debe usar primero, y yo prefiero eso y no usar la opción política y económica, lo que significa aislamiento político y sanciones económicas. Tendremos que hacer uso de la opción militar. Estoy hablando de Occidente como mi pueblo, y, sin lugar a dudas, Irán responderá ante cualquier opción. Incluso, ante sanciones económicas, sin hablar de la opción militar. Podrían responder usando enviados, organizaciones terroristas -el apartado especial iraní- para llevar a cabo ataques terroristas contra determinados blancos.

Apéndice H

EXTRACTOS DE UNA ENTREVISTA CON ALAN DERSHOWITZ

Alan Dershowitz es profesor Félix Frankfurter de derecho en la Facultad de Derecho de Harvard y ha sido denominado «el abogado más peripatético de las libertades civiles» y uno de los «defensores más distinguidos de los derechos individuales», «el abogado criminalista más conocido en el mundo», «el mejor abogado de último recurso» y «el mayor defensor público judío de los Estados Unidos». También es un escritor prolífico, cuyos editoriales y comentarios aparecen en una variedad de revistas, periódicos e Internet. Es también el autor de veinte obras —algunas, de ficción— entre las que se incluyen seis libros con gran éxito de ventas, como *The Case for Israel* (La situación a favor de Israel) y *Why Terrorism Works* (Por qué funciona el terrorismo).

MDE: **Israel está atravesando una gran crisis, y usted habrá leído muchos libros que se relacionan con este tema. Uno de ellos tiene que ver con la primacía. Hábleme de la crisis de Irán, ya que Israel se enfrenta con él, y de sus consecuencias, en relación con Israel y con los Estados Unidos.**

A. Dershowitz: Irán es el gran triunfador de la crisis más reciente de Oriente Medio. Israel perdió muchos civiles y soldados. Los libaneses perdieron civiles y Hezbolá perdió soldados. Irán no perdió a nadie. Ganaron poder, ganaron influencia y creo que intentaron muy arduamente enviarle un mensaje a los Estados Unidos y a Israel sobre que sus instalaciones nucleares son invulnerables contra los ataques porque han pergeñado una estrategia sobre cómo luchar contra las democracias morales. Uno se oculta detrás de sus propios civiles, construye una instalación nuclear y luego le coloca encima un hospital o edifica una escuela sobre ella, y desafía a las democracias. Que maten a nuestros niños, a nuestras personas débiles, a nuestros ancianos y luego sean condenados por las Naciones Unidas, o bien, déjennos en paz. Lo que Israel trató de hacer en el Líbano es llegar a los soldados de Hezbolá sin matar a civiles, pero es inevitable que algunos civiles mueran en el proceso. En toda guerra mueren civiles.

Nuestra generación más grande en la Segunda Guerra Mundial mató a cientos de miles de civiles en Alemania y en otras partes del mundo, mientras luchábamos en Japón, pero a Israel se lo considera bajo una norma muy diferente. Cada vez que Israel mata a un civil, aparece en la primera plana, es un asunto de la ONU, y la culpa no se le echa a los que la merecen, es decir a Hezbolá o a Hamas, que se ocultan tras los civiles y básicamente inducen a Israel a que los maten. La culpa recae sobre Israel. Así que este es el comienzo, esencialmente, de una nueva guerra de cien años que superará las vidas de mis hijos y de mis nietos, una guerra entre tiranías democráticas y democracias morales.

Este método de lucha no podría funcionar con una democracia inmoral. Si cualquiera hubiera intentado esto con Rusia, Rusia simplemente haría lo que están haciendo en Chechenia. Bombardearían las ciudades y matarían a tantos civiles como fuera necesario para llegar al único objetivo miliar. Eso nunca hubiera funcionado con Stalin, ni con Hitler, ni con China, en la actualidad. Tampoco lo haría con muchas de las naciones del mundo. Únicamente funciona con una democracia moral como son Israel y los Estados Unidos.

MDE: **Ahora bien, a la luz de lo que usted ha dicho, ¿qué amenaza tan seria constituye Irán para los Estados Unidos?**

A. Dershowitz: Irán es una enorme, enorme amenaza para los Estados Unidos. Si no se lo detiene, obtendrá una bomba nuclear y la usará para chantajear a los Estados Unidos y a otros países. Imagine si Irak hubiera tenido una bomba nuclear cuando ingresaron a Kuwait. Estarían hoy día allí y, aún en el poder, Saddam Hussein y sus hijos. Un arma nuclear —ya sea que se la use o se amenace con usarla— es una espada de Damocles, cambia toda la estructura y el equilibrio de poder; y esto sucede con un Irán con una bomba nuclear, especialmente —más que con Corea del Norte, porque los líderes de este país no quieren morir, son partidarios de la secularidad, y uno puede detener a personas que no quieren morir— ya que muchos de los líderes iraníes le dan la bienvenida a la muerte; forman parte de la cultura de la muerte. Consideran que la vida en la tierra es sólo una transición para el Paraíso con sus setenta y dos vírgenes, o cualesquiera fueran las recompensas por obtener; y es muy difícil detener una cultura que recibe a la muerte con beneplácito. Así que Irán sería una gran amenaza para los Estados Unidos.

Como dijo una vez Tom Friedman: «Si no se detiene a los terroristas en Oriente Medio, van a venir a un cine que esté cerca de su hogar» y están llegando a los Estados Unidos, a Europa, selectivamente a Europa. Los franceses hacen sus propios negocios, pero la mayoría de los países europeos occidentales son vulnerables a una amenaza nuclear de parte de Irán.

MDE: **En la última crisis del Líbano, resultó evidente que ellos eran representantes, que Hezbolá era un apoderado, el brazo derecho de Irán. Pero, en general, los medios de comunicación explotaron eso para ventaja de Irán y no le dieron ningún sentido de claridad moral y no vieron sufrir a los judíos. ¿Por qué? ¿Por qué esa propensión?**

A. Dershowitz: El presidente de Irán es un hombre inteligente. Recientemente tuvo una entrevista con Mike Wallace donde, en muchos aspectos, lo superó. Apareció como una persona razonable, encantadora. Él, por supuesto, es el nuevo Adolf Hitler, sin los medios, actualmente, para hacer lo que éste hizo; pero él y sus sustitutos, básicamente, han dicho que su meta es destruir a Israel.

El jefe de Hezbolá dijo hace un par de años que tenía la esperanza de que todos los judíos fueran a Israel. Eso facilitaría su tarea, en el sentido de que pueden destruirlos a todos allí. No tendrían que perseguirlos por todo el mundo, como Hitler.

El objetivo de Hezbolá, el de Hamas, el de Irán no es una solución de dos Estados. No es la paz en Oriente Medio. Es el fin de Israel y el fin de todas las influencias occidentales en Oriente Medio y, de hecho, en el mundo. Esta es una guerra apocalíptica entre la razón y la democracia, por un lado, y el extremismo islámico y la tiranía, por el otro. Y es una batalla que librarán los extremistas islámicos hasta la muerte, ahora, encabezados por Irán.

MDE: ¿Cuando el presidente de Irán dice: «Veo al mundo sin sionismo y sin los Estados Unidos», ¿lo dice en serio?

A. Dershowitz: Lo dice tan en serio como lo dijo Adolf Hitler. El presidente de Irán quisiera ver un mundo sin sionismo, sin una mentalidad de cruzado, sin valores occidentales sobre los cuales él es el dictador de un cuarto Reich. Eso es lo que él querría ver. ¿Si puede lograrlo? No sin armas nucleares; pero, con ellas, casi no existen límites respecto de lo que podría hacer, porque él las ocultará entre los civiles. Nosotros, en Occidente, debido a nuestro código moral, no bombardearíamos hospitales, ni centros diurnos para niños, ni escuelas. Ellos bombardearían cualquier cosa, y es muy difícil luchar una batalla asimétrica. Uno siempre oye acerca de ellas, entre ejércitos occidentales que son más poderosos, y ejércitos terroristas que lo son menos. Hay una nueva forma de asimetría en las guerras que es mucho más potente, la de la moralidad.

Si se tiene una sociedad amoral y una sociedad inmoral dispuestas a sacrificar a sus propios hijos y a sus propios pacientes de hospitales, a sus propios ancianos, por la guerra; y otra cultura, la democracia occidental, que no está dispuesta a matar niños, que no está dispuesta a matar ancianos, que no está dispuesta a matar a civiles no involucrados, eso es asimétrico.

Cuando Israel fue amenazada con un reactor nuclear iraquí, ellos dijeron con mucha claridad: «No estamos en guerra con los niños de Bagdad. No vamos a bombardear Bagdad. No vamos a destruir un reactor nuclear si eso significa matar a los niños de Bagdad». Y Golda Meir también lo expuso muy, muy bien, cuando dijo: «Tal vez podamos perdonar a los terroristas por matar a nuestros hijos, pero nunca podremos perdonarlos por hacernos matar a sus hijos». Países como Israel y los Estados Unidos harán todo lo que esté a su alcance para evitar matar a niños, mientras que los regímenes tiránicos del terrorismo harán cualquier cosa para ello. Ellos elaboraron esta aritmética cruel de la muerte.

Cada vez que los terroristas matan a un civil, ganan. Cada vez que los terroristas logran que las democracias maten a un niño, ganan. Los terroristas siempre ganan, las democracias siempre pierden, y todo se debe a la asimetría de moralidad.

MDE: **¿Quién está ganando la mayor batalla en los medios de comunicación, en cuanto a Irak?**

A. Dershowitz: Bueno, no cabe ninguna duda de que Irán y sus sustitutos terroristas están ganando la guerra de los medios de comunicación, porque actualmente, a diferencia de lo que sucedió en la Segunda Guerra Mundial, cualquier baja de civiles aparece en los noticieros de la noche, la imagen del niño muerto, la fotografía de la mujer llorando. Imagine si esas imágenes de los medios hubieran existido durante la Segunda Guerra Mundial. Cada vez que los Estados Unidos bombardeaba una instalación, una instalación nuclear como lo hicieron los británicos y los estadounidenses en Noruega para evitar el desarrollo de bombas nucleares, cada vez que bombardeábamos una instalación militar en cualquier sitio de Alemania, habrían mostrado imágenes de niños alemanes muertos y de madres alemanas llorando. Habría sido casi imposible para los Estados Unidos llevar adelante sus actividades militares.

Los iraníes, Hezbolá y Hamas han aprendido a utilizar los medios de comunicación y a las Naciones Unidas, que es una democracia de tiranías. Es decir, cada tiranía obtiene un voto en la Asamblea General, y como dijo una vez Abba Eban: «Si los argelinos introdujeran una resolución, ante la Asamblea General, de que la tierra es plana y que la aplanó Israel, ganaría con 124 a 122 votos con treinta y seis abstenciones», y se imaginará qué países estarían de qué lado. Cuando el caso que involucró al cerco de seguridad israelí se presentó ante la Asamblea General, virtualmente todos los países que votaron el envío del asunto a la Corte Internacional de Justicia eran tiranías, y virtualmente cada país que votó contra el hecho de que el tribunal tuviera jurisdicción era una democracia; y, sin embargo, las tiranías ganaron en votos a las mayorías. Y entonces la combinación de las Naciones Unidas, la democracia de las tiranías y los medios de comunicación, que siempre se focalizan en las imágenes de las bajas civiles -junto con el hecho de que Israel es una sociedad abierta y permite un reinado pleno de los medios, mientras que Irán, Hezbolá y Hamas son sociedades cerradas- logrará que los medios de comunicación sean utilizados con mayor poder contra Israel que contra sus enemigos terroristas.

MDE: **En su libro *The Case for Israel* (El caso contra Israel), usted habla de por qué el terrorismo funciona y utiliza la analogía acerca de cómo lo hizo Arafat. Parecería haber una enorme similitud entre lo que está sucediendo ahora y lo que pasó en ese entonces.**

A. Dershowitz: Yasser Arafat es el padrino del terrorismo moderno. Descubrió cómo utilizarlo, para su propia ventaja. No dije que fuera para beneficio del pueblo palestino -porque no creo que al final resultó favorable a él-, sino para el de Arafat, y le permitió acumular miles de millones de dólares en pagos, básicamente, por extorsiones, realizados por Europa, en sus propias cuentas bancarias. Pero Arafat supo cómo usar el terrorismo para obtener publicidad.

La destrucción del equipo olímpico israelí, en Munich, no fue la primera, pero tal vez la más publicitada. La de los aviones en vuelo, la explosión del avión suizo, el intento de volar aviones de El Al, la destrucción de cuatro aviones en la pista de aterrizaje en Jordania, todo eso hizo que se le prestara una atención tremenda a la situación de los palestinos (mucho más que, por ejemplo, a la de los curdos o de los tibetanos, que nunca hacen uso de este tipo de terrorismo internacional). Y las circunstancias actuales de los curdos y los tibetanos en el mundo son ignoradas, mientras que se resalta la situación palestina, debido a su uso del terrorismo. Así que supieron cómo usar el terrorismo y, también, cómo ocultarse detrás de los civiles y cómo dificultar a las democracias con sus elevadas normas morales, llegar a los terroristas. Y ese paradigma continúa persiguiendo, hoy día, a las democracias occidentales.

MDE: **En su libro *Preemption* (Derecho de prioridad), usted habla acerca de cómo los EE.UU. tienden a mirar hacia su experiencia. ¿Qué está pensando el pueblo estadounidense cuando ve la crisis de Irán en su forma actual, en contraposición a lo que usted ha explicado sobre cómo piensa Irán?**

A. Dershowitz: Para Irán, esta ha sido una gran victoria, una flexión muscular, una morisqueta de burla para Occidente; pero para los estadounidenses, Irán está muy lejos. La mayoría de los estadounidenses no comprenden por qué Irán profiere esta gran amenaza. Después de todo, están a tantos miles de kilómetros de distancia... No tenemos soldados en Irán desde que se liberó a los rehenes, hace veinticinco años. Nunca perdimos en realidad a nadie en Irán, así que es muy difícil crear un interés en un problema que es tan distante.

Esto me recuerda nuevamente lo que sucedía en la Alemania nazi a principios de la década de 1930, cuando a los estadounidenses no les preocupaba y ganaban candidatos partidarios del aislamiento político, y al presidente Roosevelt le resultaba muy difícil energizar al pueblo estadounidense para que se preocuparan por lo que estaba sucediendo en esos momentos en Alemania. Y mejor que aprendamos la lección de haber ignorado al nazismo.

La guerra preventiva que tuvo lugar a mitad de la década de 1930, antes de que Hitler se convirtiera en la figura más poderosa con el ejército más poderoso del mundo, se podía haber evitado. Winston Churchill dijo que él hubiera podidito hacerlo, y lo más interesante es que lo mismo dijeron muchos de los nazis. Estaban impactados de que Occidente, Francia, los Estados Unidos no los atacaran cuando violaron el Tratado de Versailles y cuando amenazaron con matar a los judíos del mundo. No los tomamos en serio. No los tomamos literalmente, y la necesidad potencial de un ataque anticipado contra Irán, si estuvieran a punto de desarrollar un arma nuclear, también es, creo yo, actualmente muy ignorada en Occidente.

Uno de los motivos por los que, personalmente, estaba contra la guerra en Irak —para mí era una cuestión cercana, pero estuve en contra de ella— fue porque pensaba que distraería la atención de Irán, que planteaba una amenaza mucho más seria porque el extremismo religioso siempre es más peligroso que el secular. También me preocuparon las consecuencias no intencionadas, que la tiranía de Saddam Hussein fuera reemplazada por una tiranía de islamitas radicales; y, lamentablemente, esos temores se han concretado, y los Estados Unidos probablemente no cuenten con los recursos, o el incentivo, para tomar tan en serio a Irán como lo hubiéramos hecho si no nos hubiésemos empantanado actualmente en Irak. Así que pienso que hay una verdadera crisis por delante de nosotros.

MDE: **Los generales de Israel ven la acción militar como un éxito, en cuanto a lo que relaciona a misiles de largo alcance, misiles de mediano alcance, destruir la infraestructura de Irán, la infraestructura militar y tomar represalias. Desde ese aspecto, lo consideran un éxito. Pero antes de que Ehud Olmert pudiera llegar a cualquier lado cerca del río Litani, los Estados Unidos corrieron a la ONU para presionar a Israel a que llevara a cabo un rápido cese de fuego con Hezbolá. ¿Por qué?**

A. Dershowitz: Creo que los Estados Unidos esperaban que Israel pudiera desarmar a Hezbolá más rápidamente y más efectivamente, y aquél estaba atrapado en un lugar difícil. De hecho, el mundo hoy día está dividido en sus críticas sobre Israel: muchas personas dicen que no hizo lo suficiente y muchas otras, que hizo demasiado. Nadie piensa, salvo, tal vez, algunos de los generales de Israel, que Israel hizo simplemente lo correcto. Creo que, en algunos aspectos, los Estados Unidos pensaban que hizo muy poco en el inicio de la guerra y luego, con todas las bajas civiles, demasiado, hacia el final de la guerra, y sintió la necesidad de darle fin. Creo que había muchas personas desilusionadas en el Pentágono estadounidense ,en el Departamento de Estado de los EE.UU., en cuanto a que Israel no pudo desarmar a Hezbolá; pero la única manera en que hubiera podido hacerlo, habría sido infligiendo más bajas civiles.

Ahora recordemos que la cantidad total de verdaderas bajas civiles infligidas por Israel durante la lucha en el Líbano probablemente fue menor a quinientas. La cantidad que informaron los libaneses es superior a mil; pero cuando uno incluye entre ellos a gente de Hezbolá, a sus colaboradores activos, a escudos humanos voluntarios que permanecían detrás, personas a las que se evitó que partieran debido a Hezbolá, la cantidad de verdaderos civiles por los cuales Israel carga con cualquier, cualquier grado de responsabilidad —y no creo que merezcan responsabilidad moral, pues fue culpa de Hezbolá— probablemente sea menor a quinientos.

Mueren muchos civiles todos los días, en manos de los musulmanes, en Sudán, en Irak, en Afganistán; y, sin embargo, los medios de comunicación se centran obsesivamente en cada musulmán muerto por una bomba israelí, en lugar de en los musulmanes asesinados por los musulmanes o los árabes muertos por los árabes en muchas otras partes del mundo; y ese es el albatros que siempre estará alrededor del cuello de Israel. Así que fue imposible lograr sus objetivos militares con las limitaciones relacionadas a no matar civiles. En ese respecto, Hezbolá descubrió una nueva forma de usar la moralidad de Israel tanto como un escudo, y también como una espada para poder lanzar cohetes y protegerse del contrafuego por parte de Israel.

MDE: ¿Cree que es inevitable que Israel o los Estados Unidos vayan a atacar el programa nuclear de Irán?

A. Dershowitz: Pienso que la constante debe ser que no se le permita a Irán jamás desarrollar un programa nuclear. Y creo que eso es inevitable, si Irán está a punto de preparar una bomba nuclear que, según dijeron, usarían contra Israel; y si los Estados Unidos no previeran o no atacaran preventivamente esa instalación nuclear, creo que Israel no tendrá opción. ¿Alguna democracia permitiría que su enemigo desarrolle una bomba nuclear que ya ha dicho que usará contra su capital? Recuerde que el ex presidente liberal, Rafsanjani, alardeó con orgullo que si Irán obtenía una bomba nuclear la usaría contra Israel y mataría entre tres y cinco millones de israelíes e Israel tomaría una represalia y mataría de diez a veinte millos de musulmanes en Teherán. Y dijo que eso valdría la pena porque hay más musulmanes que judíos.

Ninguna democracia, y por cierto ninguna, cuyos ciudadanos sean sobrevivientes del Holocausto -y todo judío lo es, en ese aspecto, porque el objetivo de Hitler era matar a todos los judíos-, ningún país permitiría que sus enemigos juraran destruirlos mediante el desarrollo de una bomba nuclear. Así que, finalmente, Israel no tendrá otra opción que tomar alguna acción preferencial o preventiva, si fracasan los esfuerzos diplomáticos de los Estados Unidos o si las Naciones Unidas no participan de un ataque militar contra las instalaciones nucleares de Irán.

MDE: **En los esfuerzos diplomáticos de los Estados Unidos, la Comisión de Energía Atómica de Israel me comentó que treinta centavos de cada dólar proveniente del dinero estadounidense van a parar a la IAEA, de la cual Irán es miembro, y que los Estados Unidos, fundamentalmente, no están haciendo nada contra la evidente intención de Rusia de construir esos reactores. ¿Por qué?**

A. Dershowitz: Creo que Rusia está actuando con falta de previsión. Pienso que un Irán armado plantea un gran peligro para Rusia también, porque tiene el potencial para que haya filtraciones, y la filtración derivará en que los rebeldes chechenos potencialmente tengan acceso a algún tipo de capacidad nuclear. Y pienso que todo país que está en algún tipo de guerra contra extremistas islámicos perdería, si Irán llegara a desarrollar una bomba nuclear; en particular, debido a que la milicia iraní es notoria por su corrupción y por la habilidad de terceras partes de comprar algunas instalaciones. No podrían controlarlas como lo puede hacer Estados Unidos actualmente, o como Israel, que lo ha hecho durante los últimos treinta años, y es un escándalo que la comunidad internacional, a través de diversos organismos, no haya podido evitar que Irán desarrolle una bomba. Los únicos países a los que debe permitírseles contar con bombas nucleares son aquéllos que no las usarían o que las tienen puramente como un factor disuasivo. Irán no encaja dentro de esa categoría. Si tuviera un arma nuclear, los riesgos de que la use son simplemente demasiado altos. Cuando son catastróficos, no debe haber una probabilidad demasiado alta para que se justifique moral y legalmente que las víctimas potenciales de un ataque nuclear adopten acciones preventivas.

MDE: **¿Fue el Líbano una prueba para Occidente?**

A. Dershowitz: La guerra del Líbano fue una prueba para Occidente, y Occidente la reprobó. La guerra del Líbano fue un desafío de los terroristas y de los regímenes tiránicos para la moralidad de Occidente. El mensaje era: «Vamos a matar a sus civiles y vamos a desafiarlos a que maten a nuestros civiles, y a no ser que ustedes estén dispuestos a matar a nuestros civiles, continuaremos con impunidad matando a sus civiles». Esta asimetría moral es una prueba a la que no le hemos encontrado la vuelta. No podemos hacer concesiones con nuestra moralidad. No podemos matar a los niños. No podemos rebajarnos al nivel de los iraníes o de Hezbolá o de Hamas, y aún debemos hallar una manera más efectiva de poder desarmar su estructura de comando militar, su capacidad para disparar cohetes -ya se trate de cohetes convencionales o, en el futuro, químicos, biológicos y nucleares- sin matar a sus civiles. O bien, tenemos que cambiar la legislación internacional y la percepción de que la muerte de civiles, cuando los regímenes tiránicos y terroristas se ocultan detrás de ellos, no son atribuibles a las democracias que están actuando en defensa propia, sino a los que están utilizándolos como escudos humanos. Hasta que esto suceda, los terroristas tiránicos tienen una enorme ventaja sobre las democracias, y eso es lo que demostraron los libaneses.

MDE: El presidente Bush tuvo una gestión rápida con respecto al G8 y de repente, justo cuando estaba por tomar el avión para dirigirse a San Petesburgo, se tomaron rehenes y se dispararon bombas en el Estado de Israel. ¿Fue esa una coincidencia?

A. Dershowitz: No creo que jamás pueda suponerse que la sincronización sea una coincidencia. Cada vez que suceden eventos, hay que observar quién obtuvo cierta ventaja por hacer lo que hizo en el momento en que lo hizo. Yo creo que estuvo coordinado entre Hezbolá, Hamas e Irán; que éste envió un mensaje: «Recalienten la situación. Ejerzan presión. Ataquen a Israel de cualquier forma que piensen que es la más efectiva para ustedes: Secuestren soldados, maten soldados, crucen la frontera, construyan túneles, disparen cohetes».

No creo que Irán necesariamente manejó cada aspecto de ello. Pienso que es suficiente con que abra y cierre el grifo, y eso es lo que sucedió, e Irán lo hizo para obtener ventaja, ya se trate de distraer la atención de sus propias ambiciones nucleares, o de que tuviera miedo de que hubiera paz entre los israelíes y los palestinos en Oriente Medio, que es lo peor que puede ocurrirle a Irán.

Lo mejor que podría suceder para frustrar las ambiciones de Irán sería que Israel y los palestinos finalmente llegaran a un acuerdo de paz basado en el modelo que el presidente Clinton y Ehud Barak intentaron establecer en Camp David, en Taba, en los años 2000 y 2001. Los grandes perdedores de ese fracasado proceso de paz fueron los palestinos, que podrían estar celebrando el cuarto o el quinto aniversario de un Estado palestino económicamente viable, exitoso; en cambio, continuaron viviendo en la miseria, y los israelíes, sobre quienes pienso que podrían vivir en una zona más segura si hubiera una resolución más pacífica. Y los grandes ganadores son Irán, Hezbolá y Hamas, que no quieren una solución de dos Estados. Ellos quieren la misma solución que querían los nazis en la década de 1930: un solo Estado para Europa. Querían que el Tercer Reich se extendiera desde Irlanda hasta los confines de la Unión Soviética (una solución de un solo

Estado); e Irán, Hezbolá y Hamas quieren lo mismo: un solo Estado fundamentalista islámico que viva bajo los principios de la Sharia, la forma más extrema del fundamentalismo islámico. No lo van a obtener, pero le van a arruinar la vida al resto del mundo.

MDE: **Cuando tuvo lugar la guerra con el Líbano, se eliminó por completo la palabra «Irán» de la pantalla mundial y se convirtió en una guerra sin sentido de representantes de Irán. ¿Es Irán capaz de usar la misma táctica contra los Estados Unidos: con terroristas suicidas asimétricos palestinos, si se les ocurre que eso los beneficiaría?**

A. Dershowitz: La forma en que Irán usó al Líbano, a Hezbolá y, en un grado menor, a Hamas como sustitutos en la primera batalla de esta guerra de cien años, en la cual creo que ellos participan, me hace acordar a la manera en que la Alemania nazi utilizó la Guerra Civil española como lucha sustituta, justo antes del inicio de la Segunda Guerra Mundial. El ejército nazi alemán no participó en forma directa en la Guerra Civil española, sino que ésta fue un sustituto, y cuando las democracias perdieron en la Guerra Civil española, eso significó una luz verde para que la Alemania nazi avanzara. Y creo que la lucha de Hezbolá en el Líbano ha sido, en la crisis actual, lo que fue la Guerra Civil española al conducir a la Segunda Guerra Mundial. Por eso debemos tomarlo tan en serio y por eso es imposible permitir más victorias de Hezbolá, Hamas e Irán.

MDE: **¿Por qué los Estados Unidos deben continuar apoyando a Israel?**

A. Dershowitz: Este país debe continuar apoyando sus intereses en el mundo, y ellos coinciden con los de Israel, que es su único aliado confiable en Oriente Medio. Israel proveyó a los EE.UU. parte de su más importante inteligencia e información militar y recursos durante la Guerra Fría, y continúa suministrándoles gran parte de sus más importantes recursos de inteligencia y militares durante esta guerra contra el fundamentalismo islámico.

Si Israel, Dios no lo quiera, desapareciera de la faz de la tierra, eso no fortalecería la posición de los Estados Unidos en el mundo, sino que la debilitaría considerablemente. Seguiría existiendo una campaña islámica contra los Estados Unidos, pero se la debería enfrentar sin un aliado confiable en Oriente Medio. Así que es claro que a los Estados Unidos les conviene contar con un Israel fuerte y viable. Además, les interesa ver a un Israel en paz, si es que eso fuera posible, y creo que deberían continuar jugando un papel constructivo en su apoyo a Israel. Pero no nos equivoquemos, Israel puede sobrevivir y lo hará con el apoyo de los Estados Unidos o sin él; tiene una capacidad militar formidable, medios nucleares, que nunca quiere utilizar. Económicamente, es un país seguro porque no tiene petróleo. Esa ha sido una de las grandes bendiciones, porque, por ello, ha desarrollado alta tecnología, que es la ola del futuro; el petróleo es el recurso del pasado. Y entonces Israel permanecerá siendo un aliado estratégico muy importante de los Estados Unidos en los años venideros, y esa, dicho sea de paso, es una de las razones por las que los franceses se han vuelto tan contrarios a Israel. Ellos no tienen ningún interés en la fortaleza de los Estados Unidos, sino en que esté debilitado, y creo que uno de los motivos por los que Francia se ha volcado contra Israel es porque lo ven como un aliado estratégico de los Estados Unidos y de su posición global en el mundo actual.

MDE: **Conversé con Benjamín Netanyahu en el Club de Prensa, y lo advertí hablando sobre su admiración por Ronald Reagan y silbaba como una serpiente. ¿Es eso similar a lo que usted está tratando, a una falta de claridad moral?**

A. Dershowitz: Bueno, para los estadounidenses que apoyan a Israel y la justicia social, la admiración por Ronald Reagan debe estar muy, muy mezclada. Yo no voté por Ronald Reagan. No lo haría, actualmente, si estuviera sano y salvo y fuera candidato a la presidencia, porque estoy profundamente en desacuerdo con sus programas sociales nacionales. Creo en una distribución de la riqueza mucho más justa en los Estados Unidos, en un muro muy alto de separación entre iglesia y Estado, en que la ciencia y la razón dominen los criterios para la investigación de células madre. Creo muy firmemente en los derechos de los homosexuales y en los de las mujeres; así que, para mí, la plataforma republicana siempre ha sido algo imposible. Soy un demócrata liberal y continuaré apoyando a los demócratas liberales por motivos de interés nacional estadounidense.

Por otra parte, sentí algo de admiración por la forma en que Ronald Reagan le hizo frente a las maldades del comunismo soviético. Creo que la caída del comunismo no fue, únicamente, atribuible a Ronald Reagan. Creo que el Papa y la economía cambiante en el mundo jugaron un papel muy importante. También, Gorbachov y el pueblo ruso tuvieron una actuación significativa. Así que considero que es un error atribuirle el éxito de la política estadounidense respecto de la Unión Soviética a una sola persona o a una sola política.

Siento lo mismo hoy hacia la administración Bush. Soy un fuerte oponente de ella, en cuanto a las políticas nacionales, y también pienso que cometió un error fatal al hacernos ingresar en la guerra contra Irak, tanto desde una perspectiva estadounidense como desde una pro-israelí. Pienso, con respecto a la seguridad de Israel, que fue un error para los Estados Unidos el hecho de empantanarnos en una guerra en Irak. Así que considero, como lo hacen muchos estadounidenses liberales que apoyan a Israel, que debemos observar crítica y escépticamente a ambas partes y a todos los candidatos, y siempre formular primero la pregunta: «¿Qué es mejor para los Estados Unidos?». Y sí creo que el apoyo estadounidense a Israel es lo mejor.

MDE: **¿A qué se debe que pocas veces se oiga el término «islamofascista» entre los demócratas liberales?**

A. Dershowitz: Por cierto, lo ha oído de mí. Yo soy un demócrata liberal y creo fervientemente que «islamofascista» es un término adecuado para describir a un pequeño grupo de radicales islámicos. Pienso que uno de los motivos por el cual se tiene algún titubeo es que no se quiere usar una palabra que tenga un contexto religioso que se utiliza ampliamente. Tengo muchos, pero muchos socios, amigos, colegas, personas a las que admiro y respeto enormemente, que son musulmanes por su fe religiosa y sus tradiciones. Son personas maravillosas y que aman la paz, y les encantaría ver una solución de dos Estados. Así que no deseo generalizar acerca de los musulmanes, miembros de la fe islámica; pero hay un elemento, dentro de ella, que ha secuestrado la fe y creo que son bien llamados islamofascistas. Son fascistas sin ninguna duda. Hezbolá lo es y tiene todos los elementos de un movimiento fascista, incluyendo la educación de la juventud y el suministro de los servicios sociales.

La gente olvida que el motivo por el cual los alemanes votaron al partido nazi la primera vez que fueron candidatos no fue su antisemitismo, sino con frecuencia, a pesar de su antisemitismo. Ellos votaron por los nazis porque éstos tenían programas para la juventud, de bienestar social; abordajes para el desempleo y, de paso, también eran antisemitas. Y Hezbolá se las ha arreglado para usar el mismo enfoque. Muchas personas, en el Líbano, apoyan a Hezbolá debido a sus programas sociales y educativos; y, de paso, también son antisemitas. Odian a los judíos y a Israel, pero pueden tolerarlo siempre y cuando les estén suministrando los servicios sociales.

Así que uno debe mirar más allá de los servicios centrales, hacia el núcleo, en el núcleo de Hamas y Hezbolá, quienes usarán aquéllos para seducir a las personas a que se unan a su misión; y el núcleo de ella es la destrucción de Israel, del pueblo judío y de los valores occidentales, del cristianismo y de todo lo que no sea el islamismo radical.

MDE: En su libro *Why Terrorism Works,* (Por qué funciona el terrorismo) ha establecido algunos principios estratégicos referidos a cómo también se los puede detener. ¿Podría hablar sobre ese tema?

A. Dershowitz: Al terrorismo se lo puede detener. El terrorismo triunfa porque triunfa, es decir, que se mantiene a sí mismo indefinidamente. La forma de detener al terrorismo consiste en nunca recompensarlo y siempre hacer que los terroristas sean responsables de los hechos, pero no vamos a hacer eso. La ONU no lo hace, la comunidad internacional, tampoco; incluso, los Estados Unidos e Israel no siempre lo hacen. Cada país del mundo se somete al terrorismo. El viejo chiste que me encanta contar, porque mi madre tiene noventa y tres años, es: «¿Cuál es la diferencia entre una madre judía y un terrorista?»: La respuesta es: «Con un terrorista, a veces se puede negociar». Y, trágicamente, creo que demasiadas democracias han negociado con el terrorismo, y han fortalecido sus manos.

Si yo fuera un dirigente nacional, adoptaría una postura de no negociación; lo haría desde el inicio de los tiempos, una postura de no recompensa. Hay que tratar al terrorismo de la forma en que se trató con la piratería en los siglos XIX y XVIII. Finalmente, pudimos abolirla, en su mayor parte, porque a los piratas se los consideraba criminales internacionales a los que ningún país daría refugio. Si se tratara de ese modo al terrorismo, si nunca hubiésemos permitido que Yasser Arafat pusiera un pie en las Naciones Unidas, si nunca hubiéramos considerado en darle el Premio Nobel, si nunca hubiéramos reconocido a las organizaciones terroristas, creo que el terrorismo habría desaparecido de su propia fuerza.

El terrorismo no obra contra las tiranías, porque las tiranías no toleran de ningún modo a los terroristas y bloquean sus fuentes de apoyo y no permiten que usen los medios de comunicación masiva. Es fácil para las tiranías vencer al terrorismo. Es mucho más difícil, en el caso de las democracias, porque éstas deben preservar nuestros valores, nuestra moral y nuestras libertades civiles; de modo que se trata de un verdadero desafío, pero puede hacerse.

MDE: **¿Cuál es el peor escenario para Occidente, si transcurre una década y duerme, si Irán consigue la bomba? ¿Contra qué nos enfrentamos?**

A. Dershowitz: Bueno, el peor escenario sería que Irán obtuviera la bomba y demostrara su fortaleza, arrojándola sobre Israel y contando con la moralidad de este país, con el hecho de que, aunque se tirase una bomba, los israelíes serían muy renuentes a contraatacar, bombardeando la ciudad de Teherán y matando diez millones de personas. El hecho de que Israel tenga una moral más elevada que Irán y los enemigos terroristas con los que se enfrenta es una de las grandes armas que tienen las tiranías y los terroristas. Eso no fue así en la Segunda Guerra Mundial, en que los Estados Unidos estaban dispuestos a arrojar una bomba nuclear sobre Hiroshima y Nagasaki, y, junto con Gran Bretaña, una bomba incendiaria en Dresden y en Tokio. Israel no está preparado para hacer eso, y actualmente las Naciones Unidas, probablemente, tampoco; y, con la elevada moralidad que algunos países tienen y otros, no, la combinación de la moralidad elevada de los Estados Unidos y de Israel con la reducción en la moralidad de los terroristas y organizaciones tiránicas, genera una asimetría, que va a ser muy, pero muy difícil de tratar cuando nos enfrentemos a una aniquilación nuclear.

MDE: ¿Qué podemos hacer para proteger a los Estados Unidos, a la luz de esta crisis?

A. Dershowitz: Los Estados Unidos deben mirar mucho más allá en el futuro. Deben contar con una estrategia a largo plazo para tratar con un Estado terrorista potencialmente nuclearizado como es Irán, que tiene sustitutos. El país debe estar preparado para actuar en forma proactiva y preventiva, con una poderosa fuerza de detención, cuando sea necesario; usar todos sus recursos disponibles, diplomáticos, económicos, políticos, morales, militares, y comprender que esta es una guerra a largo plazo, que no sólo se ganará en lo que dure toda mi vida; tal vez, incluso, durante las vidas de mis hijos, y debe estar preparado para cambiar las reglas de participación y adaptarlas a las nuevas amenazas con las que se enfrenta. Al final, no soy optimista. No soy tampoco pesimista.

Me gustaría ser optimista, pero nací en 1938, y en Europa; ahora estaría muerto y no tendría ni hijos ni nietos. El mundo se mantuvo ocioso mientras se destruía por completo a las comunidades judías de Europa. Así que nadie que haya vivido durante los años del Holocausto podrá llegar a ser jamás un optimista total. Debo ser pragmático. Debo ser alguien que está dispuesto a mirar arduamente las opciones que están disponibles para evitar la destrucción final.

Benjamín Franklin se equivocó cuando dijo: «Los que estén dispuestos a conceder un poco de libertad para obtener un poco de seguridad no merecen ninguna de las dos». Yo no creo eso. Pienso que el derecho más importante y fundamental que tiene un ser humano es el derecho a vivir, a tener hijos, a ser libre de amenazas de la tiranía; y, a veces, deben realizarse concesiones en otros valores y en otras libertades a fin de asegurar esa libertad final. Debemos estar preparados para hacer sacrificios económicos y materiales, pero también sacrificios de otra naturaleza, con el objeto de prevenir el advenimiento de un evento catastrófico, que no está más allá del reino de la posibilidad humana, porque ya lo hemos visto una vez, y el lema de «nunca más» debe resonar claramente en todos nosotros. Y no puede tratarse sólo de un lema. Debe ser un enfoque pragmático, realista, a la amenaza de la destrucción catastrófica, que es una posibilidad realista para el futuro.

MDE: **Una pregunta más. El embajador israelí se refirió ayer a este culto de la muerte, a esta crisis islamofascista, según sus palabras, como la Tercera Guerra Mundial. ¿Usted lo ve así?**

A. Dershowitz: Veo la amenaza proferida a los Estados Unidos y a Israel como el comienzo de una guerra de cien años. Puede llamarla Tercera Guerra Mundial. Se la puede llamar el inicio de un nuevo tipo de conflicto bélico. Yo no la llamaría Tercera Guerra Mundial porque no hay analogías con la Primera y la Segunda Guerras Mundiales. Esta guerra debe librarse de manera muy, pero muy diferente, y debemos ser creativos. Fue Santayana el que dijo: «Los que olvidan las lecciones del pasado están destinados a vivirlas de nuevo», pero los que se enfocan sólo en el pasado están destinados a perderse lo que les depara el futuro. Creo que el pasado tiene un voto, pero no tiene un veto; y debemos mirar hacia el futuro y a qué amenazas se nos profieren en él. Así que yo preferiría no utilizar analogías con la Primera Guerra Mundial ni con la Segunda, y sólo pensar en esto como un nuevo tipo de conflicto bélico, en el cual Occidente, claramente, lleva la desventaja. La asimetría de la moralidad nos dificulta mucho luchar contra grupos que no tienen moral.

Apéndice I

EXTRACTOS DE UNA ENTREVISTA CON MORT ZUCKERMAN

Mort Zuckerman es el actual editor en jefe de *U.S. News & World Report* y ha sido el editor/propietario del *New York Daily News* desde 1993. Sus columnas figuran periódicamente en sus publicaciones, y él ocasionalmente aparece en el *The McLaughlin Group*.

MDE: Por favor, hábleme acerca de cómo usan los medios de comunicación los terroristas.

Sr. Zuckerman: Bueno, en primer lugar, ellos comprenden cuán importantes son los medios de comunicación masiva. Por ejemplo, Zawahiri, que era el segundo de Osama bin Laden, escribió una carta famosa a Al-Zarqawi cuando todavía estaba vivo en Irak y le señaló que esta es una batalla de los medios de comunicación, y eso es más que la mitad de la batalla. Y le hablaba en esos términos porque Al-Zarqawi estaba atacando la Chia, y dijo: «Estás perdiendo apoyo, y los medios de comunicación te dieron una mala cobertura al respecto», así que comprenda cuán importantes son estos medios.

Ahora bien, también se lo entiende porque había una red de cable, como Al Yazira, que se usaba como plataforma, desde donde podían propagar sus diversas ideologías y la forma en que presentan los hechos. La guerra entre Hezbolá e Israel es un ejemplo.

Una cantidad de fotografías son adulteradas. Ellos controlan el acceso hasta de la correspondencia que viene de CNN, sin importar Al Yazira, con las escenas en particular de sus propias estadísticas. Por ejemplo, nunca indicarían en sus relatos que Hezbolá usaba diversos sitios como plataformas de lanzamiento para dispararle cohetes a Israel, colocando a los israelíes en un aprieto respecto de qué hacer, porque si iban tras los cohetes, los estaban construyendo deliberadamente y ocultándolos en viviendas de civiles; había civiles inocentes, cuyas vidas corrían peligro.

Nunca mencionarían, por ejemplo, que los israelíes anunciaron a estos pueblos, o los notificaron, arrojando volantes, lo que eliminó el elemento sorpresa, que es importante en estas cosas. Así que ellos entienden que los medios de comunicación son una manera de darle forma a la opinión política, y los usan con la idea de incitar al mundo a estar en contra de Israel, por ejemplo. Así que tienen mucha conciencia de ello, francamente, mucha más que los israelíes y el gobierno de los Estados Unidos, algo que siempre me sorprende.

MDE: **Cuando uno observa los medios de comunicación y ve a los musulmanes, y ellos los llaman civiles muertos, casi me parecería que hay una cantidad en el recuento que genera una repulsión por parte del mundo. ¿Todo eso está planeado?**

Sr. Zuckerman: Bueno, no sé si está planeado, pero, por ejemplo, ellos enviaron las fotografías, que deliberadamente adulteraron para hacerlas ver más oscuras y amenazantes, como si esto fuera Dresden, en la Segunda Guerra Mundial. De modo que ellos tratan de crear y maximizar el sentido de que estos son civiles inocentes cuando, de hecho, esta no era la guerra entre Israel y el Líbano o contra civiles inocentes. Era una guerra entre Israel y Hezbolá, y Hezbolá usaba a mujeres y niños como escudos. Uno de los grandes dilemas del mundo moderno es cómo encontrar alguna forma de evitar que la gente use a mujeres y niños como escudos. Hay un principio para los países civilizados que dice que siempre hay que separar a los combatientes de los no combatientes, pero generalmente eso requiere de un uniforme.

Cuando se tiene un grupo que se oculta deliberadamente y esconde sus esfuerzos detrás de civiles, es cuando surgen los problemas y las complicaciones; y, por ende, cuando las fotografías se tornan en imágenes que, en un sentido, pueden expresar la verdad en términos fundamentales, pero distorsionan la verdad porque dejan fuera el hecho de que esas personas están ocultándose deliberadamente en zonas civiles para evitar que se los vincule.

Apéndice I

MDE: **El pueblo estadounidense está oyendo muchas amenazas provenientes de Irán, que quiere tener armas nucleares, y muchos de ellos piensan que esta no es una amenaza para los Estados Unidos. ¿Lo es?**

Sr. Zuckerman: Bueno, si piensan que esta no es una amenaza para los Estados Unidos, es sólo porque no oyen o no tienen acceso a los discursos y los artículos de la dirigencia iraní. Irán es el grupo más radical, extremista, religiosamente motivado, en esa parte del mundo. Lo ha sido desde 1979, cuando el ayatolá Jomeini tomó el poder de ese país.

Ellos fueron los fundadores de Hezbolá, y lo posicionaron no sólo en el Líbano, sino también en Europa, para matar a disidentes iraníes. De hecho, hay veinte miembros de Hezbolá en cárceles europeas que están allí por atacar y asesinar a disidentes iraníes.

Son totalmente hostiles con Occidente. Ellos realmente creen que su misión es reinstaurar el califato para obtener el regreso de lo que ellos denominan el Mahdí, o su versión del Mesías, lo que requiere de una batalla entre creyentes e infieles, que literalmente están intentando provocar.

Este es un extremo religioso con el que nunca nos enfrentamos, y se complica por el hecho de que no tienen una cultura de la vida como la tenemos nosotros, sino, fundamentalmente, una cultura de la muerte. El presidente de Irán, Ahmadinejad, forma parte de un grupo llamado el Basige. El Basige era un grupo de personas a las cuales inspiró el ayatolá Jomeini, en un sentido, para convertirse en mártires, como ellos los llaman, en la guerra entre Irán e Irak.

Él los hacía caminar por campos minados, eran descubridores humanos de minas terrestres, y, literalmente, explotaban. Los hacía arrojarse contra tanques con granadas y explosivos sobre sus cuerpos. Ahora hay de diez a doce millones de ellos en Irán, y esta es la base de poder de Ahmadinejad. Nunca nos hemos enfrentado con un grupo de personas que cree que hay un llamado más elevado para morir por su religión, no para vivir para ella.

MDE: ¿Qué esperan lograr con todo esto?

Sr. Zuckerman: Lo que esperan lograr —y he estado expuesto a ellos, realmente, durante quince o veinte años— es lo que creen que es parte del legado musulmán, que, en el pacto de Hamas, se denomina el WAQF musulmán.

¿Qué es el legado musulmán? Es que cada porción de territorio que en un momento estaba controlado por el mundo del Islam, debe regresar al él, desde España y Andalucía y desde España hasta India. En 1990, me reuní con los líderes del partido islámico en el parlamento jordano, y me contaron eso en 1990. Así que esto data de mucho, mucho tiempo, y por diversos motivos, este tipo de creencia ha sido difundido (a) por un lado, por Irán, y (b) por la secta wahabi, en Arabia Saudita.

Luego de que Irán fue tomado por Jomeini, los sauditas, por diversos motivos, se preocuparon mucho acerca del apoyo de sus propios extremistas religiosos, así que comenzaron a proveerles de enormes fondos, y esos son sunnitas y chiitas los que están difundiendo el mismo mensaje: Que el mundo del Islam debe ascender nuevamente. El califa significa el sucesor de Mahoma; debe regresar. Debemos reestablecer un mundo musulmán, un mundo del Islam, en un solo país, controlado por el califa; y en eso es en lo que cree, y es una fuerza extraordinariamente poderosa en sus vidas.

MDE: **La ciudad de Nueva York, y obviamente el 11/9, están muy próximos a usted. ¿Podría hablar acerca de dónde estuvo el 11/9 y también dirigirse al pueblo estadounidense acerca de la posibilidad de que llegue material nuclear a este país, poniendo en peligro a la ciudad o a cualquier otra?**

Sr. Zuckerman: Ese es por cierto el mayor peligro porque literalmente, si explotara en una ciudad como Nueva York o cualquier otra importante, se volvería inhabitable en zonas enormes, y durante veinte o treinta años, antes de que se hubiera ido la radiación, en este sentido. Pero, según pienso yo, ese no es el único riesgo.

Sólo le pido que piense acerca de la posibilidad de que los islamitas de Inglaterra, que recientemente fueron hallados intentando explotar nueve o diez aviones que volaban sobre el Atlántico, hubieran tenido éxito. Nos hubiera cambiado toda nuestra forma de vida.

Si fuéramos a tener dos o tres ataques en los Estados Unidos —y en Estados Unidos somos una sociedad tan abierta, por tradición, de tal manera que nos es imposible excluir toda fuente de peligro—, cambiaría nuestra forma de vida. La presión del público estadounidense para ser protegido, la presión sobre el gobierno estadounidense para proteger al público de los Estados Unidos va a ser tan aguda, que el gobierno se verá obligado a instituir todo tipo de cambios en nuestro estilo de vida que, literalmente, podría cambiar todo lo que significa Estados Unidos.

Esa, para mí, es la mayor amenaza, no tiene que ser una bomba atómica. No tiene que ser un agente químico ni biológico. Podría ser algo, por ejemplo, como lo que sucedió, casi sucedió, con estos aviones, cualquier cosa que ponga verdaderamente en claro que estábamos aún bajo un gran ataque. Y tarde o temprano, puesto que somos una sociedad tan abierta, eso puede muy bien llegar a suceder. Y por ende es crítico que todos nos demos cuenta de que hay un peligro y de por qué es que debemos perseguirlos antes de que ellos vengan a nosotros, porque no hay manera en un mundo tan abierto como el que tenemos en este país de que podamos protegernos por completo y herméticamente contra ellos.

MDE: **El concepto de representantes estuvo totalmente oculto al mundo durante la guerra del Líbano, incluso a pesar del hecho de que las personas como usted hablaron en voz muy alta acerca de la conexión entre Hezbolá e Irán. Irán no sufrió nada. ¿Estados Unidos corre el peligro de los representantes, palestinos o de cualquier tipo, en este país?**

Sr. Zuckerman: Por supuesto. Esa es una de las cosas desconocidas del peligro que enfrentamos: La capacidad de un país como Irán, que siempre ha operado a través de representantes. Establecen

Hezbolá. Crean Hamas. Establecen la yihad palestina/islámica. Son los principales fundadores y proveedores de armas, los principales adiestradores de estas personas, me refiero a literalmente miles de personas de Hezbolá que fueron a Irán desde el Líbano para ser adiestrados en actividades terroristas.

Y, a través de Siria, no sólo fueron adiestrados, sino que fueron rearmados, puesto que Irán usó a Siria como una compuerta para rearmarlos. Así que todos estos son representantes a quienes usan para colocar, de hecho, algo entre ellos y los perpetradores de los crímenes, pero ellos son los titiriteros de todo esto, y estos grupos, de hecho, son los títeres.

Y esto se vio cuando Hamas fue elegido. El primer lugar al que fueron fue a Irán, e Irán les prometió dinero, e Irán les prometió apoyo además de lo que ya les había dado. Irán, después de todo, recordará usted, fue el proveedor de una enorme cantidad de armas (a bordo del) *Karine-A*, incluso para la Autoridad Palestina, pero esa es una fuente secundaria de representantes aliados para ellos.

Los iraníes han dicho en un discurso, incluyendo a Ahmadinejad, «Hezbolá es Irán e Irán es Hezbolá, y estaremos a su lado, y ellos estarán con nosotros y nosotros estaremos con ellos». Así que no caben dudas acerca de quiénes son, a quién representan y de qué están por hacer. Ambos, la chia de Hezbolá al igual que Irán, tienen un propósito. Su deseo es literalmente arrasar con los valores y la civilización occidentales y, para ellos, Israel, en un sentido, está en a la vanguardia de la civilización occidental.

MDE: **El presidente de Irán le escribió al presidente Bush una carta de dieciocho páginas, y lo que le decía era: «Los que tienen discernimiento ya pueden oír los sonidos de los destrozos y de la caída de la ideología y de los pensamientos de los sistemas democráticos liberales»**, refiriéndose al ataque de las Torres Gemelas. ¿Deberíamos tomar en serio al presidente de Irán cuando dice cosas como estas?

Sr. Zuckerman: Indudablemente. Quiero decir, es para nosotros, que tenemos un sentido diferente de valores civiles que no sólo cala hondo

Apéndice I

en nuestras vidas, sino en nuestras religiones, oír a alguien hablar de esa manera, casi suena como si fuera un dibujo animado, como si fuera algo que uno no puede tomar en serio.

Pero en realidad estas personas lo dicen completamente en serio, y nunca nos hemos encontrado con gente como esta en nuestras vidas. Un nivel de extremismo que está motivado por su versión de su Dios, que es Mahoma, literalmente a salir y destruir Occidente y a demoler a sus civilizaciones y a reafirmar el predominio del mundo islámico contra el mundo de, según sus mentes, «los incrédulos», «los fieles en contraposición a los no creyentes».

Se refieren a los cristianos y a los judíos como a los «imies». Estos son ciudadanos de segunda clase que, por la tolerancia del mundo islámico, pueden vivir dentro de su comunidad, pero no como ciudadanos con los mismos derechos. Esa es su visión del mundo y su versión del mundo y, por diversos motivos, por toda una cantidad compleja de motivos, ha predominado cada vez más en regiones del mundo islámico.

Hay muchos, decenas de millones de personas que no son tan extremas, que son mucho más moderadas y quieren, en un sentido, mejorar sus propias vidas, pero estas son personas que no entienden la vida como la comprendemos nosotros, como ya he dicho. Es una cultura de la muerte, y aún debemos descubrir cómo tratar con ella. Pero esa amenaza es absolutamente fundamental respecto de la posibilidad de que todos podamos seguir viviendo el tipo de vida con el que hemos sido bendecidos en este país y en muchas otras democracias liberales.

MDE: El embajador israelí ante las Naciones Unidas describió a los islamofascistas, y utilizó ese término, y dijo que esta era una Guerra Mundial. ¿Está usted de acuerdo con él, y de ser así, podría explicarlo?

Sr. Zuckerman: Bueno, sin lugar a dudas, es una Guerra Mundial. Quiero decir, si se piensa acerca de ello en términos de dónde ha tenido lugar la violencia, no sólo ha ocurrido en los Estados Unidos, si bien sufrimos el 11/9. Sucedió en Bali, está ocurriendo en Indonesia y también en India. Acaban de volar un par de trenes en India y, no sé, murieron doscientas dos personas y hubo cientos de heridos.

Volaron un tren en España. Las caricaturas, que quisiera agregar que ni siquiera eran caricaturas, todas las cuales fueron publicadas, se difundieron en todo el mundo musulmán y ocasionaron reyertas en él, contra Escandinavia. Están esos ataques terroristas en Inglaterra. O sea que los hay en país, tras país.

En toda África los hubo, así que con lo que se está tratando es con una comunidad mundial enorme, y no sólo con el mundo musulmán, pero hay musulmanes en toda Europa y en toda Inglaterra. Y como podemos ver, incluso, los musulmanes de segunda y tercera generación, algunos de los jóvenes nunca se adaptaron a esos países en los que están viviendo, y sólo se conectan a través de la Internet —agregaría yo— con estas ideas e ideologías musulmanas radicales; ellos se encuentran atrapados en ello, y también están dispuestos a perder sus propias vidas, a sacrificarlas, a convertirse en mártires al servicio de esta visión de destruir y demoler y disminuir al mundo occidental y a los valores civilizados que representamos nosotros.

MDE: ¿Por qué las Naciones Unidas corren a su rescate?

Sr. Zuckerman: Bueno, esa es una historia muy triste. No hay dudas de que las Naciones Unidas se han convertido en una plataforma para ellos porque funcionan sobre la base de un voto por país. Y hay literalmente docenas y docenas de países como este, que forman parte del mundo musulmán o bien, alternativamente, del mundo del Islam que no quieren demostrar su ira. Y entonces ellos, en un sentido, tienden a apoyar este tipo de visión o, por lo menos, a tolerarlo si es que no lo apoyan.

Y es un tema de gran magnitud. La ONU se ha vuelto una organización disfuncional en términos de sus capacidades para servir a los tipos de valores para cuya representación fue originariamente fundada. En segundo lugar, la ONU era una organización que se basaba en Estados, y con lo que estamos tratando no es con Estados, sino con redes de individuos que no visten uniformes militares, que, en un sentido, están atrapados en este credo de violencia y extremismo; y que tienen a su entera disposición armas que poseen un poder destructivo que anteriormente estaba reservado para los Estados Unidos.

De modo que ahora enfrentamos una amenaza letal de estas personas y, como usted dice, se trata no sólo de la verdadera destrucción que ellos pueden realizar, sino de la forma en que pueden afectar toda nuestra forma de vida. Simplemente piense: el 11/9 fue la primera vez que los Estados Unidos fueron atacados en su territorio, desde 1812. ¿Y cómo fue? Un grupo de personas que vivían en algunas cadenas montañosas en Afganistán, a miles y miles de kilómetros de distancia nos atacaron y pudieron, literalmente, cambiar la vida en los Estados Unidos.

Nos enfrentamos contra personas que están dispuestas a morir -y por lo tanto es muy difícil refrenarlos racionalmente- en el proceso de matar tantos civiles como sea posible, para tener el mayor impacto posible sobre los países donde están llevando a cabo estos actos terroristas.

También, nos enfrentamos con una amenaza sin precedentes y estamos viendo la forma de manejarla, y nadie tiene todas las respuestas. Pero una cosa que debemos apreciar de todo esto es que esta amenaza es verdadera y que no podemos ignorarla, que no es una cuestión de un gobierno u otro que esté en el poder en este país. Simplemente vamos a tener que manejarlo.

MDE: **¿Cuánta importancia tiene Israel en ganar la guerra del terror?**

Sr. Zuckerman: Bueno, no hay duda de que Israel es el canario de la mina de carbón. Usted tiene a Israel como una isla rodeada de un mar del Islam, algunos de cuyos miembros son de la naturaleza más extrema. Estos grupos extremistas, me refiero a Hamas, a la yihad islámica, a Hezbolá, están, en un sentido, haciendo ataques terroristas y usando a Israel como un terreno de práctica, como un lugar de entrenamiento en el cual se preparan. Ahora bien, le voy a dar un ejemplo de algo en lo que estuve directamente involucrado para demostrarle cuán intolerantes son. En la Basílica de Nazaret, que es uno de los grandes sitios del cristianismo, el alcalde de Nazaret, que fue elegido allí, era una persona muy extremista. Esto fue aproximadamente hace seis o siete años. Decidió construir una mezquita literalmente en el estacionamiento que estaba afuera de la basílica. Ésta tendría una mayor altura que la basílica, y ellos hubieran efectuado esas cinco oraciones diarias, y, de hecho, de una manera práctica, habrían intimidado e imposibilitado las visitas de muchos cristianos que deseaban visitar uno de sus sitios más sagrados. Y se requirió de un enorme esfuerzo, trabajando con el gobierno israelí, cosa que hice, y con las iglesias de allí. Finalmente, el gobierno israelí lo detuvo, pero este fue un intento deliberado, en un sentido de intimidación contra la población cristiana, como lo hicieron en Belén. Así que no sólo están contra el mundo judío, sino, incluso, contra los símbolos del mundo cristiano que se observan como una amenaza al retorno del mundo islámico. Ellos creen que Mahoma, después de todo, fue el sucesor, tanto de Moisés como de Jesús, y por ende, ¿por qué el resto del mundo no sigue a Mahoma?

Así que estamos en una lucha, que no se trata sólo del predominio de los musulmanes, sino contra el predominio del Islam como un imperativo religioso, y eso es algo que vamos a tener que enfrentar. No hay forma de hacer concesiones con sus dioses.

MDE: **¿De qué manera los terroristas explotan los medios de comunicación masiva para el reclutamiento, la recaudación de fondos, la glorificación de los mártires, las concesiones políticas? ¿Cómo utilizan a esos medios?**

Sr. Zuckerman: Bueno, el principal medio que usan es la Internet. Hay miles de sitios que están dedicados a este intento de hacer proselitismo y de atraer a personas jóvenes y a otros a este mundo de extremismo religioso y violencia; y ellos proporcionan todo tipo de adiestramiento, no sólo instrucción religiosa, sino sobre el terrorismo. De modo que, en efecto, hay una nueva tecnología que ha posibilitado difundir este mensaje y la forma en que sea operativo, en términos terroristas, en todo el mundo. Y el pueblo inglés, por ejemplo, lo recogió, o el de Francia o España. Es cierto que algunos de ellos regresaron a Pakistán, donde había campos de adiestramiento, pero no todos lo hicieron, y muchos lo obtienen a través de ese tipo de medio de comunicación y, por supuesto, hasta el alcance que pueden, también, a través de los medios más convencionales, como la televisión, básicamente, donde intentan organizar imágenes de los eventos.

La respuesta a las caricaturas, en Dinamarca, es un ejemplo de dónde usaron los medios de comunicación como vehículo y plataforma para incitar a todo un sector de la población musulmana. Este no era un gran problema hasta que literalmente mostraron estas caricaturas, algunas de las cuales nunca se publicaron, y las mostraron por todo el mundo musulmán, como si representaran algo que fuera un ataque a su religión.

Y, por supuesto, en un sentido, están usando la separación que sienten del mundo occidental, de los valores y de las religiones occidentales, como una forma de provocar a un pueblo, que, literalmente, durante trescientos o cuatrocientos años se ha sentido humillado por el hecho de que estaban en la cima de la civilización en el siglo XVI y ahora han caído de una manera espectacular. No sólo el mundo occidental, sino el mundo del Lejano Oriente, donde países como Taiwán y Corea del Sur y hasta China han tenido tanto éxito y se han desarrollado.

Y es el mundo musulmán el que ha tenido las mayores dificultades para realizar esta adaptación.

MDE: **¿Cuán serio es el programa nuclear de Irán y qué debe hacer Estados Unidos al respecto?**

Sr. Zuckerman: No caben dudas de que esto se va a convertir en un peligro extraordinario para el mundo occidental, si Irán es capaz de desarrollar armas nucleares con capacidad propia, es decir, con su propia tecnología, como lo está haciendo ahora, desarrollando los cohetes para arrojarlos; además, porque uno tiene a un pueblo allí que cree que tiene que suceder este gran momento violento entre los fieles y los infieles, entre los creyentes y los infieles, y lo dice Ahmadinejad, el presidente de Irán, que está esperando el regreso del hombre al que llaman el Decimosegundo Imán, su Mesías, que sólo puede darse después de esta lucha catastrófica entre los infieles y los creyentes. Y él quiere provocarla. Cree que sucederá en cuestión de años, y no estoy hablando de diez años, sino de menos. De hecho, él restauró el pozo en el que creen que desapareció el Decimosegundo Imán, con la esperanza de que vuelva a surgir.

Y esto es con lo que hay que tratar. Este es un nivel de fanatismo que está dispuesto a soportar el asesinato, la matanza y la muerte de todo tipo de personas inocentes con el objeto de traer lo que ellos creen que será el símbolo de su nueva preponderancia en el mundo. Por lo cual es fatalmente peligroso, y nunca sabrá si están dispuestos, como lo han estado en el pasado, a usar a representantes -para usar su frase-, a Hezbolá, o una yihad islámica, en la que son literalmente subsidiarios de Irán, para arrojar algún tipo de arma de destrucción masiva. Como digo, ni siquiera se requeriría eso; pero si la tuvieran, si tuvieran las bombas así llamadas de maleta que pudieran ingresar a un país, no sería fácil detectar sus huellas dactilares como lo sería si se tratara de un misil.

Ese peligro es abrumador y es una amenaza. Hay un viejo principio en los negocios: Nunca hay que correr el riesgo con algo que uno no puede darse el lujo de perder. Lamentablemente, cualquiera sea el riesgo, no podemos darnos el lujo de perderlo, así que tenemos que encontrar un modo de tratar con ello.

MDE: **Dios no lo permita, pero si Irán estuviera a punto de tener un arma nuclear, ¿cómo lucirá el mundo dentro de una década?**

Sr. Zuckerman: Bueno, trataré de ser optimista. No puedo evitarlo. He tenido una vida maravillosa en este país, y alguien dijo una vez que la diferencia entre un optimista y un pesimista es que el primero cree que este es el mejor de todos los mundos posibles, y el segundo teme que pueda tener la razón. Sí, creo en que encontraremos una manera de manejarlo, que hay suficientes países en el mundo que comprenden cuán grave es esta amenaza y que no escapa a nadie. Quiero decir, si hubiera un arma atómica o de destrucción masiva, algún tipo de producto químico o alguna clase de agente biológico que se arrojara en algún lado, ya fuera en una ciudad de Europa, de los Estados Unidos, en Israel o en Rusia, afectaría a todos los habitantes del mundo. Así que yo tengo que creer que, en algún punto, el interés estrecho de miras de los países y de los dirigentes individuales, de un modo u otro se verá trascendido por el entendimiento de esta amenaza común, y nosotros hallaremos la forma de manejarlo.

MDE: **El presidente de Irán sigue hablando acerca del precio del petróleo, y de las encuestas. Hubo algo interesante que sucedió en ellas, en el otoño de las elecciones de Reagan y Carter. Los precios del petróleo siguieron cayendo, cayendo y cayendo; luego, repentinamente, el mismo día en que Ronald Reagan fue elegido, se liberó a los rehenes.**

Sr. Zuckerman: Esa fue la primera victoria de Ronald Reagan porque todos sabían que si él asumía, tendría una mentalidad mucho, mucho más dura en el trato con los iraníes que Jimmy Carter.

MDE: **¿Los iraníes observan las encuestas estadounidenses y son lo suficientemente tácticos como para tratar de influir sobre ellas?**

Sr. Zuckerman: Indudablemente, si se piensa en el hecho de que justo antes de las últimas elecciones, Osama bin Laden envió otro vídeo cuatro días antes, el viernes anterior de la elección del martes, el cual, realmente, controló de nuevo todo el diálogo político. Eso no fue accidental. Puedo decirle que nuestros servicios de inteligencia creen que fue hecho deliberadamente para afectar nuestras elecciones. Ellos comprenden qué son las encuestas y las siguen con atención. Es una sociedad muy abierta. No resulta difícil averiguar dónde están. Estoy seguro de que, incluso, realizan sus propias encuestas. Así que pienso que es algo sobre lo cual están bastante informados.

Creo, dicho sea de paso, que hay muchas personas, en Irán, que se oponen a este régimen. Hay una enorme tasa de desempleo. Muchos jóvenes allí tienen una buena educación. La cultura persa es una gran cultura, y ellos han superpuesto sobre esto su extremismo religioso, contra el que muchas personas se sienten incómodas y hacia el cual son hostiles.

No obstante, debido a que no es una democracia en el verdadero sentido de la palabra, tenemos una desventaja a corto plazo porque ellos pueden averiguar con mucha más facilidad qué está sucediendo en nuestra sociedad. Pero, en el largo plazo, nuestras libertades, básicamente, brindan la propia fortaleza que espero nos hará entrever el otro lado.

MDE: **Los israelíes, muchos de los generales con los que me reuní hace unas pocas semanas, me hablaron acerca de dispositivos explosivos improvisados. Hablaban de cifras (aproximadamente el ochenta y cinco por ciento de todos los que están en Irak provienen de Irán). Y también me mencionaron la cantidad de terroristas que están matando a las tropas. Decían que, en su mayoría, son asesinadas por terroristas iraníes. Si de verdad eso es así, ¿por qué no lo estamos viendo en los medios de comunicación masiva de los Estados Unidos?**

Sr. Zuckerman: Bueno, no conozco la respuesta a esto porque es difícil obtener pruebas al respecto. Lo que está sucediendo ahora es esto: tenemos a alguien como Zarqawi, que quizá fue la figura líder en ese mundo de terrorismo y violencia, y era sunita, no chiita; pero los iraníes, en parte, fueron responsables cuando él hizo volar la Mezquita Dorada de Samara. Esa realidad ha disparado una guerra sectaria allí, y creo que no hay duda de que los iraníes han estado alimentando con armas, dinero y todo tipo de otras cosas a los chiitas porque quieren, por lo menos, tener alguna base de extensión de su propia seguridad y de su propio control en Irak.

Después de todo, Irak fue el gran equilibrio que contrarrestó a Irán durante muchos, muchos años. Así que no hay duda de que están involucrados, pero es muy difícil obtener alguna prueba verdadera de eso, y hasta que nosotros, Estados Unidos, no tengamos pruebas, no queremos decir cómo nos enteramos porque entonces las fuentes y los métodos expondrán a las mismas fuentes de inteligencia que necesitamos.

MDE: **La carta que le envió el presidente de Irán al presidente Bush, en su mayor parte era una carta de prédica, parecía que estaba intentando convertirlo. ¿Realmente tiene una meta o una intención de, de alguna manera, convertir a los cristianos a sus creencias?**

Sr. Zuckerman: Bueno, me resulta difícil comprender la forma en que piensa ese hombre, pero hubo una entrevista con él, en *60 Minutes*. Quiero decir, siempre me sorprende que brindemos una plataforma para que esta gente predique su mensaje de una forma que es como desalentadora, pero así es la naturaleza de nuestro sistema. Y, básicamente, lo que él estaba intentando hacer —considerando de dónde provenía y cuáles son sus opiniones— pensé que lo hizo bastante bien; quiso decir: «Ah, nosotros no somos tan malos tipos. Sólo queremos las mismas cosas que ustedes, y bla, bla, bla, bla». Pero, en realidad, ellos sí quieren expulsarnos de regiones enormes del mundo, y usarán cualquier arma que tengan en sus manos para lograrlo.

Y, como ya mencioné, tienen un suministro casi ilimitado de personas que están dispuestas a morir como lo que ellos denominan «mártires al servicio de», cualquiera sea su visión. Ellos creen que tendrán una vida permanente en el cielo, en su versión del cielo, al igual que sus familias, si es que hacen eso y están dispuestos a hacerlo; y, como he dicho, no queda del todo claro cómo vamos a tener que manejar eso. Por cierto, tendremos que hacer mucho más de lo que estamos haciendo actualmente.

MDE: ¿Cuánta influencia tienen las fuerzas del fanatismo y la economía del petróleo en esta batalla?

Sr. Zuckerman: Bueno, usted sabe, esto que tengo que decir es uno de los asuntos más desagradables que creo que tiene que enfrentar este país. Con los precios del petróleo subiendo como lo han estado haciendo, estamos financiando a las mismas personas que son nuestros enemigos, a Irán, a los sauditas, hasta a los rusos, que son un tipo de amigos muy, pero muy extraños. Todos estos países que poseen petróleo lo están usando de una u otra forma; Irán, de hecho, para apoyar exactamente estos tipos de actividades, financiar a todos estos grupos terroristas; le dan dinero a Hezbolá, ellos compran armas, adiestramiento, lo que sea necesario, ¿y de dónde provinieron?

Puedo garantizarle que Rusia hubiera sido mucho más tratable y nos hubiera apoyado cuando el petróleo estaba a veinte dólares el barril, y ellos tenían una deuda externa enorme, que lo que sucede con setenta y cinco dólares el barril, cuando tienen cien mil millones de dólares en el banco. Lo mismo se aplica a Irán. Irán tenía una enorme deuda externa. Arabia Saudita tenía una enorme deuda externa. Ahora, tienen, Irán tiene, ¿quién sabe? ¿De cuarenta y cinco a cincuenta mil millones de dólares en el banco? Arabia tiene un par de cientos de miles de millones de dólares en el banco.

Y, a estas alturas, piensan que el mundo es suyo y que ellos no tienen por qué adaptarse realmente a los tipos de cosas que nosotros necesitamos que se adapten en términos de tener un mundo civil en el que la gente viva y deje vivir.

MDE: Esta es la última pregunta. Con la crisis iraní, parecería que nos estamos dirigiendo a una gran confrontación. Si, Dios no lo permita, este país no cumple con las concesiones económicas y diplomáticas, ¿cree usted que los Estados Unidos, habiendo agotado todos los demás recursos, tendría que hacer uso de la opción militar?

Sr. Zuckerman: La opción militar nunca podría retirarse de la mesa porque si se hiciera eso, vamos a tener que ir por etapas. La resolución de la ONU, que ha sido aprobada por el Consejo de Seguridad, dispone sanciones económicas, y puede que ese sea el primer paso para demostrarles que queremos decir lo que decimos. Pero, finalmente, en algún momento, si continúan amenazando al mundo civilizado y al mundo occidental y no desean tomar en cuenta cuán crítico es el hecho de que no tengan esta capacidad de contar con armas nucleares, esa se convertirá en una decisión de mucha importancia que estará en la mesa de algunos; en el escritorio del presidente de los Estados Unidos, ya sea este o el próximo. A mi juicio, será éste, porque dentro de los próximos dos años y medio, sin duda, contarán con la capacidad interna de desarrollar armas nucleares, como lo hizo, de hecho, un país como Corea del Norte, que ni siquiera tiene la población, la sofisticación intelectual o la educación de muchas personas de Irán.

No es imposible de hacer. Hemos visto cómo lo ha hecho Corea del Norte, que es un país mucho más fácil de contener. Están vendiendo sus tecnologías nucleares y de misiles a Irán, que las utilizó para desarrollar sus propias tecnologías. Ahora están usando lo que han podido comprarle a A. Q. Khan de Pakistán, quien los está vendiendo por todo el mundo, o a Corea del Norte, para desarrollar sus propias capacidades nucleares nacionales. Esto es un desastre.

Entrevisté a Putin en Rusia cuando acabábamos de entrar en guerra con Irak, y él dijo: «¿Por qué, Irak?».«El verdadero peligro es Irán». Bueno, vamos a averiguar si Rusia nos apoya, y durante mucho tiempo adoptaron una posición muy ambigua. Creo que finalmente se dieron cuenta de cuán peligroso es esto para ellos. China, creo, también lo comprende, pero el único foro en el que podemos lograr un avance en estas áreas, lamentablemente, es en las Naciones Unidas, y las Naciones Unidas les dan vetos a todos estos países. Debemos hacer que se unan a nosotros, y ese es un hecho básico de la vida.

Apéndice J
UN ESTUDIO DE VEINTIÚN DÍAS SOBRE IRÁN (PERSIA), IRAK (BABILONIA) E ISRAEL EN LA PROFECÍA BÍBLICA

	SEMANA 1	
Día 1	La oración de Daniel y las setenta semanas	Daniel 9
Día 2	La visión de Daniel del varón	Daniel 10
Día 3	Los reyes del norte y del sur	Daniel 11
Día 4	El Fin de los Días	Daniel 12
Día 5	Israel renacida	Ezequiel 36:1–11, 22–36
Día 6	Las naciones se levantarán contra Israel	Ezequiel 38
Día 7	Esas naciones serán juzgadas	Ezequiel 39
	SEMANA 2	
Día 8	Jesús y el Fin de los Tiempos en Mateo	Mateo 24
Día 9	Jesús y el Fin de los Tiempos en Marcos	Marcos 13
Día 10	Jesús y el Fin de los Tiempos en Lucas	Lucas 21
Día 11	Juan ante el trono de Dios	Apocalipsis 4–5
Día 12	Los siete sellos	Apocalipsis 6–8:5
Día 13	Las siete trompetas	Apocalipsis 8:6–11:19
Día 14	Las bestias y la gran cosecha	Apocalipsis 12–14
	SEMANA 3	
Día 15	Las siete plagas y las siete copas	Apocalipsis 15–16
Día 16	Surge Babilonia	Apocalipsis 17
Día 17	Cae Babilonia	Apocalipsis 18–19:5
Día 18	La Cena de las Bodas del Cordero y la Venida del Señor	Apocalipsis 19:6–21
Día 19	La derrota de Satanás	Apocalipsis 20
Día 20	Cielos nuevos y tierra nueva	Apocalipsis 21
Día 21	«Ciertamente vengo en breve»	Apocalipsis 22

Apéndice K

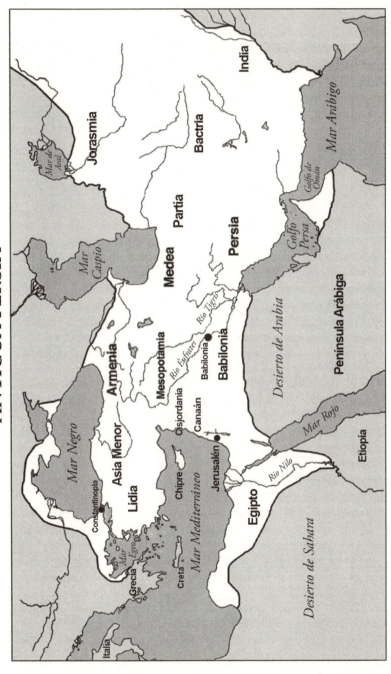

322　　　LA MOVIDA FINAL MÁS ALLÁ DE IRAK

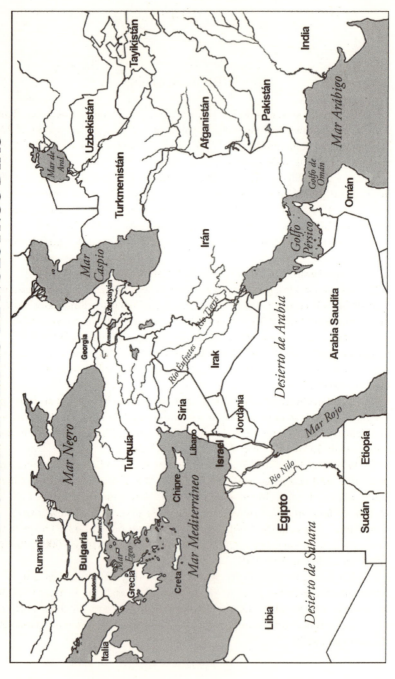

Notas

INTRODUCCIÓN

1. CNN.com, «Giuliani Rejects $10 Million From Saudi Prince» (Giuliani rechaza 10 millones de dólares de un príncipe saudita), 12 de octubre de 2001, http://archives.cnn.com/2001/US/10/11/rec.giuliani.prince/index.html (con acceso el 22 de enero de 2007).

2. George W. Bush, «Address to the Nation» (Discurso a la nación), 10 de enero de 2007, según se cita en el *New York Times,* http://www.nytimes.com/2007/01/10/world/middleeast/10cnd-ptext.html?ex=1169701200&en=9e8ad4c46b84713e&ei=5070 (con acceso el 23 de enero de 2007).

3. Volveremos a ocuparnos de esto en el capítulo 3, donde figura la cita exacta.

4. Joseph Farah, «U.S., Israel to Attack Iran Nukes 'Before April'» (EE. UU., Israel atacará las armas nucleares iraníes antes de abril), G2 Bulletin en WorldNetDaily.com, 23 de enero de 2006, http://www.worldnetdaily.com/news/article.asp?ARTICLE_ID=48430 (con acceso el 21 de enero de 2007).

5. Daniel Pipes, «How the West Could Lose», (Cómo podría perder Occidente), *Jerusalem Post,* 27 de diciembre de 2006, http://www.jpost.com/servlet/Satellite?cid=1164881991915&pagename=JPost/JPArticle/ShowFull (con acceso el 23 de enero de 2007).

6. Winston Churchill, «We Shall Fight on the Beaches» (Lucharemos en las playas), discurso ante la Casa de los Comunes, 4 de junio de 1940, según cita del Churchill Center, http://www.winstonchurchill.org/i4a/pages/index.cfm?pageid=393 (con acceso el 22 de enero de 2007).

7. Winston Churchill, «The Years the Locusts Have Eaten» (Los años en que han comido las langostas) en *The Second World War,* (La Segunda Guerra Mundial), vol. 1, según lo cita en un discurso Newt Gingrich, impreso en el *Atlanta-Journal Constitution,* según se presentó en el foro Newt.org e-Community «How to Deal With Iran?», (¿Cómo tratar con Irán?) http://www.newt.org/forum/topic.asp?fi=20000001&catId=30000001&ti=400000369 (con acceso el 23 de enero de 2007).

8. Abraham Lincoln, «Proclamation Appointing a National Fast Day» (Proclamación para designar un día de ayuno nacional), 30 de marzo de 1863, según se cita en Abraham Lincoln Online, «Speeches and Writings», http://showcase.netins.net/web/creative/lincoln/speeches/fast.htm (con acceso el 21 de enero de 2007).

CAPÍTULO UNO
UNA TORMENTA PROFÉTICA EN FORMACIÓN

1. Walid Shoebat, entrevista personal con Michael D. Evans, 26 de agosto de 2006.
2. Iran Chamber Society, «Ciro el Grande», Personalidades históricas, http://www.iranchamber.com/history/cyrus/cyrus.php (con acceso el 23 de enero de 2007).
3. *La Enciclopedia Británica*, vol. 6 (1958), 940; según lo cita Wayne Jackson, «Cyrus the Great in Biblical Prophecy», (Ciro el Grande en la profecía bíblica), ChristianCourier.com, 28 de septiembre de 2000, http://www.christiancourier.com/articles/read/cyrus_the_great_in_biblical_prophecy (con acceso el 19 de diciembre de 2006).
4. Wikipedia.org, s.v. «History of Iran» (La historia de Irán) http://es.wikipedia.org/wiki/Historia_de_Ir%C3%A1n (con acceso el 8 de diciembre de 2006); y Ehsan Yarshater, «Persia or Iran» (Persia o Irán), *Iranian Studies*, vol. 12, no. 1 (1989), extractado por el Circle of Ancient Iranian Studies in «Persia or Iran? When 'Persia' Became 'Iran'» (¿Persia o Irán? Cuando «Persia» se convirtió en «Irán»), trad. por. Abbas Ferzamfar, 1998, http://www.cais-soas.com/CAIS/Iran/persia_or_iran.htm (con acceso el 8 de diciembre de 2006).

CAPÍTULO DOS
EL REAJUSTE DE LA BRÚJULA MORAL DE ESTADOS UNIDOS

1. Alan Dershowitz, entrevista personal con Michael D. Evans, 18 de agosto de 2006. Para obtener más extractos de esta entrevista, consulte el Apéndice H.
2. Wikiquote.org, s.v. «Golda Meir», http://en.wikiquote.org/wiki/Golda_Meir (con acceso el 23 de enero de 2007).
3. George Washington, Discurso de despedida, según cita del Avalon Project, «Discurso de despedida de Washington en 1796», http://www.yale.edu/lawweb/avalon/washing.htm (con acceso el 2 de febrero de 2007).
4. John Adams, carta a los oficiales de la Primera Brigada de la Tercera División de la milicia de Massachusetts, 11 de octubre de 1798, según cita de Wikiquote.org, http://en.wikiquote.org/wiki/John_Adams (con acceso el 23 de enero de 2007).
5. Natan Sharansky, *The Case for Democracy: The Power of Freedom to Overcome Tyranny and Terror* (La situación a favor de la democracia: El poder de la libertad para vencer la tiranía y el terror) (Nueva York: PublicAffairs, 2004), 40–41.
6. Stephen Goode, «Bush Brings Faith Into Full View», (Bush expone

plenamente la fe), *Insight on the News*, May 11, 2004, http://www.findarticles.com/p/articles/mi_m1571/is_2004_May_11/ai_n6145022 (con acceso el 23 de enero de 2007).

7. Scott Stearns, «Bush Calls for Greater Religious Tolerance in U.S.», (Bush solicita una mayor tolerancia religiosa en EE.UU.), *Voice of America*, February 7, 2002, http://www.voanews.com/english/archive/2002-02/a-2002-02-07-1-Bush.cfm (con acceso el 21 de diciembre de 2006).

8. Debbie Daniel, «Life Is Just One Grand Sweet Song, So Start the Music!», (La vida es simplemente una gran canción dulce y hermosa. ¡Así que empiece la música!), *The American Daily*, 10 de junio de 2004, http://www.americandaily.com/article/779 (con acceso el 23 de enero de 2007).

9. Ronald Reagan, Discurso de asunción, 20 de enero de 1981, según cita de los Ronald Reagan Presidential Archives, University of Texas, http://www.reagan.utexas.edu/archives/speeches/1981/12081a.htm (con acceso el 21 de diciembre de 2006).

10. Dinesh D'Souza, «Purpose: What It Was All About», (El propósito: De qué se trata todo esto), *National Review Online*, 8 de junio de 2004, http://www.nationalreview.com/comment/dsouza200406080824.asp (con acceso el 24 de junio de 2007).

11. Whittaker Chambers, «Letter to My Children», (Carta para mis hijos), prólogo de *Witness*, (Testigo), según cita de la University of Missouri-Kansas City School of Law, http://www.law.umkc.edu/faculty/projects/ftrials/hiss/chambersletter.html (con acceso el 21 de diciembre de 2006).

12. Ibid.

13. Ibid.

14. Ronald Reagan, «The Evil Empire», (El imperio del mal), comentarios realizados en la convención anual de la National Association of Evangelicals, March 8, 1983, según cita de American Rhetoric, http://www.americanrhetoric.com/speeches/ronaldreaganevilempire.htm (con acceso el 21 de diciembre de 2006).

15. Ariel Sharon, entrevista personal con Michael D. Evans.

16. Ronald Reagan, comentarios en un desayuno de oración ecuménica en Dallas, Texas, 23 de agosto de 1984, según cita de los Ronald Reagan Presidential Archives, University of Texas, http://www.reagan.utexas.edu/archives/speeches/1984/82384a.htm (con acceso el 24 de enero de 2007).

17. La Casa Blanca, «Discurso del Estado de la Unión del Presidente ante la sesión conjunta del Congreso», comunicado de prensa, 29 de enero de 2002, http://www.c-span.org/executive/transcript.asp?cat=current_event&code=bush_admin&year=2002 (con acceso el 13 de noviembre de 2006).

18. Joseph Goebbels, «The Jews Are Guilty!» (¡Los judíos son culpables!), *Das Reich*, 16 de noviembre de 1941, según cita del as quoted by Calvin

College, German Propaganda Archive, http://www.calvin.edu/academic/cas/gpa/goeb1.htm (con acceso 24 de enero de 2007).

19. Aleksander Solzhenitsyn, «A World Split Apart», (Un mundo dividido), discurso ante los ejercicios vespertinos de Día de Clase en la Universidad de Harvard, 8 de junio de 1978, http://www.columbia.edu/cu/augustine/arch/solzhenitsyn/harvard1978.html (con acceso el 21 de diciembre de 2006).

20. Lee Edwards, «The Reagan Doctrine», (La doctrina Reagan), the Heritage Foundation, http://www.heritage.org/Research/reagan_edwards13.cfm (con acceso el 28 de diciembre de 2006).

21. George W. Bush, comentarios en la ceremonia de jura de Tom Ridge como director de la Office of Homeland Security, October 8, 2001, según cita del American Presidency Project, http://www.presidency.ucsb.edu/ws/print.php?pid=62592 (con acceso el 21 de diciembre de 2006).

CAPÍTULO TRES
QUÉ DEPARA EL FUTURO

1. La Casa Blanca, «El presidente habla sobre la guerra contra el terrorismo», comunicado de prensa, 8 de noviembre de 2001, http://www.whitehouse.gov/news/releases/2001/11/20011108-13.html (con acceso el 20 de diciembre de 2006).

2. La Casa Blanca, «Sesión de información por parte de Tony Snow», comunicado de prensa, 19 de octubre de 2006, http://www.whitehouse.gov/news/releases/2006/10/20061019-1.html (con acceso el 24 de enero de 2007).

3. James A. Baker, III, y Lee H. Hamilton, et al., *The Iraq Study Group Report*, (El informe del grupo de estudio sobre Irak), 6 de diciembre de 2006, http://www.usip.org/isg/iraq_study_group_report/report/1206/iraq_study_group_report.pdf (con acceso el 24 de enero de 2007).

4. Aaron Klein, «Terrorists Rejoicing Over New Iraq 'Plan'» (Los terroristas se regocijan por el nuevo plan de Irak), WorldNetDaily.com, 6 de diciembre de 2006, http://www.worldnetdaily.com/news/article.asp?ARTICLE_ID=53269 (con acceso el 13 de diciembre de 2006).

5. Ibid.

6. Ibid.

7. Brietbart.com, «Ahmadinejad: Britain, Israel, US to 'Vanish Like the Pharaohs'» (Ahmadinejad: Gran Bretaña, Israel, EE.UU., deben desaparecer como los faraones), 20 de diciembre de 2006, http://www.breitbart.com/news/2006/12/20/061220094102.ixs3bo81.html (con acceso el 26 de diciembre de 2006).

8. InsightMag.com, «Baker Wants Israel Excluded From Regional Conference» (Baker quiere que se excluya a Israel de la Conferencia Regional),

5 de diciembre de 2006, http://www.insightmag.com/Media/MediaManager/Baker_1.htm (con acceso el 13 de diciembre de 2006).

9. Ibid.

10. Peter W. Galbraith, *The End of Iraq* (El fin de Irak) (Nueva York: Simon and Schuster, 2006), 206–207.

11. Las cifras en estas distribuciones varían según la fuente pero permanecen aproximadamente en este rango. Ver, por ejemplo, Wikipedia.org, s.v. «Irak», http://en.wikipedia.org/wiki/Iraq (con acceso el 9 de noviembre de 2006); David Gritten, «Long Path to Iraq's Sectarian Split», (Un largo camino para la división sectaria de Irak), *BBC News*, Febrero 25, 2006, http://news.bbc.co.uk/2/hi/middle_east/4750320.stm#su (con acceso el 10 de noviembre de 2006); y la Central Intelligence Agency, «The World Fact Book: Iraq», (El libro de los hechos del mundo: Irak), https://www.cia.gov/cia/publications/factbook/geos/iz.html (con acceso el 10 de noviembre de 2006).

12. Joshua Holland, «Bush's Petro-Cartel Almost Has Iraq's Oil», (El petro-cartel de Bush casi tiene el petróleo de Irak). *AlterNet*, 16 de octubre de 2006, http://www.alternet.org/waroniraq/43045/ (con acceso el 12 de noviembre de 2006).

13. Charles Nash, entrevista con Michael D. Evans, 16 de agosto de 2006. Para más extractos de esta entrevista, ver Apéndice F.

14. Daniel Pipes, «In Iraq, Stay the Course—But Change It», (En Irak, continúen con el curso, pero cámbienlo), *New York Sun*, 24 de octubre de 2006, http://www.danielpipes.org/article/4066 (con acceso el 11 de noviembre de 2006).

15. La Casa Blanca, «Conferencia de prensa del presidente», comunicado de prensa, 25 de octubre de 2006, http://www.whitehouse.gov/news/releases/2006/10/20061025.html (con acceso el 11 de noviembre de 2006).

16. *WashingtonPost.com*, «Ahmadinejad's Letter to Bush», (Carta de Ahmadinejad a Bush), 9 de mayo de 2006, http://www.washingtonpost.com/wp-dyn/content/article/2006/05/09/AR2006050900878_pf.html (con acceso el 24 de enero de 2007). Para consultar la carta completa, ver el Apéndice A.

17. The Online NewsHour, «Plan Floated to Divide Iraq Along Ethnic Lines». (Plan reflotado para dividir a Irak en sus líneas étnicas), 24 de octubre de 2006, http://www.pbs.org/newshour/bb/middle_east/july-dec06/iraq_10-24.html (con acceso el 12 de noviembre de 2006).

18. Christopher Bodeen, «Al Qaeda in Iraq Claims It's Winning War», (Al-Qaeda en Irak sostiene que está ganando la guerra) *Associated Press*, 10 de noviembre de 2006, http://www.breitbart.com/news/2006/11/10/D8LAC4OG1.html (con acceso el 12 de noviembre de 2006).

CAPÍTULO CUATRO
LOS CENTROS DE GRAVEDAD

1. Moshe Ya'alon, discurso en Dallas, Texas, 28 de junio de 2006.
2. Charles Nash, entrevista personal con Michael D. Evans, 16 de agosto de 2006. Para obtener más extractos de esta entrevista, ver Apéndice F.
3. La Casa Blanca, «El presidente Bush anuncia que han finalizado las principales operaciones de combate en Irak», comunicado de prensa, 1 de mayo de 2003, http://www.whitehouse.gov/news/releases/2003/05/20030501-15.html (con acceso el 25 de enero de 2007).
4. Con Coughlin, «How the 45-Minute Claim Got From Baghdad to No. 10», (Cómo el reclamo de 45 minutos llegó desde Bagdad al Nº 10), *Telegraph*, 12 de julio de 2003, http://www.telegraph.co.uk/news/main.jhtml?xml=/news/2003/12/07/wirq107.xml (con acceso el 25 de enero de 2007).
5. Ibid.
6. Thomas McInerney y Paul Vallely, *Endgame: The Blueprint for Victory in the War on Terror* (Final del juego: El plan maestro para la victoria en la guerra contra el terror) (Washington, DC: Regnery Publishing, Inc., 2004), 41.
7. Wikipedia.org, «Iraq Resolution», (La resolución de Irak), http://en.wikipedia.org/wiki/Joint_Resolution_to_Authorize_the_Use_of_United_States_Armed_Forces_Against_Iraq (con acceso el 2 de diciembre de 2006).
8. Wikipedia.org, «American Popular Opinion on Invasion of Iraq», (La opinión pública estadounidense sobre la invasión a Irak), http://en.wikipedia.org/wiki/American_popular_opinion_on_invasion_of_Iraq (con acceso el 25 de enero de 2007).
9. Ayman El-Amir, «Ensnaring Saddam», (Atrapar a Saddam), *Al-Ahram Weekly Online*, 11 de julio de 2002., http://weekly.ahram.org.eg/2002/594/op2.htm (con acceso el 3 de diciembre de 2006).
10. Robert Marquand y Peter Ford, «A New Doctrine and a Scud Bust», (Una nueva doctrina y un fracaso escurridizo), *The Christian Science Monitor*, 12 de diciembre de 2002, http://www.csmonitor.com/2002/1212/p01s03-woap.html (con acceso el 3 de diciembre de 2006).
11. Alan Dershowitz, entrevista personal con Michael D. Evans, 18 de agosto de 2006. Para obtener más extractos de esta entrevista, ver el Apéndice H.
12. CBSNews.com, «Hezbollah: 'A-Team of Terrorists'» (Hezbolá: Un equipo de terroristas de primera división), 18 de abril de 2003, http://www.cbsnews.com/stories/2003/04/18/60minutes/printable550000.shtml (con acceso el 3 de diciembre de 2006).
13. Ibid.

14. Fuerzas de Defensa/Inteligencia Militar de Israel: «Irán y Siria como un apoyo estratégico para el terrorismo palestino», 30 de septiembre de 2002, http://www.mfa.gov.il/MFA/MFAArchive/2000_2009/2002/9/Iran%20and%20Syria%20as%20Strategic%20Support%20for%20Palestinia (con acceso el 3 de diciembre de 2006).

15. DEBKA*file*, «Tehran Plots Second Anti-U.S. War Front Deploying Syria, Hizballah, Palestinians», (Teherán complota la segunda guerra anti-EE.UU. desplegando a Siria, Hezbolá, los palestinos), 3 de septiembre de 2002, http://www.debka.com/article.php?aid=167 (con acceso el 3 de diciembre de 2006).

16. Ministro de relaciones exteriores de Israel: Los ataques de Hezbolá a lo largo de la frontera norte con Israel en mayo –junio de 2006, 12 de julio de 2006, http://www.mfa.gov.il/NR/exeres/9EE216D7-82EF-4274-B80D-6BBD1803E8A7,frameless.htm?NRMODE=Published (con acceso el 3 de diciembre de 2006).

17. Guy Dinmore, «Los líderes de la oposición irakí se reúnen en Teherán», IranReporter.com, 9 de diciembre de 2002, http://www.iranreporter.com/story.asp?id=407 (con acceso el 3 de diciembre de 2006).

18. Yossef Bodansky, *The Secret History of the Iraq War* (La historia secreta de la guerra con Irak) (Nueva York: Regan Books, 2004), 142.

19. Ibid.

20. Mark Hosenball, «Intelligence: A Double Game», (Inteligencia: Un juego doble), *Newsweek*, 10 de mayo de 2006, http://www.msnbc.msn.com/id/4881157/ (con acceso el 3 de diciembre de 2006).

21. John Diamond, «Israel Reportedly Helping With U.S. War Preparation», (Israel, según se informa, ayuda a EE.UU. a los preparativos para la guerra), *USA Today*, 3 de noviembre de 2002, http://www.usatoday.com/news/world/2002-11-03-israel-usat_x.htm (con acceso en diciembre de 2006).

22. DEBKA*file*, «Arafat's New Terror Weapon: Exploding Toy Planes», (El arma nueva de terror de Arafat: Explosión de aviones de juguete), 14 de enero de 2003, http://www.debka.com/article.php?aid=239 (con acceso el 3 de diciembre de 2006).

23. *WorldTribune*.com, «Israel Gets the Word: Won't Fight in Iraq War», (Israel tiene la palabra: No pelearemos en la guerra contra Irak), 22 de diciembre de 2002, http://www.worldtribune.com/worldtribune/WTARC/2002/ss_israel_12_20.html (con acceso el 3 de diciembre de 2006).

24. David Rudge, «North on Alert After Car Bomb, Hizbullah Attack», (El norte en alerta luego de ataque con coche comba de Hezbolá), *Jerusalem Post*, 22 de enero de 2003, http://pqasb.pqarchiver.com/jpost/access/279406881.html?dids=279406881:279406881&FMT=FT&FMTS=ABS:FT&date=Jan+22%2C+2003&author=DAVID+RUDGE&pub=Jerusalem+Post&desc=North+on+alert+after+car+bomb%2C+Hizbullah+attack.

25. Milton Viorst, «The Wisdom of Imagining the Worst-Case Scenario», (La sabiduría de imaginar el peor escenario), *New York Times*, 12 de septiembre de 2002, http://select.nytimes.com/search/restricted/article?res =F50C1FF739550C718DDDA00894DA404482 (con acceso el 3 de diciembre de 2006).

26. Associated Press, «Text Of Bush Speech On Iraq: President Gives Saddam Hussein a 48-Hour Deadline», (Texto del discurso de Bush sobre Irak: El presidente le da un plazo de 48 horas a Saddam Hussein), *CBS News Online*, 17 de marzo de 2003, http://www.cbsnews.com/stories/2003/03/17/iraq/main544377.shtml (con acceso: 31 de octubre de 2006).

CAPÍTULO CINCO
COMIENZA LA VERDADERA BATALLA POR IRAK

1. Chris Hamilton, entrevista personal con Michael D. Evans, 16 de agosto de 2006.

2. Dani Yatom, entrevista personal con Michael D. Evans, 23 de julio de 2006.

3. *The World Tribune*, «Hussein Given Safe Haven in Belarus?» (¿Se le da asilo a Hussein en Belarus?), 25 de abril de 2003, según cita del Truth Seeker, http://www.thetruthseeker.co.uk/article.asp?id=729 (con acceso el 3 de diciembre de 2006).

4. PBS Online NewsHour, «Oficiales investigan disparos contra convoy ruso», 7 de abril de 2003, http://www.pbs.org/newshour/updates/convoy.html (con acceso el 3 de diciembre de 2006).

5. Informe especial de la Air Force Association, «Guerra del Golfo II: El poder aéreo y espacial abrió el camino», http://www.afa.org/media/reports/GulfWar.pdf (Arlington, VA: Aerospace Education Foundation, 2003), 20.

6. Steven Stalinsky, «Leading Egyptian Islamic Clerics on Jiahd Against U.S. Troops in Iraq: March–August 2003», (Conduciendo a los clérigos islámicos egipcios contra las tropas de EE.UU. en Irak: Marzo-agosto de 2003), Middle East Media Research Institute, Inquiry and Analysis series, 14 de agosto de 2003, no. 145, http://memri.org/bin/articles.cgi?Page=archives&Area=ia&ID=IA14503 (con acceso el 6 de diciembre de 2006).

7. Yossef Bodansky, *The Secret History of the Iraq War*, (La historia secreta de la guerra con Irak), Nueva York: Regan Books, 2004), 250.

8. Nazila Fathi, «Aftereffects: Tehran; Iran Opposes U.S. Accord With Fighters Based in Iraq», (Efectos posteriores: Irán se opone al acuerdo con EE.UU. de soldados con base en Irak), *New York Times*, 2 de mayo de 2003, http://select.nytimes.com/search/restricted/article?res=F50D14FF3C580C718CDDAC0894DB404482.

9. Glenn Kessler y Dana Priest, «U.S. Planners Surprised by Strength of Iraqi Cites», (Los planificadores de EE.UU. sorprendidos por la fuerza de los shiitas iraquíes), *The Washington Post*, 23 de abril de 2003, http://www.washingtonpost.com/ac2/wp-dyn/A17886-2003Apr22?language=printer (con acceso el 26 de enro de 2007).

10. *WashingtonPost.com*, «Administration Comments on Saddam Hussein and the Sept. 11 Attacks», (La administración hace comentarios sobre Saddam Hussein y los ataques del 11 de septiembre), 1 de mayo de 2003, http://www.washingtonpost.com/wp-srv/politics/polls/9-11_saddam_quotes.html (con acceso el 6 de diciembre de 2006).

11. Kathy Gannon, «Alleged Bin Laden Tape Calls for Jihad», (Supuesta cinta de Bin Laden convoca a la yihad), *CBS News*, 8 de abril de 2003, http://www.cbsnews.com/stories/2003/02/11/attack/main540168.shtml (con acceso el 6 de diciembre de 2006).

12. Douglas Farah y Dana Priest, «Bin Laden Son Plays Key Role in Al Qaeda», (El hijo de Bin Laden juega un papel clave en Al-Qaeda), *The Washington Post*, 14 de octubre de 2003, A1.

13. IslamistWatch.org, «Al Qaeda Communique», (Comunicado de Al-Qaeda), atribuido a Ayman al-Zawahiri, aproximadamente el 20 de mayo de 2003, http://www.islamistwatch.org/texts/comms/zawahiri05-20-03.html/.

14. *Washington Post*, «U.S. Soldiers, Civilians Held Overnight by Iranians», (Soldados y civiles de EE.UU., capturados anoche por los iraníes), 3 de junio de 2003, A18.

15. Donald H. Rumsfeld, «Core Principles for a Free Iraq» (Principios esenciales para un Irak libre), *Opinion Journal*, de la página editorial del *Wall Street Journal*, 27 de mayo de 2003, http://www.opinionjournal.com/editorial/feature.html?id=110003545 (con acceso el 29 de enero de 2007).

16. La Casa Blanca: «El presidente Bush y el primer ministro Blair tienen disponibilidad en la prensa», comunicado de prensa, 27 de marzo de 2003, http://www.whitehouse.gov/news/releases/2003/03/20030327-3.html (con acceso el 6 de diciembre de 2006).

17. Ibid.

18. Uzi Landau, «A Map to National Disaster», (Un mapa del desastre nacional), *Ha'aretz*, 11 de abril de 2003, según se cita en Tom Gross, «The Road Map Is a Huge Prize for Terror», (El mapa de ruta es un premio enorme para el terror), Mideast Dispatch Archive, 24 de abril de 2003, http://www.tomgrossmedia.com/mideastdispatches/archives/000611.html (con acceso el 6 de diciembre de 2006).

19. Harry de Quetteville, «Will Iraqis Stand By and Watch Their Country Be Hijacked, Too?» (¿Los iraquíes también prestarán apoyo y observarán cómo atacan a su país?), *Telegraph* (UK), versión en línea, 31 de diciembre de 2003,

http://www.telegraph.co.uk/opinion/main.jhtml?xml=/opinion/2003/12/31/do3101.xml (con acceso el 17 de diciembre de 2006).

CAPÍTULO SEIS
LA GUERRA MUNDIAL CONTRA EL TERRORISMO

1. Alan Dershowitz, entrevista personal con Michael D. Evans, 18 de agosto de 2006. Para más extractos de esta entrevista, ver Apéndice H.

2. Associated Press, «Al-Qaida in Iraq: 4,000 Foreign Fighters Killed: Attacked Urged During Ramadan in Tape Purportedly From Group's Leader», (Al-Qaeda en Irak: 4.000 soldados extranjeros asesinados: Ataque instado durante Ramadán ordenado supuestamente por el líder del grupo), MSNBC.com, 28 de septiembre de 2006, http://www.msnbc.msn.com/id/15044435/ (con acceso el 1 de diciembre de 2006).

3. Bodansky, The Secret History of the Iraq War, (La historia secreta de la guerra con Irak), 9.

4. Con Coughlin, «Saddam Killed Abu Nidal Over al-Qa'eda Row» (Saddam mató a Abu Nidal por disputas en Al-Qaeda), *Telegraph* (UK), versión en línea, 25 de agosto de 2002, http://www.telegraph.co.uk/news/main.jhtml?xml=/news/2002/08/25/wnidal25.xml (con acceso el 26 de enero de 2007); ver también Bodansky, *The Secret History of the Iraq War*, 14–15.

5. Michael R. Gordon, «After the War: Falluja; U.S. Troops Put on a Show of Military Force in a Center of Hard-Core Resistance» (Luego de la guerra: Falluja; Las tropas de EE.UU. dan un espectáculo de fuerza militar en un centro de resistencia irreductible), *New York Times*, 8 de junio de 2003, http://select.nytimes.com/search/restricted/article?res=F30A13FB3F5D0C7B8CDDAF0894DB404482 (con acceso el 12 de diciembre de 2006).

6. Ellen Knickmeyer y Omar Fekeiki, «Iraqi Shiite Cleric Pledges to Defend Iran: Sadr, With Powerful Militia, Vows to Respond to Attack by West on Neighbor» (Clérigo shiita irakí promete defender a Irán: Sadr, con poderosa fuerza militar, asevera responder al ataque de Occidente a su vecino) *WashingtonPost.com*, 24 de enero de 2006, http://www.washingtonpost.com/wp-dyn/content/article/2006/01/23/AR2006012301701.html (accessed January 26, 2007); GlobalSecurity.org, «Al-Mahdi Army/Active Religious Seminary/Al-Sadr's Group» http://www.globalsecurity.org/military/world/para/al-sadr.htm (con acceso el 26 de enero de 2007); GlobalSecurity.org, «Muqtada al-Sadr», http://www.globalsecurity.org/military/world/iraq/al-sadr.htm (con acceso el 26 de enero de 2007); y Bryan Bender, «US Believes Iran Is Aiding Iraqi Militias (EE.UU. cree que Irán está ayudando a las milicias iraquíes), *Boston Globe*, 9 de abril de 2004, http://www.boston.com/news/nation/articles/2004/04/09/us_believes_iran_is_aiding_iraqi_militias/ (con acceso el 26 de enero de 2007).

7. Charles Nash, entrevista personal con Michael D. Evans, 16 de agosto de 2006. Para más extractos de esta entrevista, ver Apéndice F.

8. Jane Arraf, «Iraq Insurgents' Bombmaking Gets More Letal» (El desarrollo de bombas de los insurgentes de Irak se vuelve más letal), *NBC News*, 8 de diciembre de 2006, http://www.msnbc.msn.com/id/16110075/ (con acceso el 12 de diciembre de 2006).

9. James Woolsey, entrevista personal con Michael D. Evans, 16 de agosto de 2006. Para mayores extractos sobre esta entrevista, ver Apéndice D.

10. Liz Neisloss y Matthew Chance, «UN: Sanctions Loom, Iran Keeps Enriching» (ONU: Las sanciones se asoman, Irán sigue enriqueciéndose), *CNN.com*, 31 de agosto de 2006, http://www.cnn.com/2006/WORLD/meast/08/31/iran.deadline/index.html (con acceso el 1 de noviembre de 2006).

11. Nasser Karimi, «Ahmadinejad: Iran's Nuke Capability Up» (Ahmadinejad: Crece la capacidad nuclear de Irán), Breitbart.com, 23 de octubre de 2006, http://www.breitbart.com/news/2006/10/23/D8KUD2EG2.html (con acceso el 1 de noviembre de 2006).

12. Nasser Karimi, «Iran Doubles Nuke Enrichment Capacity» (Irán duplica su capacidad de enriquecimiento nuclear), *ABC News International*, 27 de octubre de 2006, http://news.yahoo.com/s/ap/20061027/ap_on_re_mi_ea/iran_nuclear (con acceso el 2 de noviembre de 2006).

13. *BBCNews.com*, «Bush Condemns Iran Nuclear Move» (Bush condena la jugada nuclear de Irán), 27 de octubre de 2006, http://news.bbc.co.uk/2/hi/middle_east/6092540.stm (con acceso el 2 de noviembre de 2006).

14. Ehud Olmert, entrevista en *CNN Late Edition with Wolf Blitzer*, 21 de mayo de 2006, transcripción en línea, http://transcripts.cnn.com/TRANSCRIPTS/0605/21/le.01.html (con acceso el 17 de diciembre de 2006).

15. *BBCNews.com*, «Iran Bomb 'Within Next 10 Years'» (La bomba de Irán: Dentro de los próximos 10 años), 2 de junio de 2006, http://news.bbc.co.uk/2/hi/middle_east/5039956.stm (con acceso el 2 de noviembre de 2006).

16. Wikipedia.org, s.v. «1983 Beirut Barracks Bombing» (Los bombardeos a los cuarteles de Beirut en 1983) http://en.wikipedia.org/wiki/Beirut_barracks_bombing (con acceso el 12 de noviembre de 2006).

17. Alan Dershowitz, entrevista personal con Michael D. Evans, 18 de agosto de 2006. Para más extractos de esta entrevista, ver Apéndice H.

18. Walid Shoebat, entrevista personal con Michael D. Evans, 26 de agosto de 2006.

19. Hyscience.com, «Ahmadinejad and the Mahdi» (Ahmadinejad y el Mahdi), 5 de mayo de 2005, http://www.hyscience.com/archives/2006/05/ahmadinejad_and.php (con acceso el 14 de diciembre de 2006).

20. Moshe Ya'alon, entrevista personal con Michael D. Evans, junio de 2006.

CAPÍTULO SIETE
EL MANEJO POCO DIESTRO CON NUESTRO ALIADO, IRÁN

1. Gerald Warner, «High Time for Dubya to Take Hard Line With the Nuclear Mullahs» (Momento difícil para Dubya para adoptar una postura dura con los mullahs nucleares), *Scotland on Sunday*, 19 de junio de 2005, http://news.scotsman.com/opinion.cfm?id=674332005 (con acceso el 24 de enero de 2007).

2. Gary Sick, *All Fall Down* (Todos se caen), (Lincoln, NE: Author's Guild, 2001), 193–194.

3. Sitio Web de la Universidad de Teherán: «UT Overview» http://www.ut.ac.ir/en/main-links/overview.htm (con acceso el 8 de diciembre de 2006).

4. John Dumbrell, *The Carter Presidency: A Re-evaluation* (La presidencia de Carter: Una reevaluación) (Manchester, Inglaterra: Manchester University Press, 1993), 181.

5. Asadollah Alam, *The Shah and I: The Confidential Diary of Iran's Royal Court 1969–1977* (El shá y yo: El diario confidencial de la corte real de Irán) (Nueva York: St. Martin's Press, 1993), 500.

6. Cyrus Vance, *Hard Choices: Critical Years in America's Foreign Policy* (Opciones difíciles: Los años críticos en la política exterior de Estados Unidos), (Nueva York: Simon and Schuster, 1983), 318.

7. James A. Bill, *The Eagle and the Lion* (El águila y el león), (New Haven: University Press, 1988), 233.

8. Amir Taheri, *The Spirit of Allah: Khomeini and the Islamic Revolution* (El espíritu de Alá: Jomeini y la revolución islámica), (Bethesda, MD: Adler and Adler, 1985), 194, 197, 199–200.

CAPÍTULO OCHO
LA APARICIÓN DEL ISLAMOFASCISMO

1. Raymond Tanter, entrevista personal con Michael D. Evans, 15 de junio de 2006.

2. Irwin Cotler, entrevista personal con Michael D. Evans, 28 de septiembre de 2006.

3. Sick, *All Fall Down*, 193–194.

4. Ofira Seliktar, *Failing the Crystal Ball Test* (El fracaso de la prueba de la bola de cristal), (Westport, CT: Praeger Publishers, 2000), 133.

5. Robert E. Huyser, *Mission to Tehran* (Misión a Teherán), (Nueva York: Harper and Row, 1986), 17.

6. Michael D. Evans, *Showdown With Nuclear Iran* (Enfrentamiento con el

Irán nuclear) (Nashville: Nelson Current, 2006), 3–4.

7. Huyser, *Mission to Tehran*, 292.

8. Ibid., 294.

9. Ibid., 293, 296.

10. George Shadroui, «America's Security: The Genesis of a Problem» (La seguridad de Estados Unidos: La génesis de un problema), IntellectualConservative.com, 26 de abril de 2005, http://www.intellectualconservative.com/article4303.html (con acceso el 10 de diciembre de 2006).

11. Baqer Moin, *Khomeini: Life of the Ayatollah* (Jomeini: La vida del ayatolá) (Nueva York: Thomas Dunne Books, 2000), 204.

12. Ibid., 206.

13. Mohammad Reza Pahlavi, *Answer to History* (Respuesta a la historia) (Nueva York: Stein and Day, 1980), 12.

14. Amir Taheri, *The Cauldron: The Middle East Behind the Headlines* (La caldera: Oriente Medio detrás de los titulares), (Londres: Hutchinson, 1988), 192.

15. Wikipedia.org, s.v. «Iranian Hostage Crisis» (La crisis de los rehenes de Irán), http://en.wikipedia.org/wiki/Iran_hostage_crisis (con acceso el 10 de diciembre de 2006).

16. Amir Taheri, *Holy Terror* (Terror sagrado), (Londres: Sphere Books Ltd., 1987), 196.

17. Chuck Morse, «Carter Sold Out Iran 1977–1978» (Carter vendió a Irán en 1977-1978), IranianVoice.org, http://www.iranianvoice.org/article774.html (con acceso el 10 de diciembre de 2006).

18. Sick, *All Fall Down*, 377.

19. Ibid., 397–398.

20. PBS.org, «People & Events: The Iranian Hostage Crisis, November 1979–January 1981» (Personas y eventos: La crisis de los rehenes en Irán), http://www.pbs.org/wgbh/amex/carter/peopleevents/e_hostage.html (con acceso el 10 de diciembre de 2006).

21. Cormac O'Brian, *Secret Lives of the U.S. Presidents* (Las vidas secretas de los presidentes de EE.UU.), (Filadelfia: Quirk Books, 2004), 238.

22. Michael Foust, «Mohler: Carter Has Been Estranged From SBC Mainstream for Decades» (Mohler: Cartes ha estado enemistado con la corriente bautista del sur durante décdas), Baptist 2 Baptist, 30 de octubre de 2000, www.baptist2baptist.net/b2barticle.asp?ID=185 (con acceso el 10 de diciembre de 2006).

23. Ned Rice, «Jimmy of Mayberry: A Brutal Contrast» (Jimmy de Mayberry: Un contraste brutal), *National Review Online*, 14 de abril de 2005, http://article.nationalreview.com/

?q=ZGJlZTk5MWI3MmMwYTI2ZGMwNjFiNzkwZGZiNjhhMjY= (con acceso el 10 de diciembre de 2006).

24. Steven F. Hayward, *The Real Jimmy* Carter (El verdadero Jimmy Carter), (Washington, D. C.: Regnery Publishing, Inc., 2004) 107.

25. J. A. Rosati, *The Carter Administration's Quest for Global Community: Beliefs and Their Impact on Behavior* (La búsqueda de la administración Carter por la comunidad global: Las creencias y su impacto sobre el comportamiento), (Columbia: University of South Carolina Press, 1987), 42.

26. Steven Hayward, entrevista con Jamie Glazov, «The Worst Ex-President» (El peor ex presidente), *FrontPageMagazine.com*, 6 de mayo de 2004, http://www.frontpagemag.com/articles/printable.asp?ID=13265 (con acceso el 10 de diciembre de 2006).

27. Wikiquote.org, s.v. «Theodore Roosevelt» http://en.wikiquote.org/wiki/Theodore_Roosevelt#.22Speak_softly_and_carry_a_big_stick.22_.281901.29 (con acceso el 29 de enero de 2007).

28. Ofira Seliktar, *Failing the Crystal Ball Test* (Westport, CT: Praeger Publishers, 2000), 185.

29. Jimmy Carter, *Palestine: Peace Not Apartheid* (Nueva York: Simon & Schuster, 2006), 63.]]

30. Lowell Ponte, «Carter's Appease Prize» (El premio a Carter por apaciguar), *FrontPageMagazine.com*, 16 de octubre de 2002, http://frontpagemag.com/articles/ReadArticle.asp?ID=3843 (con acceso el 26 de enero de 2007).

31. Hayward, *The Real Jimmy Carter*, 208.

32. Ibid., 201–202.

33. Ben Johnson, «A Failed Former President» (Un ex presidente fracasado), *FrontPageMagazine.com*, 18 de noviembre de 2005, www.frontpagemag.com/Articles/ReadArticle.asp?ID=20232 (con acceso el 11 de diciembre de 2006).

34. Joel Mowbray, «Jimmy Carter's Election Fraud» (El fraude electoral de Jimmy Carter), *FrontPageMagazine.com*, 29 de septiembre de 2004, http://www.frontpagemag.com/Articles/ReadArticle.asp?ID=15283 (con acceso el 25 de enero de 2007).

35. Hayward, *The Real Jimmy Carter*, 224.

36. Alan M. Dershowitz, «The World According to Carter» (El mundo según Carter), *FrontPageMagazine.com*, 24 de noviembre de 2006, http://www.frontpagemag.com/Articles/ReadArticle.asp?ID=25653 (con acceso el 29 de enero de 2007).

37. FOX Facts, «Dr. Kenneth W. Stein's Setter» (Carta del Dr. Kenneth W. Stein), 7 de diciembre de 2006, http://www.foxnews.com/story/0,2933,235283,00.html (con acceso el 24 de enero de 2007).

38. Tomado de los trabajos privados de Michael D. Evans.

39. *Spiegel Online International*, «The U.S. and Israel Stand Alone» (EE.UU. e Israel están solos), 15 de agosto de 2006, http://www.spiegel.de/international/spiegel/0,1518,431793,00.html (con acceso el 11 de diciembre de 2006).

40. Ann Coulter, *Treason: Liberal Treachery From the Cold War to the War on Terrorism* (Traición: Felonía liberal desde la Guerra Fría hasta la Guerra contra el Terrorismo), (Nueva York: Three Rivers Press, 2003), 9, 13.

41. Ibid., 5–6.

42. Gordon Haff, «American Politics: 1960 to 1985» (Política estadounidense: Desde 1960 hasta 1985), en *The Last Word*, reproducido en http://home.comcast.net/~ghaff/lword/newpol.html (con acceso el 11 de diciembre de 2006).

43. R. Emmett Tyrrell, Jr., «Jimmy Carter Pens the Worst Book of 2005» (Jimmy Carter escribe el peor libro de 2005), CNN.com, 25 de mayo de 2006, http://www.cnn.com/2006/POLITICS/05/25/tyrrell.carter/index.html (con acceso el 11 de diciembre de 2006).

44. Matthias Küntzel, «Ahmadinejad's Demons»(Los demonios de Ahmadinejad), *The New Republic Online*, 24 de abril de 2006, http://www.tnr.com/doc.mhtml?i=20060424&s=kuntzel042406 (con acceso el 24 de enero de 2007).

CAPÍTULO NUEVE
LA BOMBA NUCLEAR DEL ISLAM

1. Osama bin Laden, «The Nuclear Bomb of Islam» (La bomba nuclear del Islam), 29 de mayo de 1998, citado en: «Acusación: Estados Unidos de Norteamérica contra Zacarias Moussaoui» Overt Acts #11, The United States District Court for the Eastern District of Virginia, Alexandria Division, diciembre de 2001, según se cita en *Jurist*, «Terrorism Law and Policy» (Ley y política terroristas), Universidad de Pittsburgh, Facultad de Derecho. http://jurist.law.pitt.edu/terrorism/terrorismindict.htm (con acceso el 11 de diciembre de 2006).

2. Raymond Tanter, entrevista personal con Michael D. Evans, 15 de junio de 2006.

3. James Woolsey, entrevista personal con Michael D. Evans, septiembre de 2006.

4. Uzi Mahnaimi y Tony Allen-Mills, «Focus: Taking Aim at Iran» (Enfoque: Apuntando a Irán), *Times Online*, 13 de marzo de 2005, http://www.timesonline.co.uk/article/0,,2089-1522800,00.html (con acceso el 1 de diciembre de 2006).

5. Ibid.

6. Ibid.

7. *Hiroshima Witness*, (Testigo de Hiroshima), vídeo producido por el Hiroshima Peace Cultural Center y NHK, según se cita en AtomicArchive.com, «Testimony of Takehiko Sakai», (Testimonio de Takehiho Sakai). http://www.atomicarchive.com/Docs/Hibakusha/Takehiko.shtml (con acceso el 30 de enero de 2007).

8. Ibid., «Testimony of Yoshito Matsushige». http://www.atomicarchive.com/Docs/Hibakusha/Yoshito.shtml (con acceso el 30 de enero de 2007).

9. Richard Rhodes, *The Making of the Atomic Bomb*, (La construcción de la bomba atómica), (Nueva York: Touchstone, 1988), 717–718.

10. Ibid., 718.

11. William L. Laurence, «Eye Witness Account: Atomic Bomb Mission Over Nagasaki» (Relato de un testigo ocular: La misión de la bomba atómica sobre Nagasaki), de un comunicado de prensa del Departamento de Guerra, 9 de agosto de 1945, según se cita en AtomicArchive.com, «The Bombing of Hiroshima and Nagasaki», (El bombardeo de Hiroshima y Nagasaki) http://www.atomicarchive.com/Docs/Hiroshima/Nagasaki.shtml (con acceso el 30 de enero de 2007).

12. Fujie Urata Matsumoto, según se cita en Takashi Nagai, *We of Nagasaki: The Story of Survivors in an Atomic Wasteland* (Nosotros, los de Nagasaki: La historia de los sobrevivientes en una tierra yerma atómica), (Nueva York: Duell, Sloan and Pearce, 1964), 43.

13. Hideko Tamura Friedman, «Hiroshima Memories» (Recuerdos de Hiroshima), *Bulletin of the Atomic Scientists*, vol. 51, no. 3 (mayo/junio de 1995), 6–22.

14. Rhodes, *The Making of the Atomic Bomb*, 742.

15. J. Robert Oppenheimer, «Now I Am Become Death...» (Ahora me he tornado muerto...), AtomicArchive.com, http://www.atomicarchive.com/Movies/Movie8.shtml (con acceso el 11 de diciembre de 2006).

16. McInerney y Vallely, *Endgame*, (Final del juego), 30–31.

17. James Woolsey, entrevista personal con Michael D. Evans, 31 de agosto de 2006.

18. Alan Dershowitz, entrevista personal con Michael D. Evans, 18 de agosto de 2006. Para más extractos sobre esta entrevista, ver Apéndice H.

19. Benjamin Netanyahu, entrevista personal con Michael D. Evans, agosto de 2006. Para más extractos de esta entrevista, ver Apéndice C.

20. «'Why We Fight America': Al Qa'ida Spokesman Explains September 11 and Declares Intentions to Kill 4 Million Americans with Weapons of Mass Destruction» (¿Por qué peleamos contra Estados Unidos?: Un vocero de Al-Qaeda explica el 11 de septiembre y declara las intenciones de matar a 4 millones de estadounidenses con armas de destrucción masiva), según cita del Middle East Media Research Institute, depacho especial, no. 388, 12 de junio de

2002, http://memri.org/bin/articles.cgi?Page=archives&area=sd&ID=SP38802 (con acceso el 12 de diciembre de 2006).

21. Graham Allison, *Nuclear Terrorism* (El terrorismo nuclear), (Nueva York: Times Books, 2004), 6.

22. Yossi Peled, entrevista personal con Michael D. Evans, 22 de julio de 2006.

23. Raymond Tanter, entrevista personal con Michael D. Evans, 15 de junio de 2006.

24. Walid Shoebat, entrevista personal con Michael D. Evans, 26 de septiembre de 2006.

25. John R. Bolton, «Iran's Continuing Pursuit of Weapons of Mass Destruction» (La búsqueda continua de Irán de armas de destrucción masiva), testimonio ante el Subcomité sonbre Oriente Medio y Asia Central del Comité Nacioanl de Relaciones Internacionales, «The House International Relations Committee Subcommittee on the Middle East and Central Asia», 24 de junio de 2004, http://www.state.gov/t/us/rm/33909.htm (con acceso el 14 de diciembre de 2006).

26. GlobalSecurity.org, «Full text of President Ahmadinejad's Speech at General Assembly», (Texto completo del discurso del presidente Ahmadinejad ante la Asamblea General), *Islamic Republic News Agency (IRNA)*, 11 de septiembre de 2005, http://www.globalsecurity.org/wmd/library/news/iran/2005/iran-050918-irna02.htm (con acceso el 20 de septiembre de 2005).

27. Irwin Cotler, entrevista personal con Michael D. Evans, 28 de septiembre de 2006.

28. Associated Press, «Iran Hosts 'The World Without Zionism'» (Irán proclama «El mundo sin sionismo», *Jerusalem Post*, 26 de octubre de 2005, http://www.jpost.com/servlet/Satellite?cid=1129540603434&pagename=JPost%2FJPArticle%2FShowFull (con acceso el 1 de noviembre de 2006).

29. Ayatolá Jomeini, citado de un libro de textos del grado 11avo. Iraní, por Bernard Lewis, reimpreso por Mike Rosen, «Maniacs Mean Business» (Los maniáticos quieren decir que hacemos negocios), *Rocky Mountain News*, 25 de agosto de 2005, http://www.rockymountainnews.com/drmn/opinion_columnists/article/0,2777,DRMN_23972_4942689,00.html (con acceso el 14 de diciembre de 2006).

30. Wikipedia.org, s.v. «Mohammad Taghi Mesbah Yazdi» http://en.wikipedia.org/wiki/Mohammad_Taghi_Mesbah_Yazdi (con acceso el 14 de diciembre de 2006).

31. James Woolsey, entrevista personal con Michael D. Evans, septiembre de 2006.

32. Michael D. Evans y Robert Wise, *The Jerusalem Scroll* (El rollo de Jerusalén), (Nashville: Thomas Nelson Publishers, 2005), 62–63.

33. Yossef Bodansky, notas de presentación ante una conferencia y conversación personal con el autor.

34. Paul L. Williams, *Osama's Revenge* (La venganza de Osama), (Nueva York: Prometheus Books, 2004), 33.

35. Ibid., 41.

36. Benjamin Weiser, «U.S. Says Bin Laden Aide Tried to Get Nuclear Material» (EE.UU. dice que un asistente de Bin Laden intentó obtener material nuclear), *New York Times*, 26 de septiembre de 1998, http://select.nytimes.com/gst/abstract.html?res=F20F13FC395D0C758EDDA00894D0494D81 (con acceso el 10 de noviembre de 2004).

37. Williams, Osama's Revenge, 41.

38. Scott Parish y John Lepingwell, «Are Suitcase Nukes on the Loose? The Story Behind the Controversy» (¿Las bombas nucleares en maletas están sueltas? La historia detrás de la controversia), Center for Nonproliferation Studies, noviembre de 1997, http://cns.miis.edu/pubs/reports/lebedst.htm (con acceso el 31 de enero de, 2007).

39. Steve Kroft, anfitrión, «The Perfect Terrorist Weapon», (El arma terrorista perfecta), *60 Minutes*, 7 de septiembre de 1997, transcripciones de Burrel.

40. Yossef Bodansky, citado en «Bin Laden Has 20 Nuclear Bombs» (Bin Laden tiene 20 bombas nucleares), *WorldTribune.com*, 9 de agosto de 1999, http://www.worldtribune.com/worldtribune/x180.html (con acceso el 31 de enero de 2007).

41. Hamid Mir, «If U.S. Uses Nuclear Weapons, It Will Receive Same Response» (Si EE.UU. usa bombas nucleares, recibirá la misma respuesta), entrevista con Osama bin Laden, *Dawn* (Pakistán), 10 de noviembre de 2001.

42. Kimberly McCloud y Matthew Osborne, «WMD Terrorism and Usama bin Laden» (El terrorismo de las ADM y Osama bin Laden), Center for Nonproliferation Studies, 7 de marzo de 2001, http://cns.miis.edu/pubs/reports/binladen.htm (con acceso el 24 de enero de 2007).

43. DEBKA*file*, «America's War on Terror —Part III: Bin Laden May Have Small Nuclear Bombs» (La guerra estadounidense contra el terror, Parte III: Puede que bin Laden tenga bombas nucleares pequeñas), 13 de octubre de 2001, http://www.debka.com/article.php?aid=319 (con acceso el 24 de enero de 2007).

44. Peter Bergen, «Trees and Tapes May Hint at Bin Laden Location» (Los árboles y las cintas pueden darnos una pista de dónde se encuentra bin Laden), *CNN.com*, 28 de agosto de 2006, http://www.cnn.com/2006/WORLD/asiapcf/08/23/bergen.binladen/index.html (con acceso el 31 de enero de 2007).

45. Gopalaswami Parthasarathy, «Pakistan Plays Nuclear Footsie; Does Anyone Care?» (Pakistán juega a flirtear a escondidas con las armas nucleares.

¿A alguien le importa?) *Wall Street Journal*, 2 de enero de 2004, http://online.wsj.com/article/0,,SB107300266639911800,00.html (con acceso el 9 de noviembre de 2004).

46. Mohamed El Baradei, entrevista durante el Foro Económico Mundial, Davos, 22 de enero de 2004.

47. Massimo Calabresi y Romesh Ratnesar, «Can We Stop the Next Attack?» (¿Podemos detener el próximo ataque?), *Time.com*, 11 de marzo de 2002 http://www.time.com/time/magazine/article/0,9171,1001961,00.html (con acceso el 11 de diciembre de 2006).

48. David Johnston y James Risen, «Traces of Terrorism: The Intelligence Reports; Series of Warnings» (Rastros del terrorismo: Los informes de Inteligencia; Una serie de advertencias), *New York Times*, 17 de mayo de 2002, http://select.nytimes.com/gst/abstract.html?res=F10B14FA345D0C748DDDAC0894DA404482 (con acceso el 9 de noviembre de 2004).

49. Andy Serwer, «The Oracle of Everything» (El oráculo de todas las cosas), *Fortune*, 11 de noviembre de 2002, http://money.cnn.com/magazines/fortune/fortune_archive/2002/11/11/331843/index.htm (con acceso el 9 de noviembre de 2004).

CAPÍTULO DIEZ
LA BATALLA POR EL ALMA DE ESTADOS UNIDOS

1. *Corruption Chronicles*, «Congress Gets Muslim» (El Congreso obtiene musulmanes), un blog de *Judicial Watch*, 8 de noviembre de 2006, http://www.corruptionchronicles.com/2006/11/congress_gets_muslim.html (con acceso el 10 de noviembre de 2006).

2. Mort Zuckerman, entrevista personal con Michael D. Evans, 22 de agosto de 2006. Para más extractos de la entrevista, ver Apéndice I.

3. Michael D. Evans, The American Prophecies (Las profecías estadounidenses), (Nashville: Warner Faith, 2004), 21.

4. Primera enmienda de la Constitución de los Estados Unidos de Norteamérica.

5. John T. Elson, «Toward a Hidden God» (Hacia un Dios oculto), *Time*, 8 de abril de 1966, http://www.time.com/time/magazine/article/0,9171,835309,00.html (con acceso el 10 de noviembre de 2006).

6. WorldNetDaily.com, «Dr. Dobson Urges: Head to Alabama» (El doctor Dobson nos insta: Hay que dirigirse a Alabama), 26 de agosto de 2003, http://www.worldnetdaily.com/news/article.asp?ARTICLE_ID=34267 (con acceso el 11 de noviembre de 2006).

7. Jerry Ropelato, «Internet Pornography Statistics» (Estadísticas sobre pornografía en Internet), Internet Filter Review, http://internet-filter-review.

toptenreviews.com/internet-pornography-statistics.html (con acceso el 10 de noviembre de 2006).

8. *Washington Post*, «To Put it Another Way» (Para decirlo de otro modo), 7 de octubre de 2001, B3.

9. Susan Sontag, «The Talk of the Town» (La conversación del pueblo), *The New Yorker*, 24 de septiembre de 2001, según se cita en the Highland Shepherd, http://www.msgr.ca/msgr-3/talk_of_the_town_susan_sontag.htm (con acceso el 11 de diciembre de 2006).

10. Barbara Kingsolver, *Milwaukee Journal Sentinel*, 27 de septiembre de 2001, según se cita en Right Wing News, http://www.rightwingnews.com/quotes/left.php (con acceso el 11 de noviembre de 2006).

11. La Casa Blanca: «Discurso ante una Sesión conjunta del Congreso y del Pueblo de Estados Unidos», comunicado de prensa, 20 de septiembre de 2001, http://www.whitehouse.gov/news/releases/2001/09/20010920-8.html (con acceso el 12 de noviembre de 2006).

12. Ibid.

13. La Casa Blanca, «Discurso del Estado de la Unión del presidente ante la Sesión Conjunta del Congreso», comunicado de prensa, 29 de enero de 2002, http://www.c-span.org/executive/transcript.asp?cat=current_event&code=bush_admin&year=2002 (con acceso el 13 de noviembre de 2006).

14. «Iraqi Liberation Act of 1998» (Ley de liberación iraquí de 1998), según se cita en *Iraq Watch*, http://www.iraqwatch.org/government/US/Legislation/ILA.htm (con acceso el 30 de diciembre de 2006).

15. Alan Colmes, *Red, White and Liberal* (Rojo, blanco y liberal), (Nueva York: Regan, 2003), 53.

16. David Horowitz, «Moment of Truth (for the Anti-American Left)» (El momento de la verdad (para la izquierda anti-estadounidense), *FrontPageMagazine.com*, 31 de marzo de 2003, http://www.frontpagemag.com/Articles/ReadArticle.asp?ID=6962 (con acceso el 11 de noviembre de 2006).

17. Ibid.

18. Richard D. Heideman, «An Open Letter to all Jewish Community Leaders» (Una carta abierta a todos los líderes comunitarios judíos), 3 de septiembre de 2001, según se cita en Jewis Ozzies Intern.Net, http://www.join.org.au/Releases/Durban_Open_Letter.htm (con acceso el 13 de noviembre de 2006).

19. Herb Keinon, «Festival of Hate» (El festival del odio), *Jerusalem Post*, 7 de septiembre de 2001.

20. David Horowitz, *Unholy Alliance: Radical Islam and the American Left* (Alianza no sagrada: El Islam radical y la izquierda estadounidense), (Washington, DC: Regnery Publishing, Inc, 2004), 135–136.

21. James Woolsey, entrevista personal con Michael D. Evans, 16 de agosto

de 2006. Para más extractos de esta entrevista, ver Apéndice D.

22. CNN.com, «Saddam Hussein Is Losing Grip on Northern Cities in Iraq», (Saddam Hussein está perdiendo asidero en las ciudades del norte de Irak), transcripción, 10 de abril de 2003, http://transcripts.cnn.com/TRANSCRIPTS/0304/10/ip.00.html (con acceso el 12 de noviembre de 2006).

23. George Barna, «A Biblical Worldview Has a Radical Effect on a Person's Life» (Una visión mundial bíblica tiene un efecto radical sobre la vida de una persona), The Barna Update, 1 de diciembre de 2003, http://www.barna.org/FlexPage.aspx?Page=BarnaUpdate&BarnaUpdateID=154 (con acceso el 12 de noviembre de 2006).

24. WorldNetDaily.com, «New Bible Translation Promotes Fornication» (La traducción de la Biblia promueve la fornicación), 24 de junio de 2004, http://www.worldnetdaily.com/news/article.asp?ARTICLE_ID=39114 (con acceso el 13 de noviembre de 2006).

25. Ibid.

26. Jacob Laksin, «The Church of the Latter-Day Leftists» (La iglesia de los izquierdistas del Último Día), *FrontPageMagazine.com*, 13 de enero de 2005, http://www.frontpagemag.com/Articles/ReadArticle.asp?ID=16625 (con acceso el 13 de noviembre de 2006).

27. John W. Chalfant, Abandonment Theology: The Clergy and the Decline of American Christianity (La teoría del abandono: Los clérigos y la declinación del cristianismo estadounidense) (Winter Park, FL: Hartline Marketing, 1997), 8.

28. Francis A. Schaeffer, The Great Evangelical Disaster (El gran desastre evangélico), (Westchester, IL: Crossway Books, 1984), 37.

Apéndice A

1. *WashingtonPost.com*, «Ahmadinejad's Letter to Bush» (Carta de Ahmadinejad a Bush), 9 de mayo de 2006, http://www.washingtonpost.com/wp-dyn/content/article/2006/05/09/AR2006050900878_pf.html (con acceso el 1 de febrero de 2007).

Apéndice B

1. MSNBC.com, «Text of Iran President's Letter to the U.S.: 'Both of Our Nations Are God-Fearing, Truth-Loving, and Justice-Seeking'» (Texto de la carta del presidente iraní a Estados Unidos: Ambas naciones le tememos a Dios, amamos la verdad y buscamos la justicia), 29 de noviembre de 2006, http://www.msnbc.msn.com/id/15952309 (con acceso el 1 de febrero de 2007).

Apéndice D

1. John Lehman, «We're Not Winning This War: Despite Some Notable Achievements, New Thinking Is Needed on the Home Front and Abroad» (No estamos ganando esta guerra: A pesar de algunos logros notables, se necesitan nuevas ideas en el frente nacional y en el extranjero), *Washington Post*, 31 de agosto de 2006, http://www.washingtonpost.com/wp-dyn/content/article/2006/08/30/AR2006083002730.html (con acceso el 1 de febrero de 2007).

Acerca del autor

Michael D. Evans es uno de los mayores expertos en Oriente Medio de Estados Unidos. Durante décadas ha sido un confidente personal de la mayor parte de la alta dirigencia de Israel. El Sr. Evans es un periodista que ha obtenido premios y sus artículos se han publicado en el *Wall Street Journal, Newsweek, USA Today, Washington Times, Jerusalem Post,* y en numerosas publicaciones de Estados Unidos y el mundo. Es miembro del *National Press Club* y ha cubierto eventos mundiales durante más de dos décadas.

Es el autor de los libros de gran venta del *New York Times: Más allá de Irak: La próxima movida, Showdown With Nuclear Iran* (Enfrentamiento con el Irán nuclear), y *The American Prophecies* (Las Profecías americanas). Millones de personas en todo el mundo han visto los programas especiales de televisión de los cuales él ha sido anfitrión. Los especiales televisivos del Sr. Evans han recibido premios nacionalmente en trece ocasiones diferentes.

El Sr. Evans es un analista de Oriente Medio con muchos conocimientos sobre el tema, y es constantemente requerido. Ha aparecido en cientos de programas de redes de radio y televisión., tales como *Fox and Friends, MSNBC, Nightline, Good Morning America, Crossfire, CNN World News, BBC, The Rush Limbaugh Show,* y otros.

Este libro, *La movida final más allá de Irak,* ha sido traducido a un documental televisivo de gran reconocimiento.

Como disertador público, Michael D. Evans se ha dirigido a más de 4,000 audiencias en todo el mundo. Sólo en la última década, se dirigió a más de diez millones de personas en todo el mundo, con más de 110,000 dirigentes que asistieron a sus conferencias. Ha hablado en el Palacio Kremlin en Moscú, en la Kennedy School of Law en la Universidad de Harvard y en la Cumbre mundial sobre terrorismo en Jerusalén.

La esposa del Sr. Evans, Carolyn, es presidenta y fundadora de la Asociación de la Mujer Cristiana del Año. Ruth Graham, Elizabeth Dole, la Madre Teresa, y otras mujeres distinguidas se encuentran entre las que recibieron ese premio y fueron honradas con él en el lapso de los últimos quince años. El comité ejecutivo está compuesto por una cantidad de mujeres prominentes, entre ellas, la Dra. Cory SerVaas, propietaria del *Saturday Evening Pos (Diario vespertino del sábado).*

Si desea ponerse en contacto con el Sr. Evans para que hable en el evento que organiza, o para obtener un DVD del documental (en inglés) basado en *La movida final más allá de Irak,* por favor escriba al Dr. Michael D. Evans, P. O. Box 210489, Bedford, TX 76095.

Estimado lector:
En 2003, escribí *Más allá de Irak: La próxima jugada,* y se convirtió en un libro de grandes ventas del *New York Times* y, de hecho, derrocó el libro *Living History* (Historia viviente) de Hillary Clinton de su lugar número uno en Amazon.com. Rush Limbaugh dio esta noticia. El libro se convirtió en un libro de grandes ventas del *New York Times* apenas unas semanas después de haber sido publicado.

En el libro, escribí que la mayor amenaza para las tropas estadounidenses llegarían después de que se ganara la guerra de Bagdad, que Irak se convertiría en algo así como el nivel cero para el terrorismo, que un ejército de terroristas suicidas asolaría Irak en un intento por debilitar la resolución del pueblo estadounidense, y que Irán y Siria jugarían la carta diplomática pero clandestinamente apoyarían al terrorismo. Todas estas cosas han sucedido. Si los eventos descritos en *La movida final más allá de Irak* llegaran a suceder, sería infinitamente más catastrófico que los eventos del 11/9. El riesgo es grave, por cierto. La información que figura en *Más allá de Irak: La próxima jugada* demuestra la base bíblica y estratégica respecto de la batalla en Irak.

En el capítulo 3 del libro que acaba de leer, mencioné una petición dirigida al presidente para tener un Estados Unidos fuerte y seguro. Es una enunciación de claridad moral en un mundo de valores que cambian y declinan. Esta urgente petición declara que los estadounidenses patrióticos de todas partes están en contra de la amnistía para los asesinos y homicidas de nuestras tropas.

Más de tres mil de nuestros hombres y mujeres han sido asesinados y veintiún mil, heridos. Debe hacerse justicia; no se les debe permitir a los terroristas que se la lleven de arriba. Israel no debería pagar el precio del apaciguamiento al entregar territorios bíblicos, obligándolos a dividir Jerusalén y a entregar Judea, Samaria y las Alturas del Golán a regímenes terroristas. Irán no debe obtener una superioridad nuclear que lo convierta en una potencia nuclear mortal. No se puede permitir que Irán y Siria, ambos Estados terroristas, participen en la determinación del futuro de Irak. Irán y Siria no son la solución; son el problema.

No debe permitirse que las Naciones Unidas determinen el futuro del potencial nuclear de Irán. Irán es una nación que desea un mundo sin Israel y sin Estados Unidos. El presidente iraní, Mahmud Ahmadinejad ha declarado: «EE.UU., Gran Bretaña e Israel finalmente desaparecerán del mundo como los faraones. Es una promesa divina».

Si está interesado en obtener una copia de la petición al presidente, por favor escriba hoy a:

Petition to the President
Dr. Michael D. Evans
P. O. Box 210489
Bedford, TX 76095

Si desea recibir copias de mis alertas semanales sobre Oriente Medio, por favor menciónelo cuando escriba para solicitar una copia de la petición. Tal vez desee visitar nuestro sitio Web en www.beyondiraq.com para firmar la petición, suscribirse a los alertas de Oriente Medio y pedir el libro *Más allá de Irak: La próxima jugada*.